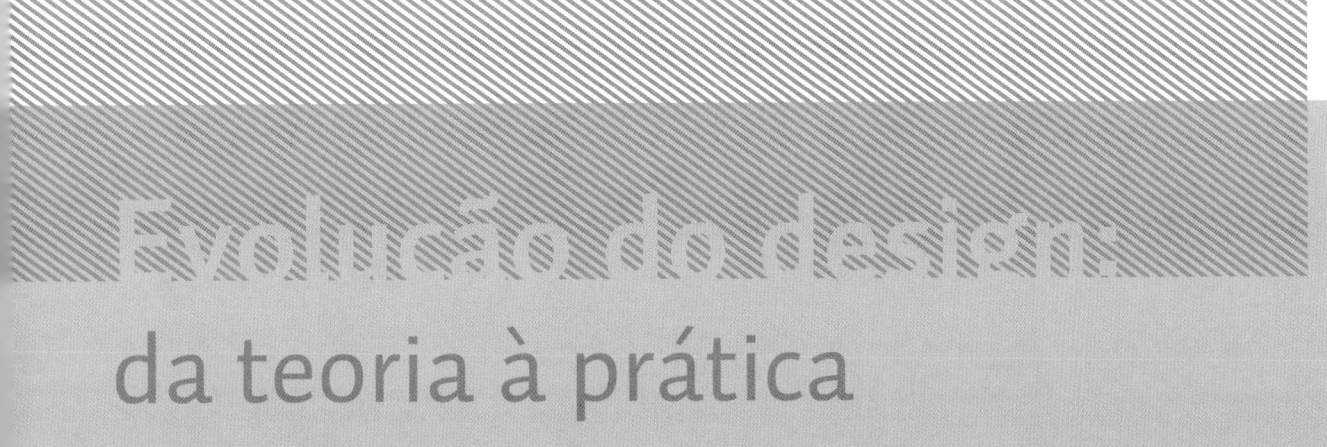

Evolução do design:
da teoria à prática

Obra originalmente publicada sob o título *Design Evolution: Theory into Practice*

ISBN 978-1-59253-387-9

Copyright © 2008 by Rockport Publishers, Inc.

Capa: *STIM Visual Communication New York*

Tradução: *Edson Furmankiewicz*

Revisão técnica: *Zuleica Schincariol – Mestre em Programação Visual pela FAU-USP, professora de Design Gráfico Editorial e pesquisadora do Curso de Desenho Industrial da FAU-Mackenzie*

Preparação de original: *Mariana Belloli*

Leitura final: *Aline Grodt*

Editora Sênior: *Arysinha Jacques Affonso*

Editora Júnior: *Elisa Viali*

Projeto e Editoração: *Techbooks*

S187e   Samara, Timothy.
        Evolução do design : da teoria à prática / Timothy Samara ;
   tradução Edson Furmankiewicz ; revisão técnica: Zuleica
   Schincariol. – Porto Alegre : Bookman, 2010.
        272 p. : il.: color. ; 26 cm.

        ISBN 978-85-7780-583-9

        1. Design gráfico. 2. Artes gráficas. I. Título.

                                                  CDU 659.125

Catalogação na publicação: Renata de Souza Borges CRB-10/1922

Reservados todos os direitos de publicação, em língua portuguesa, à
ARTMED® EDITORA S.A.
(BOOKMAN® COMPANHIA EDITORA é uma divisão da ARTMED® EDITORA S. A.)
Av. Jerônimo de Ornelas, 670 – Santana
90040-340 – Porto Alegre – RS
Fone: (51) 3027-7000   Fax: (51) 3027-7070

É proibida a duplicação ou reprodução deste volume, no todo ou em parte, sob
quaisquer formas ou por quaisquer meios (eletrônico, mecânico, gravação, fotocópia,
distribuição na Web e outros), sem permissão expressa da Editora.

SÃO PAULO
Av. Angélica, 1.091 – Higienópolis
01227-100 – São Paulo – SP
Fone: (11) 3665-1100   Fax: (11) 3667-1333

SAC 0800 703-3444

IMPRESSO NA CHINA
PRINTED IN CHINA

2010

Evolução do design:
da teoria à prática

TIMOTHY SAMARA

006
Saber e fazer
Dos estudos à prática

010
**Revendo as regras:
o que faz um bom design?**

Vinte regras para
designers profissionais 012

014
A caixa de ferramentas visuais
Forma e espaço 016 / Cor 022
Tipografia 026 / Imagem 032 /
Layout 036

042
Da teoria à prática
Estudos de caso de projetos

Como utilizar este livro 043

01 Identidade visual da Lunar Productions
044 Tactical Magic, LLC

02 Programa de comunicação para o
050 **trânsito regional de Vorarlberg**
Sägenvier

03 Site de fotografias de Marc Montplaisir
056 OrangeTango

04 Estande comercial para a Formica
060 **Corporation, 2005**
Kuhlmann Leavitt, Inc.

05 Relatório anual de 2006 da Podravka
066 Bruketa & Žinic

06 Campanha da temporada 2006/2007
074 **da Forsythe Company**
Surface

07 Design de livro:
078 *100 Years of Magazine Covers*
Research Studios

08 Pôster para a campanha Forgotten Africa
086 Armando Milani Design

09 Marca e embalagem da Southpaw
090 **Vineyard**
Parallax Design

10 Identidade visual
094 **da Nelson Line**
paone design associates

11 Embalagem de CD de música: Fear & Desire
102 doch design

270 Colaboradores

272 Agradecimentos
Sobre o autor

12 Cartaz do concerto de aniversário
106 da Harmonie Sempach
Mixer

13 Identidade visual e site da Bizer HVAC
110 2FRESH

14 Embalagem de produtos da
116 Beeline Honey
Kym Abrams Design

15 Campanha de ação política
122 Un mundo féliz

16 Identidade visual do Conservatorio
128 di Musica Giuseppe Tartini
Leonardo Sonnoli/Tassinari Vetta

17 Relatório anual de 2005 do Memorial
134 Sloan-Kettering Cancer Center
Ideas On Purpose

18 Agenda de mesa promocional da
140 Scheufelen Paper
Strichpunkt

19 Capa de catálogo de exposição do
148 Heide Museum of Art
GollingsPidgeon

20 Branding da programação de verão de
152 2007 do American Players Theatre
Planet Propaganda

21 Identidade e site da Toronto
160 Film Studios
Compass 360, Inc.

22 Branding e sistema de embalagens
164 da Henry's Drive Vignerons
Parallax Design

23 Ambiente da Adobe Systems, Inc.
170 para conferência e mostra comercial
de design
AdamsMorioka, Inc.

24 Site da Kohn Pederson Fox
176 Architects
Firstborn

25 Identidade visual de 2007 da
182 Moonlight Cinema
Studio Pip & Company

26 Identidade visual da Zapp
188 Hesse Design

27 Design de capa de livro: *Miss Invisible*
194 Red Canoe

28 Identidade visual
198 da cidade de Wodonga
GollingsPidgeon

29 Pôster do concurso de arquitetura do
204 Calumet Environmental Center
Studio Blue

30 Redesign de garrafa: Shango Rum Liqueur
210 Wallace Church, Inc.

31 Pôster promocional da Pigeons
214 International Performance
Thomas Csano

32 Identidade visual do Sundance Film
218 Festival de 2007
AdamsMorioka, Inc.

33 Identidade visual do Melbourne
226 Design Festival de 2006
Studio Pip & Company

34 Sistema de identidade visual do ARQ
230 (Museu Arqueológico de Múrcia)
LSD

35 Projeto de arte pública para o Swansea
238 Waterfront Museum
Why Not Associates com
Gordon Young

36 Cartaz promocional de peça de teatro:
244 *Sennentuntschi*
Mixer

37 Site da Edison Innovation
248 Foundation
Firstborn

38 Catálogo de exposição:
254 *Branded and on Display*
Studio Blue

39 Padronagem de tecido para a Bonfire
260 Snowboarding Company
Research Studios

40 Site da Renée Rhyner & Company
264 Red Canoe

SABER

Dos estudos à prática

A criação envolve mais do que o estudo dos seus componentes: compreender os fundamentos da forma e da composição; aplicar esses fundamentos para evocar emoção e significar conceitos elevados; manipular mensagens de cores; compreender a semiótica e a relação entre diferentes tipos de signos visuais; controlar o ritmo do material e a hierarquia das informações; integrar tipografia e imagem para estabelecer unidade e coerência; planejar a produção do trabalho e assegurar sua qualidade física como um objeto, seja ele impresso, animado em tela ou construído. *Elementos do design: guia de estilo gráfico*, obra que este livro acompanha, focaliza esses aspectos e os princípios fundamentais necessários para entendê-los. Como aplicar todo esse conhecimento a um projeto real — de modo que o trabalho ganhe vida e desempenhe bem o seu papel — é uma questão completamente diferente, e justamente o tema de *Evolução do design*. ▍Designers iniciantes costumam pensar conscientemente em cada elemento do design. À medida que desenvolvem suas habilidades por meio da experiência, a decisão e a solução de problemas visuais tornam-se muito mais intuitivas — até mesmo inconscientes. Depois de certo tempo, a maioria nem mesmo tem consciência do papel que o conhecimento dos princípios visuais desempenha quando eles trabalham no desenvolvimento de um projeto — eles simplesmente sabem quando o resultado é o correto para a mensagem pretendida. ▍À medida que a capacidade de explorar o conhecimento visual fundamental torna-se sua segunda natureza, os designers conseguem se concentrar melhor no que realmente interessa: criar mensagens visuais poderosas que envolvam um público por algum motivo; solucionar um problema de comunicação em nome de um cliente. ▍O processo de design diferencia-se entre profissionais — há tantas maneiras de trabalhar quanto profissionais diferentes. Alguns são extremamente metódicos e analíticos, procuram entender cada passo do processo e até mesmo tomar decisões intelectualmente; outros trabalham de modo intuitivo, contando com sensações fundamentadas em seu domínio dos princípios básicos. ▍Outros ainda alternam entre um e outro método, mesclando análise e intuição. Essas abordagens costumam se traduzir na maneira como os designers estruturam seus contratos e interação comercial. ▍Muitos (mas nem todos) definem uma série de etapas para seus clientes, normalmente a fim de desmistificar o trabalho para executivos que têm receios em relação ao processo criativo — principalmente quando pagam por ele. Esses passos geralmente são divididos em começo, meio e fim — às vezes chamados de fases. Mesmo se o designer não codifica formalmente esse processo de trabalho para o cliente em um contrato ou em uma proposta, ele provavelmente imagina o processo de design dessa maneira, em fases. ▍O estágio inicial, às vezes chamado de "fase conceitual", normalmente

Embora cada designer tenha uma abordagem de trabalho diferente, muitos ainda começam da mesma maneira, à moda antiga — com uma folha em branco, um lápis ou uma caneta. À esquerda, rascunhos para um livro de design. **Massimo Vignelli: Nova York, NY; EUA.**

focaliza a pesquisa e o brainstorming. Nesse momento, os designers tentam entender o que o cliente quer comunicar, para quem e qual é a melhor maneira de fazê-lo. Essas informações costumam ser discutidas em uma reunião inicial entre o designer e o cliente e retificadas em um documento chamado briefing de criação. A equipe de design ou o designer utiliza esse briefing como um guia ao explorar ideias visuais para transmitir conceitos. Alguns designers apresentam um conceito; outros, três ou cinco. O número de conceitos que um designer fornece pode ser orientado pela preferência, pelo orçamento ou pela complexidade do projeto. ▌A fase intermediária é normalmente o período de uma investigação mais profunda e refinada, depois que o cliente concordou em seguir um dos conceitos desenvolvidos na primeira fase. Nessa etapa, os aspectos físicos e formais do projeto configuram-se; são tomadas decisões quanto a imagens, tipografia, cor, ritmo e produção. A situação mais frequente é o designer apresentar ao cliente um protótipo ou boneco do projeto, que reflete esses aspectos mais específicos para que o cliente possa fazer modificações. Cada conjunto de modificações, ou revisões, ajuda a resolver os problemas e a esclarecer os aspectos visuais e conceituais do trabalho. ▌A última fase normalmente é a de produção, em que o projeto é de fato realizado. Para projetos impressos, isso significa selecionar o tipo de papel, contratar a gráfica, imprimir e fazer o acabamento. Trabalhos ambientais, como exposições ou sinalização, exigem que os materiais sejam preparados ou construídos e instalados no local. Em projetos para a Web, a fase de produção quase sempre concentra-se na programação e depuração do código para assegurar a funcionalidade. ▌Por mais simples que pareça, o processo de design está longe de ser linear e metódico, mesmo para os designers mais talentosos e experientes. A criatividade é, por natureza, iterativa — isto é, novas discussões ou pesquisas são necessárias depois que um determinado ponto no processo é alcançado para que uma ideia seja testada, modificada e ganhe mais clareza. Com bastante frequência, alguns aspectos de uma ideia ou forma inicial tornam-se relevantes mais tarde e devem ser incorporados. ▌O desenvolvimento do design também pode ser descrito como uma espécie de processo de seleção, em que as diferentes opções são analisadas quanto a sua eficácia de um modo geral e depois mais especificamente até que o designer chegue a uma conclusão: uma seleção "final" que atenda a todos os critérios avaliados ao longo do caminho. Mesmo para designers que trabalham de modo intuitivo — ou sem uma estrutura de fases — o caminho do começo ao fim é criar, testar, selecionar e refazer, assimilando o conhecimento acumulado a partir de cada atividade. ▌Independentemente da aplicação ou do método de trabalho, todo o design eficaz exige um entendimento de como os estímulos — sejam eles abstratos ou concretos, visuais ou verbais — podem ser construídos e manipulados para transmitir ideias mais ricas e complexas, e envolver, persuadir e inspirar.

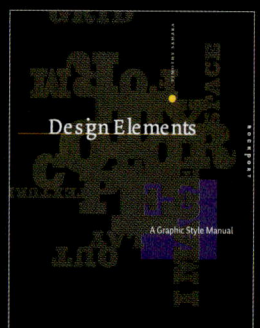
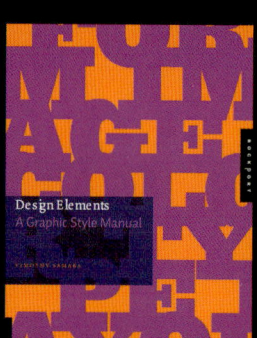
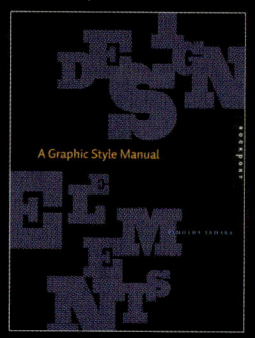

O processo de design pode percorrer um longo caminho, mesmo para profissionais experientes. Aqui, o autor analisa o desenvolvimento do seu processo para a capa de *Elementos do design*. A primeira série de conceitos produziu principalmente soluções tipográficas, a partir das quais o cliente selecionou uma ideia para ser mais explorada.

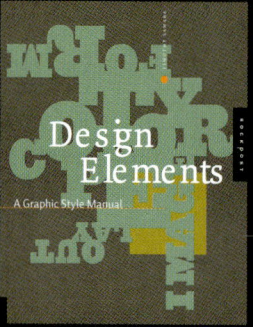
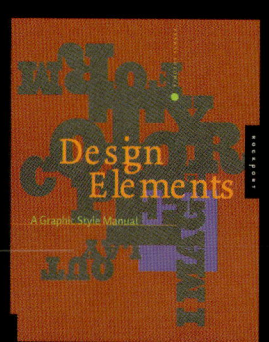
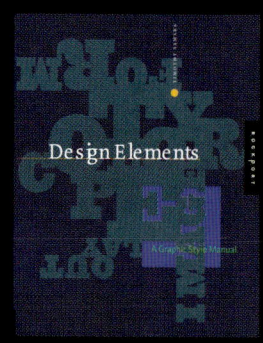

As revisões solicitadas basicamente focaram a relação entre as cores e os detalhes específicos, como o posicionamento de certos elementos de texto. No entanto, apesar do estímulo contínuo, o cliente requisitou um conjunto de novos conceitos.

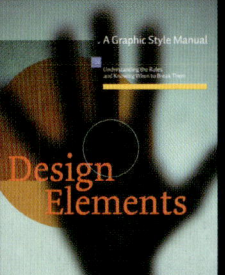 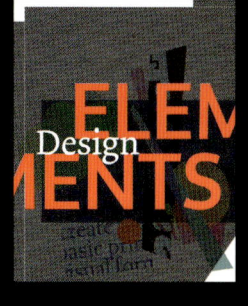 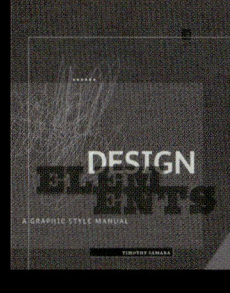 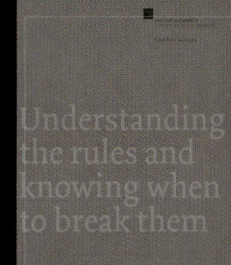

Entre os novos conceitos apresentados, dois ofereciam alguns elementos similares que tanto o designer como o cliente perceberam que poderiam ser combinados.

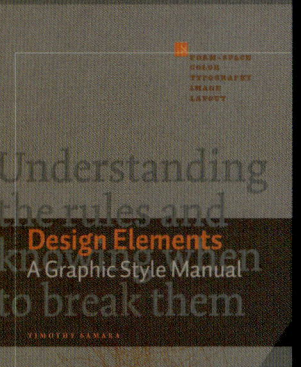 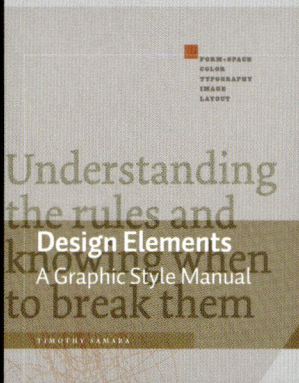 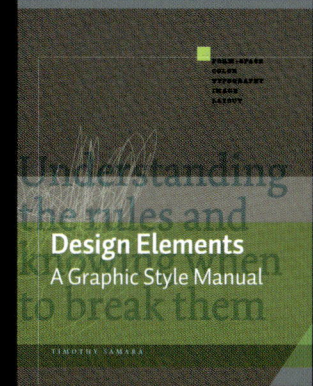

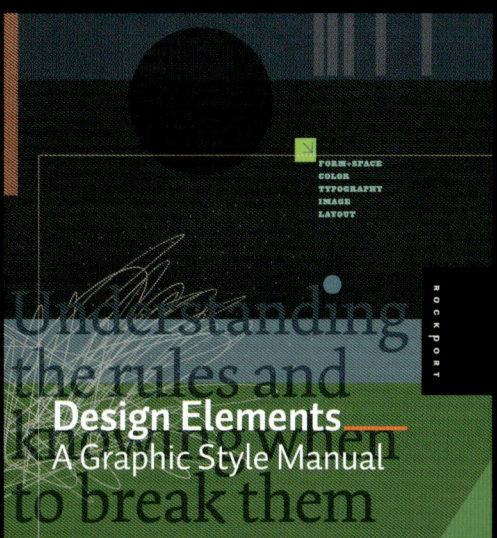

Após outro estudo de cores, o layout final da capa foi desenvolvido, como visto aqui. Juntamente com uma paleta de cores mais fria, alguns elementos abstratos apareceram no meio da sobreposição de textos.

Este pôster para uma palestra segue as regras — todas as 20, na verdade. Ele está fundamentado em um conceito forte e incorpora apenas o necessário para apoiar esse conceito. Uma composição resoluta, assimétrica, com bastante contraste, é aprimorada por uma hierarquia clara e uma tipografia facilmente acessível. As imagens foram criadas pelo designer especialmente para o pôster e se integram às formas tipográficas e aos elementos gráficos de apoio. As variações de estados compositivos oferecem densidade, ritmo e movimento em torno do formato.
**Laywan Kwan:
Nova York, NY; EUA**

REVENDO AS REGRAS:

Esta é uma pergunta difícil de responder: "bom" segundo quem? Quando alguém fala que um design é "bom" ou "ruim", está se referindo a noções de qualidade assimiladas a partir de sua educação e experiência. Sejam estéticas ou funcionais, essas noções muitas vezes fundamentam-se no nosso entendimento de como os processos perceptuais e cognitivos funcionam — como vemos e como nosso cérebro processa isso em um nível fisiológico. Entender essas funções e o seu impacto sobre a comunicação é fundamental para transmitir mensagens — com segurança — a um público amplo. No mínimo, elas são diretrizes que ajudam a evitar erros resultantes da ignorância. Mais provavelmente, elas são referências flexíveis para criar a melhor solução possível de design. Eis vinte regras que você deve levar em consideração.

o que faz um bom design?

Revendo as regras

EVOLUÇÃO DO DESIGN

1
Tenha um conceito.
Você precisa começar com uma ideia. Ela pode ser neutra — "é importante organizar essas informações para que sejam facilmente navegáveis" — ou criativamente elaborada — "esses biscoitos parecerão mais gostosos se pensarmos que foram feitos por duendes". Nenhuma ideia? Nenhum design.

2
Comunique, não enfeite.
Forma, como se costuma dizer (embora não muito ultimamente), segue a função. Isso significa duas coisas. Primeiro, cada ponto, linha, textura, forma, cor e imagem deve estar relacionado ao conceito que precisa ser transmitido (ver regra nº 1). Segundo, cada um desses elementos deve adicionar algo ao conceito. Se a forma estiver lá apenas porque parece interessante, talvez seja melhor você se livrar dela.

3
Crie uma unidade visual.
Todas as partes de um projeto devem estar claramente relacionadas entre si no nível visual. Isto é, elas devem compartilhar algumas qualidades semelhantes para que pareçam parte da mesma mensagem unificada.

4
Use no máximo duas faces de tipo.
Ok, talvez três … mas, falando sério, o design do tipo o leva somente até certo ponto, mesmo estilisticamente. É o que você faz com a tipografia que realmente importa. Para interesses básicos e hierárquicos, uma família tipográfica com diferentes pesos e larguras deve ser suficiente.

5
Mostre uma coisa de cada vez.
Falando de hierarquia… Dê ênfase visual a um item para atrair a atenção do observador. Direcione-o então — por meio de uma progressão de modificações no tamanho, no peso, nas cores, etc. — aos demais itens ou instruções importantes. Se o seu leitor não souber para onde olhar primeiro, ele vai se confundir e desistir.

6
Escolha as cores com um objetivo.
Por mais subjetiva que a percepção das cores possa ser, não se trata aqui de achismo. As cores têm significados culturais, além de relações ópticas entre si. Utilize esses aspectos objetivos para escolher e combinar as cores de maneira significativa — e opticamente dinâmica.

7
Se puder fazer com menos, melhor.
Essa é outra maneira de dizer "menos é mais". A questão é ser econômico: tente mostrar somente o que é necessário. Se "necessário" também puder ser reduzido um pouco, ótimo. Pense em quantas mensagens, quantos recursos, quantas informações irritantes o leitor médio tem de lidar todos os dias. Agora, projete com isso em mente.

8
O espaço negativo é mágico: crie-o, não o preencha.
Apesar de o espaço *em torno* de formas, fotos e texto ser aparentemente vazio, na verdade, ele é uma forma por si só. Considere-o com o mesmo cuidado que você dedica aos demais elementos de um design. Quanto mais bem integrado e interessante for o espaço negativo, mais interessante ele será e mais forte será a composição.

9
Trate a tipografia como imagem.
Essa é uma das regras mais difíceis de seguir. O tipo é uma imagem, mesmo que não pareça. Do mesmo modo que qualquer outra imagem, suas qualidades visuais devem ser consideradas no momento de integrá-lo à composição — ainda mais quando o projeto envolve uma grande quantidade de tipografia.

10
Mantenha a tipografia amigável.
Se for ilegível, não é tipografia. Se for ilegível, não é tipografia. E, se for ilegível, não é tipografia. Ao escolher os estilos e corpos dos tipos, pense no público – no seu suposto nível de educação, na sua agenda e, principalmente, na sua faixa etária. A linguagem escrita existe para transmitir informações, e seu cliente o contratou para fazer isso em nome dele. Se as informações não puderem ser lidas por alguma razão, elas não serão úteis, e você provavelmente será demitido.

11
Seja universal; não se trata de você.
Se você estiver interessado em expressar seus fetiches ou neuroses, torne-se um artista plástico e exponha seu trabalho em galerias (sério, isso paga mais). O objetivo do design (independentemente do que os acadêmicos dizem) é populista por natureza: criar mensagens claras para outras pessoas. Quanto mais compreensíveis as imagens, melhor.

12
Condense e separe: crie ritmos em termos de densidade e arejamento.
O antídoto para o tédio visual é a tensão, e há dois modos fáceis de criar tensão: o primeiro é variando constantemente tamanhos, pesos e espaços entre os elementos visuais para que eles pareçam estar se deslocando e se movendo. E...

13
Jogue com luz e sombras como fogos de artifício e o sol nascente.
Varie radicalmente o claro e o escuro em diferentes áreas de uma composição, bem como a *qualidade* dos valores de sombra e luz: preciso e agressivo, fluido e obscuro, ousado e limpo...

14
Seja decidido: faça com um objetivo, ou simplesmente não faça.
Evite ser insípido ao organizar as coisas. Os elementos visuais devem ser claramente uma coisa ou outra, ter um sentido ou outro. A ambiguidade pode ser útil, mas mesmo ela deve ser intencional, não um produto da indecisão.

15
Meça com seus olhos.
A maioria das relações formais engana os olhos – por exemplo, um círculo sólido e plano e um quadrado parecem ter tamanhos diferentes mesmo quando têm matematicamente a mesma altura: os círculos parecem contrair-se no espaço por causa de seus contornos contínuos. Todas as formas visuais interagem entre si, portanto, faça com que elas se comportem da maneira como você quer que elas pareçam se comportar. Meça com os próprios olhos; geralmente você vê melhor assim.

16
Crie as imagens que você precisa; não as procure aleatoriamente.
É muito fácil encontrar uma foto em um banco de imagens e acrescentar tipografia a ela. Mas qualquer um pode fazer isso. No mínimo, você deve modificar as fotografias encontradas para transformá-las nas imagens *certas*: personalize para o seu cliente, personalize para o seu público.

17
Ignore modismos. Sério.
O que está na moda vende. Assim como o sexo. Mas a moda, como o sexo, é rapidamente esquecida. Você pode ter lucro, mas como se sentirá pela manhã? E como sua contribuição será lembrada daqui a 100 anos? Tenha em mente a palavra *atemporal* e tome decisões com base em conceito, significado e função, não na última tendência superficial.

18
Crie movimento! Estático é igual a monótono.
Imagens bidimensionais que parecem cinéticas – em movimento – atraem mais a atenção e retêm interesse por um período de tempo mais longo do que aquelas que parecem cansadas, rígidas e sem vida. Organizar os elementos visuais assimetricamente, com diferentes intervalos espaciais entre eles e ênfases direcionais contrastantes, cria a aparência de profundidade e movimento espacial. Componha sabiamente.

19
Preste atenção à história, mas não a repita.
Muitos designers de sucesso inspiram-se em inovadores do passado, assim como acontece com qualquer área do conhecimento humano. Dito isso, aplicar a própria compreensão de *como* um trabalho alcançou seu objetivo e o imitar são duas coisas diferentes. Tenha respeito, não cruze a linha entre bajulação e plágio.

20
A simetria é o mal supremo.
Um material organizado simetricamente cria intervalos espaciais repetitivos e estáticos, violando a regra nº 18. Além disso, a simetria implica que o formato tem um centro, portanto, não oferece algo de novo ao observador. Desse modo, é o formato que cria o design, não o designer.

O designer gráfico assimila conceitos verbais e dá forma a eles; em seguida, organiza a forma resultante em uma experiência tangível, navegável. A qualidade dessa experiência depende do domínio de habilidades complexas e do conhecimento dos elementos visuais que compõem o trabalho. E há uma grande quantidade deles — uma caixa de ferramentas gigantesca de formas, cores, truques perceptivos, diferentes tipos de imagens, etc. — disponível para a escolha do designer.

Evolução do design oferece uma análise detalhada de como os designers utilizam com sucesso esses ingredientes básicos para criar mensagens visuais poderosas que resultam em um todo muito mais impactante do que a soma das partes. O design é como um bom guisado: os ingredientes que compõem esse prato — carne, cenoura, batata, sal, pimenta e caldo de carne — são bons por si sós, mas, misturados nas proporções corretas, eles se tornam algo inteiramente diferente. Um designer é como um bom cozinheiro. Ele conhece o sabor de cada ingrediente e, sobretudo, como os vários ingredientes funcionam em conjunto.

Nesta seção, examinaremos esses elementos visuais fundamentais do design gráfico.

 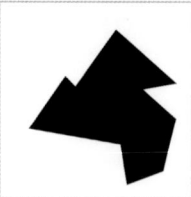

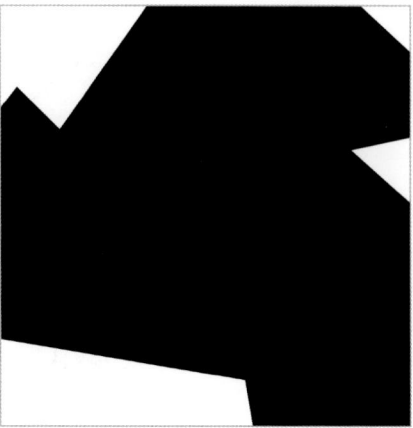

Todo o design gráfico – toda a produção de imagens, independentemente do meio ou objetivo – centra-se na manipulação da forma. A "forma" é o substrato: contornos, linhas, texturas, palavras e imagens. Nosso cérebro utiliza a forma para identificar o que é visto; a forma é uma mensagem. Transformar essa forma em algo belo faz com que a tarefa do designer vá além de simplesmente unir elementos e apresentá-los a um público.

O termo "belo" tem vários significados, dependendo do contexto; ilustrações agressivas, rasgadas, realizadas por colagens são belas; tipo xilográfico é belo; todas as espécies de imagens brutas podem ser chamadas de belas. "Belo", como descrição, poderia ser melhor substituído pelo termo "resolvido", significando que todas as partes da forma estão relacionadas entre si e nenhuma parte dela parece desconectada de qualquer outra; e pelo termo "decisivo", significando que a forma é confiável, convincente e intencional.

A forma é considerada um elemento ou objeto positivo. O espaço é considerado negativo – o "fundo" sobre o qual a forma torna-se uma "figura". A relação entre forma e espaço, ou figura e fundo, é complementar; é impossível mudar um sem modificar o outro. O confrontamento entre figura e fundo define a espécie de atividade visual e o sentido de dimensão percebidos pelo observador.

Todas essas qualidades são inerentemente comunicativas. Solucionar as relações entre a figura e o fundo é o primeiro passo na criação de uma mensagem simples e universal antes de o observador registrar a identidade de uma imagem ou o conteúdo presente em um texto qualquer. Criar uma composição organizando a figura e o fundo é de vital importância no design porque isso afeta vários outros aspectos, desde a resposta emocional geral até a hierarquia das informações.

Composições resolvidas e aperfeiçoadas criam mensagens claras. Resolver e refinar uma composição significa entender que tipo de mensagem está sendo transmitido por uma dada forma, o que ela faz no espaço e qual efeito a combinação desses elementos tem sobre o observador. Isso, naturalmente, levanta a questão da "clareza", que está relacionada ao fato de uma composição e as formas dentro dela serem imediatamente

Forma e espaço

A forma, ou a "figura", é considerada um elemento positivo – o "material" – enquanto o espaço, ou o "fundo", em torno dela é considerado seu negativo, ou oposto. Ambos são mutuamente dependentes – é impossível alterar um sem afetar o outro. Criar relações dinâmicas entre o positivo e o negativo é essencial para uma boa composição.

Aqui, o simples reposicionamento e dimensionamento da forma criam diferentes graus de atividade no espaço. No último exemplo, o positivo e o negativo parecem mudar de lugar, um estado chamado "inversão figura-fundo".

compreensíveis. Parte disso depende do refinamento das formas e parte depende da resolução da relação entre forma e espaço e se essa relação é "decisiva". Uma forma ou uma relação espacial é decisiva se for claramente uma coisa e não outra. Por exemplo, uma das formas é maior ou menor do que aquela ao lado dela, ou ambas têm o mesmo tamanho? Se a resposta a essa pergunta for rápida e ninguém puder contra-argumentar – "a coisa à esquerda é maior" –, então a relação formal ou espacial é decisiva.

Categorias de forma Há vários tipos de formas básicas, e cada uma faz algo diferente – ou o olho e o cérebro percebem cada tipo de forma como fazendo algo diferente, como tendo uma identidade própria. As formas mais básicas são o ponto, a linha e o plano. Dessas, a linha e o plano também podem ser classificados como geométricos ou orgânicos; o plano pode ser liso, texturizado ou parecer ter volume ou massa tridimensional. ▌O ponto é um foco de atenção que se contrai e irradia ao mesmo tempo. Por mais simples que pareça, um ponto é um objeto complexo, o bloco de construção fundamental de todas as outras formas. Cada forma ou massa com um centro reconhecível – um quadrado, um trapezoide, um triângulo ou um balão – é um ponto, independentemente do seu tamanho. ▌A característica essencial de uma linha é de conexão entre áreas em uma composição. Essa conexão pode ser invisível, definida pelo espaço entre dois pontos, ou pode assumir uma forma visível como um objeto concreto, indo de um lado a outro entre um ponto inicial e um ponto final. Diferentemente de um ponto, a qualidade da linha é de movimento e da direção; uma linha é dinâmica em vez de estática. Enquanto os pontos criam centros focais, as linhas desempenham outras funções. Elas podem separar espaços, unir espaços ou objetos, criar barreiras protetoras, incluir ou limitar, e interseccionar. ▌Um plano é simplesmente um ponto que se tornou tão grande dentro de seu formato que seu contorno externo tornou-se reconhecível, captando a atenção do observador – por exemplo, por sua aparência angular ou curvilínea. Quando o plano transcende sua identidade como ponto, ele assume uma espécie de peso ou massa, mesmo que pareça oticamente achatado. Planos são mais chamados por outra palavra: "forma". ▌Há duas categorias gerais de forma, cada uma com características formais e comunicativas próprias que têm efeito imediato sobre a mensagem: geométrica e orgânica. ▌Uma forma é, por natureza, considerada geométrica se o seu contorno for regular – se suas medidas externas forem matematicamente semelhantes em várias direções – e, de modo muito geral, se parecer angular ou com uma borda rígida. É uma visão antiga e arraigada perceber elementos irregulares, macios ou texturizados como pertencentes à natureza e, portanto, classifi-

Este pôster demonstra interações complexas entre elementos positivos e entre os elementos e o formato. Observe a ampla variedade das formas e os tamanhos dos espaços entre as formas, bem como as diferentes relações entre as formas e as bordas do formato.
Hesse Design: Düsseldorf, Alemanha

cá-los como orgânicos. A qualidade da atividade na superfície ajuda a diferenciar as formas umas das outras, assim como os próprios contornos das formas o fazem. Há duas categorias básicas da atividade na superfície: textura e padrão. O termo "textura" se aplica a superfícies com uma atividade irregular sem repetição aparente. Por causa dessa aleatoriedade, a textura é geralmente vista como orgânica ou natural. O "padrão", por outro lado, tem uma qualidade geométrica — ele é um tipo específico de textura em que os componentes são organizados em uma estrutura reconhecível e repetida — por exemplo, um grid de pontos. A existência de uma estrutura planejada significa que os padrões são compreendidos como algo não orgânico: eles são sintéticos, mecânicos ou produzidos em massa.

Composição: quebrando e ativando o espaço
O espaço é definido e recebe significado no momento em que uma forma aparece em seu interior. Cada elemento incorporado ao espaço adiciona complexidade e cria outros novos espaços, forçando-o em diferentes configurações, que se ajustam ao redor das formas como peças de um quebra-cabeça. As proporções entre positivo e negativo podem ser geralmente estáticas ou geralmente dinâmicas. Como o nível da imagem já é um ambiente plano, em que o movimento e a profundidade precisam ser criados como uma ilusão, lutar contra a

Todas as formas — sejam elas fotográficas ou abstratas — podem ser divididas em quatro categorias: ponto; linha; plano ou massa; e atividade da superfície (padrão ou textura). Formas em uma dessas categorias são descritas como geométricas ou orgânicas. Os pontos são não direcionais; eles concentram a atenção e irradiam-se para o exterior. As linhas conectam, separam e movimentam. Os planos são, na verdade, grandes pontos cujos contornos externos tornaram-se diferenciados. Na atividade da superfície, o "padrão" é repetitivo e sistemático, enquanto a "textura" é irregular.

Este anúncio é um estudo do ritmo das linhas. Os vários gravetos e instrumentos, embora reconhecíveis como tais, são simplesmente linhas que integram a composição. Algumas são absolutamente verticais, enquanto outras são rígidas. O designer foi cuidadoso ao dispor os elementos, organizando-os conforme suas relações verticais no sentido de cima para baixo e explorando as formas individuais a fim de direcionar o olhar através delas e ao longo da página.
Studio Pip & Company: Melbourne, Austrália

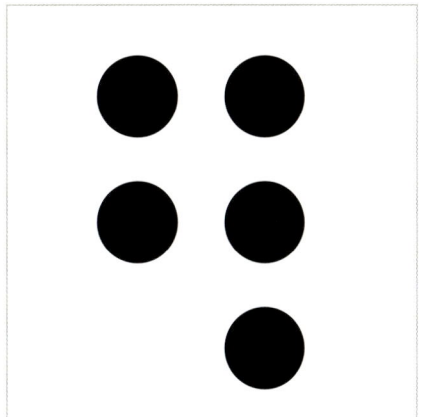
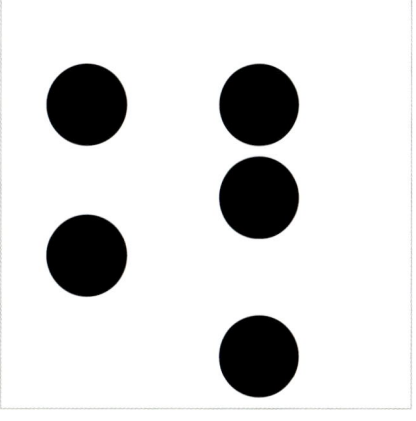
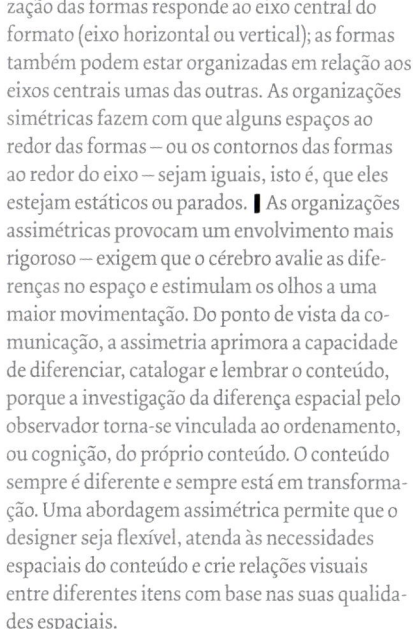

tendência à sensação estática da forma bidimensional é importante. Os espaços interiores de uma composição geralmente parecem estáticos — em estado de repouso ou de inércia — quando são oticamente iguais entre si. Alterar os intervalos entre as formas, ou entre os elementos e os limites do formato, cria uma composição dinâmica. O movimento dos olhos é aumentado quando esses intervalos exibem mais contraste entre si. ▌Dentro de um formato composicional, o designer pode aplicar várias estratégias básicas à organização das formas. Assim como as identidades das formas selecionadas começam a gerar mensagens para o observador, suas posições relativas dentro do formato, os espaços criados entre elas e suas relações recíprocas contribuirão para mensagens adicionais. Além da disposição lado a lado no plano da imagem, o designer também pode organizar a forma em um espaço dimensional ilusório — isto é, definir os elementos como existindo no primeiro plano, no plano de fundo ou em algum lugar entre eles. Sobrepor, sangrar e também girar os elementos em relação aos outros pode induzir a uma sensação de movimento cinético. Formas percebidas como integrantes de um espaço dimensional muitas vezes parecem se mover em uma direção ou outra — retrocedendo ou avançando. Justapor uma forma estática, como uma linha horizontal, com uma mais ativa, por exemplo, uma linha diagonal, convida à comparação e, estranhamente, à pressuposição de que uma está imóvel enquanto a outra está se movendo. Mudar os intervalos entre os elementos também gera comparação e, novamente, leva à estranha conclusão de que as formas estão se movimentando umas em relação às outras. O grau de movimento criado por tal sobreposição, sangramento e separação espacial rítmica evoca graus variáveis de energia ou repouso; o designer, portanto, deve controlar essas mensagens como faria com qualquer outra.

Simetria e assimetria Diferenciar todas as proporções entre e em torno das formas em uma composição possibilita que a simetria seja minimizada. A simetria é um estado em que a organização das formas responde ao eixo central do formato (eixo horizontal ou vertical); as formas também podem estar organizadas em relação aos eixos centrais umas das outras. As organizações simétricas fazem com que alguns espaços ao redor das formas — ou os contornos das formas ao redor do eixo — sejam iguais, isto é, que eles estejam estáticos ou parados. ▌As organizações assimétricas provocam um envolvimento mais rigoroso — exigem que o cérebro avalie as diferenças no espaço e estimulam os olhos a uma maior movimentação. Do ponto de vista da comunicação, a assimetria aprimora a capacidade de diferenciar, catalogar e lembrar o conteúdo, porque a investigação da diferença espacial pelo observador torna-se vinculada ao ordenamento, ou cognição, do próprio conteúdo. O conteúdo sempre é diferente e sempre está em transformação. Uma abordagem assimétrica permite que o designer seja flexível, atenda às necessidades espaciais do conteúdo e crie relações visuais entre diferentes itens com base nas suas qualidades espaciais.

Ativando o espaço Durante o processo de composição da forma em um dado espaço, partes do espaço podem ficar desconectadas umas das outras. Uma seção pode ser separada fisicamente ou bloqueada por um elemento maior que cruze o formato de uma borda a outra, ou pode estar separada opticamente por um conjunto de

Quando a forma entra no espaço, ela o modifica. A quebra do espaço tem impacto imediato sobre a sensação geral que a composição evoca simplesmente devido ao grau de contraste entre as áreas e a atividade óptica. O primeiro exemplo mostra um arranjo estático da forma e intervalos espaciais não diferenciados.

O segundo exemplo mostra o efeito da alteração dos intervalos espaciais para criar tensão e abertura. Todos os espaços nesta composição estão ligados e são, portanto, considerados "ativos". Há inúmeras estratégias para organizar a forma no espaço. Cada uma contribui de uma maneira diferente para o grau da atividade espacial e da organização em uma composição, e, portanto, para o seu significado potencial.

Uma comparação destas duas imagens — um cartão promocional para um vinho australiano e um pôster para um espetáculo de dança — mostra a diferença entre as qualidades espaciais perceptíveis da simetria e da assimetria.
Parallax Design:
Melbourne, Austrália
STIM: Nova York, NY, EUA

formas alinhadas de maneira a impedir que o olhar atravesse o alinhamento e entre no espaço além. Agrupar combinações ativas da forma em uma parte de um formato, para foco, pode resultar em espaços que parecem vazios ou isolados dessa atividade. Nesses casos, o espaço pode ser chamado de "inerte" ou "inativo".

▌Um espaço inerte ou inativo chama a atenção porque não se comunica com os outros espaços na composição. Para ativar esses espaços, é necessário fazer com que eles dialoguem novamente com outros espaços na composição.

Contraste compositivo Criar áreas com uma presença ou qualidade diferente — áreas que contrastam entre si — é inerente à criação de uma composição bem solucionada e dinâmica. Embora o termo "contraste" se refira a relações específicas (claro *versus* escuro, curva *versus* ângulo e dinâmico *versus* estático), ele também se aplica à qualidade da diferença nas relações entre as formas e os espaços que interagem conjuntamente dentro de um formato. A confluência de estados variados de contraste é às vezes chamada de "tensão". ▌Uma composição com um contraste forte entre formas arredondadas e formas com ângulos agudos em uma área, em oposição à outra área em que todas as formas são similares, exibe tensão na angularidade. Já uma composição que contrasta áreas de ritmos de linha densos e ativos com áreas que, no geral, são mais abertas e regulares exibe tensão no ritmo.

Ver para crer Qual é o resultado de toda essa interação entre espaço e forma? No nível mais básico, o resultado é o significado. Formas abstratas transmitem significado porque são diferentes entre si — sejam elas linhas, pontos ou

Nesta composição, vários elementos funcionam em conjunto para ativar uns aos outros. O clipe de papel que corta o retângulo preto, a sobreposição inclinada que contrasta com as linhas diagonais fortes da foto e o ponto de interrogação branco desenhado sobre todos os elementos cria um quadro vivo e incitante que envolve o leitor e demonstra a habilidade e a confiança do designer.
Studio Pip & Company: Melbourne, Austrália

Página oposta, acima: o detalhe da linha neste relatório anual de um centro de pesquisas sobre o câncer é uma representação de arranjos de DNA. O uso da textura comunica essa ideia claramente — e o movimento das formas é denotado na disposição de tipografia e imagem. O designer também explora o movimento do DNA para comunicar a ideia de "ritmo energético".
Ideas On Purpose: Nova York, NY, EUA

diferença entre outros. Como pequenos ajustes na forma são facilmente percebidos, a diferença entre cada grupo pode ser controlada de modo preciso. Diferenciando alguns elementos de outros dentro de um agrupamento geral, o designer cria foco, permitindo que o observador identifique um conjunto de elementos e compare-os a outro. Essa comparação levanta várias questões: "Qual é a natureza de cada grupo? Em que eles se diferenciam? O que essa diferença significa? A diferença torna um grupo mais importante do que outro?".

❙ As formas adquirem novos significados quando participam de relações espaciais; quando compartilham ou opõem suas características de massa ou textura; e quando têm relações por conta da sua rotação, singularidade ou repetição, alinhamento, agrupamento ou separação entre si. Cada estado diferente indica algo novo sobre as formas ao observador, adicionando significado.

planos (e, especificamente, que tipo de plano). ❙ Há inúmeras estratégias para criar comparações entre agrupamentos de forma ou de partes no interior de um grupo. O grau de diferença entre os elementos pode ser sutil ou substancial, e o designer pode sugerir diferentes níveis de significado isolando um grupo ou uma parte mais sutilmente, enquanto exagera a

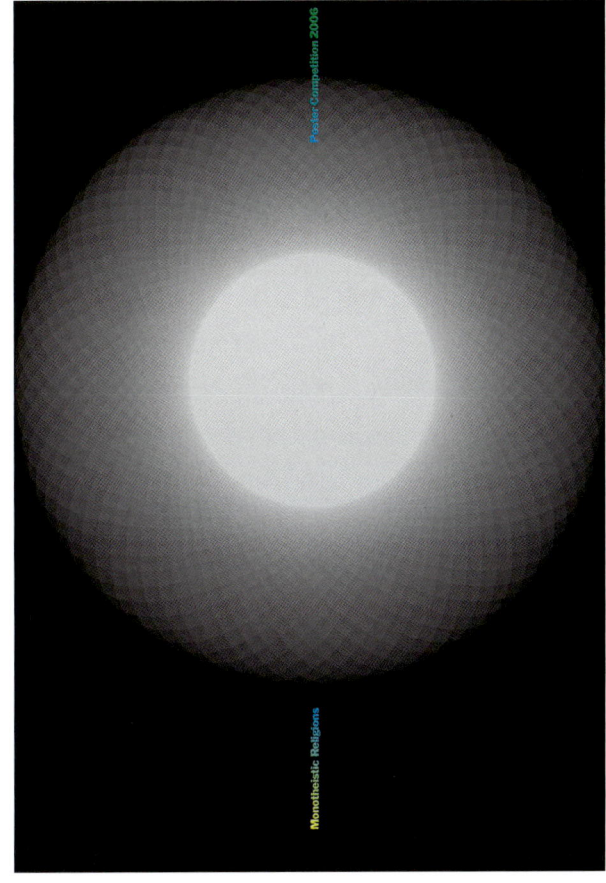

Neste pôster, o arranjo simétrico foca a atenção nas formas e cria uma espécie de contemplação íntima. O elemento circular, criado a partir de elipses sobrepostas, é um grande ponto que sugere uma aréola ou coroa. O ponto também funciona como um olho, cuja escala controla e domina o formato. Todas essas mensagens comunicam as qualidades onipotentes associadas às divindades das religiões monoteístas — aquelas em que há apenas um deus.
Studio di Progettazione Grafica: Cevio, Suíça

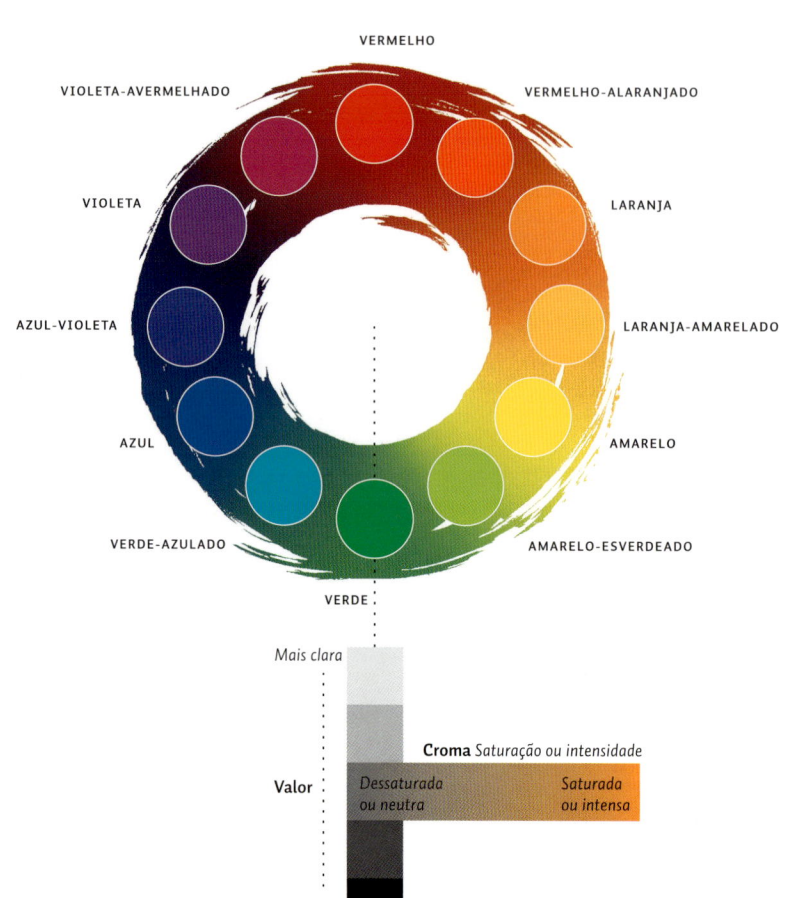

Há poucos estímulos visuais tão poderosos quanto as cores. Elas são uma ferramenta de comunicação extremamente útil. Mas o significado transmitido pelas cores — porque resulta de ondas de luz refletidas que são transmitidas por meio de um órgão imperfeito (os olhos) a um intérprete imperfeito (o cérebro) — é altamente subjetivo.

O mecanismo de percepção das cores é universal entre os seres humanos, mas o que fazemos com elas depois que as vemos é algo completamente diferente. Controlar as cores visando à comunicação depende do entendimento de como suas qualidades ópticas se comportam. Uma cor é definida por quatro qualidades essenciais relacionadas à nossa percepção de sua natureza essencial como ondas de luz: o **matiz** refere-se à identidade de uma cor — independentemente de ela aparecer vermelha, violeta, laranja ou amarela. Essa identidade é o resultado de como percebemos a luz que é refletida a partir de objetos em determinadas frequências. Dos quatro atributos intrínsecos às cores, a percepção do matiz é o mais absoluto: vemos uma cor como vermelho ou azul, por exemplo. Mas a percepção de todas as cores é relativa, ou seja, a identidade de uma cor só pode ser conhecida quando a comparamos com uma cor adjacente. A **saturação** de uma cor descreve sua intensidade, ou brilho. Uma cor saturada é muito intensa ou vibrante.

Cor

As relações entre as cores são definidas pela posição relativa no disco cromático de Munsell. Os vários matizes — as diferenças no comprimento das ondas de luz — exibem um valor (escuridade ou claridade) e um croma, também chamado de saturação ou brilho. Esses atributos são mapeados ao longo de diferentes eixos no diagrama modelo.

A cor é relativa — a percepção do matiz, da temperatura, do valor e da saturação de uma dada cor mudam completamente dependendo das cores adjacentes a ela. Esse efeito — demonstrado pelas modificações na cor aparente da amostra central em combinação com outras cores — é chamado "contraste simultâneo".

Em relação aos tons de pele dos bailarinos neste programa de uma companhia de dança, a cor das roupas cria relações complementares e análogas. Na sobreposição das imagens transparentes, são exploradas as relações entre intensidade e valor.
Surface: Frankfurt am Mein, Alemanha

Cores foscas, mas cujos matizes continuam perceptíveis, são chamadas de dessaturadas. Cores em que quase nenhum matiz é visível, como cinza quente, são neutras. Assim como o matiz, a saturação visível de uma cor irá mudar se ela for comparada a uma cor adjacente. O **valor** de uma cor é sua escuridão ou luminosidade intrínseca. O amarelo é percebido como sendo claro; o violeta, como sendo escuro. Novamente, tudo é relativo. Uma cor pode ser considerada mais escura ou mais clara somente em comparação com outra. O amarelo, por exemplo, parece mais escuro do que o branco, que tem o valor mais claro que qualquer cor. Um azul ou violeta extremamente profundo parece bastante luminoso contra um preto máximo, que tem o valor mais escuro que qualquer cor (preto sendo tecnicamente a ausência de qualquer luz refletida).

A **temperatura** de uma cor é uma qualidade subjetiva que está relacionada a experiências. As cores consideradas "quentes", como vermelho ou laranja, lembram o calor; as frias, como verde ou azul, remetem a ambientes ou materiais frios, como o gelo.

Interação das cores Um modelo de cores é uma ferramenta que ajuda a descrever as relações entre as cores. Um desses modelos, o disco de cores, foi desenvolvido por Albert Munsell, pintor e cientista britânico. Trata-se de uma representação circular dos matizes — as diferenças no comprimento de onda que distinguem o azul do amarelo, do vermelho — modificados ao longo de dois eixos que descrevem a escuridão ou luminosidade das cores (seu valor) e seu brilho relativo (sua saturação). Utilizando um modelo, por exemplo, o disco de cores como uma referência, o designer pode criar relações intencionais entre combinações de cores para harmonizá-las ou introduzir tensão como um contraponto.

Relações entre matizes O designer pode criar interação de diferentes matizes, independentemente de sua saturação ou valor, de acordo com sua posição no disco de cores. Quanto mais próximas as cores aparecem no disco, mais semelhantes são suas qualidades ópticas e, consequentemente, é a sua relação mais harmoniosa. Quanto mais distantes as cores estão no disco, mais contrastantes são suas qualidades ópticas.

Relações entre valores Independentemente dos seus matizes específicos, as cores selecionadas para uma paleta terão relações de escuridão ou de claridade. Variando o número de saltos entre um valor e outro, ou de acordo com a intensidade com que os valores entre as cores mudam, o designer pode criar contraste e ritmo entre as áreas mais escuras e mais claras, mesmo se o número de matizes utilizados — ou as diferenças entre eles — for limitado.

Relações entre saturações As relações entre saturações podem ocorrer independentemente das relações entre os matizes, mas normalmente terão um efeito sobre o valor ou a temperatura — à medida que um matiz é dessaturado, pode parecer que ele se torna mais escuro em relação a um matiz diferente de maior saturação, mas também pode parecer que ele se torna mais suave se o matiz adjacente for uma cor quente. Agrupar matizes análogos de intensidade semelhante, mas alterar a intensidade de um, cria uma paleta rica e harmoniosa. Agrupar matizes complementares, ou complementos separados, todos com valores semelhantes e saturações diferentes, cria uma experiência de cor ricamente diversa.

Relações entre temperaturas O designer pode estabelecer relações em uma paleta de cores com base na temperatura relativa. Agrupar cores com temperatura semelhante, em conjunto com uma ou duas variações nos mesmos matizes que são mais quentes ou mais frios — por exemplo, verde, azul e violeta frios com verde mais quente — pode gerar possibilidades enormes de combinação de cores e, ao mesmo tempo, manter um ambiente de cor firmemente controlado. ▌Uma resposta óptica que afeta todas as relações entre as cores — sejam com base em matiz, valor, saturação ou temperatura — é a do contraste simultâneo: efeito em que uma cor parece ser diferente quando está próxima a cores que alteram radicalmente sua identidade aparente. Por exemplo, um verde ligeiramente amarelado poderia parecer mais quente e até mesmo mais amarelo quando em contato com um azul-violeta profundo, mas mais frio e mais suavizado em relação a um verde-amarelado intenso. Sempre considere o contraste simultâneo — e o potencial bônus nas cores aparentes — ao escolher uma paleta.

Cor: forma e espaço As cores mostram algumas propriedades espaciais. Cores frias parecem recuar enquanto cores quentes parecem avançar. Das cores primárias, o azul parece recuar e o amarelo, avançar, mas o vermelho parece parado em uma profundidade intermediária no espaço. Aplicar cores a uma composição terá um efeito imediato sobre a hierarquia, a ordem de importância relativa das formas no espaço. As relações intrínsecas em uma composição em preto e

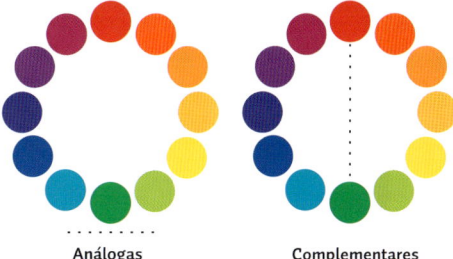

Análogas   Complementares

branco poderiam ser exageradas pela aplicação de cores cromáticas, ou intencionalmente tornadas ambíguas. A aplicação de cor na base de uma composição pode reforçar ainda mais a hierarquia. Uma forma em uma cor, especificada em um campo de outra cor, estará estreitamente vinculada a ela ou permanecerá agressivamente separada, dependendo da relação entre as cores. Se as cores dos elementos no primeiro e no segundo planos estiverem relacionadas, os dois elementos ocuparão uma profundidade espacial semelhante. Se por natureza eles forem complementares, os dois ocuparão profundidades espaciais bem diferentes.

Narrativas da cor: codificando com cores Em um ambiente visual complexo, a cor pode ajudar a distinguir diferentes tipos de informações e também a criar relações entre componentes ou edições de uma publicação. O designer poderia desenvolver, por exemplo, uma paleta para elementos gráficos e tipográficos que ajuda os leitores a distinguir componentes específicos do texto (títulos, subtítulos e corpo) ou seções de informações. Também seria possível utilizar uma paleta geral para todos os elementos com base nas cores ou no conteúdo temático das fotografias. Essa paleta talvez tenha uma base uniforme, como uma seleção de cores neutras quentes que permanecem constantes, enquanto as cores de ênfase mudam. O uso das cores pode ser codificado — atribuindo-se cores para identificar seções ou componentes — ou não. ▌A codificação de cores é uma opção para a utilização da cor como um sistema. Para ser eficaz, a codificação das cores deve ser relativamente simples e facilmente identificável. Utilizar muitas cores para codificação cria confusão, uma vez que o observador é forçado a lembrar qual cor está relacionada a qual informação. Codificar com cores de matizes parecidos — azul profundo, azul-piscina e verde — pode ajudar a distinguir subcategorias de informações dentro de um grupo geral, mas garanta que o observador seja capaz de perceber as diferenças entre as cores. ▌Separar ainda mais as cores em sua relação umas com as outras pode ajudar. Por exemplo, o azul profundo poderia pender para o violeta, enquanto amarelo poderia ser adicionado ao verde. Os componentes em um sistema — digamos, uma família de brochuras — podem mudar ao longo do tempo, ou novos componentes podem ser acrescentados posteriormente; assim, as várias partes do sistema precisam ser distinguíveis uma da outra e, ao mesmo tempo, manter uma unidade. A codificação com cores não apenas ajuda o observador a separar rapidamente os componentes uns dos outros, mas também aprimora a unidade do sistema. O número de cores selecionadas, e a proximidade de suas relações, será determinado avaliando-se quantos componentes precisam ser delineados.

Sistemas de cores limitados Embora diversos projetos demandem imagens em quadricromia — cores de processo, ou CMYK —, optar pelo uso de escalas específicas, chamadas cores "especiais", oferece possibilidades excitantes. As cores

As cores têm um forte efeito sobre a percepção da localização espacial. O vermelho é visto como repousando em uma posição equivalente à superfície de uma imagem (o plano da figura). O amarelo e as cores mais quentes além do vermelho parecem avançar no espaço, enquanto as cores frias como o azul e o violeta parecem recuar.

Manter algumas variáveis e alterar apenas duas — ou mesmo uma — fornece bastante flexibilidade à criação de paletas que são unificadas, porém ricas e complexas. (à esquerda) Sistema de uma variável (à direita) Sistema de duas variáveis.

especiais não precisam se restringir a projetos pequenos ou de baixo orçamento; mesmo uma paleta de duas cores cuidadosamente selecionadas pode ser tão poderosa quanto um trabalho em quatro cores e unificar ainda mais os materiais. Essa abordagem é especialmente útil para a construção de marcas, em que a inter-relação das tintas pode ser utilizada para diferenciar publicações em um sistema de folhetos e, ao mesmo tempo, reforçar a identidade da marca. ▌Quando o designer trabalha apenas com duas ou três cores de tinta, é essencial escolher cores com uma interação cromática dinâmica. Imprimir um trabalho com duas complementares como contrapartes, por exemplo, é uma primeira possibilidade intuitiva. Sua natureza complementar não precisa ser exata. Por exemplo, modificar azul e laranja pode criar combinações interessantes e manter seus contrastes inerentes, como um azul-violeta e laranja. A maioria das tintas de impressão é translúcida, portanto, o designer tem a opção de imprimir cada tinta em sua intensidade total — ou "tonalizá-las" para tornar seus valores mais suaves — e de imprimir uma tinta sobre a outra, na intensidade total ou em combinações de tonalidades. O processo de impressão de uma tinta sobre outra é chamado de "impressão sobreposta" e cria novas cores a partir da sobreposição.

Psicologia das cores As cores trazem várias mensagens psicológicas que podem ser utilizadas para influenciar o conteúdo tanto de imagens como do significado verbal da tipografia. Esse componente emocional das cores está profundamente conectado à experiência humana em um nível instintivo e biológico. Cores com diferentes comprimentos de onda têm diferentes efeitos sobre o sistema nervoso autônomo. Cores mais quentes, como vermelhos e amarelos, têm comprimentos de onda longos, e mais energia é necessária para processá-las à medida que os olhos e o cérebro as capturam. O aumento correspondente no nível de energia e na taxa metabólica se traduz como excitação. De modo inverso, comprimentos de onda mais curtos das cores mais frias — como azul, verde e violeta — exigem bem menos energia para serem processados, resultando na redução da velocidade da nossa taxa metabólica e em um efeito suave e calmo. ▌As propriedades psicológicas das cores também dependem bastante da cultura e da experiência pessoal do observador. Muitas culturas associam cores vermelhas a sensações de fome, raiva ou energia porque o vermelho está relacionado à carne, ao sangue e à violência. Em contraposição, os vegetarianos poderiam ligar a cor verde à fome. Nas culturas ocidentais, que são predominantemente cristãs, morte e luto são associados à cor preta, mas os hindus os relacionam à cor branca. Claramente, selecionar uma cor para palavras específicas em uma composição pode adicionar significados por vincular suas associações à mensagem verbal. Um título ou sistema de títulos especificado em uma cor poderia assumir um significado diferente quando especificado em outra. Comparar as opções de cores para os caracteres tipográficos ajuda, simultaneamente, a determinar a cor mais apropriada para a comunicação.

Paletas de cores limitadas são úteis para reduzir custos e criar sistemas de codificação a fim de aprimorar a navegação ou de distinguir produtos em uma coleção, como visto nestes produtos de banho.
Hyosook Rang: School of Visual Arts: Nova York, NY; EUA

As qualidades ópticas do vermelho intenso e do vermelho-violeta mais frio realçam a dimensionalidade sugerida pelos planos neste pôster.
Leonardo Sonnoli: Rimini, Itália

| Caixa | Peso | Largura | Contraste | Inclinação | Estilo |

O conhecimento tipográfico é muito vasto, e são muitas as habilidades necessárias para dominar suas complexidades. Há centenas, se não milhares, de informações interligadas que o designer precisa ter em mente ao navegar por questões importantes referentes ao conceito e ao layout: pequenas diferenças entre as formas das letras, relações sistemáticas e rítmicas entre os traços das letras e as contraformas entre eles; espaçamento entre letras, palavras, frases e parágrafos; convenções para alinhar blocos tipográficos e separar outros, etc. É crucial tornar-se sensível a esses detalhes ópticos e entender seu efeito sobre o espaçamento, a organização, a comunicação estilística, a legibilidade e a composição.

Variações visuais A forma das letras em todas as faces de tipo se diferencia de seus arquétipos em apenas seis aspectos: caixa, peso, contraste, largura, inclinação e estilo. Designers de tipo alteram e combinam sutilmente as variáveis nesses seis aspectos para criar estilos específicos de tipo. Diferentes abordagens no desenho dos tipos evoluíram, tornaram-se populares ou foram descartadas ao longo do tempo; como resultado, os aspectos formais de determinadas tipografias muitas vezes transmitem associações com períodos específicos na história, movimentos culturais e localização geográfica. ▎Mais importante, o desenho de uma tipografia apresentará frequentemente especificidade de ritmo, ou cadência, bem como produzirá uma presença física distinta que pode conotar sensações em um design — rápidas ou lentas, agressivas ou elegantes, vulgares ou confiáveis. Considere que nem todos os observadores percebem as mesmas associações em uma dada fonte; portanto, o designer deve avaliar cuidadosamente sua seleção tipográfica de acordo com o público-alvo de uma determinada peça.

Tipografia

Todos os alfabetos se diferenciam apenas pela variação de seis aspectos: caixa, peso, largura, inclinação, contraste e estilo. Dentro dessas variáveis, existe uma série ilimitada de possibilidades espaciais, de expressão e de textura.

Combinando estilos de tipografia A recomendação padrão ao misturar tipos é selecionar duas famílias tipográficas para um dado trabalho. Como conselho básico, esse é um bom início, pois propicia estrutura para encontrar uma quantidade máxima de contraste e força o designer a exercitar algumas restrições. Como ocorre com todas as regras tipográficas, naturalmente, o contexto desempenha um papel importante na decisão de seguir, ou não, essa regra. A complexidade das informações apresentadas é uma das variáveis; a neutralidade, a unidade e a expressividade geral são as outras a se considerar.

▌O contraste entre faces de tipo que são justapostas é crucial. A única razão de alterar uma tipografia é para ganhar um efeito de contraste; portanto, o contraste alcançado pela combinação deve ser claramente reconhecível. Do contrário, por que se preocupar? Opor os extremos do peso (leve contra forte), da largura (regular contra condensado ou expandido) ou estilo (neutro sem serifa contra serifa quadrada ou manuscrito) é um ponto de partida natural. Mas nessa combinação, mesmo entre extremos dessa natureza, algum relacionamento formal deve existir entre as fontes selecionadas para enriquecer o diálogo visual. Escolher uma face sem serifa e uma serifada com aproximadamente o mesmo peso ou largura, por exemplo, cria uma tensão de similaridade e diferença que pode ser bastante sofisticada. Selecionar duas faces serifadas que têm peso semelhante, mas são bem diferentes em largura ou contraste, resulta em uma tensão similar. ▌De modo geral, só combine duas faces de estilo semelhante se a diferença for suficientemente forte para que o leitor médio consiga perceber. Mesclar Caslon e Baskerville, por exemplo — duas serifadas transicionais com eixo, peso, largura e terminais parecidos — não é uma boa ideia. Mas combinar uma face serifada moderna de contraste extremo com uma serifada quadrada com peso uniforme de haste, mas largura e eixo similares, talvez seja eficaz.

Questões de espacejamento e configuração do texto O design do tipo tem impacto sobre a percepção do seu tamanho. Uma mesma frase composta em um tipo serifado de estilo antigo e em um outro sem serifa com peso semelhante no mesmo corpo parecerá ter dois tamanhos diferentes. A discrepância resulta da maior altura-x do tipo sem serifa: suas letras em caixa-baixa são maiores em relação à altura de versal do que aquelas do tipo serifado. A diferença entre a medida especificada do corpo e o tamanho aparente pode variar em até dois ou três pontos, dependendo da face do tipo. Uma fonte sem serifa como a Univers poderia ser confortável o bastante para ser lida em um corpo de 8 pontos, mas outra em estilo antigo como a Garamond Three nesse mesmo corpo parecerá muito pequena.

A lógica do alinhamento É possível compor a tipografia em diferentes configurações, chamadas alinhamentos. Ela pode ser composta de forma que cada linha comece no mesmo ponto esquerdo inicial (alinhado à esquerda), no mesmo ponto direito inicial (alinhado à direita), ou com um eixo centralizado na largura do parágrafo (centralizado). Nesse caso, há duas opções: na composição centralizada, as linhas têm diferentes comprimentos e são centralizadas uma em relação à outra no eixo vertical da largura; na composição justificada, as linhas têm o mesmo comprimento, alinhando-se tanto à esquerda como à direita. O texto justificado é a única composição em que as linhas têm o mesmo comprimento. No texto alinhado à esquerda, à direita, ou centralizado, os comprimentos desiguais das linhas criam uma forma suave no lado não alinhado, conhecida como "margem irregular". ▌O alinhamento do texto tem efeito sobre o espaçamento no seu interior. Em um parágrafo alinhado à esquerda, irregular à direita, os espaços das palavras são uniformes. Isso também acontece em um parágrafo alinhado à direita, irregular à esquerda, e em um parágrafo centralizado. Mas o espaçamento entre palavras em um parágrafo justificado varia porque a largura do parágrafo é matematicamente fixa, e as palavras em uma dada linha precisam estar alinhadas nos dois lados — independentemente do número ou do comprimento das palavras. ▌No texto justificado, a variação no es-

A cor tipográfica — o grau de densidade, valor e contraste da tipografia — é determinada basicamente pelo espacejamento e pelo peso. Um layout com "boa cor" é um layout que apresenta variações quanto à proximidade e distanciamento, escuridão e claridade, linearidade e massa, textura e solidez.

Esta página dupla mostra uma grande variedade de texturas, densidades e visível jogo espacial — tipograficamente, seria considerada bem "colorida", embora a maior parte do material seja monocromática.

Studio Pip & Company: Melbourne, Austrália

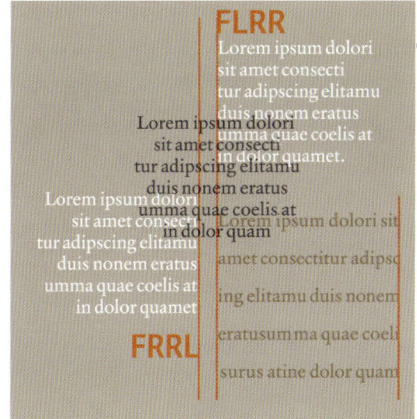

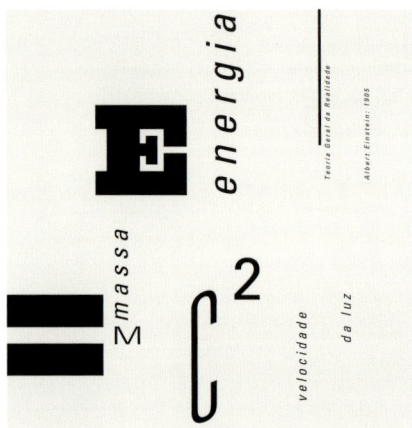

pacejamento entre palavras é uma questão difícil de resolver. O resultado de um texto mal justificado, em que o espaço entre palavras muda constantemente, é uma preponderância de "caminhos de rato" — cadeias de espaço negativo branco que se conectam visualmente entre uma linha e outra. Em uma configuração justificada muito ruim, os caminhos de rato tornam-se ainda mais visíveis do que as entrelinhas, fazendo com que o parágrafo pareça um emaranhado de palavras estranhas. ▌Um método para minimizar esse problema é encontrar uma largura ótima de parágrafo alinhado à esquerda para o corpo do tipo antes de justificá-lo — e então alargar lentamente o parágrafo ou reduzir o corpo em meio-ponto ou um ponto.

Explorando a borda irregular A margem irregular de um parágrafo pode variar de profunda a rasa, de ativa a sutil, mas sua uniformidade e consistência entre o início e o fim do parágrafo são o que a torna desejável. As extremidades das linhas irregulares são consideradas ótimas se criarem uma "ondulação" orgânica, não forçada, abrangendo todo o parágrafo, sem recuos ou avanços pronunciados — normalmente, isso significa que a margem irregular deve variar entre um quinto ou um sétimo da largura do parágrafo. Dito isso, uma margem irregular profunda é aceitável se ela permanecer consistente por todo o texto e se a sua atividade for reduzida pelo aumento das entrelinhas. ▌O que jamais é desejável, entretanto, é uma sobra que se estenda por todo o texto. As quebras de palavras hifenizadas são uma constante fonte de frustração. Um número excessivo de hifens em uma coluna é considerado indesejável, e um pequeno ajuste no corpo do tipo ou na largura do parágrafo poderia corrigir esse problema. A largura de um parágrafo depende principalmente do corpo do tipo utilizado e, portanto, do número de caracteres que pode ser inserido em cada linha. Independentemente do corpo do tipo ou da maturidade do leitor, entre 50 e 80 caracteres (incluindo espaços) podem ser processados antes de um retorno de linha. Com palavras variando entre cinco e dez letras em média, isso significa aproximadamente oito a doze palavras por linha. ▌Uma composição desejável de parágrafo é aquela em que uma grande quantidade de variáveis alcança um equilíbrio harmônico. O designer poderia inicialmente levantar algumas hipóteses sobre a tipografia para o texto com base na sua percepção de adequação dos atributos visuais ao conceito, e compor um parágrafo de texto com uma largura e um corpo arbitrários. Avaliando essa primeira tentativa, o designer poderia optar por ajustar o corpo do tipo, aumentar ou reduzir o espaçamento geral, abrir e fechar a entrelinha e alterar a largura em estudos sucessivos. Comparando os resultados dessas variações, seria possível determinar a melhor composição do texto para uma leitura prolongada. *Até que ponto o corpo do tipo é pequeno demais — ou desconfortavelmente grande? As linhas são uniformes em relação ao comprimento ou variam muito? Há hifenização excessiva, tornando o parágrafo muito estreito para permitir uma contagem conveniente de caracteres? A entrelinha cria um campo denso de texto que dificulta sua leitura?* Nesse estudo, talvez fique claro que várias opções para largura e entrelinha são ótimas, mas o designer terá de escolher uma como padrão para a publicação. Essa escolha tem implicações no tamanho de página, no número de colunas de texto que poderia caber nela e nos tamanhos ótimos para outros agrupamentos de texto, como legendas, chamadas, etc.

O visual e o informacional Iniciantes e estudantes de design frequentemente cometem o erro de ignorar a natureza visual abstrata da tipografia. Como resultado, utilizam os tipos de uma maneira desajeitada que não corresponde ao material pictórico em questão, separando completamente as duas coisas . Tipografia é visual; no espaço, ela funciona da mesma maneira que pontos, linhas, quadrados, campos de textura e padrões. Além da maneira como a tipografia é posicionada em um formato, suas qualidades rítmicas, espaciais e texturais são considerações importantes. O termo para essas qualidades, como um todo, é "cor tipográfica". ▌A cor tipográfica é semelhante à cor cromática — como vermelho, azul ou laranja —, mas só lida com as modificações em claridade e em escuridão, ou em valor. Além disso, ela é diferente das qualidades da cor cromática por

A lógica do alinhamento cria uma estrutura à medida que os elementos do texto quebram o espaço; os vazios entre esses elementos ajudam a estabelecer o movimento e o ritmo. É igualmente verdadeiro para o texto, assim como para outras formas, que uma escala de intervalos espaciais regularizados, juntamente com uma simetria, produz composições estáticas — potencialmente monótonas —, enquanto as relações irregulares, e a assimetria, produzem composições dinâmicas.

A interação dos alinhamentos e dos vazios neste pôster cria uma experiência espacial rítmica e ativa.
Doch Design: Munique, Alemanha

descrever modificações em ritmo e textura.

Alterar a cor tipográfica dos elementos de texto separa-os da superfície e introduz a ilusão de profundidade espacial e uma sensação de ritmo em transformação. Um agrupamento de tipos maiores, por exemplo, parece mais próximo do que um menor, enquanto um elemento claro parece mais distante. Cor tipográfica, composição e clareza verbal são inseparáveis: uma modificação na cor altera automaticamente não apenas a qualidade espacial e textural do texto, mas também seu significado. Uma modificação na cor tipográfica permite ao designer destacar a estrutura e dar vida a uma página.

Estabelecendo a hierarquia A informação é sistemática. Aparece frequentemente como uma coleção de partes, cada uma desempenhando

O movimento fluido da imagem neste pôster para um concerto é ecoado e extrapolado pelos elementos tipográficos, que respondem às mudanças da imagem em escala, densidade, valor e movimento com um contraponto das mudanças em escala, densidade, valor e movimento.
Paone Design Associates: Filadélfia, PA; EUA

Nunca esqueça que o texto é um material visual — como uma forma pictórica ou abstrata — e precisa estar relacionado às imagens para integrar-se ativamente a elas na composição. O diagrama que acompanha esse pôster demonstra as semelhanças visuais entre imagem e tipografia — ambas reduzidas às suas identidades formais subjacentes, como pontos e linhas.
STIM: Nova York, NY; EUA

uma função diferente: por exemplo, chamadas, legendas e quadros em artigos de revistas; conteúdo principal, conteúdo de suporte e menus em uma página Web. Essas partes muitas vezes repetem-se, aparecem no mesmo espaço e apoiam umas as outras. ▍Uma das tarefas mais importantes do designer é ordenar as informações de maneira que o leitor consiga navegar por elas. Essa ordem, chamada de "hierarquia" da informação, baseia-se no nível de importância que o designer atribui a cada parte do texto. "Importância" significa "a parte que deve ser lida em primeiro, segundo, terceiro lugar.", etc.. O termo também se refere "à distinção da função" entre as partes: texto corrido, ou o corpo do texto, conforme medido em relação a outros elementos, como fólios, títulos e subtítulos, legendas e itens semelhantes. ▍Determinar uma hierarquia é resultado da leitura do texto e de algumas perguntas simples: quais são as partes distinguíveis das informações a serem projetadas? Qual deve ser o foco principal da atenção do leitor? Como as partes que não são o foco principal se relacionam entre si? Os leitores precisam ver certo agrupamento de palavras antes de começar a focar a parte principal? ▍Todo texto parece igualmente importante na forma bruta. Se ele for posicionado em uma página da maneira como está, as palavras

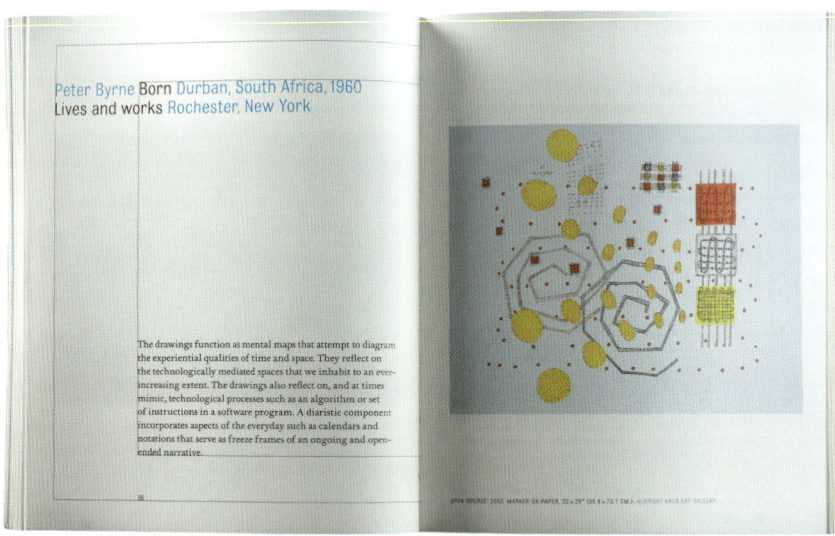

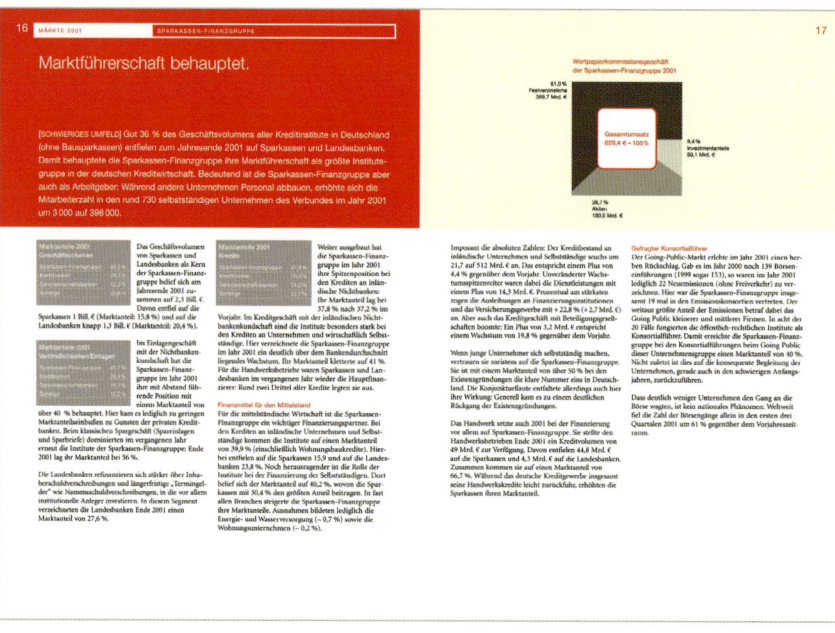

A hierarquia — ordem de importância dada aos elementos do texto — pode ser alcançada por meio de várias estratégias que, no geral, concentram-se em questões de semelhança e diferença. Os elementos do texto com uma aparência uniforme têm uma importância reduzida se comparados àqueles que são tratados de uma maneira diferente. De modo correspondente, os observadores consideram que as informações tratadas da mesma maneira estão relacionadas e que as informações tratadas de maneira diferente não estão relacionadas.

Os designers deste catálogo de uma exposição utilizaram tamanho, cor e posição para criar uma hierarquia clara entre os elementos do texto. As cores são utilizadas para distinguir diferentes informações.
Studio Blue: Chicago, IL; EUA

Os designers desta página dupla investiram bastante tempo trabalhando no texto. Eles prestaram atenção a questões mais amplas, como modificação rítmica no corpo e no espaçamento do título, aberturas, texto, chamadas e legendas, bem como a pontos mais sutis, como recuo de parágrafos, espaçamento dos números, a fim de evitar viúvas, quebras de linha deselegantes, etc.
Hesse Design: Düsseldorf, Alemanha

formam um campo uniforme de textura. Manipulando os espaços ao redor e entre o texto, a primeira opção do designer é criar níveis de importância por meio da distinção espacial. O designer poderia agrupar a maioria dos elementos, por exemplo, mas separar um elemento específico — talvez um título — e dar a ele mais espaço. ▎A uniformidade, que normalmente é desejável para manter a continuidade da leitura, é então quebrada intencionalmente, criando um ponto de atenção que será percebido como mais importante do que os outros elementos. Aprimorar essas separações espaciais alterando a cor tipográfica dos elementos destacados distingue ainda mais uns dos outros. Blocos de informação tratados de maneira similar serão interpretados como semelhantes em significado ou serão estreitamente relacionados na função. ▎Ao mesmo tempo, todos os componentes em uma hierarquia devem responder às recíprocas qualidades visuais. Os leitores reconhecem pequenas modificações na qualidade tipográfica — portanto, o foco é alcançar uma textura uniforme no texto corrido para evitar a fixação óptica —, mas uma diferença excessiva entre os níveis hierárquicos cria uma desconexão visual. O perigo de se realçar muito as diferenças estilísticas entre os componentes informacionais é que, como um todo, a tipografia — na verdade, o projeto inteiro — irá parecer poluída e carecer de uma unidade ou de "voz visual". É por isso que o designer deve empregar apenas dois ou três estilos de tipos em um projeto e se esforçar ao máximo para combinar estilos que compartilhem qualidades como proporção, peso, terminais, etc. Limitar o grau

da diferença estilística a apenas aquilo que é necessário para indicar uma mudança nas informações permite ao leitor entender essas mudanças, enquanto mantém a unidade visual e cria mais claramente inter-relacionamentos no conteúdo.

O efeito da cor sobre o texto Cores cromáticas podem aprimorar significativamente as qualidades texturais da tipografia — seu peso, luminosidade, abertura, densidade e localização aparente no espaço "tridimensional" —, reforçando essas qualidades uma vez que elas já existem em preto e branco. O valor relativo das cores, escuridade ou luminosidade é um aspecto da cor cromática que demanda bastante atenção com relação a como ela afeta a tipografia, especialmente a legibilidade. À medida que seus valores se aproximam, diminui o contraste entre a tipografia e o fundo e torna-se difícil distingui-la do seu campo adjacente. ▎Todas as qualidades da cor cromática têm efeito sobre a hierarquia por causa da maneira como afetam a profundidade espacial aparente e o destaque dos elementos tipográficos aos quais a cor é aplicada. A cor permite alterar o significado ou o efeito psicológico das palavras por meio da introdução de uma camada de significado que independe das próprias palavras.

Os leitores são capazes de identificar pequenas modificações no tratamento, ou seja, pouco é necessário para alcançar uma distinção clara na hierarquia ou no significado. Os títulos neste livro, por exemplo, são diferenciados apenas por uma modificação no peso; sob todos os outros aspectos, eles são iguais ao texto corrido.
Surface: Frankfurt am Mein, Alemanha

A cor cromática tem um efeito marcante na percepção espacial, ampliando a riqueza e a complexidade da distinção hierárquica já possível em preto e branco. O contraste no valor e na intensidade pode realçar uma hierarquia estabelecida — ou intencionalmente contradizê-la para introduzir ambiguidade. Neste exemplo, o tipo maior — que normalmente apareceria na frente do texto menor — parece recuar porque seu matiz, seu valor e sua intensidade oferecem menos contraste contra o campo de fundo do que os outros que o acompanham.

A produção de imagens talvez seja uma das mais complexas atividades humanas. Uma imagem é uma experiência poderosa – um espaço simbólico e emocional que substitui a experiência física.

No design gráfico, há inúmeras possibilidades – símbolos e fotomontagem, desenho e pintura, e mesmo tipografia – que desempenham diferentes funções na imagem. As imagens fornecem um contraponto visual ao texto, ajudando a envolver o público. Também oferecem uma conexão visceral com as experiências descritas pela linguagem escrita. Elas podem ajudar a esclarecer informações muito complexas – especialmente conceituais, abstratas ou orientadas pelo processo –, exibindo-as concisamente em um "piscar de olhos". ▌Toda imagem enquadra-se em um *continuum* entre o literal, ou representacional, e o abstrato. Imagens puramente abstratas comunicam ideias que estão fundamentadas na experiência humana. Mesmo uma fotografia que pretende representar algo real é, em algum nível, uma abstração. O uso da mensagem intrínseca da forma abstrata para influenciar a composição de uma fotografia pode aprimorar seu potencial de sentido. Similarmente, sugerir uma experiência concreta, literal, em uma composição abstrata pode ajudar a fundamentar a mensagem para o observador, tornando-a mais acessível sem sacrificar a simplicidade e a força evocativa da abstração. ▌A forma da representação de uma imagem é chamada de "modo", e isso inclui não apenas seu grau de simplicidade e abstração, mas também seu meio. O designer precisa considerar vários aspectos ao escolher o modo de imagem certo. Entre eles, estão as qualidades evocativas e emocionais do conteúdo do projeto; o número de diferentes modos necessários para diferenciar mensagens específicas; as expectativas do público quanto às experiências provocadas por certas imagens em relação a outras devido a sua composição demográfica ou contexto social e histórico do conteúdo do projeto; e questões de produção, como orçamento, prazo de entrega e aspectos técnicos de fabricação. ▌A distância que separa o estado "natural" de uma imagem (quanto da representação "pura" do tema é alterado pelo designer) é descrita pelo nível de "mediação" que ela apresenta. O nível de mediação de uma imagem pode ser avaliado de duas maneiras. Primeiro, ele pode ser considerado em termos da sua expressão física, isto é, como ele foi produzido – por exemplo, um desenho realista mostra um nível maior de mediação do que uma fotografia do mesmo tema. Segundo, o nível de mediação de uma imagem pode ser considerado de acordo com o grau de complexidade da mensagem na imagem – um desenho mais ou menos literal de uma imagem tem um nível de mediação menor do que uma fotografia ou colagem altamente planejada.

Estilização Um ícone é um signo visual que compartilha uma semelhança estrutural com o objeto que ele significa. Normalmente, os ícones não contêm detalhes e são representações literais do seu objeto. Um signo relacionado a um índice é uma imagem que aponta indiretamente para o seu objeto significado, isto é, o signo "indexa" seu objeto – por exemplo, um ninho indexa um pássaro. Os símbolos são formas altamente mediadas da imagem; recorrem ao entendimento comum e aos contextos culturais que os eleva acima da mera representação. Um supersigno

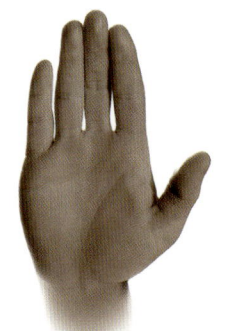  

Imagem

A apresentação das imagens situa-se em um espectro definido, em uma extremidade, pela representação e, em outra, pela abstração. As imagens próximas à extremidade representacional do *continuum* são mais literais; as imagens que se aproximam da abstração são mais interpretativas.

Der Deutsche Schulpreis

Este símbolo combina representações icônicas de um pássaro e de uma carteira escolar. A combinação desses elementos cria um supersigno simples que assume qualidades simbólicas devido à associação feita pelo público de certos significados com a ideia das "asas".
Hesse Design: Düsseldorf, Alemanha

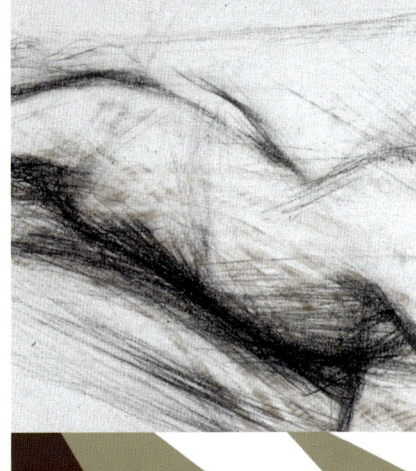

sobrepõe mais de um signo (e frequentemente mais de um tipo de signo) em uma combinação gestáltica simples, na qual todos os signos incluídos permanecem imediatamente acessíveis — um logo é um exemplo de um supersigno.

Ilustração e fotografia A escolha da ilustração em relação à fotografia abre uma enorme possibilidade de transmissão de informações. O designer não apenas fica livre das limitações do ambiente e dos objetos do mundo real, mas também pode introduzir uma sobreposição conceitual, uma seleção aprimorada dos detalhes e um aspecto subjetivo da sua visão — pela escolha do meio, da composição e das qualidades gestuais. Uma ilustração poderia ser uma representação concreta que recorre às tradições da pintura e do desenho clássico — sendo seu objetivo reproduzir o mundo empírico de uma maneira que responde às condições reais de luz, forma e perspectiva. Alternativamente, uma ilustração poderia ser uma imagem graficamente estilizada que se aproxima da abstração, referindo-se ao mundo real como um ponto de base, mas favorecendo as qualidades expressivas dos gestos, do espaço ambíguo e do processo de elaboração da imagem. Entre esses dois extremos estão as possibilidades de se combinar elementos de cada estado. ▮ Uma linha é uma linha é uma linha... ou não. Cada ferramenta de desenho e pintura cria marcas características e fornece ao designer um tipo específico de linguagem visual. A linguagem da ferramenta tem efeito poderoso sobre o valor comunicativo de uma ilustração, não apenas sobre suas qualidades visuais em relação a outros elementos em uma solução de design. Acima e além da seleção fundamental do tema, composição e grau de estilização, o meio que o designer escolhe para criar a ilustração carrega significado — em termos da sensação (maciez, dureza, fluidez e rigidez) e, às vezes, conceitualmente (por exemplo, utilizando uma ferramenta de desenho pertencente a certa região ou período histórico para um projeto relacionado a

Todas estas imagens representam o mesmo tema, uma figura, mas utilizam diferentes modos. Os modos variam entre literais e estilizados, e cada modo apresenta intrinsecamente níveis diversos de mediação com a imagem. A fotografia "pura" é a que apresenta o menor nível de mediação neste estudo. As duas imagens desenhadas têm um nível de mediação maior do que a imagem fotográfica — o designer criou uma representação própria do tema —, mas, entre as duas, o desenho naturalista é o menos mediado.

A montagem neste programa combina elementos ilustrativos e fotográficos — bem como modos icônicos e literais de representação. A alteração da imagem do violoncelo, junto com a própria mistura de modos, cria não apenas um símbolo mais complexo, mas uma imagem com um alto nível de mediação — o designer interferiu fortemente para manipular o significado.
Studio Pip & Company: Melbourne, Austrália

essa região ou período). Mas escolher a ilustração também significa potencialmente sacrificar um tipo de credibilidade ou conexão com o mundo real para o observador. Embora a maioria das pessoas perceba que uma fotografia pode ser facilmente manipulada e, portanto, tornar-se enganosa, o observador continua a responder instintivamente a uma fotografia como se ela fosse "real". Isso dá certa vantagem ao designer no processo de persuasão, em nome de um cliente, porque o trabalho de convencer um observador de que ele pode acreditar ou confiar na imagem já está bem perto de ser alcançado: "Vi com meus próprios olhos." Assim como em qualquer outra imagem, o conteúdo fotográfico deve ser composto de modo decidido. Mas o fotógrafo tem duas oportunidades de controlar a composição da imagem: primeiro, no enquadramento do visor da câmara; segundo, durante o processo de ampliação na câmara escura (ou no corte de uma fotografia digital utilizando um software). Na fotografia, um intervalo tonal – número e profundidade dos valores de cinza – é de especial importância. Tradicionalmente, uma fotografia de "boa qualidade" inclui branco limpo e brilhante, preto profundo, detalhes presentes nas áreas de sombra, e um intervalo fluido de cinzas no meio. Aumentar o intervalo tonal para valores gerais mais claros reduz o contraste e, até certo ponto, achata a imagem; diminuir o intervalo tonal também tende a achatar a imagem, mas aumenta o contraste e faz com que as áreas mais claras ganhem maior destaque.

Texto como imagem Quando uma letra ou palavra assume qualidades pictóricas além daquelas que definem sua forma, ela se torna imagem por si só e seu potencial semântico é enorme. Palavras que também são imagens agrupam vários tipos de entendimento: elas são supersignos. Como seu significado é assimilado por cada filtro perceptual – visual, emocional, intelectual –, elas assumem a estatura evocativa de um símbolo. O entendimento em cada nível é imediato, e a capacidade de um observador de lembrar imagens torna essas imagens-palavras altamente eficazes em evocar o conteúdo verbal associado a elas.

Misturando estilos de imagem Como todas as estratégias composicionais, criar contraste entre elementos visuais é fundamental para surpreender, atualizar e dar vida aos layouts — e isso também é importante para as imagens. Além dos contrastes da visão geral possibilitados por alterações de tamanho, forma, cor e arranjo espacial, combinar diferentes modos de imagem é uma maneira importante e eficaz de introduzir contraste. Uma ilustração muito texturizada e linear, por exemplo, irá contrastar com a fotografia – que tende a ter um tom contínuo – bem como com elementos gráficos sólidos e planos. É importante que os diferentes estilos visuais em combinação contrastem entre si e, ao mesmo tempo, compartilhem algumas qualidades visuais. O designer deve combinar estilos de imagem criteriosamente para dar apoio a um dado objetivo, utilizando as qualidades de cada um a fim de transmitir as mensagens pretendidas e interagir um com o outro em uma linguagem visual unificada que assimile as diferenças como parte de sua lógica.

Imagem e narrativa Agrupar fotografias aumenta seu poder semântico e cria uma narrativa; no momento em que duas imagens podem ser comparadas, estejam elas justapostas ou organizadas em sequência, o observador tentará estabelecer conexões de significados entre elas. Toda fotografia influenciará as outras ao seu redor e, como resultado, irá alterar seu significado e contribuir para a progressão da narrativa.

À medida que mais imagens são justapostas ou adicionadas à sequência, a narrativa é reforçada com base em um número cada vez maior de supo-

A tipografia pode ser transformada em imagem com a utilização de algumas estratégias. A substituição do O pelo ícone de relógio na palavra "now" transforma a palavra em uma imagem e cria um supersigno.
Studio di Progettazione Grafica: Cevio, Suíça

A alteração da forma neste logotipo cria uma perspectiva tridimensional e um movimento para frente e para trás.
Surface: Frankfurt am Mein, Alemanha

A remoção das vogais da palavra é uma desconstrução sintática que faz alusão ao significado do nome do cliente.
Parallax Design: Melbourne, Austrália

Alterar a forma da tipografia cria uma imagem tridimensional.
GollingsPidgeon: Adelaide, Austrália

A forma do G caixa-baixa é alterada e ilustrada para sugerir um objeto físico.
Parallax Design: Melbourne, Austrália

Sempre avalie as semelhanças, tanto quanto as diferenças, na forma visual para determinar qual mistura dá maior respaldo ao conceito e à linguagem visual do projeto. Neste exemplo, as composições combinam os mesmos temas — um na forma icônica, outro como uma fotografia concreta.

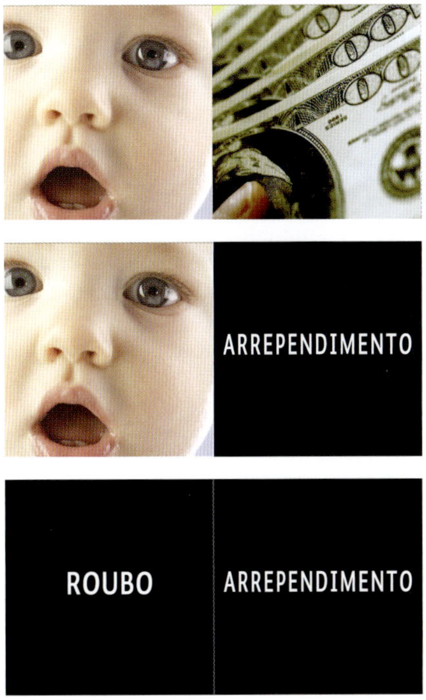

sições feitas pelos observadores e compostas a partir daquelas iniciais. Depois que os observadores tiverem visto três ou quatro imagens em sequência, sua capacidade de evitar suposições diminuirá e eles começarão a procurar o significado que completa a narrativa que eles construíram. Esse "ímpeto narrativo" aumenta exponencialmente até o ponto em que o conteúdo semântico de uma imagem que aparece posteriormente na sequência precisa estar relacionado àquele fornecido antes. ▎Toda imagem é suscetível à mudança quando aparecem palavras ao lado dela — tanto que o designer pode facilmente alterar o significado da mesma imagem substituindo as palavras que a acompanham. Em um arranjo sequencial em que a mesma imagem é repetida em páginas duplas subsequentes e sempre é acompanhada por uma nova palavra ou frase, são introduzidos ao observador novos conhecimentos e experiências sobre a imagem. A capacidade das imagens de mudar o significado das palavras é igualmente intensa. A lavagem cerebral mútua efetuada pelas palavras e imagens depende bastante da simultaneidade da sua apresentação — isto é, se as duas são mostradas em conjunto, ao mesmo tempo ou em sucessão. ▎Se vistas simultaneamente, palavra e imagem criarão uma única mensagem na qual cada uma favorece reciprocamente a mensagem e nenhuma é alterada na mente do observador — a mensagem é uma gestalt. No entanto, se uma delas for vista em primeiro lugar e a outra em segundo, o observador conseguirá construir o significado antes de ser influenciado.

Já utilizou uma metáfora? Na escrita e na fala, metáfora é uma expressão — palavra ou frase — que se refere a uma ideia não relacionada, criando um significado adicional. As imagens podem ser utilizadas quase da mesma maneira: o designer poderia apresentar uma imagem que significa algo totalmente diferente, referir-se a um conceito muito mais amplo, ou combinar conceitos para evocar um terceiro conceito que não está explícito em nenhuma das combinações. ▎Uma opção para criar uma metáfora visual é utilizar um objeto para definir a forma de outra coisa — por exemplo, criar um convite para um evento de arrecadação de fundos relacionado a viagens no formato de um bilhete aéreo, utilizando estilos tipográficos, cores e outros detalhes visuais desses bilhetes como referência. Outra opção é representar uma coisa se comportando, de uma maneira pictórica, como outra — apresentar produtos em um catálogo de cosméticos urbano, por exemplo, configurados como a linha do horizonte de uma cidade. ▎Há tantas maneiras de criar metáforas quanto há ideias e imagens — em resumo, uma variedade infinita, limitada apenas pela imaginação. Enquanto o conteúdo literal de imagens fornece uma comunicação básica, um designer reflexivo pode utilizar as imagens para evocar conceitos de nível elevado, acima e além daqueles que são simplesmente mostrados. O resultado é uma experiência mais rica, criativa, memorável e significativa para o público.

Palavras e imagens afetam profundamente o significado umas das outras. Nestas páginas, compare o efeito de imagem sobre imagem; de palavra sobre imagem; e de palavra sobre palavra.

Os designers deste calendário de mesa utilizaram as palavras para qualificar o significado da imagem fotográfica. Nestas duas páginas duplas, o significado de ambientes semelhantes é alterado pelos títulos que acompanham as fotos.
Strichpunkt: Stüttgart, Alemanha

Layout

Nesta página dupla, tipografia e imagem trabalham em conjunto para transmitir a força emocional do conteúdo sem que os elementos entrem em conflito, sobreponham-se ou compitam entre si.
A imagem é vibrante, o corte dirige a atenção para a expressão das pessoas, a tipografia é clássica e a diferença no tamanho das duas palavras no título torna o enunciado arrojado e contemporâneo.
Kuhlmann Leavitt, Inc.: Mineápolis, MN; EUA

Soluções de design formam um conjunto interessante quando todos os componentes estão claramente interligados. Acima de tudo, as proporções de um formato devem despertar as sensações adequadas no observador – íntimas, expansivas ou confrontantes – exatamente no momento em que ele entra em contato com a obra. A organização do conteúdo deve responder ao formato, bem como aos requisitos da informação apresentada; as imagens e os estilos tipográficos selecionados devem apoiar um ao outro estilisticamente, reforçando o estado de espírito e o conceito. A disposição de tipos e imagens deve corresponder visualmente, e sua composição no espaço do formato deve fortalecer novamente as emoções ou associações que estão mais aparentes no conteúdo de ambos, imagens e texto. ▌Além disso, o ritmo e o sequenciamento do conteúdo devem responder às ênfases no conteúdo e criar pontos visuais altos e baixos – alternância entre sequências ativas e calmas – para constantemente revigorar o observador. Uma consideração atenta aos detalhes tipográficos e abstratos deve ser evidente na maneira como se relacionam aos elementos em escala maior da composição ou à interação espacial. Por último, a qualidade física e experiencial do trabalho deve ser considerada no contexto do seu meio de reprodução, seja eletrônico ou impresso. Quando o designer vê o projeto sob todos esses aspectos, o resultado é uma poderosa totalidade da experiência: uma experiência que é evocativa, emocional, útil, agradável e memorável.

Estratégias organizacionais: estrutura e intuição
Descobrir o posicionamento das coisas, em que ordem e como elas devem ser organizadas do ponto de vista da composição exige muito esforço por parte do designer. Um cliente poderia fornecer algum conteúdo em uma determinada ordem, mas o designer precisa realmente entender o conteúdo e, potencialmente, reordená-lo quando necessário para aprimorar a clareza ou realçar seus aspectos conceituais. As estratégias para organizar o conteúdo envolvem a classificação do material em partes gerenciáveis que estejam relacionadas entre si: por partes até o todo, por tipos, por frequência, por complexidade, cronologicamente, e por relevância. Algumas estratégias são frequentemente aplicadas a determinadas tipologias de publicações por convenção – normalmente orientadas pelas expectativas do público. Jornais, por exemplo, exibem uma estratégia organizacional que vai das partes para o todo com base na relevância local; as embalagens distribuem as informações entre as laterais com base na complexidade.

O sistema de grids Fotos, campos de texto, títulos e dados tabulares: todas essas partes precisam ser agrupadas para comunicar algo. Utilizar uma estrutura chamada grid é apenas uma das possíveis abordagens para alcançar esse objetivo. Um grid consiste em uma organização específica de relações baseadas em alinhamentos que funcionam como guias para a distribuição de elementos em um formato. Todo grid contém as mesmas partes básicas, independentemente da complexidade que possa adquirir. Essas partes podem ser livremente combinadas ou omitidas da estrutura geral pelo designer. As proporções das partes, por sua vez, são similarmente dependentes das necessidades do designer. ▌Grids podem ser flexíveis e orgânicos, ou rígidos e mecânicos. As vantagens de utilizar um grid são simples: clareza, eficiência, economia e continuidade.

Encadear e sequenciar o material ajuda o público a entendê-lo e assimilá-lo, e propicia oportunidades para criar ritmo e surpresa entre uma e outra parte ou entre uma e outra página. O conteúdo pode ser organizado de diferentes maneiras: por tipo, o que enfatiza as diferenças no significado; por especificidade, passando do geral ao específico; por complexidade, passando do menos ao mais complexo; ou por relevância, de acordo com a importância de cada item.

Margem

Linha de fluxo

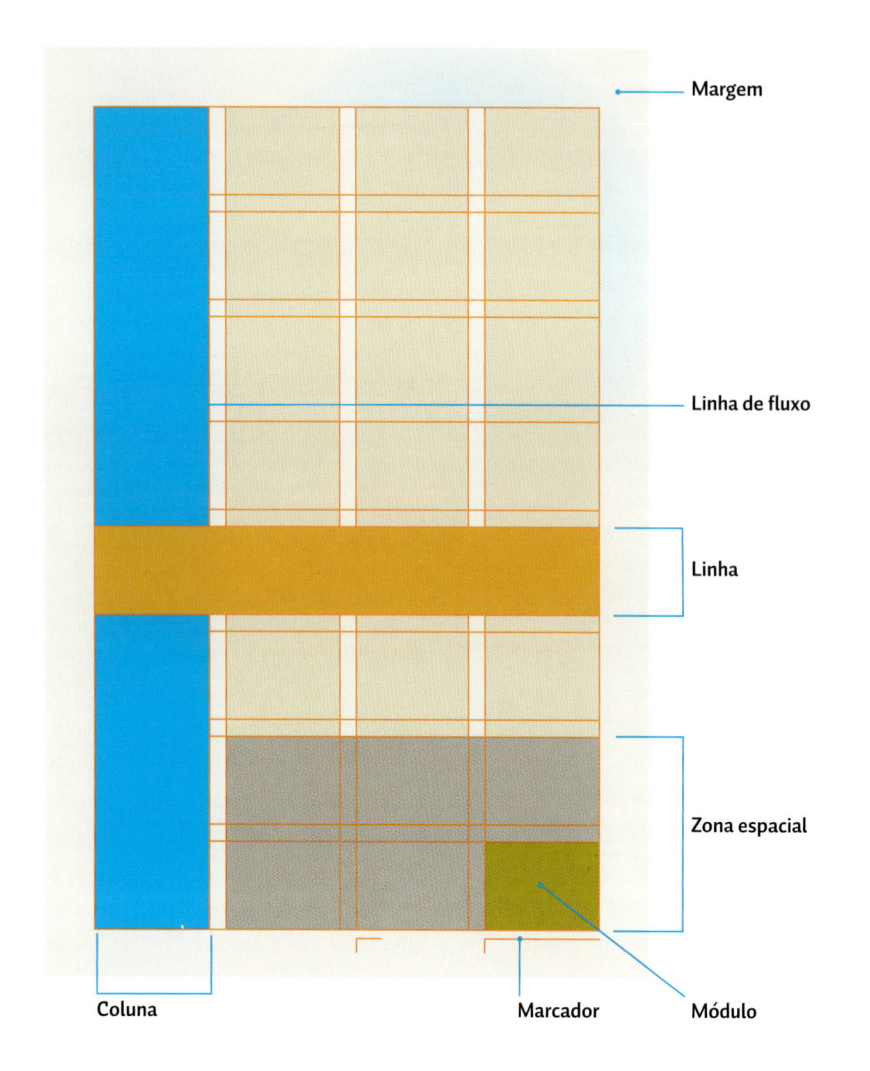

Linha

Zona espacial

Coluna　　　　　　　　Marcador　　Módulo

Acima de tudo, o grid introduz uma ordem sistemática a um layout, ajuda a distinguir vários tipos de informações e facilita a navegação de um usuário por elas. Entre outras coisas, o grid pode ajudar a resolver problemas complexos de comunicação. ▌ Construir um grid adequado para uma publicação envolve avaliar a forma e o volume do conteúdo, em vez de tentar atribuir espaços de grid arbitrariamente. A forma do conteúdo, seja texto ou imagem, é especialmente importante — suas proporções tornam-se a fonte da definição dos espaços do grid.

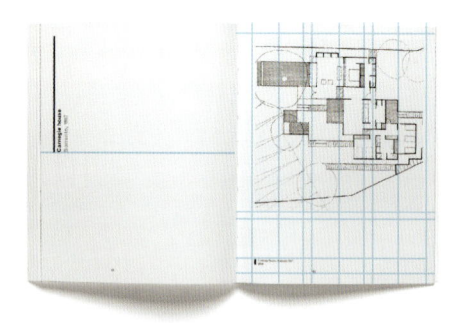

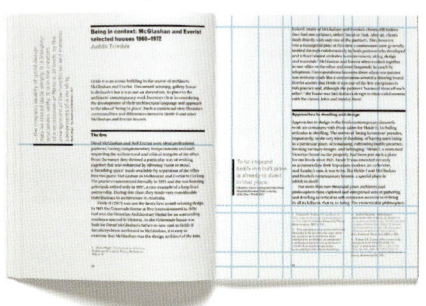

Todos os grids são compostos por colunas, que contêm conteúdo, posicionadas entre margens, área aberta que separa as colunas das bordas do formato. Um grid pode ter um número qualquer de colunas de acordo com a complexidade do conteúdo que ele deve organizar. Um grid em colunas que também é dividido por um número regular de linhas horizontais é chamado de "grid modular".

As vantagens de utilizar o grid são simples: clareza, eficiência, economia e continuidade. Aqui, são mostrados os esquemas de grids de duas publicações, sobrepostos a suas respectivas páginas duplas para demonstrar como os grids propiciam consistência e flexibilidade e ajudam a integrar texto e imagens.
GollingsPidgeon: Adelaide, Austrália
Hesse Design: Düsseldorf, Alemanha

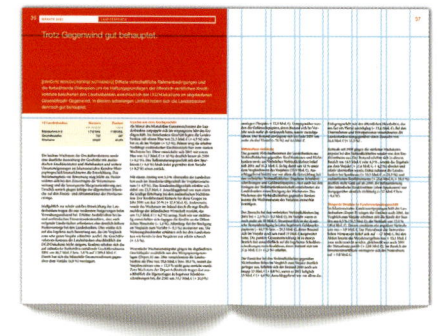

▌Ao considerar o texto como o bloco de construção essencial, o designer precisa examinar as variações na composição do texto. O volume absoluto de texto que a publicação precisa acomodar é uma consideração importante. Alcançar uma composição ótima para o texto em um dado corpo e em uma dada face indicará uma largura para as colunas. A partir daí, o designer pode explorar o número de colunas que se ajustarão lado a lado em uma única página. Ajustar o tamanho do texto, seu espacejamento interno e os espaços entre colunas permite ao designer criar uma estrutura preliminar que garante uma ótima composição de todo o texto. ▌Considerar as imagens como uma referência para os espaços do grid é outra opção. Se a publicação for orientada pelo conteúdo das imagens, essa poderia ser uma abordagem mais apropriada. As proporções das imagens, se elas forem conhecidas, podem ser utilizadas para determinar as proporções das colunas e dos módulos. Começar com uma altura ou largura universal para as imagens, e com um alinhamento uniforme entre elas, permite ao designer avaliar o grau de variação de seus formatos — quadrados e retângulos verticais ou horizontais. O designer deve então decidir como as imagens serão mostradas quanto ao relacionamento recíproco entre seus tamanhos: as imagens terão tamanhos relativos entre si ou poderão aparecer em qualquer tamanho? Se todas as imagens forem alinhadas a partir de uma determinada linha de fluxo, com a largura variando, o designer precisa atribuir a maior e a menor altura às imagens para determinar o que é possível para o texto ou outros elementos sob essas variações. A partir dessas divisões essenciais no espaço e da lógica que o designer utiliza para as controlar, uma série de intervalos poderia ser estruturada para as imagens e as áreas de texto que as circundam. ▌A maneira como as colunas de texto interagem com o espaço negativo é um aspecto importante de como um grid é articulado. Os espaços acima e abaixo das colunas desempenham um papel ativo em dar ritmo às colunas à medida que elas se relacionam entre si ao longo de páginas simples e duplas. As opções disponíveis são infinitas, e podem ser descritas em três categorias básicas: colunas que são justificadas por cima e por baixo, colunas alinhadas verticalmente por cima ou por baixo e dispostas irregularmente na extremidade oposta, e colunas dispostas irregularmente na parte superior e inferior. ▌Um grid só será bem-sucedido se o designer for além da uniformidade de sua estrutura; o maior perigo é sucumbir à sua regularidade. Lembre que o grid é um guia invisível que existe no nível mais básico do layout; o conteúdo acontece na superfície. Grids não tornam os layouts duros, inflexíveis ou tediosos — o designer sim. Violar o grid é uma necessidade do design gráfico, às vezes porque a circunstância o impõe — o conteúdo que deve ocupar uma página dupla específica não se ajustará confortavelmente —, ou porque é visualmente necessário chamar a atenção para alguma característica do conteúdo ou criar alguma surpresa para o leitor. Um truque simples para alcançar uma variação no layout é agrupar as imagens arbitrariamente na parte superior de uma página dupla e na parte inferior na página dupla seguinte. Às vezes, forçar uma imagem pequena, média e grande em uma página dupla e então utilizar os mesmos tamanhos, mas posicionados em locais diferentes na página dupla seguinte, criará rapidamente movimento no grid.

Estratégias intuitivas Às vezes, o conteúdo tem uma estrutura interna própria que um grid não necessariamente esclarece; outras vezes, o conteúdo precisa ignorar completamente a estrutura para criar reações emocionais específicas no público-alvo; e, em determinados momentos, o designer vislumbra um envolvimento intelectual mais complexo do público como parte da sua experiência com o trabalho. A primeira opção é dividir um grid convencional, mesmo um muito simples. O designer poderia "cortar" as zonas essenciais e deslocá-las horizontal ou verticalmente, talvez alinhando os componentes informacionais de uma maneira que crie uma nova conexão verbal. Uma estrutura de grid convencional repetida em diferentes orientações poderia ser utilizada para explorar um espaço arquitetônico mais dinâmico, criando diferentes eixos de alinhamento. ▌Outra maneira interessante de criar composições é derivar uma ideia visual a partir do conteúdo e impô-la no formato de página como uma espécie de estrutura arbitrária. A estrutura pode ser uma representação ilusória de um tema, como ondas ou a superfície da

Um grid pode ser violado com sucesso desde que a página mantenha uma estrutura que oriente o leitor e uma conexão entre as imagens e o texto. Neste exemplo, as imagens estão em perfeito equilíbrio por toda a página dupla, enquanto o texto flui por elas harmoniosamente, uma adequação resultante do ajuste do próprio conteúdo.
Ah-Reum Han: School of Visual Arts, Nova York, NY; EUA

água, ou pode estar baseada em um conceito, como uma memória da infância, um evento histórico ou um esquema (gráfico). Qualquer que seja a fonte da ideia, o designer pode organizar o material para referir-se a ela. Por exemplo, o texto e as imagens poderiam afundar na água ou flutuar como objetos em uma inundação.

Relações visuais entre palavras e imagens
Interagir tipografia e imagens é um problema para muitos designers. Os resultados de uma integração ruim entre tipos e imagem dividem-se em duas categorias. A primeira categoria inclui tipos que nada tem em comum com as imagens circundantes ou estão completamente isolados das áreas de imagem. A segunda categoria inclui tipografia que foi tão agressivamente integrada à imagem que o torna uma massa ilegível em forma e textura. ▌As imagens são compostas por luzes e sombras, movimento linear e volume, contornos, espaços abertos ou fechados, organizados em uma determinada ordem. A tipografia compartilha esses mesmos atributos. É composta por luzes e sombras, formas lineares e volumétricas, contornos e ritmos de espaços abertos e fechados, também organizados em uma determinada ordem. ▌Semelhanças entre os elementos tipográficos e os elementos pictóricos criam uma conexão forte entre os dois. Toda imagem retrata relações claras entre figura e fundo, claro e escuro, e tem movimento. Quando configurações tipográficas apresentam atributos semelhantes aos de uma imagem adjacente ou estendem esses atributos, diz-se que tipografia e imagem são formalmente congruentes. Embora aparentemente anti-intuitivo, relacionar os elementos tipográficos a imagens contrastando suas características visuais — criando uma oposição formal — pode ajudar a evidenciar suas características individuais. De acordo com sua diferença, dois elementos visuais opostos tornam-se mais claramente identificados e compreeendidos. No entanto, é importante ressaltar que também deve haver alguma congruência entre os elementos para que características opostas sejam percebidas.

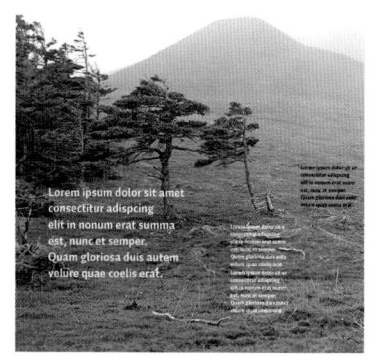

Nesta composição, a tipografia responde à linguagem visual da fotografia — estrutura, movimento rítmico e valores tonais — para que tanto a tipografia como a fotografia sejam mutuamente dependentes e igualmente importantes.

Um estudo rudimentar sobre a composição para uma série de pôsteres resulta em inúmeras possibilidades para uma linguagem visual uniforme, mas flexível. Em cada conjunto de exemplos, um dos aspectos da linguagem visual foi evocado para alcançar uma variação sem interferir em outros aspectos. No primeiro, a mudança na escala é a variação explorada para alcançar flexibilidade; no segundo estudo, o aspecto das formas orgânicas muda, mas suas identidades essenciais permanecem reconhecíveis; no terceiro, a posição dos elementos é a única variação.

STIM: Nova York, NY; EUA

Assim como uma hierarquia é destruída se todos os elementos forem completamente distintos, também a força do contraste entre formas opostas é enfraquecida se todas as suas características forem diferentes. Considere também a localização dos tipos em relação à imagem e os atributos da forma externa da imagem em relação ao formato. Uma imagem cortada na forma de um retângulo apresenta três opções: a tipografia pode estar circunscrita na imagem; a tipografia pode estar fora, ou ao lado da imagem; a tipografia pode atravessar a imagem e conectar o espaço circundante até seu interior.

O design como um sistema A ampla maioria dos trabalhos de design – impresso, interativo e ambiental – é, por natureza, sistemática. Publicações ou sites com múltiplas páginas, sinalização de escritórios, campanhas publicitárias, famílias de brochuras, etc., todos envolvem uma integração entre as partes e o todo como um quebra-cabeça de relações que deve funcionar em conjunto. Portanto, é extremamente importante que o designer entenda a linguagem visual que está criando para determinado trabalho. Isso não apenas assegura a unidade da experiência dos usuários entre as partes – guiando-os pelos níveis de mudanças da informação –, mas possibilita flexibilidade na adequação da apresentação visual de qualquer modificação. Ser capaz de controlar variações dentro do sitema também evita que a experiência se torne monótona para o público.

Consistência e flexibilidade Estabelecer tensão entre qualidades visuais repetidas e reconhecíveis e a manipulação viva, inesperada, ou inteligente – ou mesmo a violação – dessas qualidades em um trabalho orientado pelo sistema é uma tarefa difícil. Em um dos extremos, o designer corre o risco de desintegrar a coerência que uma experiência unificada e memorável cria ao alterar constantemente a linguagem visual do projeto em um esforço de prender a atenção observador. Em outro extremo, tratar o material de maneira muito uniforme destruirá a energia do projeto. Em algumas instâncias, restringir todos os elementos a um molde apertado poderia ser um desserviço ao material e reduziria a clareza do conceito ou das relações informacionais por não permitir que tenham o grau de flexibilidade necessário. ▌Há duas variáveis fundamentais em qualquer projeto que o designer pode investigar ao procurar estratégias para manter o trabalho visualmente uniforme e flexível. A primeira variável refere-se a como o material é apresentado, quais são suas formas e cores. Dentro de um dado projeto, poderia haver várias possibilidades estabelecidas pelo designer – as opções dentro de uma paleta de cores selecionada permitem alterar a apresentação do material; os tipos de imagens que o designer escolhe também oferecem diferentes opções. A segunda variável consiste no ritmo sequencial – alteração da frequência de diferentes componentes da página em uma espécie de padrão para que os tipos das imagens ou formas, o número de imagens e a quantidade de cores específicas da paleta mudem constantemente. ▌O ritmo sequencial pode ser entendido como uma espécie de cadência visual, um "sincronismo" que o leitor compreenderá entre uma parte e outra – seja entre uma página principal e a subpágina em um site, entre páginas duplas em uma revista, ou entre brochuras em um conjunto de publicações –, quase como um filme. Variando esse ritmo de lento a rápido, ou de estático a dinâmico, por exemplo, o designer pode atingir vários objetivos. Um dos resultados alcançados é estritamente visual: cada mudança de página envolve o leitor de uma nova maneira por meio de uma variação na apresentação. Outro resultado poderia ser aquele em que o leitor recebe a indicação de uma modificação significativa no conteúdo; a função informacional, portanto, é esclarecida pelo ritmo. Revistas, por exemplo, muitas vezes são divididas em seções: uma série de artigos que se repetem na mesma ordem a cada número e uma sequência de matérias em destaque que muda a cada número. Dentro de cada seção, o designer também deve estabelecer certa variação visual para que o leitor, reconhecendo uma estrutura consistente, não fique entediado.

DA
TEOR
PRÁT
Estudos de

Como utilizar este livro

Cada projeto abordado nesta seção tem um processo de design individual, mostrado do começo ao fim. Acompanhamos a evolução de 40 diferentes projetos nas páginas a seguir, incluindo uma descrição do processo, imagens dos conceitos de design — desde esboços feitos em guardanapos até a arte final —, além de citações de frases inspiradoras e legendas que esclarecem como a equipe de design trabalhou em conjunto e como as qualidades específicas de cada fase do design serviram de apoio aos objetivos gerais de comunicação. Cada estudo de caso finaliza com uma apresentação da versão final do projeto.

01

Identidade visual da Lunar Productions
Tactical Magic, LLC | Memphis, Tennessee, EUA

O campo da produção televisiva é muito disputado e, como resultado, chamar a atenção das agências de publicidade pode ser difícil. O estúdio Lunar Productions, com sede em Memphis, Tennessee, precisava de uma identidade arrojada que o destacasse e enfatizasse seu potencial criativo em oferecer um serviço comercial valioso – criação de vídeo promocional inteligente e amigável ao cliente. A empresa fez uma parceria estratégica de fortalecimento de marca com a Tactical Magic para desenvolver um logo que a diferenciasse das concorrentes. Doses iguais de simplicidade, humor e conceito resultaram em uma marca que demonstra o poder da narrativa visual. "O desafio era fazer a proposta de negócios da Lunar Productions parecer tão criativa, inteligente e amigável quanto seu processo de trabalho", disse Ben Johnson, da Tactical Magic.

Direto para a lua

Todos os conceitos dos designers — bons e ruins — são expostos na parede da "sala de operações". Comparar os conceitos simultaneamente permite que os mais fortes se destaquem rapidamente. Os conceitos que parecem mais importantes tanto para o cliente como para os designers são marcados com notas auto-adesivas.

> Criamos uma sala de operações e cobrimos as paredes com nossas estratégias, público, concorrências, benchmarks, material de referência e, sobretudo, conceitos, conceitos e conceitos. Nossos clientes são envolvidos no processo desde o início. Eles veem a sala de operações em processo. Veem nossa estratégia ser transformada em conceitos — bons e ruins —, colaboram com ideias e estreitam o campo de investigação.
>
> Ben Johnson, sócio

"As agências de publicidade querem ver criatividade, senso de humor e excelentes habilidades", acrescenta Johnson. Para ele e seus parceiros, esse processo começa com uma estratégia minuciosa que delineia os objetivos do cliente e prossegue para a exploração visual — a criação de esboços. Os designers criam esboços em conjunto, preenchendo as paredes em uma "sala de operações" — destinada somente a esse projeto — com potenciais candidatos. ▌Enquanto muitos designers editam e reduzem a primeira apresentação dos conceitos a um pequeno número de opções mais refinadas, a Tactical Magic envolve os clientes nessa fase inicial. "Eles veem a sala de operações em processo. Veem nossa estratégia ser transformada em conceitos — bons e ruins —, e colaboram com ideias", afirma Johnson.

Ao longo de vários dias, os clientes e designers visitam e revisitam a parede de conceitos, utilizando notas autoadesivas para marcar os conceitos de que eles gostam e os de que não gostam. Os designers orientam as avaliações do cliente com base em seu conhecimento do que produz um logo forte, tanto do ponto de vista conceitual como do formal. "Os logos precisam ser simples o suficiente para funcionarem em

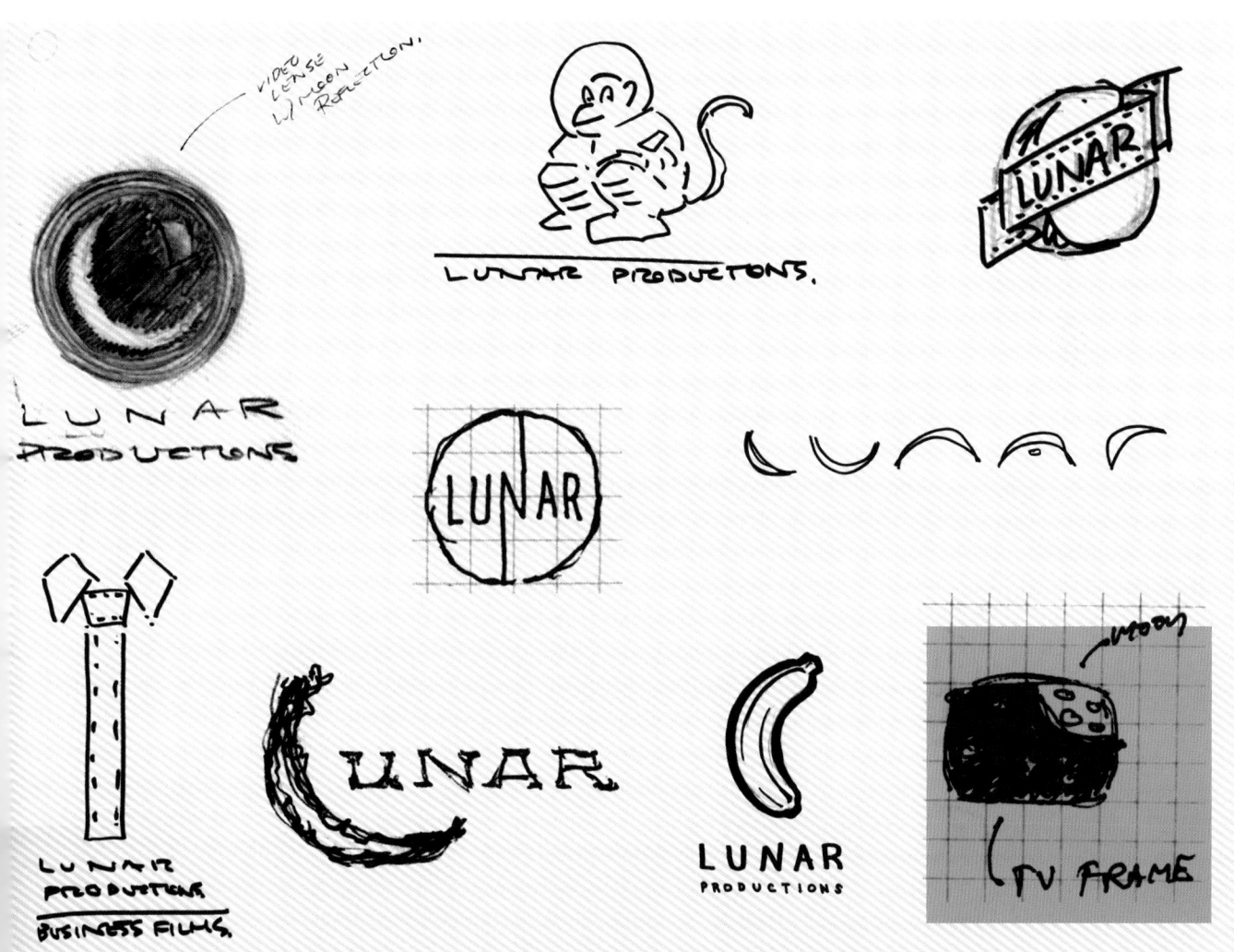

A primeira série de esboços produziu conceitos que eram estritamente tipográficos, e alguns que incorporavam símbolos e ilustrações. Combinar referências simbólicas — por exemplo, a tira de filme com a gravata e o colarinho — oferece uma oportunidade de comunicar ideias complexas rapidamente e com o mínimo de informações.

A tipografia pode ser facilmente transformada em imagem por meio da manipulação de sua estrutura. Aqui, os traços básicos das letras — formas angulares — são substituídos por formas que evocam a lua crescente.

Substituir a letra inicial L por uma lua crescente poderia criar uma imagem forte, mas, nesta execução, sua escala em relação ao restante da palavra — bem como sua forma curvilínea — desconecta-a das letras remanescentes e prejudica a legibilidade.

um fax de terceira geração", opina Johnson, "portanto, a fotografia raramente é uma opção." ▌A primeira série de conceitos produziu uma ampla variedade de abordagens — desde uma estritamente tipográfica até uma ilustrativa — e se concentrou em evocar associações com o nome do cliente. O cliente e os designers recorreram a ideias que eram diretas, mas que comunicavam conceitos maiores. As ilustrações que envolviam uma lua crescente, por exemplo, eram diretas e formalmente fortes, mas não tinham a profundidade ou o humor desejado. ▌Inversamente, os conceitos narrativos mais complexos — como um que representava um cosmonauta macaco, referindo-se às primeiras missões espaciais — pareciam excessivamente frívolos ou exigiam muito conhecimento para que o público os entendesse. "As decisões são tomadas visceralmente — porque é dessa maneira que os consumidores reagem ao trabalho. Mas escolher uma ideia significa descartar várias outras", explica Johnson. "É um trabalho difícil." ▌No final, os candidatos foram reduzidos a três, incluindo o logo vencedor, que combinava as imagens de um módulo aterrissando na lua e um aparelho de TV. A direção escolhida capturou a natureza do negócio do cliente e continha uma narrativa sobre cultura pop e história. O módulo lunar e o aparelho de TV, símbolos icônicos que compartilham formas semelhantes, foram unidos em uma imagem memorável.

A combinação do módulo lunar e do aparelho de TV ocorreu em um esboço várias semanas mais tarde no processo, depois de diversas revisões pelo cliente. Depois que a força da ideia foi reconhecida, ela passou por um longo processo de refinamento.

Explorar a melhor maneira de representar a forma — a partir de qual ponto de vista, com quais elementos, com qual forma de televisão — resultou em um estudo extenso. Os exemplos mostram como poucas informações são necessárias para o reconhecimento — a característica essencial de um logo forte.

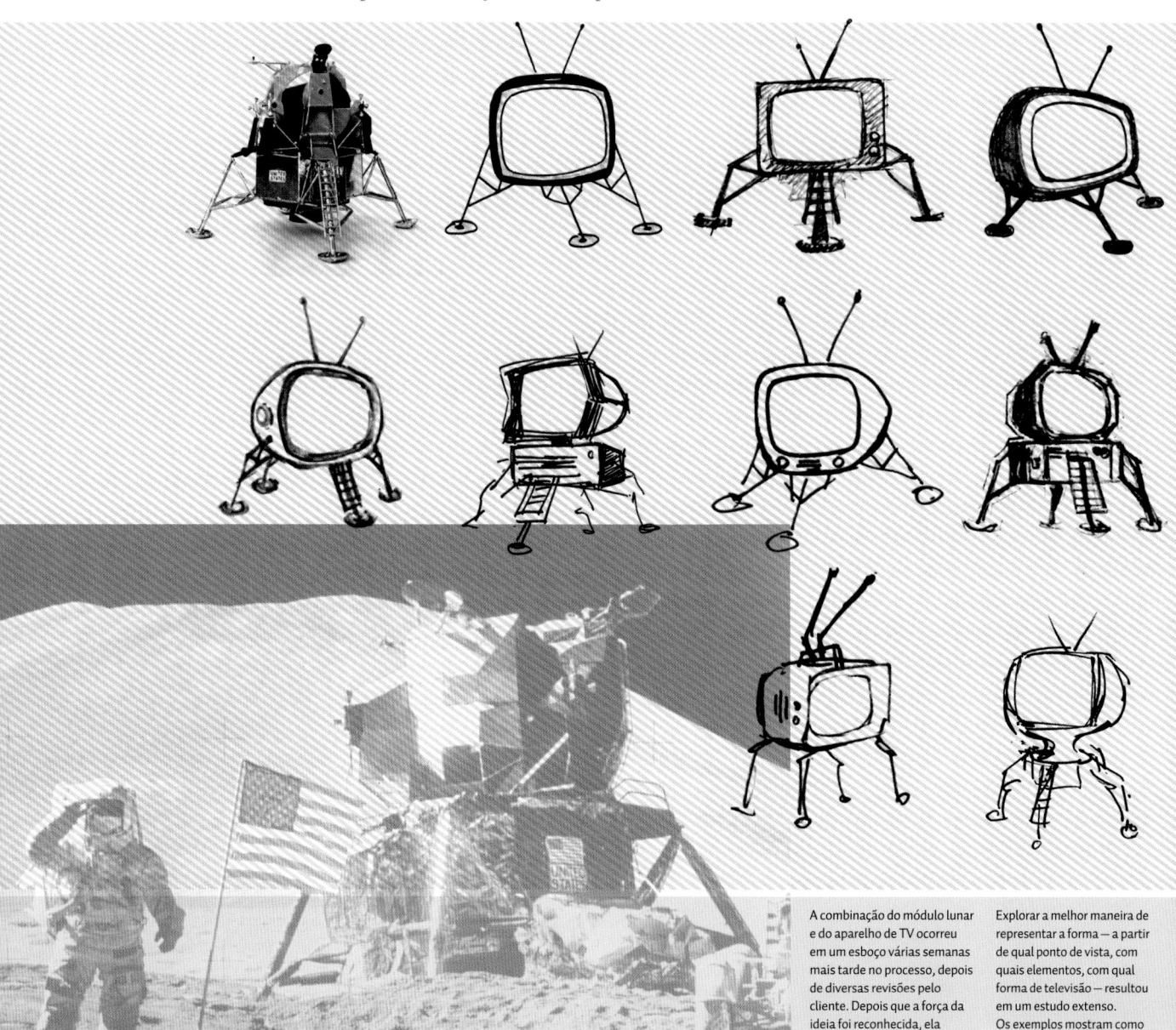

"Quando finalmente optamos por essa direção, exploramos o mundo retrô da TV e as linhas gerais de um antigo módulo de excursão lunar. Examinamos o desenho dos Jetsons para dar à mutação módulo lunar/TV uma personalidade", observa Johnson. Ao longo do caminho, os designers perceberam que a forma da TV era mais reconhecível que a imagem do módulo lunar. ▌Depois de testar os detalhes mais complicados do módulo lunar, eles decidiram acrescentar um simples foguete debaixo dele para fortalecer a ideia. Várias posições e graus de tridimensionalidade foram explorados. Uma visuali-

> **Fazemos o possível para que as prioridades da situação do nosso cliente e a nossa estratégia resultante orientem as táticas criativas.**
>
> Ben Johnson, sócio

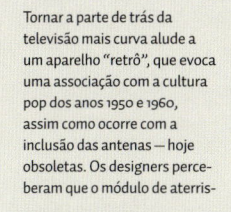

Tornar a parte de trás da televisão mais curva alude a um aparelho "retrô", que evoca uma associação com a cultura pop dos anos 1950 e 1960, assim como ocorre com a inclusão das antenas — hoje obsoletas. Os designers perceberam que o módulo de aterrissagem não tinha comunicação ágil. Mas, em vez de complicar a forma com detalhes tecnológicos, eles optaram pela silhueta de um foguete auxiliar debaixo da televisão.

O símbolo simplificado desenhado à mão foi digitalizado e delineado no Illustrator, programa com o qual os designers fizeram as modificações nas proporções e nos contornos.

Estudos de caso de projetos **01** Identidade visual da Lunar Productions

EVOLUÇÃO DO DESIGN

LUNAR PRODUCTIONS

STANLEY L. WENDER
SENIOR CONSULTANT
901 722-8571 | 901 276-2407 F
SWENDER@LUNARPRODUCTIONS.COM
1575 MADISON AVENUE
MEMPHIS, TN 38104

LUNAR
PRODUCTIONS

LUNAR PRODUCTIONS

LUNAR
PRODUCTIONS

MARK D. WENDER
PRESIDENT
1575 MADISON AVENUE
MEMPHIS, TN 38104
901 722-8571
901 276-2407 F
LUNARPRODUCTIONS.COM

O logotipo de apoio é uma forma alterada dos tipos sem serifa populares nos anos 1920 e 30. Suas proporções condensadas contrastam com o logo, e sua associação histórica com a força das estrelas de Hollywood adiciona uma sensação de prestígio e glamour.

Na papelaria, a atenção está concentrada na marca. As margens no papel timbrado determinam a área para o corpo da carta e ativam o espaço em torno da página. Todos os elementos da papelaria têm cantos arredondados que remetem à forma de logo — um detalhe simples que reforça a identidade.

zação de três quartos deu à imagem híbrida uma apresentação confiável, e a quarta perna foi removida para simplificar a forma. ▌No refinamento da própria marca, a atenção da equipe passou para os elementos de apoio, como cor e tipografia. "Nesse caso", lembra Johnson, "o cliente estava preocupado em equilibrar o humor do logo com uma tipografia mais conservadora". Johnson e sua equipe exploraram tipos clássicos conectados aos anos 1920 e 30, a idade de ouro de Hollywood. "Modificamos uma face de tipo moderna existente para que ela se parecesse mais com Art Déco e produzimos diferentes variações para o trabalho com a marca", continua. As cores foram reduzidas ao máximo: o logo foi configurado em preto para ênfase e em azul de apoio para dar profundidade e noção de espaço. O logo recebeu exposição máxima. ▌"O design abordou o logo como o herói. Todos os outros elementos desempenharam um papel de apoio — ao ponto de o nome da empresa aparecer no verso dos cartões de visita para enfatizar mais o 'inseto' na frente."

Os designers se divertiram com a sinalização para os banheiros dos escritórios do cliente. Uma alteração inteligente na iconografia familiar estende o conceito iniciado pelo logo.

> Ele tem uma grande personalidade. Provoca um grande sorriso. É um logo arrojado em um mercado competitivo e funciona bem para o cliente.

Trace Hallowell, sócio

02

Programa de comunicação para o trânsito regional de Vorarlberg
Sägenvier | Dornbirn, Áustria

É fácil: deixe o carro em casa

A rede de transportes públicos em Vorarlberg, região oeste da Áustria, é coberta por diversas agências municipais e pelo Verkehrsverbund Vorarlberg (VVV), que coordena as várias unidades administrativas. A complexidade desse sistema de gerenciamento, com seus inúmeros níveis burocráticos — juntamente com a necessidade constante de comunicações públicas, muitas vezes com prazos de produção curtos e orçamentos baixos — foi o veículo condutor, por assim dizer, para os designers Sigi Ramoser e Hermann Brändle. A abordagem desses dois designers voltou-se a essas necessidades — uma comunicação rápida e simples — de um ponto de vista muito intuitivo. Os arranjos espirituosos e dinâmicos da tipografia e as ilustrações vivamente coloridas transmitem o prazer e o benefício de se usar ônibus e trens e, ao mesmo tempo, aproximam a comunidade.

Esboços rápidos, a lápis e digitais, com tipografia, iniciam o processo da criação dos pôsteres publicitários e outros materiais suplementares. Várias possibilidades são exploradas rapidamente, mas sem serem muito analisadas. Contar com a intuição ajuda a assegurar que as imagens sejam atuais, flexíveis e facilmente entendidas.

A Helvetica, face sem serifa robusta com pesos uniformes nas hastes e apresentação neutra, foi uma dádiva — ela já fazia parte da identidade corporativa do cliente. Sua neutralidade oferece um apelo universal, e sua simplicidade estilística assegura uma legibilidade clara — uma facilidade de uso que pode ser interpretada como amigável.

"Depois de adotar uma estratégia, coletamos muitos exemplos da publicidade de trânsito", diz Ramoser. "Percebemos que eles se concentravam mais na tecnologia e nas tarifas em vez de nos benefícios do uso do transporte público ou na experiência de seu uso." ▌Ao se depararem com o que eles descrevem como um sentimento "frio e calculista" no departamento de comunicações do cliente — uma visão pragmática e utilitária preocupada apenas com as questões de prazos e orçamento e com pouca consideração aos aspectos visuais e psicológicos da comunicação —, Ramoser e Brändle decidiram seguir uma linha oposta. Enquanto o cliente achava que um bom design era algo "importante", mas não uma necessidade, o objetivo deles foi assegurar que "importante" fosse realmente uma necessidade, comenta Ramoser. ▌Sagenvier esforçou-se em reescrever as comunicações para que fossem incisivas e inteligentes, mas descontraídas. "Seguimos um plano secreto", diz Ramoser, "para evitar informações cruas e, em vez disso, destacar as emoções." Ao mesmo tempo, eles se concentraram em descobrir uma maneira de ilustrar ideias que diferenciariam a publicidade e unificariam a pluralidade dos estilos em todos os anúncios produzidos pelas várias agências envolvidas. "Procurávamos

A primeira série de pôsteres foi produzida com ilustrações desenhadas à mão. Suas qualidades lineares complementam a tipografia, e seus traços irregulares criam um contraste bem-vindo com a uniformidade da Helvetica.

signos visuais simples que atingissem todos os grupos-alvo", diz Ramoser. O resultado foi o que Ramoser chama de "ilustração que fala", um tipo de imagem que conta uma história. Na primeira série de pôsteres para o cliente, essas ilustrações foram desenhadas à mão rapidamente e combinadas com uma tipografia forte e direta – predominantemente Helvetica, face sem serifa onipresente criada por Max Miedinger e Edouard Hoffmann no Haas Type Foundry nos anos 1950. ▍ A escolha do tipo veio do manual de identidade corporativa do VVV. Ele era adequado à objetividade dos anúncios e contrastava com as ilustrações peculiares, que também incluíam formas rudimentares em papel cortado e imagens fotocopiadas em alto-contraste.

▍ A linguagem visual – imagens simples, texto inteligente e cores vivas – foi bem recebida e teve um forte impacto na comunidade. Sua ousadia gráfica era reconhecível e memorável em comparação a outros anúncios, e sua proposta amigável ressoou no público, ajudando a neutralizar a pretensiosa superioridade da mídia publicitária do setor de transportes. Ainda em busca de formas universais de comunicação, Ramoser e Brändle redescobriram o mundo dos pictogramas, popularizados nos anos 1970 pela sinalização de aeroportos, identidades corporativas e eventos olímpicos. "Esses pequenos signos são capazes de simplificar mensagens complicadas e complementam a palavra escrita", afirma Ramoser. Os pictogramas poderiam ser utilizados tanto na concepção original, como poderiam ser alterados e combinados para criarem outros novos com grande rapidez, o que é adequado para prazos de produção de design curtos. O processo de cada projeto é rápido: "Briefing, discussões em grupo, conceitos, esboços, apresentação, refinamento", de acordo com Ramoser. A fase de refinamento é responsável por aproximadamente 30% do total de tempo, de um dia a algumas semanas, dependendo

Em uma série subsequente de pôsteres, o estilo gráfico foi expandido para incluir silhuetas icônicas e elementos fotocopiados em alto-contraste. Mesmo com o acréscimo de detalhes de textura, como no rabo do peixe, a forma externa mantém sua força como um elemento dinâmico e simples.

O conceito do uso de pictogramas — formas baseadas em ícones reduzidas à geometria pura para facilitar o reconhecimento em diferentes culturas — foi incorporado ao conjunto seguinte de anúncios. A construção simples das imagens dá a elas mais massa do que uma ilustração linear e desenhada; também permite que elas possam ser produzidas ou alteradas rapidamente. Por sua natureza semiabstrata, o designer não precisa se adaptar à realidade empírica para se comunicar — as ideias podem ser bem específicas, mais ou menos simbólicas e mesmo surreais, conforme necessário.

do escopo do projeto. ▎Ao desenvolver o programa visual e emocionalmente, Sagenvier expandiu a função da tipografia, integrando estilos decorativos para feriados, etc., e a função do estúdio — produzindo peças radiofônicas, brindes inovadores, eventos para o público como o "Feliz dia do ônibus", publicações disponíveis nos trens regionais e animações curtas mostradas no site e em telas nos próprios ônibus. "Produzimos um curta-metragem sobre uma viagem de trem por Vorarlberg a ser exibido nos cinemas locais", Ramoser ri, manifestando sua satisfação com o trabalho e o processo. "Ele está próximo do dia a dia."

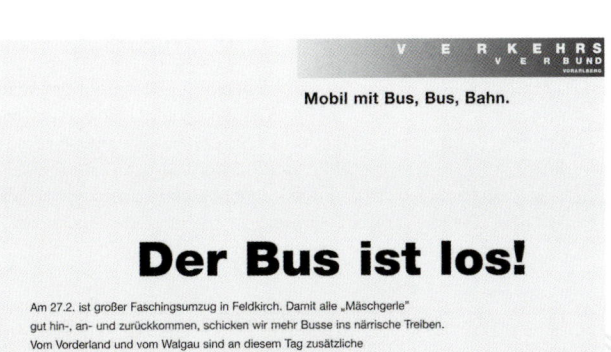

A escolha de cores primárias e secundárias brilhantes ajuda a distinguir os anúncios e as imagens em ambientes movimentados. Todas as cores compartilham um valor semelhante, aproximadamente 60% do valor do preto, o que ajuda a suavizar a qualidade uniforme da tipografia e das formas icônicas pretas e rígidas.

Normalmente, apenas uma cor é utilizada com o preto em um anúncio ou pôster, para simplicidade e economia.

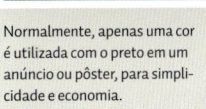

Em séries de pôsteres, a manipulação dos temas icônicos é mais complexa. Além do acréscimo de detalhes, os designers muitas vezes distorcem as formas e integram efeitos fotográficos como desfoques ou gradações.

Os arranjos das imagens e dos tipos não são limitados por um grid ou estrutura regular. Os designers compõem o material no próprio processo de criação, procurando tensão dinâmica entre espaços positivos e negativos, linha e massa, claro e escuro.

As relações entre cores complementares próximas, como a combinação de ciano com amarelo, costumam ser dissonantes. Aproximando os valores das duas cores e dessaturando as complementares, o designer mantém um forte contraste de cores ao mesmo tempo em que confere profundidade à combinação. Observe o efeito da temperatura sobre a percepção espacial: o azul frio parece recuar, criando a ilusão de espaço profundo, enquanto o amarelo quente avança para o primeiro plano do pôster. A variação no valor e na temperatura contrasta com a superfície plana dos ícones.

A modificação na escala, a alternância rítmica entre primeiro e segundo planos e o contraste das formas suaves agrupadas com movimento linear contribuem para comunicar a humanidade e os benefícios das várias formas de transporte público.

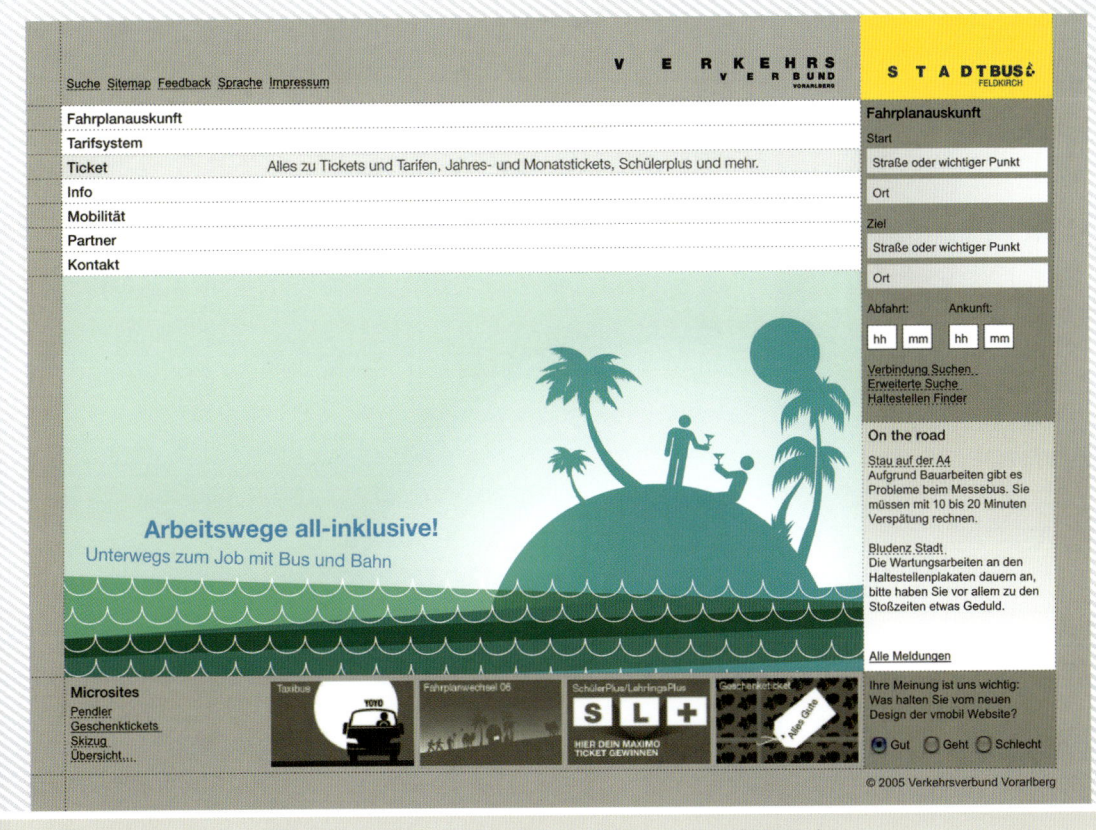

Estender a linguagem icônica para o site foi uma progressão natural; as imagens vetoriais carregam rapidamente e são bem reproduzidas na tela. A simplicidade das imagens corresponde à forte estrutura do grid visível no desenvolvimento dos layouts de página; diferentemente dos materiais impressos, o ambiente Web demanda uma estrutura rígida. Os primeiros layouts de página separavam a área de imagens da navegação, mas sua evolução acabou incorporando os principais links de navegação ao quadro da imagem. Como resultado, a imagem pôde ser ampliada e as duas áreas foram unificadas visualmente. O site usa um grid hierárquico, dividindo as áreas de conteúdo em diferentes proporções para ajudar o usuário a distinguir com maior facilidade suas respectivas funções. O conteúdo principal é composto na coluna mais larga à esquerda e a funcionalidade secundária é encontrada na coluna estreita à direita.

A saturação do amarelo propicia um ponto focal característico da marca dentro de uma composição baseada em cores neutras. Sua posição no canto superior direito fortalece a estrutura da página. O valor é utilizado para estabelecer uma hierarquia no conteúdo, com elementos mais claros chamando mais atenção do que os mais escuros.

Estudos de caso de projetos 02 · Programa de comunicação para o trânsito

EVOLUÇÃO DO DESIGN

03

Site de fotografias de Marc Montplaisir
OrangeTango | Montreal, Canadá

Navegação bem desenvolvida

Marc Montplaisir é um fotógrafo famoso em Montreal por seus projetos em design corporativo, publicidade, moda e retratos, bem como por seus trabalhos artísticos pessoais. Ele contratou o estúdio OrangeTango para criar um site de portfólio que mostrasse seu trabalho e talento — mas que também refletisse sua seriedade profissional e ao mesmo tempo sua descontração. Os visitantes potenciais do site eram, inicialmente, fáceis de serem identificados — profissionais de criação provenientes de diferentes agências e outras pessoas que possivelmente precisariam de seus serviços. Essa clientela específica está artisticamente em sintonia, conhece a Internet e o que ela tem a oferecer, e — por falta de uma expressão melhor — já viu de tudo. São profissionais que não querem gastar horas com bobagem na Internet.

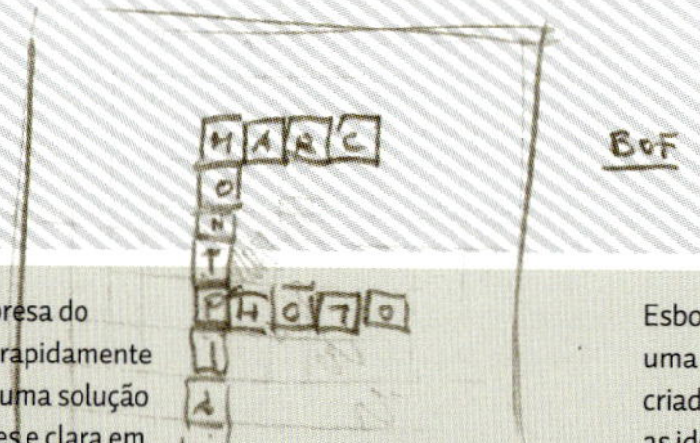

O apelido da empresa do cliente, "M2", foi rapidamente transformado de uma solução tipográfica simples e clara em um conceito fotográfico depois que os designers perceberam a semelhança da forma com a letra de uma peça do jogo Scrabble. A apresentação fotográfica é um link direto para a natureza do negócio do cliente, mas a peça do jogo é mais conceitual.

Esboços rápidos — ao som de uma música especialmente criada — serviram para destilar as ideias sobre ambientes que poderiam organizar as fotografias do cliente. Alguns desses esboços brincavam com a ideia de um jogo à medida que o "logo" era desenvolvido, mas pareciam se afastar do conceito dos ambientes.

Os ambientes contêm objetos relacionados a várias áreas da prática de Montplaisir.

Embora o cliente vendesse seu serviço principalmente por meio da promoção do seu trabalho, a atmosfera do site "precisava desempenhar um papel-chave em ajudar os visitantes a aprender mais sobre a personalidade de Marc", relata Mario Mercier, diretor de criação do projeto.

Ele estabeleceu desde o início que o site, em contraste com o estilo de alta tecnologia atualmente em voga, deveria utilizar cores neutras e imagens sutis, atuando como fundo para as fotografias sofisticadas de Montplaisir. Além disso, o site deveria ser organizado de maneira clara. Criar um ambiente e uma navegação interessantes para expressar a personalidade do cliente — sem competir com ele — tornou-se o desafio.

Por mais estranho que pareça, a música foi a fonte de inspiração para os designers do site. As canções que não saíam de suas cabeças eram as de uma época passada — melodias ao mesmo tempo alegres e nostálgicas. O colega de trabalho e irmão de Mercier, Jean-Marc, criou as canções especialmente para o projeto como um ponto de partida. Elas tinham algo de música de elevador e, mesmo assim, eram vagamente exóticas. À medida que as músicas tomavam forma, com o estímulo entusiasmado de Montplaisir, os

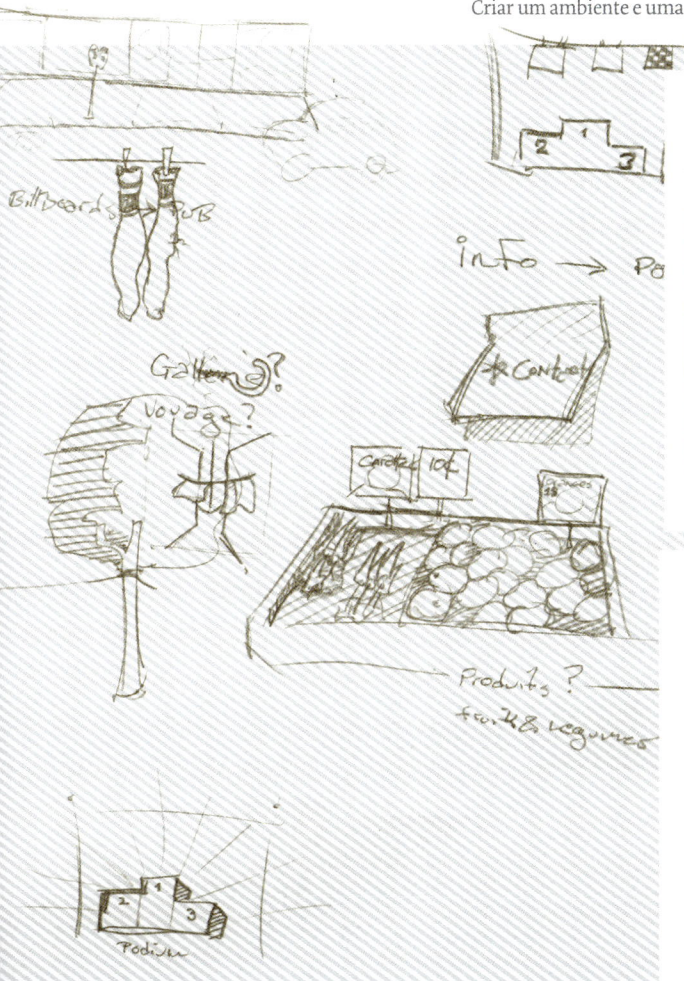

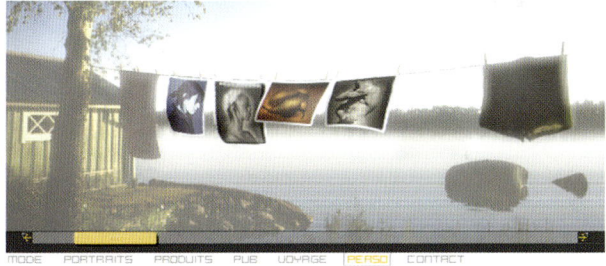

Os primeiros estudos digitais utilizaram fotografias suavemente desfocadas como fundo para ajudar a comunicar a qualidade onírica dasmúsicas. As imagens em cores plenas penduradas no varal são botões de navegação que levam o usuário a galerias individuais.

Como o fundo e os botões de navegação são fotográficos, eles pareciam mesclar-se quando muito próximos.

Em outra iteração, os designers primeiro tentaram remover as cores da imagem de fundo — dessaturar — para que, sem chegar exatamente ao preto e branco, a sensação das cores fosse quase completamente neutra. Mesmo assim, a separação parecia inadequada, e os ambientes eram literais demais ou não estavam suficientemente relacionados à área temática em questão.

designers começaram a criar os esboços dos ambientes visuais que correspondiam, em sua opinião, às canções — e às várias áreas temáticas, como moda, editorial ou retratos. A primeira série de esboços abordou esses ambientes fotograficamente, mas em cores atenuadas e com os detalhes levemente desfocados para torná-los mais oníricos. ▎A fotografia de Montplaisir, na forma de miniaturas (thumbnails), seria parte desses ambientes e atuaria na navegação para as áreas de galeria. Para a seção de moda, as fotos foram penduradas em cabides ao lado de um manequim. As fotos de viagem foram apresenta-

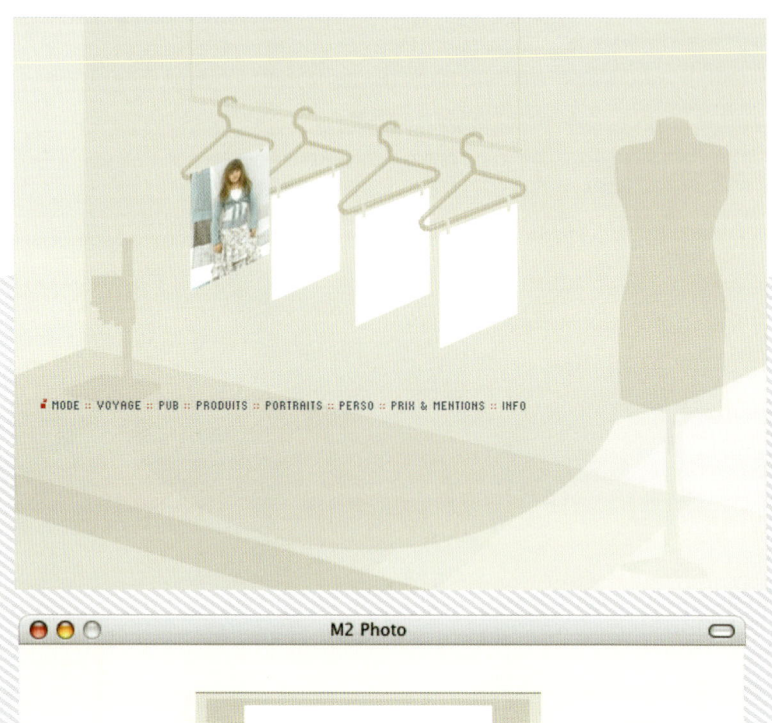

O site abre com uma sequência de animação curta na qual a imagem latente de uma folha de papel exposta se revela aos poucos dentro de uma bandeja de câmara escura.

Nas galerias individuais, o usuário pode fazer a seleção dentre fotografias listadas em ordem numérica abaixo da área das imagens. Um botão "fechar" simples retorna o usuário ao nível anterior.

das em um varal que parece pairar sobre uma viela em algum lugar no Mediterrâneo. As fotos publicitárias foram dispostas no que parecem ser outdoors na Times Square. Os retratos, por sua vez, ficaram estendidos ao longo de um varal ao lado de imagens que lembram estátuas de Rodin e Giacometti. ▎Ao se revisitar os estudos iniciais das telas, porém, pareceu que, embora a ideia fosse apropriada, os ambientes competiam visualmente com a fotografia do cliente. Como ambos eram fotográficos, seus detalhes de texturas e tonalidades relativas eram ainda muito próximos para propiciar uma clara separação. Como solução, a equipe de Mercier testou a dessaturação das cores dos fundos, mas acabou optando por planificar as cenas transformando-as em áreas vetoriais em tons quentes e neutros de bege e cinza, seguindo a recomendação do designer e ilustrador Martin Fontaine.

▎"Essas imagens são muito claras e sutis", explica Mercier, e "só servem como um fundo vago ao elemento mais importante do site: as janelas que levam às fotos do artista, as quais, devido ao contraste, literalmente saltam do fundo." Essa solução fez a navegação tipográfica de apoio ser tratada de modo igualmente simples. Embora faces de tipo mais clássicas tenham sido exploradas, uma face em bitmap – toda em caixa-alta – foi escolhida pela clareza na tela e por sua personalidade moderna mas tranquila.

Essas telas, a partir do site implementado, mostram a clareza da separação entre as imagens de navegação e o fundo, bem como a tridimensionalidade alcançada em ilustrações planas desenhadas com vetorização. A atenção especial a espaçamento, escala e modificação rítmica cria um espaço surrealista em imagens planas.

Uma face em bitmap em um tom de azul fosco lista as áreas de navegação principais em uma só linha horizontal de texto ao longo da tela; um destaque vermelho indica a ativação com o mouse. A face de tipo em bitmap é muito mais legível do que uma versão para a tela de uma face clássica, além de complementar as ilustrações vetoriais.

04

Estande comercial para a Formica Corporation, 2005
Kuhlmann Leavitt, Inc. | St. Louis, Missouri, EUA

Ao criar aplicações tridimensionais, todos os aspectos visuais da composição são projetados no espaço real, e a hierarquia e o fluxo são de extrema importância. Isso se torna evidente em presenças em feiras industriais – onde grande número de pessoas, expositores, produtos e cores competem pela atenção –, como o estande comercial mostrado aqui, criado para a recepção dos visitantes da Formica Corporation. O desafio era criar um espaço que atraísse os visitantes em um salão de exposições movimentado e, ao mesmo tempo, comunicasse a vasta oferta de produtos de revestimento de superfície comerciais e residenciais da Formica. Para complicar, havia outras exigências. "Os membros do setor da indústria de design de hospitalidade esperam ver espaços altamente projetados", disse a diretora do estúdio de design, Deanna Kuhlmann-Leavitt.

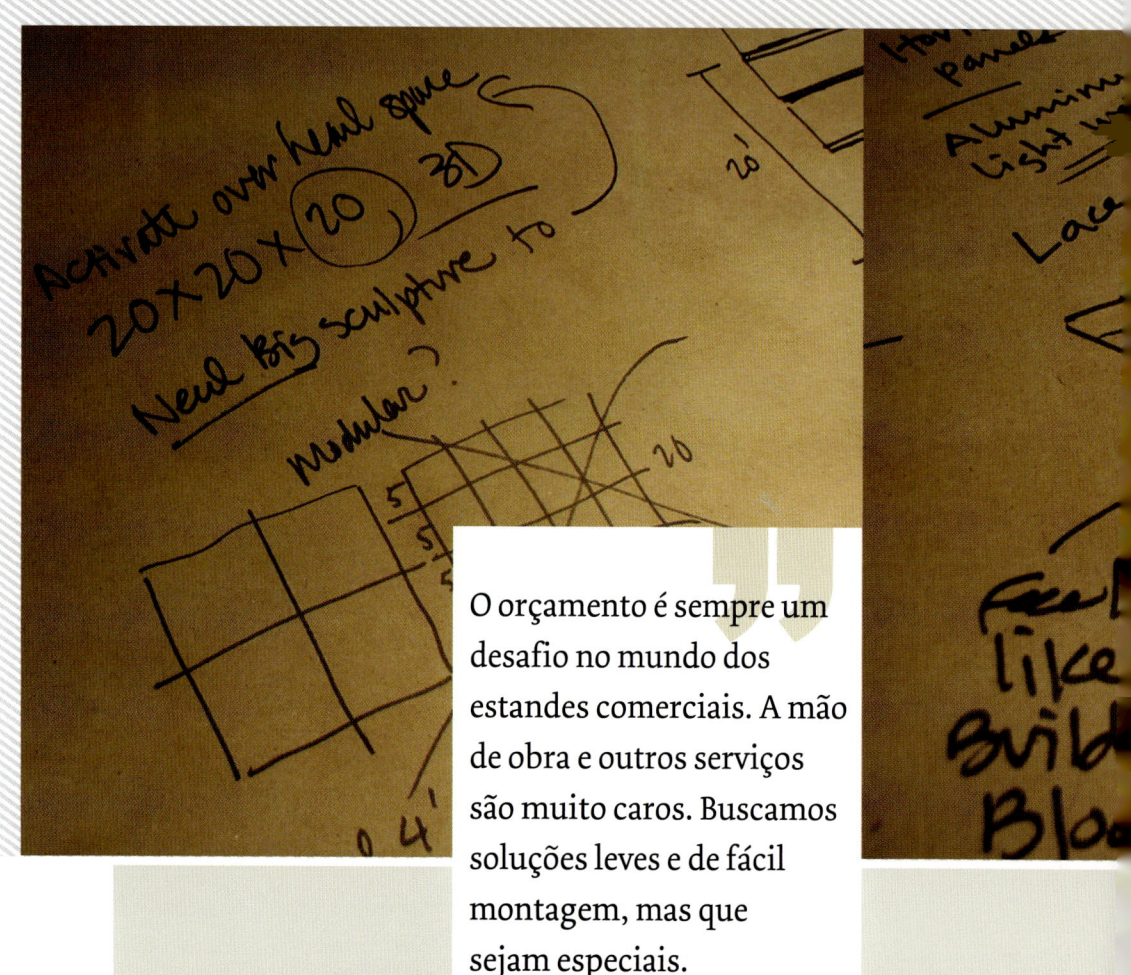

Bloco de construção como elemento central

> "O orçamento é sempre um desafio no mundo dos estandes comerciais. A mão de obra e outros serviços são muito caros. Buscamos soluções leves e de fácil montagem, mas que sejam especiais.
>
> Deanna Kuhlmann-Leavitt, diretora

Para complicar ainda mais o processo, os longos períodos de espera para a prospecção de materiais, preparação e produção significavam que o desenvolvimento do conceito teria de ser rápido. ❙ Trabalhando a partir de um briefing inicial que definia os produtos da Formica como "blocos de construção fundamentais", os designers começaram a criar o esboço manualmente utilizando papel kraft, canetas hidrográficas e lápis. "Mantemos uma biblioteca de acessórios para iluminação, mobiliário e tecidos que podemos utilizar à medida que trabalhamos", explica Kuhlmann-Leavitt. ❙ No espaço de

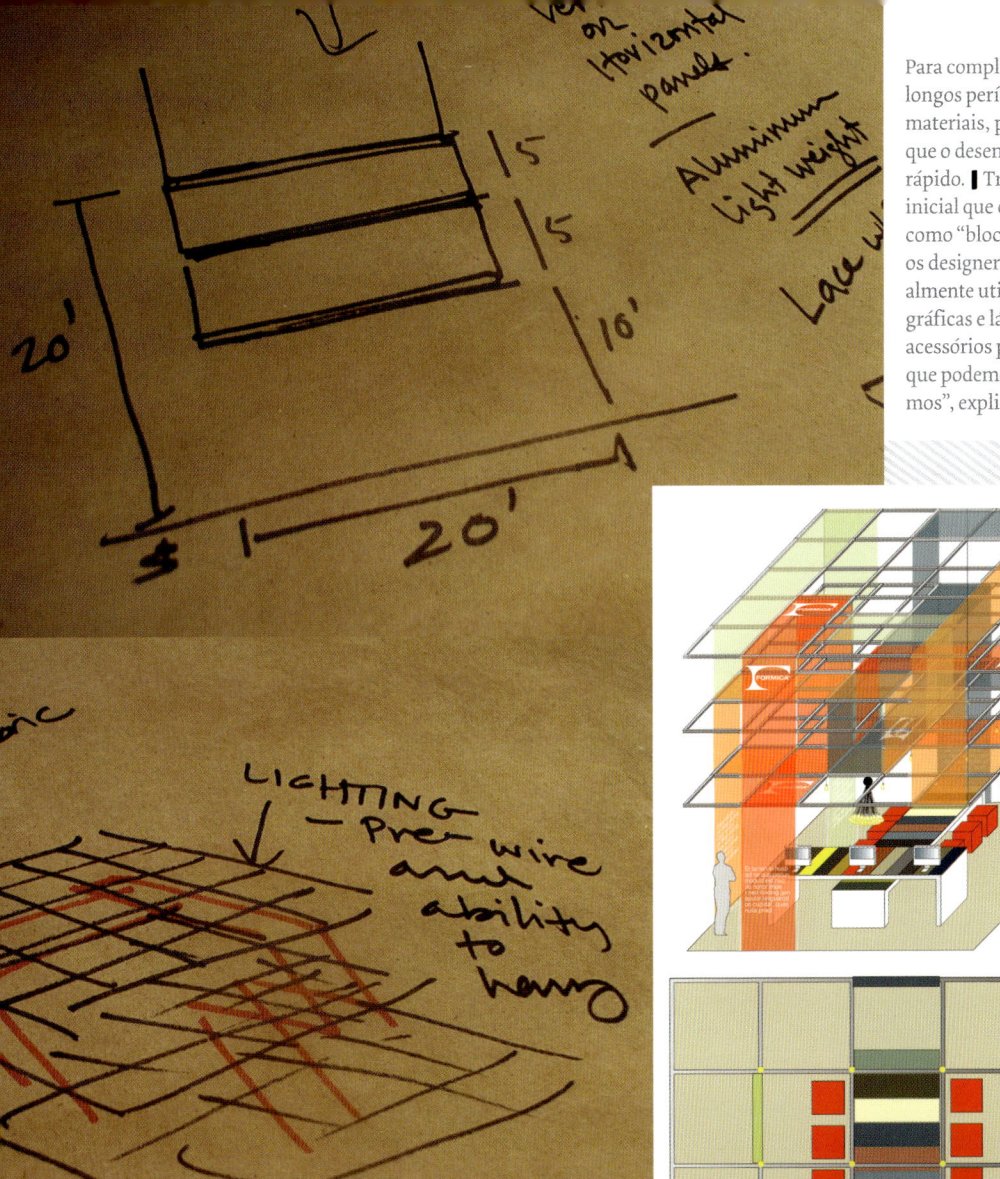

Dois designers — equipados com papel kraft, canetas hidrográficas e muitas referências de mobiliário — criaram os esboços para um conceito visual forte em aproximadamente quatro horas.

As notas e medidas explicavam a ideia básica desses desenhos: um gigantesco cubo aberto. O conceito do cubo deriva da mensagem que o cliente desejava transmitir: a de que seus produtos são os blocos de construção para designers de interiores.

Na definição da ideia básica, os designers transformaram o esboço em uma exibição digital, utilizando um software gráfico. A inclusão de silhuetas humanas no espaço mostra a escala. Nessa primeira apresentação, a forma do cubo foi construída a partir de uma estrutura leve ao longo da qual se estendiam banners coloridos. Nesses banners, apareciam a marca do cliente e textos de marketing. A primeira planta sugeria uma única e longa bancada concebida para expor os produtos do cliente, ao lado de catálogos de produtos e computadores para acessar a Internet ou dados sobre vendas.

A forração neutra mantém o foco nos expositores em cores vivas, enquanto combinações de cores complementares entre os banners projetam essa atividade visual no espaço.

uma tarde, os designers chegaram a um conceito único que mostrariam ao cliente depois de criarem uma apresentação eletrônica. De acordo com Kuhlmann-Leavitt, o custo é o principal fator ao se desenvolver soluções para exposições dessa natureza. "O orçamento é sempre um desafio no mundo dos estandes comercias. A mão de obra e outros serviços são muito caros. Buscamos soluções leves e de fácil montagem, mas que sejam especiais." Para esse projeto, a solução foi arrojada e simples, concentrando-se em uma grande bancada de exposição situada sob uma estrutura leve e suspensa que cria um elemento central extraordinário. Construída a partir de perfis tubulares em alumínio e envolta em banners pré-impressos em tecido, a estrutura forma um cubo tridimensional transparente que se eleva sobre a área ocupada, chamando atenção sob vários ângulos em um salão de exposições lotado. O cubo permite flexibilidade em vários espaços e, de modo abstrato, reforça a premissa dos "blocos de construção". "No design de um estande comercial, construímos a perspectiva 3D do piso ao teto", afirma a diretora Deanna Kuhlmann-Leavitt ao descrever sua estratégia de apresentação. "Em outras palavras, dispomos os principais componentes em camadas para que o cliente possa entender o espaço. É uma apresentação de estilo 'somatória'."

Uma revisão da planta reduziu as cores dos banners ao vermelho. Embora mais simples que a primeira iteração, o espaço também parece menos dimensional devido à perda do contraste de cores.

Uma sutil padronização com o logo do cliente acrescentou profundidade e ambiguidade dimensional aos banners transparentes. A insinuação de atividade na superfície conflita com a transparência do tecido. O uso de valores e intensidades semelhantes entre o fundo e o padrão evitou que o efeito fosse dissonante.

Com o conceito aprovado, os designers precisavam incorporar algumas solicitações do cliente, desenvolver especificações para preparar a estrutura e coordenar a produção e os materiais. Primeiro, o cliente solicitou que os banners incluíssem fotografias, além de cores vibrantes e tipografia. "Os responsáveis por especificar produtos da Formica preferem ver produtos reais em ambientes reais", diz Kuhlmann-Leavitt.

▎O estúdio selecionou fotografias tiradas pelo cliente para vários usos, incluindo feiras de exposição, e as imprimiu nos banners. Como os banners são feitos de um tipo de tela, as imagens tornam-se transparentes em diferentes ângulos, sobrepondo-se às faixas de cores sólidas e à estrutura em alumínio de maneira a realçar sua dimensionalidade. ▎O cliente também sugeriu que a bancada fosse dividida em três unidades separadas para delinear os produtos oferecidos. Foram apresentadas plantas alternativas, incluindo uma em que a bancada continuava sendo uma só unidade, mas com uma seção elevada até a altura de um balcão. Isso simplificava o tráfego na área de exposição e mantinha a presença de um único e grande expositor. "Mostramos as modificações para o cliente três

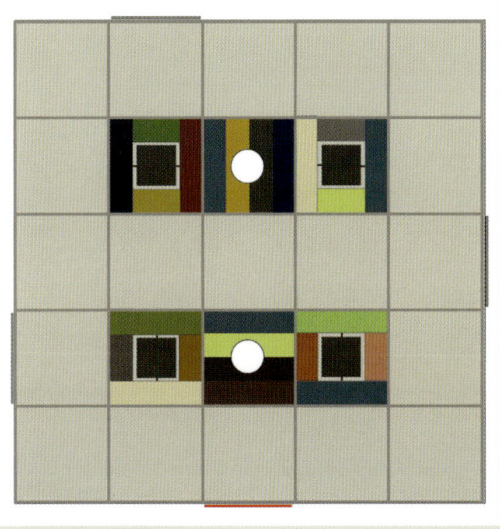

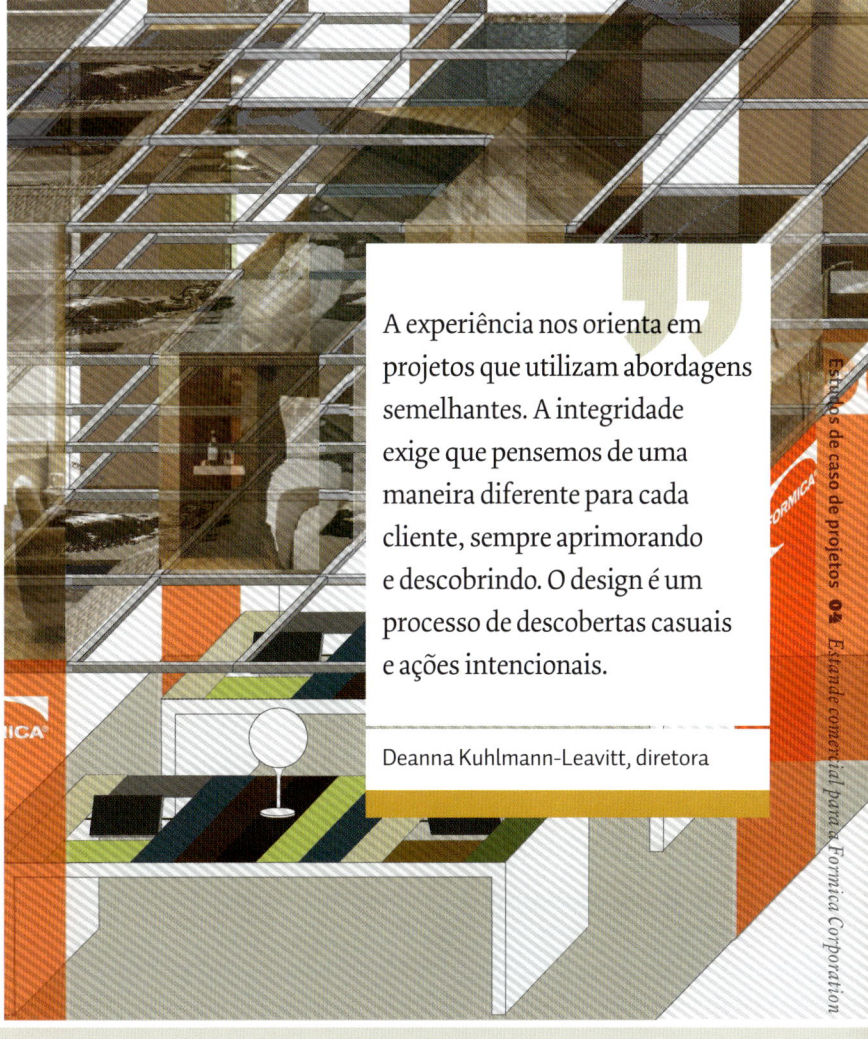

> A experiência nos orienta em projetos que utilizam abordagens semelhantes. A integridade exige que pensemos de uma maneira diferente para cada cliente, sempre aprimorando e descobrindo. O design é um processo de descobertas casuais e ações intencionais.
>
> Deanna Kuhlmann-Leavitt, diretora

Uma segunda revisão dividiu a bancada em dois grupos e introduziu fotografias nos banners suspensos. As imagens criaram uma experiência ainda mais dimensional do que apenas tipografia e cores; sua suavidade contrastou com a geometria da estrutura e das cores chapadas dos expositores.

vezes, um número razoável", relata Kuhlmann-Leavitt. Embora o período de exploração do conceito fosse curto, Kuhlmann-Leavitt passou quase dois meses refinando a estrutura e revisando as especificações para os materiais e o layout dos componentes. Como a maior parte da instalação precisava acontecer no local e rapidamente, os designers gastaram grande parte do tempo construindo pequenos modelos estruturais, feitos com madeira leve para determinar o posicionamento exato dos banners. A instalação, assim, acabou ficando perfeita.

Na planta baixa, os designers voltaram à configuração de uma única bancada, mas com uma das superfícies na altura de um balcão e outra mais baixa, na altura de uma mesa convencional. O carpete do piso foi dividido em três áreas, separadas por cores em esquema de análogas que ajudava a unificar o espaço, além de criar uma relação complementar com os tons quentes do vermelho dos banners acima. Cores adicionais foram reintegradas aos banners.

> Tínhamos a ideia de incorporar cores vibrantes. Primeiro decidimos qual carpete utilizar, e então as cores dos banners foram impressas para combinar com ele. Boa parte das novas cores mostradas nas bancadas era vibrante, o que foi compensado por madeira laminada branca nas bases das bancadas.
>
> Deanna Kuhlmann-Leavitt, diretora

Vista de fora, a forma cúbica das bancadas e a estrutura suspensa, envolta em faixas de tela transparente, criam uma estrutura coerente visível de longe. A sobreposição dos painéis transparentes, mais próximos e mais distantes, ajuda a criar um espaço tridimensional dinâmico.

Foram usadas cores neutras nas superfícies do expositor para contrastar com os produtos, que são mais brilhantes e variados em matiz e textura. Lâmpadas brancas na forma de bulbos irradiam uma luz suave e quente que traz formas curvilíneas ao espaço majoritariamente ortogonal; a qualidade curvilínea é reforçada pelas cadeiras em forma de tulipa no expositor da bancada.

EVOLUÇÃO DO DESIGN

05

Relatório anual de 2006 da Podravka
Bruketa & Žinic | Zagreb, Croácia

Podravka é uma empresa do setor de alimentos localizada em Koprivnica, Croácia, a cerca de 100 quilômetros à nordeste de Zagreb. Ela é semelhante a empresas norte-americanas como Kraft e General Foods, e produz alimentos preparados e empacotados para vários pontos de venda. Contudo, é uma empresa com uma política de negócios que enfatiza a integridade: "É uma empresa com coração", diz Davor Bruketa, um dos diretores do estúdio croata responsável pela criação do relatório anual da Podravka. E isso orientou a abordagem de design de Bruketa e seu parceiro, Nicola Žinic, que transformaram o relatório em algo além de uma sequência fria de números. "Os valores da marca são comunicados em mais níveis do que os normalmente encontrados nos relatórios anuais", afirmam.

É preciso ter coração

> Trabalhamos em um único arquivo, fazendo algumas poucas modificações, mexendo aqui e ali. Sim... é como uma escultura. Você trabalha em cada camada da pedra até obter o que deseja.

Davor Bruketa, diretor

A equipe de quatro designers — Bruketa, Žinic e dois designers associados — frequentemente começa por esboços manuais de modo informal, também cortando e colando material encontrado e examinando tipografia e imagens no computador. Como esse era o sétimo relatório anual que eles criavam para a Podravka, os designers estavam familiarizados com a marca e a estratégia que a empresa utiliza para se comunicar com o público do relatório — acionistas, clientes, parceiros de negócios. Assim, a produção do material necessário tornou-se mais fácil. Dessa vez, a equipe passou aproximadamente um mês desenvolvendo conceitos que contariam a história de uma empresa com coração de maneira diferente das já utilizadas, e então apresentou apenas um conceito ao cliente em sua forma quase final. "Em geral, os clientes querem ver algumas direções diferentes nas quais o projeto pode se desenvolver, mas não desta vez. E nós sempre sabemos que apenas um conceito é melhor", explica Žinic. O design evoluiu ao longo de mais de 30 dias, uma vez que parte do material foi alterado, descartado e substituído por outro material, espiralando na direção de uma compilação resolvida e finalizada que cresceu a partir

Procurar maneiras de expressar a personalidade do cliente levou os designers a muitas direções. Uma das primeiras ideias foi incorporar itens pessoais relacionados ao ato de cozinhar, como as receitas antigas e listas de compras vistas aqui. As qualidades naturais, simples e espontâneas desses itens — rasgos, manchas, etc. — transmitem todos os tipos de mensagem: humanidade, honestidade, acessibilidade, nostalgia e simpatia. Além disso, sua textura e cores poderiam contrastar com imagens ou layouts mais refinados.

Junto à coleta de material, os designers desenvolveram esboços manuais ativamente. Miniaturas de layouts desenhados de modo objetivo misturaram-se a rabiscos espontâneos, o que alude ao processo conceitual fluido dos designers. Muitos desses rabiscos espontâneos foram incorporados ao relatório anual final — outro elemento "pessoal". Nesta página específica, as formas ornamentais das letras, as imagens das formas de torta, ícones de coração e abstrações florais se entrelaçam umas com as outras.

de discussões, refinamento e colaboração entre os designers. "Há muitas ideias que não utilizamos; as melhores sobrevivem ao teste do tempo", comenta Bruketa. Essa é uma maneira comum de os designers trabalharem, embora eles sejam rápidos em apontar que nunca usam a mesma abordagem em outro projeto. "Acho que é errado e impossível solucionar todos os problemas da mesma maneira", continua Bruketa.

> Em geral, os clientes querem ver algumas direções diferentes nas quais o projeto pode se desenvolver, mas não desta vez. E nós sempre sabemos que apenas um conceito é o melhor.
>
> Nicola Žinic, diretor

Os esboços para uma seção fotográfica propõem uma narrativa simples: uma comparação entre uma cozinheira infeliz e uma feliz, obviamente aquela que trabalha na cozinha da Podravka. Conceitualmente, essa objetividade é adequada ao conceito geral e adiciona humor ao projeto. No próprio esboço, a ideia é claramente representada nas expressões faciais das cozinheiras, mas ainda mais nas manipulações dos ícones de coração nos aventais — um sem cor e dividido, outro totalmente colorido em vermelho.

Nos esboços para outra sequência de imagens, utensílios de cozinha como potes, panelas e uma luva antitérmica têm cortes em formato de coração. O fato de essa ação inutilizar o item para a cozinha tornou-se repentinamente claro quando o designer testou a ideia em uma imagem fotográfica.

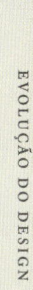

Esse livro é uma coleção de razões que mostram por que é importante fazer tudo com o coração. As várias razões são reunidas em cinco partes, todas reforçando a mesma mensagem de diferentes maneiras. Papel, encadernação e técnicas de impressão muitas vezes são um aspecto importante da comunicação dentro de cada parte.

Segundo Žinic, "na primeira parte, há pessoas que não acreditam na importância do coração; mostramos suas histórias em preto e branco em um papel mais fino. Em outra parte, um papel mais denso serve de suporte à fotografia que mostra que o coração é importante no final das

Os pequenos esboços para outra sequência fotográfica mostram retratos de personagens questionáveis, para os quais uma pessoa preferiria não cozinhar — uma mulher desagradável, um médico ameaçador e um punk completamente caracterizado, incluindo o símbolo de anarquia. Utilizando fotografias de banco de dados para clarificar o conceito dos layouts esboçados, a seleção dos detalhes e das cores feita pelos designers ajuda a dar vida aos personagens e a enriquecer suas narrativas tácitas. A escolha de uma mulher mais velha vestida com estampa de leopardo, fumando, diz muito. As cores desempenham um papel tanto visual, para contraste, como psicológico; o verde-piscina frio por trás do cirurgião é impessoal e quase repugnante.

Os esboços para uma seção com texto mostram um detalhe interessante — um elemento pontual que contrasta com a estrutura editorial centralizada, desestabilizando a simetria do layout e ativando o espaço da margem.

contas. A quarta parte é um relatório financeiro de um auditor independente, impresso em um papel tradicional de formulário contínuo para impressora matricial, a fim de separar visualmente a parte do livro que não é proveniente da Podravka, mas do auditor. Junto com a mistura de diferentes papéis, os designers variaram os tipos de fotografia utilizados – cenas em preto e branco, coloridas e silhuetas de objetos – bem como exploraram diferentes texturas tipográficas. Há páginas completamente brancas com texto perfeitamente justificado, rabiscos e notas escritas à mão, etiquetas adesivas luminosas com receitas que utilizam alguns produtos do cliente e uma seção narrativa, escrita à mão, como uma carta descrevendo um conto emocionante sobre o ato de cozinhar. A mistura de mídias, ícones e narrativas, imagem e texto – produzida em alto nível – transforma as diferentes partes do anuário em um todo coerente e lhe dá um caráter pessoal. Justamente aquilo que os designers buscavam: "trabalhamos com o coração."

> Neste mundo cínico, decidimos provar que é importante fazer tudo com o coração.

Davor Bruketa, diretor

Costurado, colado, encadernado com capa dura e amarrado com fitas, o anuário é a realização do sonho de um fetichista por livros. A capa é elegantemente gofrada apenas em tinta preta. Essa atenção às técnicas de acabamento transmite duas mensagens claras: a empresa tem um bom desempenho e está preocupada com aquilo que produz.

Uma mistura de detalhes idiossincráticos reforça o aspecto pessoal da mensagem do relatório: tratamentos tipográficos em caligrafia ornamental, manuscritos e rabiscos elaborados. As qualidades orgânicas desses elementos contrastam com o espaço aberto, a tipografia nítida e etiquetas adesivas geométricas e arrojadas.

As fotografias apresentam uma tonalidade serena — não lavada, mas intencionalmente mais suave e com menos contraste no seu intervalo tonal. Isso é incomum para relatórios anuais, que tendem a reproduzir imagens nítidas com cores saturadas. A suavidade tonal parece amigável, acessível e honesta.

Estudos de caso de projetos **05** *Relatório anual de 2006 da Podravka*

EVOLUÇÃO DO DESIGN

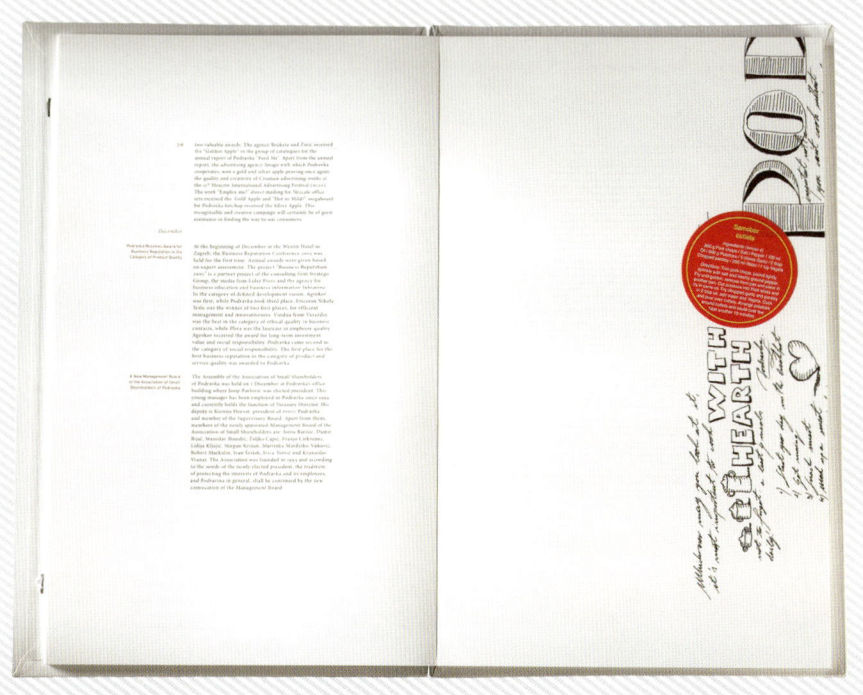

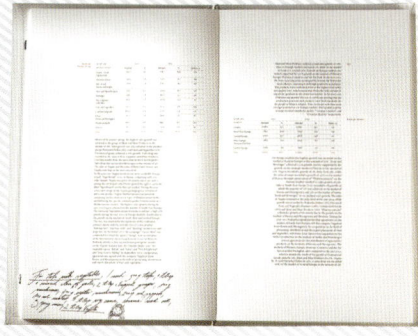

A sequência final da imagem das cozinheiras infelizes e felizes é bem-humorada. A simplicidade aparente desse conceito é contrabalançada pelo controle implacável de cada detalhe nas fotos, desde a seleção dos adereços até a modificação extremamente sutil na saturação das cores entre as páginas esquerda e direita.

A dessaturação das cores da página esquerda é pouco perceptível, mas fortalece o caráter depressivo do tema.

O texto justificado apresenta uma contagem ótima de caracteres — entre 50 e 55 caracteres por linha —, o que resulta em uma margem irregular uniforme e hifenização mínima. As chamadas em vermelho, justificadas à direita contra o alinhamento esquerdo da coluna principal, trazem detalhe e facilitam a navegação pelo conteúdo.

O texto e os dados tabulares são compostos em uma família tipográfica serifada transicional com terminações agudas utilizando as variações bold, itálica e regular para distinguir os componentes informacionais. Atenção cuidadosa a espacejamento, pontuação, peso dos fios e alinhamento propicia legibilidade e reforça o conceito do relatório.

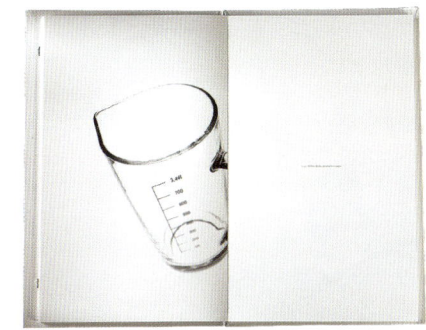

A maioria das imagens é composta de fotografias, o que dá credibilidade instantânea aos conceitos porque o observador médio confia mais no conteúdo de uma fotografia do que no de uma ilustração. Na primeira seção fotográfica, as imagens formam pares narrativos. Na segunda, mostrada aqui, as imagens são ícones ilustrativos. Observe o cuidado com que as imagens individuais são organizadas ao longo das páginas duplas, ativando o espaço negativo e criando áreas de tensão e arejamento.

Uma seção narrativa final apresenta um diário fotografado página a página ao longo da margem interna do relatório, criando a sensação de as páginas reais do diário estarem sendo folheadas. A dimensionalidade das imagens e a personalidade da caligrafia transmitem honestidade e simplicidade.

As etiquetas com receitas em cores saturadas são uma interrupção bem-vinda à alvura fria das páginas. Cada etiqueta utiliza basicamente duas cores, normalmente conjuntos de cores quase complementares. Com o texto composto em uma face sem serifa amigável que contrasta com a face serifada utilizada em outras partes, elas se destacam na página.

Estudos de caso de projetos **05** Relatório anual de 2006 da Podravka

EVOLUÇÃO DO DESIGN

06

Campanha da temporada 2006/2007 da Forsythe Company
Surface | Frankfurt am Mein, Alemanha

Gire, vire, estique, puxe

Às vezes, o tema de um projeto de design fala por si. A dança é um desses temas — ela é seu próprio conceito e, quase sempre, é um bom meio de comunicação. Afinal de contas, esse é seu objetivo. Surge então o designer, abordando o problema da representação desse veículo no mundo estático da impressão. Há duas possibilidades: recorrer às pirotecnias gráficas ou manter a simplicidade do design e deixar que o próprio meio se apresente. Confrontados com essas duas opções, Markus Weisbeck e Katrin Tüffers, do estúdio Surface, escolheram a última. Nos layouts fotográficos austeros para a campanha da temporada 2006/07 da Forsythe Company, uma companhia de balé contemporâneo, os arranjos rigorosos da forma humana e do texto dizem muito sobre a natureza da dança... tudo sem exageros.

Estudos digitais esquemáticos, como os mostrados aqui, foram apresentados ao cliente antes da realização de uma sessão de fotos. As imagens foram escolhidas a partir das utilizadas na campanha da temporada anterior para estabelecer a premissa básica das fotos e dos enquadramentos, mas nenhum storyboard ou direção de arte foi feito antes do dia da sessão fotográfica.

Os designers e o cliente tiraram vantagem da sessão fotográfica digital visualizando as imagens em um laptop e tomando decisões imediatamente, sem interferir na sessão. As fotografias foram alteradas e refeitas na hora, e depois editadas para a seleção final durante a sessão.

William Forsythe, cliente e fundador da companhia, inovou a maneira de pensar a dança, investigando a maleabilidade inerente à linguagem do balé clássico. Seu trabalho é famoso por explorar encontros alternativos com o público e colaboração intensa entre músicos, coreógrafos e bailarinos. Essa abordagem intuitiva e flexível, guiada pelo rigor do treinamento clássico, combina com a estética do estúdio Surface. ▌Markus Weisbeck e Katrin Tüffers, parceiros no Surface, tinham colaborado com Forsythe no desenvolvimento das campanhas das temporadas anteriores, sempre buscando flexibilidade em abordagens visualmente econômicas, que eram documentais e fotográficas. ▌À procura de outra maneira de interpretar a natureza da dança e as formas criadas pelo corpo, Weisbeck e Tüffers passaram aproximadamente duas semanas investigando possibilidades. Sua rigorosa sensibilidade, aliada ao histórico e ao trabalho de Forsythe, levou-os novamente à fotografia, mas o método e o estilo da fotografia ainda teriam de ser desenvolvidos. "Desta vez, queríamos transmitir a ideia do bailarino como uma escultura", afirma Weisbeck. "Imaginamos um fundo neutro e o bailarino isolado, e nada mais". Depois de alguns estudos rápidos utilizando imagens capturadas para as campanhas anteriores, manipuladas em um arquivo do Photoshop, Weisbeck e Tüffers se reuniram com Forsythe, que aprovou o conceito básico e marcou uma sessão de fotos. ▌Em um verdadeiro espírito colaborativo e seguindo a abordagem maleável de Forsythe, não havia qualquer plano para a sessão. O método específico foi desenvolvido na hora, em conversas entre Forsythe, Weisbeck e o fotógrafo Armin Linke durante a sessão.

Os bailarinos fizeram posições esculturais impressionantes, com braços e pernas dentro de suas roupas. As formas incomuns criaram um caráter sobrenatural e argiloso para a massa dos corpos.

No local da sessão fotográfica, um fundo de papel cinza ocultou o cenário. Com isso, o fotógrafo e o designer transformaram a figura humana no único objeto de foco. A luz direta do refletor projetou uma sombra no fundo, aumentando a dimensionalidade das figuras de forma mais saliente do que o resultado que poderia ser obtido a partir da criação digital das silhuetas.

> „A fotografia permitiu a criação de imagens em que a estrutura e a clareza da forma foram enfatizadas.
>
> Katrin Tüffers, sócia

EVOLUÇÃO DO DESIGN

No dia da sessão de fotos, o fotógrafo, os bailarinos e os designers trabalharam em um ambiente desprovido de adereços ou cenário. Os designers e o fotógrafo determinaram que um flash forte posicionado à frente de um bailarino próximo a um fundo resultaria em uma imagem de alto-contraste com detalhes precisos e nítidos. O flash capturaria o bailarino em um momento congelado. ▍Diferentemente das imagens fotografadas anteriormente, nas quais um bailarino era capturado girando ou no meio de um salto, o bailarino seria fotografado em uma posição contorcida para criar uma massa amorfa. Os bailarinos exagerariam essas posições esticando suas roupas elásticas de dança. A sessão demorou várias horas, com Weisbeck, Forsythe e Linke avaliando as fotos em um laptop à medida que elas eram tiradas e editando aquelas que melhor capturavam a forma dos bailarinos. A partir daí, Weisbeck e Tüffers transferiram as imagens do laptop e as compuseram em vários formatos — folhetos, flyers, anúncios, pôsteres — para maximizar os contornos torcidos dos corpos dos bailarinos e criar espaço para o texto. Uma face de tipo sem serifa neutra e austera foi selecionada, e as informações necessárias foram estruturadas

Os designers selecionaram as cores para a tipografia a partir de amostras extraídas das imagens com a ferramenta conta-gotas do Photoshop. A essas cores básicas foram adicionadas duas cores que propiciaram contraste em temperatura, valor e matiz. Nesse caso, duas cores azuis com temperatura e valor ligeiramente diferentes foram utilizadas para contrastar com as cores quentes baseadas em laranja obtidas das imagens. Essa estratégia de cores para a tipografia cria um vínculo visual forte entre os tipos e a imagem sem recorrer a um arranjo tipográfico mais teatral.

Compor as imagens em diversos formatos de impressão tomou a maior parte do tempo. O corte dinâmico cria um movimento para dentro e para fora do formato e ajuda a exagerar o contorno da pose contra o fundo. Deixar espaço livre ao redor da figura — e equilibrar esse espaço — cria uma apresentação calma e estática. Um corte mais próximo, em que as formas dos espaços entre a figura e as bordas do formato são variadas e irregulares, realça o sentido da forma escultural da figura no observador.

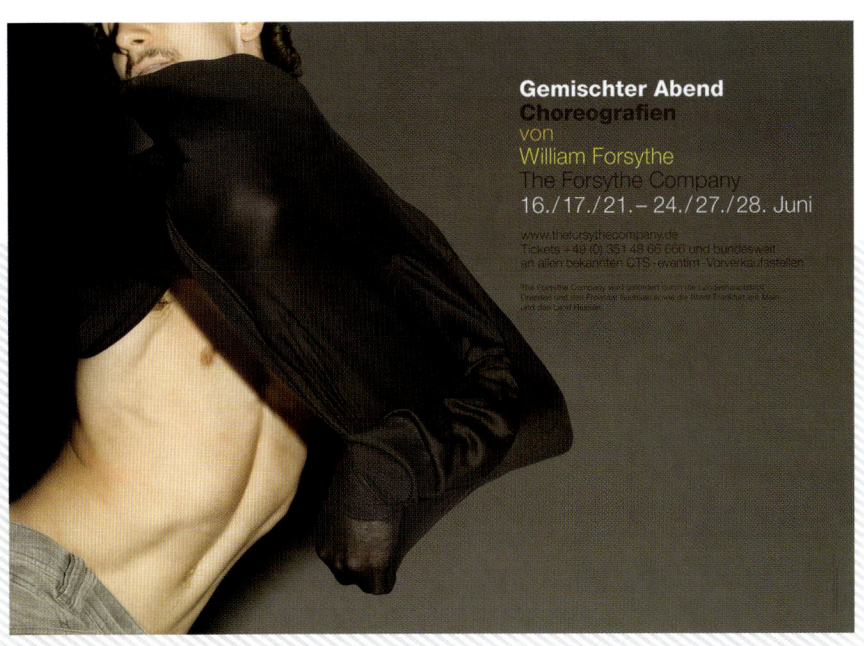

em um sistema simples de uma e duas colunas, geralmente com a mesma largura. As cores para o texto foram selecionadas a partir das próprias fotografias com a ferramenta conta-gotas do Photoshop; depois, cores adicionais foram escolhidas para contrastar em temperatura e matiz.

Os designers escolheram a face de tipo Grotesk por sua pureza formal para ecoar o espírito das imagens. Os traços firmes, claros e uniformes e as junções nítidas da Grotesk criam um contraste linear e tonal agradável com as formas compactas.

Cortando as imagens horizontalmente no folheto — em campos com variação de profundidade —, uma espécie de animação curta é produzida à medida que o leitor folheia as páginas. O intervalo da área branca de texto muda em proporção, e as figuras parecem quase dançar, apesar de sua presença escultural congelada.

Estudos de caso de projetos 06 *Campanha da temporada 2006/2007 da Forsythe Company*

EVOLUÇÃO DO DESIGN

07

Design de livro: 100 Years of Magazine Covers
Research Studios | Londres, Inglaterra

História em várias edições

Revistas — independentemente do grau de frivolidade ou especialização do conteúdo — são uma janela ímpar da história cultural de um período, pois oferecem um registro sequencial quase sem paralelo da moda, culinária, política, estética, ciência e moralidade, entre outras manifestações humanas, da época em que foram impressas. Suas capas, em especial, são instantâneos da pulsação de uma cultura em um dado momento. Essa era a visão dos editores do livro 100 *Years of Magazine Covers*: traçar a história desses instantâneos históricos ao longo do século passado. O Research Studios, estúdio composto por sete designers liderados por Neville Brody — designer britânico de espírito independente com larga experiência editorial — era o parceiro perfeito para desenvolver o projeto da obra. Brody recorreu a sua experiência no trabalho com revistas, mesclando habilmente um layout editorial arrojado com uma simplicidade digna de livros de arte para unificar uma vasta coleção de imagens poderosas.

> Queríamos projetar um livro que durasse um tempo maior — sem um estilo ligado ao presente. Como é um documento histórico, nosso objetivo era que fosse uma obra para se guardar, não descartável em poucos anos.
>
> Neville Brody, diretor de criação

O estudo da capa começou focando um conceito geral — corpo grande para o título e um campo intensamente colorido. Para ganhar força, esse primeiro layout explode o título na largura do formato, em uma escala enorme, confiando na alternância ativa entre hastes e vazios, e com mudanças na proporção.

No entanto, a ideia de incorporar exemplos das capas de revistas mostradas no livro era de maior interesse para o cliente.

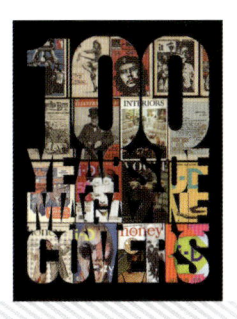

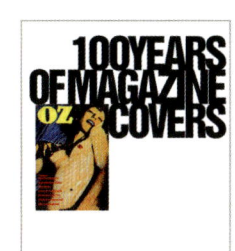

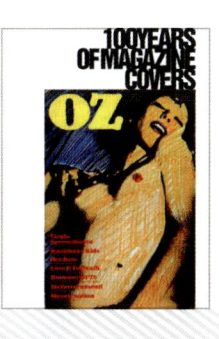

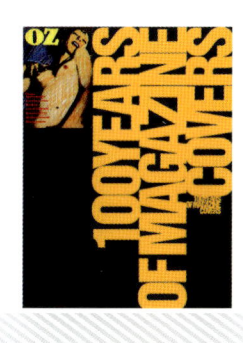

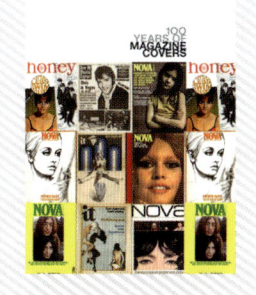

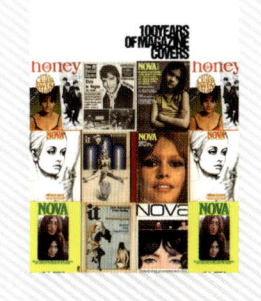

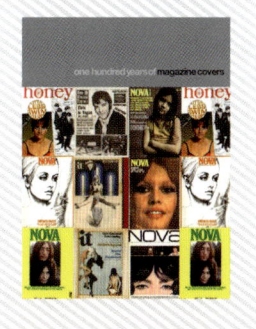

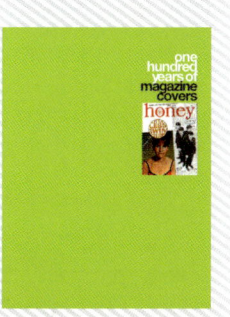

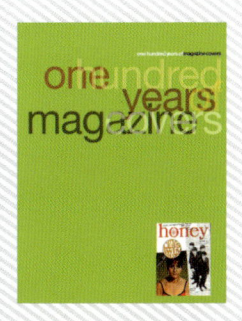

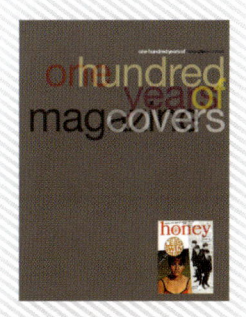

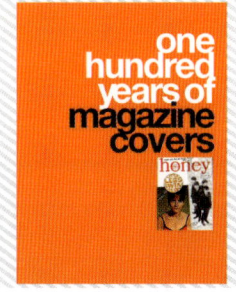

Estudar as variações possibilitou que os designers comparassem diferenças sutis nas relações: entre os valores da tipografia e do fundo; entre o corpo do tipo, sua localização e seu alinhamento; entre a tipografia e o número ou tamanho de imagens, etc.

Utilizar uma só imagem seria pouco para comunicar a amplitude do tema do livro, mas se as capas fossem muito pequenas, elas perderiam seu apelo visual.

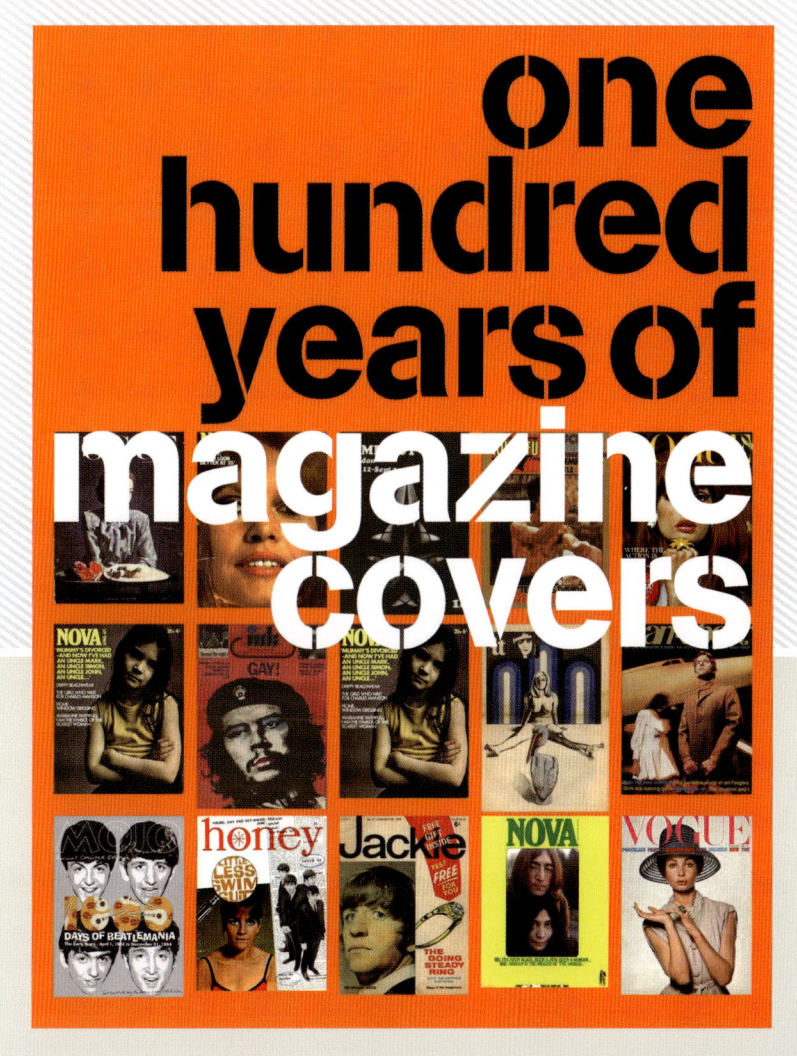

Estudos de caso de projetos **07** Design de livro: *100 Years of Magazine Covers*

EVOLUÇÃO DO DESIGN

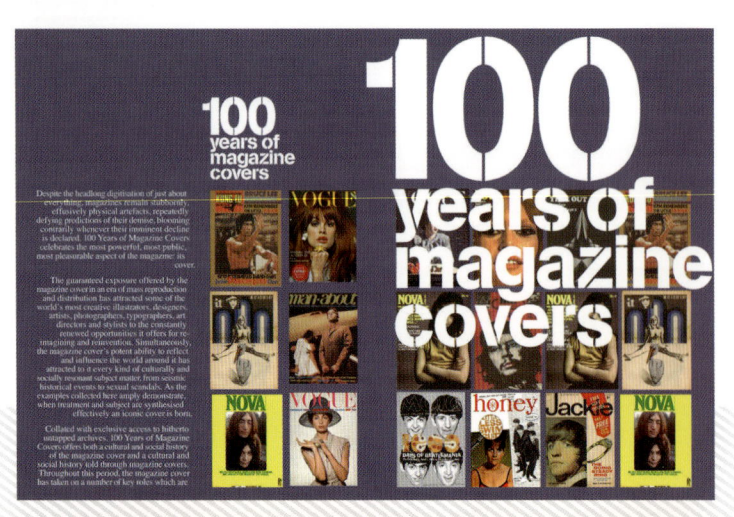

O processo de desenvolvimento começou cerca de um ano antes da publicação, com Brody e os designers associados — Marcus Piper e Nick Hard — trabalhando em uma série de conceitos para as capas. Sua ideia era que o livro fosse relativamente neutro a fim de mostrar as centenas de capas de revistas sem interferir nelas. Essa estratégia orientou o raciocínio em relação à capa. "Havia uma visão essencial do princípio ao fim que se transformou no produto acabado", explica Brody. Os estudos detalhados das capas adotaram títulos grandes e pesados com variações nas cores. Alguns layouts incluíram capas de revistas

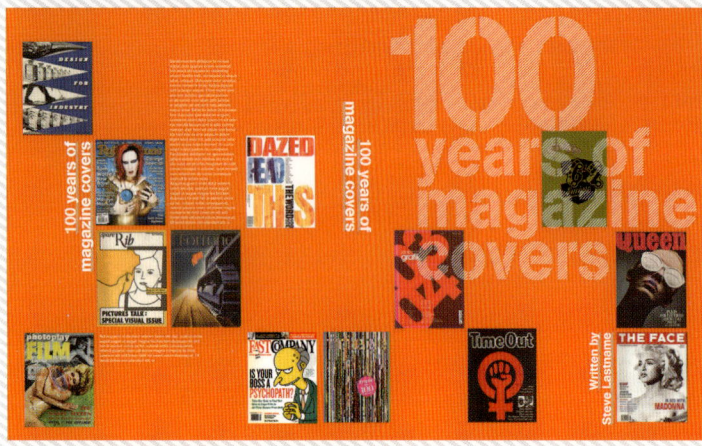

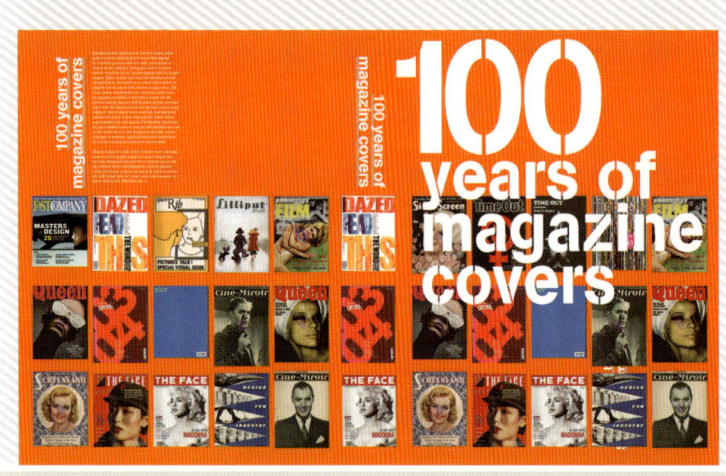

O conceito escolhido para a capa foi ainda mais explorado. Os designers brincaram com a variação de cores — azul-intenso e saturado, em vez de laranja — e testaram outros tipos. Enquanto a frieza do azul enfraqueceu as cores das imagens, o laranja parecia ajudá-las a se destacar.

A decisão final de utilizar uma face em estêncil manteve a neutralidade estilística desejada da capa e proporcionou uma espécie de identidade que então migrou para o interior das páginas do livro. Um padrão de linhas diagonais elevou a tipografia da superfície e introduziu o detalhe preciso em contraste com as formas grandes.

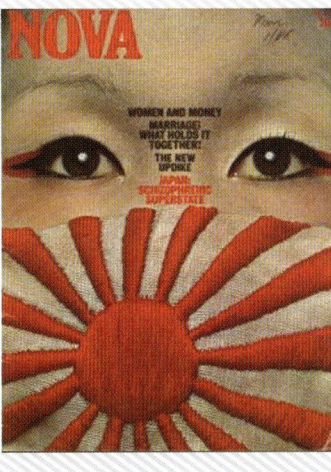

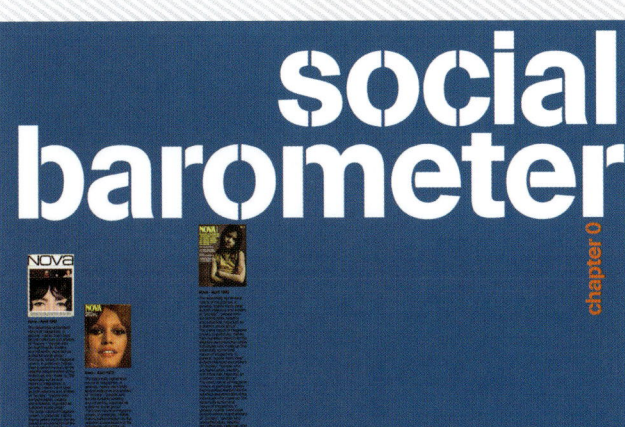

selecionadas em torno das quais os editores gravitaram imediatamente. ▎"Houve uma pequena evolução na capa após a escolha", lembra-se Brody, "mas, no geral, ela foi aprovada como estava, e o seu estilo deu origem ao design das páginas internas. A partir daí, a maior parte da evolução do livro aconteceu internamente." Dito isso, porém, Brody observa que ele e sua equipe mostraram ao cliente a progressão do trabalho em várias fases, especialmente porque o conteúdo editorial e a seleção das capas precisavam mesclar-se perfeitamente com o ritmo gráfico do livro.

Os layouts iniciais para as aberturas dos capítulos identificavam rapidamente o conceito editorial que permaneceria — aberturas em tipografia bold seguidas por texto denso nas páginas de "conteúdo". Depois que o tratamento da capa foi finalizado, o padrão de linhas diagonais apareceu nas aberturas, em numerais gigantes.

Os primeiros layouts para as páginas duplas de texto estabeleceram uma hierarquia clara de corpos para títulos, chamadas, texto e legendas. A estrutura em colunas posicionou o texto a partir de uma linha de fluxo relativamente baixa. Todos os componentes do texto foram formados com o mesmo tipo sem serifa. Os fólios enormes consistiram em um elemento inesperado.

EVOLUÇÃO DO DESIGN

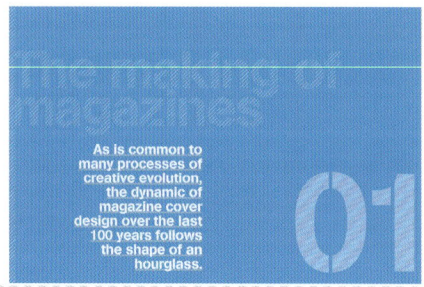

> "A forma visual do projeto visava a complementar o conteúdo visual díspar das capas, unificando-as com uma linguagem subjacente.

Neville Brody, diretor de criação

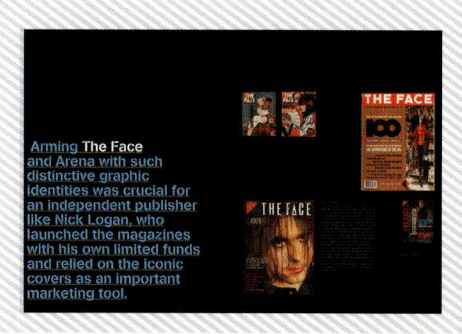

O estudo de uma abordagem mais transparente e tridimensional para a tipografia de abertura do capítulo foi descartado em favor de um padrão de linhas mais simples e por uma gradação de cor.

À medida que as aberturas dos capítulos evoluíam, o material era separado a fim de aumentar o impacto. Uma etapa intermediária mostra o número do capítulo e o texto introdutório posicionados na mesma página dupla. Na etapa seguinte, o número do capítulo passou a ocupar sozinho uma página dupla em um corpo muito maior, enquanto o texto introdutório foi deslocado para a página dupla seguinte.

A substituição da face neutra sem serifa por outra derivada de tipos datiloscritos realçou a diferença das texturas entre o texto corrido e as legendas e também conferiu um caráter jornalístico ao texto.

> Havia uma visão principal do início ao fim que evoluiu para o produto final; o cliente acompanhou cada estágio das mudanças, uma vez que a combinação correta do conteúdo editorial e visual era crucial para esse projeto.

Neville Brody, diretor de criação

"Esse processo foi muito diferente do normal por ter sido muito fluido — um vaivém contínuo — em vez de se basear em apresentações formais. As principais modificações foram feitas no conteúdo das imagens, com o cliente solicitando que capas específicas fossem incluídas."

O miolo do livro foi desenvolvido a partir do estilo da capa e sutilmente inspirado no layout de revista. Brody e seus sócios criaram uma navegação visual ao longo do livro, utilizando cores fortes que levam o leitor do sumário aos capítulos. Páginas duplas de abertura com tipográfica em bold identificam cada capítulo, passando de campos de cor intensa para páginas editoriais claras, e então alternando com páginas duplas em preto e branco de acordo com as imagens apresentadas — cada capítulo funciona visualmente como a matéria principal de uma revista, e a sequência se repete no início de cada capítulo.

A qualidade editorial foi aprimorada com chamadas e uma fonte suave baseada em tipos datiloscritos, e também com um motivo hachurado em diagonal, que surgiu durante a revisão da capa. A hachura foi utilizada inicialmente nas páginas duplas de abertura dos capítulos, mas rapidamente migrou para páginas

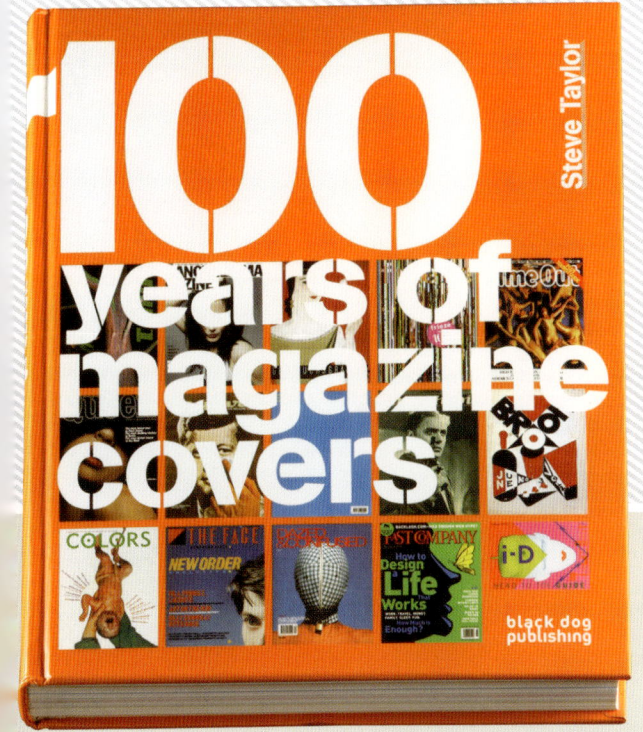

O tratamento forte da tipografia foi transportado da capa para as aberturas dos capítulos, passando pelo sumário. Esse padrão linear diagonal tornou-se a conexão entre imagens e texto e ativou os espaços que, de outro modo, poderiam ficar estáticos.

de texto na forma de faixas verticais que abrigam os títulos corridos laterais, sublinhando as chamadas e, de forma aleatória, atrás e entre as imagens para ativar o espaço. Tudo, naturalmente, articulado em um grid de oito colunas que Brody utilizou para organizar o conteúdo em configurações alternativas vertical ou horizontalmente enfatizadas, em vez de forçar uma ou outra. Brody explica: "Como não era possível cortar as capas, não nos prendemos demais ao grid". ▌Junto com Brody, dois outros designers, Hard e Piper, passaram o último mês do prazo de criação de um ano esquematizando e especificando o ritmo sequencial das páginas duplas e coordenando as provas e a preparação de arquivos para a reprodução. "A reunião de tantas capas de revista diferentes apresentadas em um único livro coeso faz desta uma publicação singular", relata Brody.

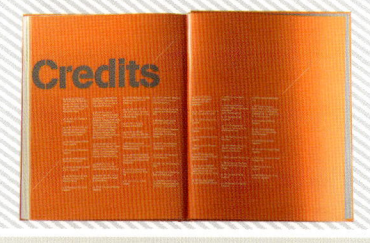

A estrutura sequencial repetida dos capítulos fica evidente ao comparar as aberturas e páginas duplas subsequentes. Essa estratégia de impor ritmo, editorial por natureza, atua como um sistema de navegação claro para o leitor. As cores desempenham um papel orientador, identificando cada capítulo individualmente e os codificando no sumário. Os designers definiram uma paleta geral de laranja, cinza e preto intensos para o livro como uma identidade unificadora.

O padrão de linhas também aparece como um detalhe nas chamadas e como uma tarja na borda esquerda das páginas pares, abrigando o título corrido lateral e definindo um esquema de cores para cada página dupla de acordo com o capítulo em que aparece.

Uma interpretação livre de uma estrutura de grid relativamente rígida permitiu aos designers dimensionar e posicionar as capas das revistas sem cortá-las, um dos requisitos do editor. As mudanças no movimento e na escala entre as capas foram cuidadosamente consideradas, criando uma "dinâmica" à medida que as imagens alternavam entre dimensões maiores e menores; estavam posicionadas na parte superior ou inferior; reafirmavam ou refutavam linhas de fluxos específicas; e apareciam isoladamente ou em grupos.

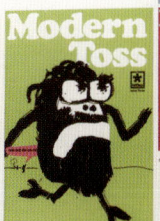

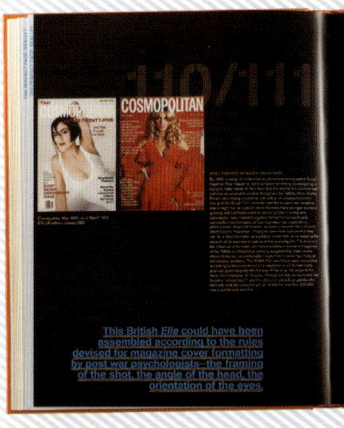

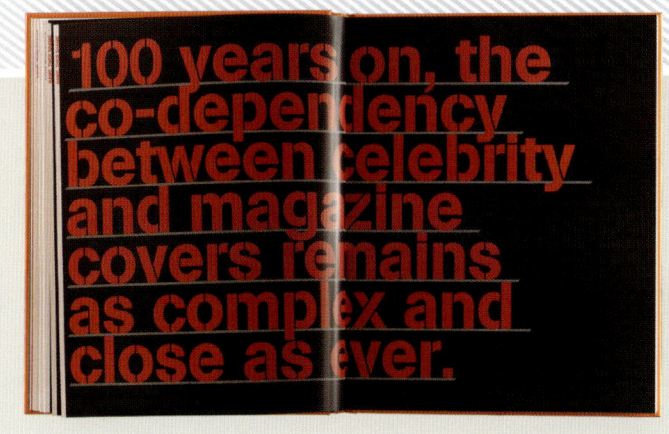

Estudos de caso de projetos **07** Design de livro: 100 Years of Magazine Covers

EVOLUÇÃO DO DESIGN

08

Pôster para a campanha Forgotten Africa
Armando Milani Design | Milão, Itália

Os designers lutam constantemente contra a apatia, buscando conquistar um pouco da atenção volúvel de um público saturado de mensagens. Fazer o público sentir e agir é algo inteiramente diferente. Este projeto destaca o potencial do design para dirigir a consciência pública a questões sérias e suscitar compaixão. Produzido para o CESPI, entidade humanitária italiana, o pôster é um lembrete cruelmente direto do terror, criado em uma linguagem visual que aproveita ao máximo o que a tipografia tem a oferecer. Sua simplicidade oculta uma complexidade profunda.

Denunciando a indiferença

O designer, ativista engajado, costuma realizar projetos de conscientização pública em colaboração com o CESPI, organização humanitária e cliente de longa data.

> "Espero que este projeto motive as pessoas a não apenas refletir, mas também a agir a fim de encontrar uma solução para esse problema humano trágico."

Armando Milani, diretor

Armando Milani é um designer que trabalha com comunicações para agências humanitárias e instituições culturais. Quase sempre, o próprio Milani é o criador desses projetos e, por ter relações de trabalho de longa data com os diretores das agências, consegue facilitar a produção. A ideia deste pôster surgiu de uma matéria de jornal que detalhava a chacina de mais de 800 mil pessoas em Darfur — e a indiferença do resto do mundo. ▌"Estava determinado a criar um pôster para denunciar a tragédia desses eventos, mas sempre adiava", diz Milani. Logo em seguida, ele leu outra matéria, dessa vez relatando a morte de 4 milhões de crianças africanas devido à fome, à guerra e à AIDS. "Fiquei chocado com a indiferença profunda do mundo inteiro", relata, "e senti uma necessidade ética de fazer algo." ▌Esse "algo" começou com um esboço a lápis de um conceito criado a partir de uma imagem simples e da urgência de conscientização em relação à África, o continente esquecido. Com a representação inicial do continente em preto — um mapa invisível — e a tipografia em negativo, Milani recorreu à capacidade que

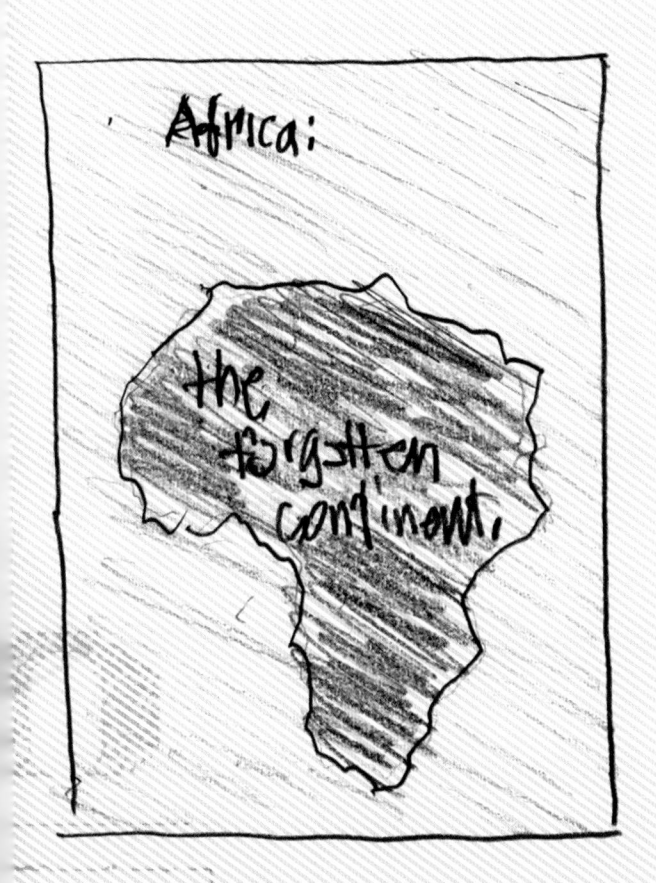

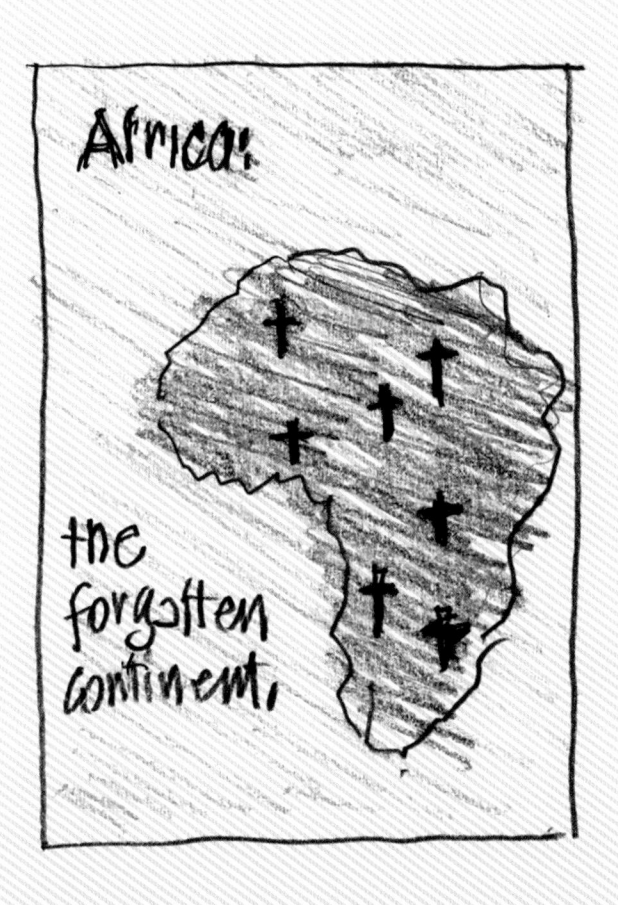

O impacto da escala no formato, junto com a objetividade da mensagem verbal, coloca o observador frente a uma questão inevitável. A sensibilidade à forma e ao tamanho do continente, em relação ao espaço ao redor, evita que o posicionamento simétrico pareça estático.

Escolher uma representação icônica da forma do continente facilita o reconhecimento e acrescenta mensagens: o campo na cor preta oculta os detalhes e, consequentemente, qualquer sentido de localização ou certeza — e o público ocidental associa a cor preta à morte e ao medo.

Deslocar o texto do interior do continente para a área circundante abre espaço para um novo elemento — um grupo de cruzes —, que simboliza enterros. No contexto do ícone da África, elas geram novas informações para o observador e criam mais contraste na composição. Além disso, a nova posição da tipografia cria espaços negativos com intervalos variados — alguns mais arejados, outros mais densos —, o que realça o contraste geral no layout do pôster.

as formas têm de comunicar com rapidez. No entanto, ele sentiu que a mensagem não era contundente, e resolveu mudar a tipografia para fora da forma do continente a fim de utilizar o espaço circundante e proporcionar espaço para uma imagem secundária: um campo de cruzes.

▌Esse foi o passo seguinte no processo, que levou o pôster a um novo patamar. "Começo a esboçar com lápis e logo passo para o trabalho digital", observa Milani. Em uma exploração preliminar dos tipos para compor o texto do pôster, encontrou inspiração na forma de um *t* caixa-baixa. Na fonte Futura, o *t* é uma cruz quase perfeita. Fiel à estética do essencial, Milani percebeu que poderia representar melhor o "continente esquecido" não o mostrando e deixando que a forma intrínseca das letras falasse por si só. Um esboço rápido para posicionar o texto, dessa vez incorporando cores, criou uma imagem de cruzes ensanguentadas dentro do texto.

▌Achando que essa solução ainda precisava de certa simplicidade, Milani removeu a cor das letras — mantendo o vermelho apenas na pontuação — e compôs toda a tipografia, exceto os *t*s caixas-baixas, em cinza-escuro. O efeito do espaço profundo e sinistro contrasta com o branco uniforme das cruzes, agora distribuídas por todo um campo enegrecido. Deslocando as cruzes para cima e para fora das suas linhas de base normais, Milani transmite uma qualidade surreal, flutuante, que evoca incerteza, angústia e morte. "Criar a imagem dessa maneira é bem direto", afirma Milani, "e desperta as emoções e a consciência do observador."

A decisão de focar apenas o texto ocorreu depois que o designer inspirou-se em um *t* caixa-baixa. Ao comparar a versão anterior com a nova, é possível ver que o impacto visual do texto aumentou significativamente, porque ele pôde ser composto em um corpo bem maior. Os espaços ao redor da tipografia também se tornaram mais irregulares.

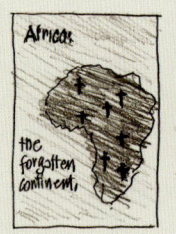

O *t* caixa-baixa na maioria das faces de tipo tem terminal inferior curvo. Na fonte Futura, isso não ocorre. Reconhecer essa diferença essencial foi a inspiração para a ideia que se tornou o pôster final. Mesmo assim, uma pequena modificação foi necessária para transformar a letra em uma cruz — a parte esquerda da haste transversal é mais curta e precisava ser alongada.

Quanto menor o número de elementos, mais importante é a atenção dada às suas relações para criar dinamismo, em vez de uma composição inerte ou vazia. O posicionamento e o espaçamento dos tipos no formato mostram relações geométricas fortes; a posição das "cruzes" pode ser considerada um estudo das relações entre pontos, criando um efeito flutuante e aleatório.

Elementos visuais alinhados horizontalmente em um formato parecerão não estar alinhados. Essa é uma ilusão de óptica que está inscrita em nosso sistema perceptivo. Para criar um alinhamento decisivo entre a borda inferior de um *t* e a haste transversal de outro *t*, o designer "engana" os olhos movendo aquele mais baixo um pouco para cima.

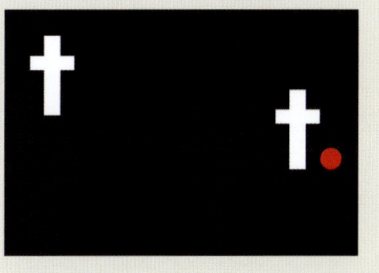

Estudos de caso de projetos **08** *Pôster para a campanha Forgotten Africa*

EVOLUÇÃO DO DESIGN

09

Marca e embalagem da Southpaw Vineyard
Parallax Design | Adelaide, Austrália

A Southpaw Vineyard fabrica vinhos para aficionados experientes que buscam algo diferente. O estilo de vinicultura da empresa nada tem de convencional: seu vinhedo é biodinâmico e não intervencionista – não são utilizados pesticidas químicos –, e os produtores não se preocupam com a uniformidade do sabor. Pelo contrário, a safra de cada ano é influenciada pelo clima e pela região, e muda de acordo com as estações. O designer gráfico Matthew Remphrey, do estúdio Parallax Design, em Adelaide, Austrália do Sul, utilizou essas características da vinícola ao projetar os rótulos das garrafas, trabalhando somente com o que estava à mão. "A marca", afirma Remphrey, "tinha de ser consistente com o local e a filosofia da vinicultura."

Alguns varietais são despretensiosos

> Trabalho principalmente na esfera comercial, para clientes comerciais com produtos para vender. Se eu quiser que uma marca comunique algo, preciso que o público entenda a mensagem. O consumidor não tem tempo para decifrar as reflexões do designer. Isso não significa que devemos ser literais, mas nossa abordagem é definitivamente mais direta.

Matthew Remphrey, diretor

A primeira etapa do esboço produz fragmentos. Neste projeto, foram gastas aproximadamente três semanas do prazo total – incluindo um tempo de espera de oito semanas para a produção – para desenvolver essas primeiras ideias e mostrá-las ao cliente. A partir desses esboços, dois conceitos foram escolhidos para serem mostrados – um pictórico, outro tipográfico.

O conceito pictórico focalizou uma luva como símbolo; as estilizações foram descartadas em função da maior objetividade da fotografia.

O vinhedo está localizado no MacLaren Vale, também na Austrália do Sul, e o proprietário, Henry Rymill, é um amigo que Remphrey descreve como muito "mãos à obra" em relação ao vinhedo, dedicando vários dias da semana a supervisioná-lo. Rymill chamou o vinhedo de Southpaw, um termo do beisebol para lançadores canhotos, porque tanto ele como sua esposa são canhotos. ▌Essa dedicação de Rymill repercutiu em Remphrey, que começou a desenvolver os conceitos dos rótulos criando esboços manualmente e cortando, colando e agrupando elementos. "Uso bastante a fotocopiadora", diz Remphrey. "Acho mais fácil perceber a escala e o equilíbrio, especialmente com a tipografia, trabalhando com os elementos fisicamente em vez de examiná-los na tela." ▌"Inicialmente, apresentamos ao cliente o esboço de várias ideias, fragmentos, pensamentos, conceitos e princípios; não conceitos finais, mas explorações. Basicamente, depois que encontramos a direção correta, as soluções surgiram. Em seguida, elas foram aprimoradas para uma apresentação de dois conceitos. Às vezes, nos dedicamos a apenas um conceito", reflete Remphrey. "Depende da avaliação na etapa inicial e das

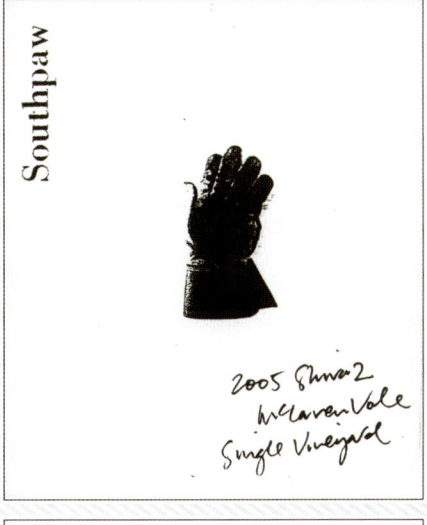

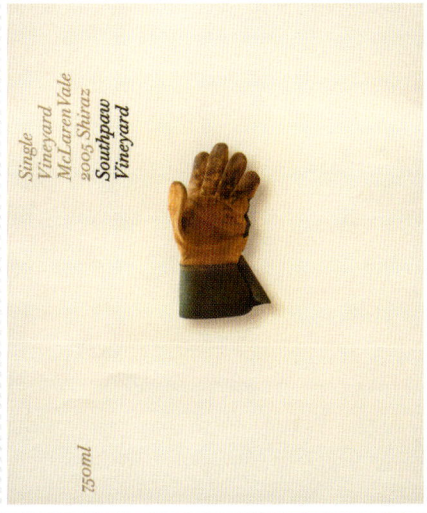

A escolha da luva, em vez da mão, como símbolo identifica o vinicultor e sugere um trabalho honesto. Sua qualidade icônica expressa melhor uma tradução gráfica porque sua textura rudimentar e fotocopiada substitui a qualidade áspera da própria luva e porque é uma referência simbólica ao trabalho árduo na terra.

O segundo conceito, completamente tipográfico, apresenta com muita clareza sua ideia básica — tipos no lado esquerdo do rótulo. Sua textura e posição são os aspectos mais importantes para o designer ao relatar a ideia.

soluções que desenvolvemos. Raramente apresento três conceitos, e nunca mais que isso. Parte do trabalho de um designer é editar, portanto, não acho que devemos esperar que o cliente faça isso por nós." As duas direções escolhidas para posterior refinamento eram igualmente limitadas — uma ideia fundamentada em imagem, representada por uma luva esquerda de jardinagem, e outra estritamente tipográfica, uma coluna estreita de tipos alinhada à esquerda no rótulo. As duas passaram de fotocópia rudimentar colada para um estado mais refinado, mas na segunda reunião com o cliente, a versão tipográfica venceu. Uma breve exploração de tipos alternativos resultou na escolha da Clarendon, uma serifa quadrada objetiva, como fonte principal. "Trata-se de uma fonte sem pretensões", opina Remphrey. Ela foi utilizada de maneira simples, composta em alinhamento à esquerda na lateral esquerda do rótulo da garrafa, fazendo uma referência sutil ao fato de o proprietário e sua esposa serem canhotos. Informações importantes – nome da marca, denominação e variedade

The **Southpaw Vineyard** veniam, quis nostrud exerci tation **McLaren Vale** lobortis nisl ut aliquip ex ea com modo consequat. Duis **2005 Shiraz** in hendrerit in esse molestie conse quat, vel illum dolore eu **single vineyard** facilisis at vero eros et accumsan et iusto odio dignissim blandit.

750ml

> A etapa de refinamento foi trabalhosa. Como o rótulo é puramente tipográfico, investimos muito tempo ajustando kerning, espacejamento, etc.

Matthew Remphrey, diretor

Remphrey avaliou várias faces de tipo ao procurar uma serifada com peso e personalidade. Entre as candidatas estavam Century Bold, Caslon 224 Black e Bodoni Poster, bem como algumas fontes estêncil. Mas, diferentemente dessas, que trazem um grau de bagagem histórica, a Clarendon, que Remphrey por fim selecionou, tinha uma personalidade despretensiosa mais adequada aos objetivos de comunicação do cliente. Uma das principais diferenças entre a Clarendon e as outras faces é que apresenta menor contraste e, portanto, transições mais suaves entre grosso e fino. As serifas também são mais robustas, e as terminações carecem de qualidades estilísticas e decorativas. O resultado desses pequenos detalhes no desenho da Clarendon é uma apresentação mais tranquila e menos óbvia em estilo, que parece mais acessível.

— foram destacadas em um profundo marrom-avermelhado dentro do texto de tom mais neutro e atenuado. Esse texto foi reproduzido com estampagem laminada a quente (hot stamping) e serigrafia de alta densidade (processo no qual uma tinta espessa é impressa em sucessivas camadas, criando um alto-relevo na superfície da área impressa) para contrastar com o papel sem revestimento e texturizado. Devido ao tratamento tipográfico, o rótulo frontal não poderia ser alterado a cada ano para atualizar a vindima, assim, essa informação foi disposta no rótulo do gargalo. O logo, posicionado no gargalo, é um ornamento tipográfico que realça mais uma vez a natureza do vinho utilizando apenas aquilo que está disponível e sem introduzir elementos adicionais. As embalagens em papel-cartão mantiveram a narrativa e os elementos gráficos em uma escala adequada a ambientes de varejo lotados.

"Esse rótulo é único entre seus concorrentes", enfatiza Remphrey, "nenhuma coroa. Nenhum tipo manuscrito ou floreado. Nenhuma cena de vinhedo. Nenhum animal ou qualquer criatura. Somente uma representação honesta do vinho e de como ele foi produzido — mas ainda cheio de personalidade."

> "Baseamos nossas primeiras soluções em pesquisas, buscando conhecer o cliente, o produto e o público. Mas, ao longo do caminho, as decisões de design tornam-se instintivas — as coisas parecem certas. Penso que a experiência como designer permite saber quando algo está certo. O rótulo simplesmente conta a história do vinhedo e do vinho."
>
> Matthew Remphrey, diretor

O bege neutro e o marrom-avermelhado mais quente foram escolhidos para transmitir a qualidade orgânica dos vinhos — terrena, delicada, nada artificial.

O logo na forma de uma mão indicadora é um ornamento tipográfico — selecionado como algo trivial para enfatizar a abordagem não intervencionista no cultivo do vinhedo. Sua presença familiar como um elemento decorativo facilmente reconhecível comunica a ideia de que nada extra ou artificial foi introduzido no vinho. Nenhum refinamento — apenas aquilo que está presente no clima e no local.

10

Identidade visual da Nelson Line
paone design associates | Filadélfia, Pensilvânia, EUA

Linhas elegantes para uma linha elegante

A criação de uma identidade é um processo de destilação extrema. A necessidade de reconhecimento rápido, facilidade de reprodução e riqueza simbólica – tudo em uma pequena marca que seja memorizável e fácil de diferenciar de outras – implica uma quantidade assustadora de trabalho para alcançar um resultado essencial e enxuto. Essa noção é importante para designers como Gregory Paone, cuja estratégia para abordar o design de um logo é sempre a mesma, independentemente do cliente. "Não faço pré-concepções", afirma Paone, " para encontrar uma solução original que tenha significado e uma forma visual forte, preciso esboçar cada opção possível." Para a Nelson Line, produtora de artigos de papelaria finos, foi exatamente isso que aconteceu.

Esboços de Paone em uma variedade de blocos de desenho, alguns em papel quadriculado, outros em branco. À medida que ele trabalha, listas de palavras são anotadas nas margens para referência.

O processo de Paone começa com o desenvolvimento de listas de palavras relacionadas a um briefing ou a uma discussão com seu cliente, que ele anota nas margens do caderno de desenho no qual cria seus esboços. Sempre retornando a essas listas, que podem incluir adjetivos e frases conceituais relevantes ao tema, Paone trabalha com o maior número possível de abordagens, como estudos das formas das letras a partir das iniciais do cliente; marcas nominativas; transformações de letras em símbolos; combinação de letra com elementos abstratos e/ou representacionais relacionados ao tema; criação de formas de letras a partir de formas reconhecíveis ou simbólicas, como ícones; formas puramente abstratas a partir de imagens tangíveis e reconhecíveis; ícones e símbolos; e conceitos que não se baseiam em logos, por exemplo, sistemas tipográficos ou padrões aplicados utilizando regras reconhecíveis. ▌À medida que cria os esboços, cada folha é datada e sequenciada para monitorar ideias recorrentes que chamam sua atenção ou apresentam possibilidades para combinação com outras que ocorram em diferentes folhas ou mesmo em diferentes dias. ▌Paone criou muitos esboços a lápis para a identidade da Nelson Line. Várias das possibilidades, porém, giravam em torno da ideia de folhas de papel ou livros como planos que

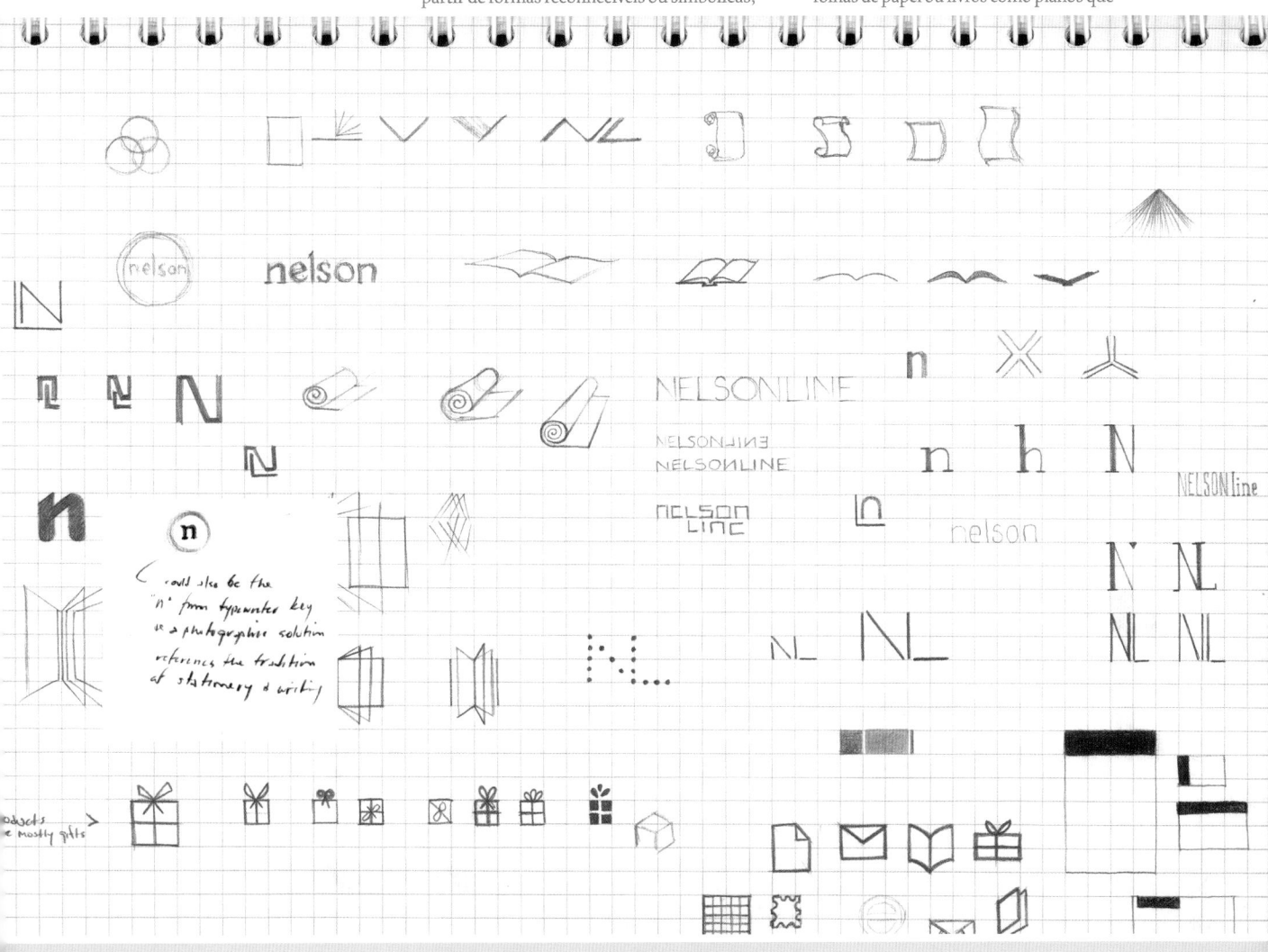

Como ponto de partida para essa identidade, o designer tirou fotografias digitais de papéis para ter uma ideia de suas formas em um registro facilmente acessível. Nestas duas imagens selecionadas, aspectos de transparência, sobreposição de folhas e rolos de papel ficam evidentes como referências para os conceitos do logo.

Ao explorar partes dos cadernos de esboços de Paone, organizados em ordem cronológica, o vaivém das ideias relacionadas e novos conceitos derivados criam uma rede orgânica de conceitos que podem ser inter-relacionados ou considerados individualmente. Ser capaz de ver e comparar várias imagens ajuda a criar conexões mais profundas e permite avaliar os motivos do ressurgimento de certas formas.

EVOLUÇÃO DO DESIGN

continham letras, criavam grupos, ou interagiam com formas tipográficas para produzir configurações geométricas. ▌Algumas dessas foram exploradas em soluções fotográficas, com as imagens das folhas de papel abertas no interior de uma letra N. Outros conceitos incluíram sinetes criados a partir das teclas de máquina de escrever, configurações das iniciais N e L em uma espécie de monograma linear, manuscritas inscritas em formas circulares, um ícone de pena caligráfica e embalagens de presente. No último, Paone viu algo. ▌"Não gasto muito tempo elaborando uma ideia se percebo que ela vai dar certo logo no início", comenta. "Deixo-a em um canto e continuo a trabalhar em outras ideias." Essa parte do processo continua a lápis até que atinja uma espécie de ponto de decolagem: a mudança para o trabalho digital. Para Paone, isso ocorre depois que ele viu tudo o que poderia nos seus desenhos e, nesse momento, é importante trocar a aspereza do lápis pela precisão. O ponto de decolagem normalmente acontece em duas ou três semanas na fase conceitual; com a Nelson Line, demorou 13 dias. ▌O software gráfico, e a precisão que ele oferece, porém, não é um veículo para a finalização; é outra ferramenta que ajuda a entender os objetivos do trabalho. Os conceitos promissores passam por uma série de alterações, comparadas em relação a vários aspectos de seus elementos — espessuras de linha, relações de escala, posicionamento, interação dos espaços positivo e negativo, proporção entre largura e altura, etc. ▌Cada conceito — cinco ou dez — passará por um teste semelhante até se tornar uma ideia clara, viável para a apresentação ao cliente, ou ser descartado por seus potenciais problemas de reprodução, mensagens impróprias ou sensação de clichê.

> "Não faço pré-concepções; para encontrar uma solução original que tenha significado e forma visual forte, preciso esboçar cada opção possível."
>
> Gregory Paone, diretor

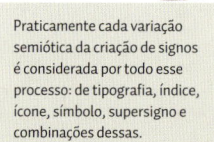

Praticamente cada variação semiótica da criação de signos é considerada por todo esse processo: de tipografia, índice, ícone, símbolo, supersigno e combinações dessas.

Formas das iniciais de um nome são um meio poderoso para comunicação, sobretudo quando transformadas em imagem. Essas combinações, como vistas acima, em que as representações planas do papel tornam-se letras, criam supersignos ricos em profundidade intelectual.

Ainda no início do processo, Paone descobriu a ideia para o conceito que acabaria se tornando a identidade. Na sua forma embrionária, há incertezas — que tamanho? quantos? linhas ou sólidos? Deixar essas questões para um momento posterior permitiu a Paone filtrá-las enquanto continuava a explorar outras opções viáveis.

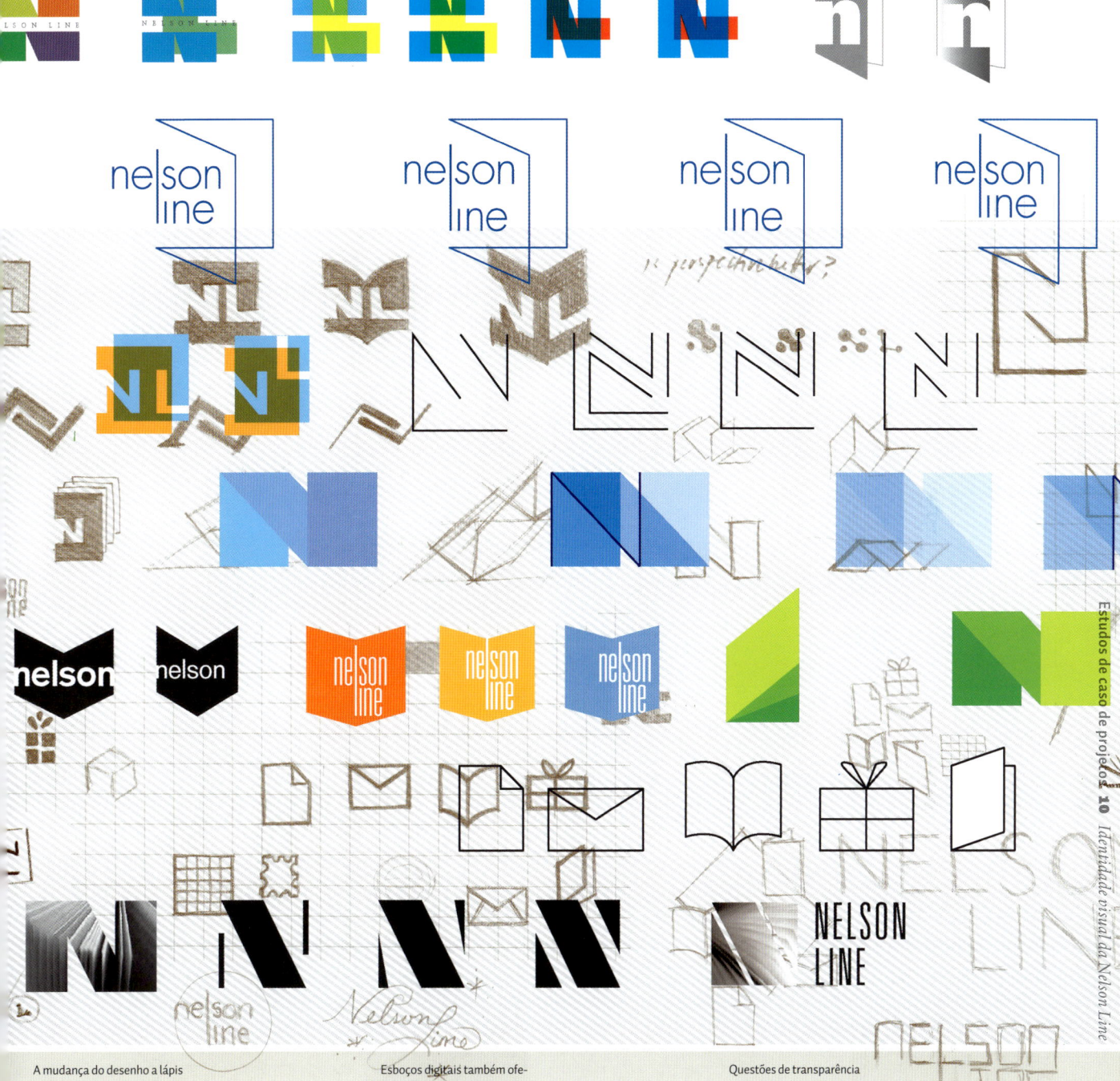

A mudança do desenho a lápis para o digital ajuda a esclarecer as intenções do designer. Neste conjunto específico, a precisão da linha vetorial permite avaliação de peso, bem como variação rápida nas proporções, que, de outro modo, demorariam muito ou seriam impossíveis de alcançar com exatidão se desenhadas à mão.

Esboços digitais também oferecem um modo rápido de combinar várias ideias. Aqui, a marca com o L compartilhado pode ser vista conjugada ao ícone de livro, como parte do ícone de livro e dentro de um círculo — com e sem um ícone de livro.

Questões de transparência — e, portanto, de hierarquia e cognição sequencial das letras iniciais N e L — podem ser exploradas de modo preciso durante a fase digital. O potencial para problemas de legibilidade e sequência (por exemplo, ler o L antes do N) fez com que o designer descartasse essa opção, que, exceto por isso, era visualmente interessante.

Estudos de caso de projetos 10 Identidade visual da Nelson Line

EVOLUÇÃO DO DESIGN

A partir dessa pesquisa exaustiva, Paone se concentrou em três ideias básicas, as quais investigou mais detalhadamente. A primeira resultou de uma filtragem dos vários conceitos envolvendo planos de papel que evoluíram para uma forma da letra *N* sozinha, criada por três planos transparentes. Mesclando a representação abstrata das páginas e o *N* concreto e linear, ele criou um supersigno elegante que comunicava sutilmente o negócio do cliente e reforçava o nome pelo foco na inicial. A segunda era uma marca nominativa, em que as palavras *Nelson* e *Line* compartilhavam um *L* comum que se tornou a lombada de um livro. Por último,

Esses três conceitos foram apresentados ao cliente aproximadamente quatro semanas depois da reunião inicial. Cada logo, ou marca, é apresentado em um cartão de visitas para que sua reprodução em escala reduzida possa ser testada e também para demonstrar como ele pode interagir com os elementos de apoio, como linhas divisórias, pontos, tipografia de texto informativo e cores.

O conceito aprovado passou por vários refinamentos. Primeiro, o peso das linhas dos ícones foi aumentado para compensar uma fragilidade visível na versão original. A face de tipo original foi substituída por uma serifada neoclássica, moderna, cujo contraste não é tão extremo como o de outras versões, mas ainda introduz um pouco de riqueza na linguagem da linha. A altura dos tipos em relação ao ícone foi solucionada de modo decisivo. A sequência dos ícones permaneceu idêntica, alternando ritmicamente a altura para criar um movimento que contrasta a organização da linha de base com a tipografia.

Paone desenvolveu diversos pequenos ícones a partir de um dos esboços iniciais de um pacote embrulhado, cada um representando um tipo de item de papelaria. Os ícones poderiam ser configurados de várias maneiras, como formas sólidas ou contornos. Esta última opção parecia a mais interessante. Paone apresentou esses três conceitos ao cliente; na discussão, o conceito de ícones foi aprovado e a etapa de refinamento começou. ▌ Para Paone, a questão agora eram as cores e a tipografia para a papelaria — as primeiras aplicações. "A primeira apresentação tem a ver com a ideia e a sensação", explica. "O tipo, nessa etapa, é um detalhe com o qual vou lidar posteriormente." Várias iterações da marca resultaram na escolha de um antigo corte da Bodoni em vez do tipo sem serifa original, principalmente pelo contraste que ela introduziu entre o sistema de linhas nos ícones e nas letras. Já as cores resultaram da simplificação da apresentação em quadricromia — que teria alto custo de impressão — para uma paleta bicolor limitada a verde e verde-azulado com valor e intensidade semelhantes. ▌ Na papelaria — que também passou por um extenso estudo ao longo de vários dias —, Paone explorou as variações nos layouts que havia desenvolvido para a primeira apresentação. "Sempre mostro um logo em uso, normalmente em um cartão de visitas e em um papel de carta comercial, para que possamos ver como ele se comporta. O cartão de visitas é um teste decisivo, porque tem um espaço limitado compartilhado com várias outras informações. Ele ajuda a resolver muitos problemas antecipadamente." A Gill Sans tornou-se a face secundária para o texto informativo nas aplicações da papelaria, e um sistema leve de fios ajudou a estruturar as informações sem desviar a atenção da identidade.

A aplicação multicolorida foi reduzida a uma paleta limitada a verde e azul. O azul é mais quente (contém um pouco de verde); o verde é levemente dessaturado, criando um efeito ligeiramente amarelado e acinzentado; e as duas cores têm valor semelhante. Isso garante que os elementos configurados em uma ou outra cor sejam percebidos como espacialmente unificados (não avançam nem recuam).

Como última etapa no desenvolvimento, Paone detalhou os elementos que faltavam do sistema na papelaria a partir dos estudos para o cartão de visitas da primeira apresentação. Ao criar esboços em preto e branco, ele pôde se concentrar unicamente na composição de cada aplicação sem distrações.

Na papelaria, o logotipo e os símbolos são dispostos tanto na orientação vertical como na horizontal. Fios nítidos e leves delineiam os espaços para diferentes funções e articulam uma estrutura geométrica nos formatos dos vários elementos. Um divertido porta-copos apresenta o logo em negativo e uma extensa área de cor.

Paone forneceu ao cliente uma série de modelos para cartas e faturas, bem como informações sobre a produção e as medidas para aplicação adequada em anúncios ou para criar novas formas, cartões de visita ou etiquetas.

Nesta sequência de quadros de uma animação em Flash, o designer mostra o potencial do movimento e da flexibilidade do logo em um ambiente Web. Uma modificação inesperada nas cores dá um novo significado à tipografia à medida que a sequência avança.

Estudos de caso de projetos **10** Identidade visual da Nelson Line

EVOLUÇÃO DO DESIGN

11

Embalagem de CD de música: Fear & Desire
doch design | Munique, Alemanha

Há sempre dois lados em uma história

É o trabalho dos sonhos de muitos designers gráficos: criar a arte de um CD da sua banda preferida. Infelizmente, porém, representar as qualidades abstratas da música para que repercutam no público-alvo é extremamente difícil, e pode ser frustrante. Sem se preocupar com essa possível frustração, Maurice Redmond, do estúdio doch design, na Alemanha, empreendeu o projeto de criar a capa para o último CD da banda Mr. North, *Fear & Desire*. Curiosamente, a frustração se tornaria um componente-chave da linguagem visual da capa, cujo uso sutil da imagem captura habilmente as intensidades conceituais e emocionais da música. | "Trabalhar com uma banda pode ser complicado", comenta Redmond, "uma vez que normalmente há quatro opiniões completamente conflitantes. Achei que apresentar uma ideia de cada vez seria mais produtivo. Em geral, nunca apresento mais que duas ou três variações para um projeto", afirma. "Meu trabalho é tornar o processo de seleção mais fácil para o cliente. Uma grande quantidade de opções no início geralmente indica falta de foco por parte do designer."

O designer começa o processo anotando as ideias que descrevem a imagem visualizada. Essa escrita forma a primeira página da apresentação em PDF criada para o cliente.

A música do álbum explora um romance sombrio. As primeiras propostas se concentram na ideia dos participantes, evocando-os pela imagem de uma cama vazia e dois travesseiros. O monocromatismo — quase só preto e branco, mas com um toque de violeta frio — evoca uma sensação de frieza e angústia que exagera o sentimento de perda criado pela ausência do casal — não há conforto aqui. A iluminação também confere uma sensação de mistério, tornando indefinível o horário do dia.

Redmond começou este projeto escrevendo sobre sua visão para o conceito, método que utiliza ao trabalhar em projetos concentrados em imagens. "Com logos, começo com lápis e papel; com imagens, sento e escrevo o conceito e vejo quais ideias visuais me inspiram", reflete. A escrita aconteceu depois de uma conversa com a banda, em que foi discutido o conteúdo e o tema do álbum. "O álbum é sobre as sandices do amor…", começam as anotações, "é sobre as bobagens tragicamente irônicas que fazemos e de que somos vítimas, no que pensamos ser a nobre busca do amor." Redmond ouviu as músicas à medida que trabalhava. Ele apresentou à banda o primeiro conceito um dia depois, uma ideia fotográfica que gira em torno de uma cama vazia, dois travesseiros amarrotados esperando pessoas desconhecidas e do duplo sentido no título. ▎A banda gostou da ideia e ofereceu sugestões para as cores e os tipos, as quais Redmond incorporou. No entanto, ele começou a achar que o álbum era muito mais pesado do que a capa proposta, e apresentou um segundo conceito — uma capa preta com título simples centralizado — em uma segunda reunião. "Houve variações e discussões durante uma semana ou mais, e então percebemos que um

> Todos os meus trabalhos são resultado de pesquisa, método, intuição, autocrítica e puro acaso.

Maurice Redmond, diretor

Diferentes cortes da fotografia dividem o formato de modo assimétrico, mas cada um resulta em efeitos variados. Quando a posição do horizonte ótico criado pelos travesseiros divide o quadro pela metade, o resultado é uma sensação confortável que conflita com a mensagem pretendida da capa; quando a imagem é deslocada para cima a fim de revelar as roupas de cama amarrotadas, ela sugere um ambiente recém-ocupado, como se o casal tivesse acabado de sair da cena; quando os travesseiros são posicionados mais abaixo no campo, o vazio uniforme da parede é dramaticamente exagerado.

O logo da banda — uma face de tipo sem serifa bold condensado e cortado em madeira — foi utilizado para a apresentação, junto com escolhas alternativas de tipos para o título do álbum. A manuscrita clara é mais imediata e menos estudada. Quando as palavras são impressas sobre os travesseiros, cada uma personifica uma emoção relacionada ao casal invisível, e a posição sugere a banda como o narrador. Uma interpretação mais açucarada, refinada e decorativa da face manuscrita adiciona a ironia do romance à cena, enquanto o texto rosa sugere o aspecto feminino de coisas como batom, paixão, um diário escrito à mão. A textura desgastada do logo dá uma impressão de esgotamento.

Junto aos conceitos do álbum, o designer apresentou um logo promocional a ser utilizado em camisetas e merchandise. O símbolo brinca com a ingenuidade do amor jovem fazendo uma alusão às balas presenteadas no dia dos namorados.

conjunto comum de ideias que não correspondia aos conceitos iniciais tinha sido desenvolvido, apesar de gostarmos deles. Escrevi um novo conceito em uma hora e acertei o alvo." ▌Nesse novo conceito, papel de parede decorativo floral apareceria quase completamente coberto pela pintura preta. Um aspecto importante foi que a capa seria predominantemente preta; as cores suavizadas do padrão do fundo ofereceriam contraste, e a textura do papel de parede afetaria a superfície — uma textura quase imperceptível. Redmond descreve seu objetivo ao criar ilustrações: "A aparência da imagem precisava ser a de uma pintura, como resultado da aplicação de tinta a uma superfície." Esse recobrimento do papel de parede floral, não especialmente a cor, transmite a mensagem simbólica principal — a perda ou a destruição de uma espécie de ideal romântico.

▌Redmond e a banda exploraram uma lista curta de soluções tipográficas para a capa, escolhendo por fim uma composição de uma face serifada fina e delicada, toda em caixa-alta, e o nome da banda abaixo, menor, em uma sem serifa clara. "Eu queria que a simplicidade da tipografia na imagem transmitisse que o álbum reflete um estudo de um tema emocional complicado."

NEW CONCEPT Fear & Desire - Mrnorth based on the band feedback.

What would be prefered is:
A prodominatly black/dark co
An el
A si

The
The
The
A ph
posi
face

If explaination is necessary:
The wallpaper = the nest. The nest = the couple. The couple = the ide
up with me on this?

Reg
Plea
sho
such. We can always experiment with the amount of paint covering
pattern is still exposed. Basically if the concept is agreed upon i can tune it.

A reação dos integrantes da banda aos primeiros conceitos foi, no geral, boa, mas eles sugeriram que a imagem fosse seca e bidimensional, talvez mostrando a vista de uma cidade ou de uma janela. Eles também decidiram descartar o logo existente, uma vez que estava relacionado a um álbum anterior. Os músicos pensavam que a tipografia devěria ter uma aparência luxuosa, como aquela de caixas de chocolate. Ainda refletindo sobre os primeiros conceitos, o designer apresentou uma nova opção com uma capa toda em preto, tipografia serifada, fina e elegante, e composição em caixa-alta. A ausência melancólica de imagens confere certa ironia à elegância do tipo. As variações nos dois conceitos iniciais foram consideradas aprimoramentos, mas a banda achava que essas direções ainda não eram aquilo que eles queriam comunicar.

Um novo conceito escrito levou diretamente à imagem final — uma fotografia de papel de parede decorativo, quase completamente recoberto por uma tinta preta. A intenção era a de que o modelo de papel ou a estrutura pudessem ser vistos através da tinta, criando uma textura quase imperceptível.

Redmond testou a tinta em um papel de parede selecionado para alcançar a transparência desejada e destacar a ação do pincel sobre o papel.

> Essa não é apenas uma imagem para decorar o álbum; é a imagem que o público vai associar a essa coleção de músicas... Eles têm um bom conhecimento visual da imagem e realmente se importam com ela. Isso torna as discordâncias muito mais divertidas.

Maurice Redmond, diretor

O papel de parede funciona como um símbolo da ideia de "ninho" idealizado. Sua apresentação como uma fotografia fundamenta a imagem na experiência física — o "real". O encobrimento desse símbolo torna-se uma espécie de profanação desse ideal.

Uma face de tipo serifada transicional confere um contraste vivo sem o classicismo forçado da escolha tipográfica anterior. Definir o nome da banda em uma face sem serifa menor e sob um fio separador cria uma assinatura para a banda e destaca o conceito.

12

Cartaz do concerto de aniversário da Harmonie Sempach
Mixer | Lucerne, Suíça

Música para os olhos

Os efeitos ópticos sobre a percepção da forma são poderosos. Diferentes formas produzem sensações físicas distintas; organização e modificações no tamanho criam percepções de ritmo ou sonoridade. Como aspecto basilar da maior parte do design gráfico, as qualidades formais abstratas da composição desempenham um papel importantíssimo em evocar o efeito emocional pretendido pelo designer — sobretudo quando exploradas de modo intencional dentro de arranjos de formas reconhecíveis. Erich Brechbühl, do estúdio Mixer, em Lucerna, Suíça, emprega esse conhecimento para obter um efeito rico neste cartaz para uma fanfarra. A explosão de pontos e linhas, sob uma inspeção mais detalhada, revela-se algo mais profundo. O cartaz de Brechbühl promove o 125º aniversário da banda Harmonie Sempach, de Sempach, uma pequena cidade às margens de um lago a cerca de 80 quilômetros de Berna, no norte da Suíça. Ele se inspira em uma tradição abstrata, porém representacional, dos cartazes popularizados pelos designers suíços na primeira metade do século XX e na influente estética suíça baseada na economia dos meios, ideia conhecida como "menos é mais".

> Queria capturar as qualidades rítmicas e sônicas da música.
>
> Erich Brechbühl, diretor

Embora a obra de Brechbühl amplie as fronteiras desse senso estético quando a necessidade exige, seu método de trabalho é classicamente suíço: primeiro pesquisar para encontrar ideias, transformar a ideia em uma forma simples, remover o que parece desnecessário e criar relações claramente definidas e decisivas entre os elementos formais — sejam eles abstratos, representacionais ou tipográficos. ▍"Minha pesquisa sempre começa a partir do zero", diz Brechbühl, que prefere não manter uma biblioteca de imagens como alguns designers fazem. Ele começou sua pesquisa para o cartaz coletando imagens de fanfarras tocando, mas percebeu rapidamente algo em relação aos instrumentos nas fotos — os botões e as válvulas das clarinetas, saxofones, tubas, trompetes, etc. eram decididamente geométricos, um grupo de pontos e linhas. ▍Reconhecendo essa qualidade formal, Brechbühl mudou radicalmente a direção de sua pesquisa, empregando imagens e diagramas dessas peças mecânicas. Um esboço rápido a lápis mostrou o que ele precisava saber: que configurar os pontos e as linhas de várias maneiras criaria um movimento rítmico ao longo da página, o que poderia transmitir rapidamente uma noção de

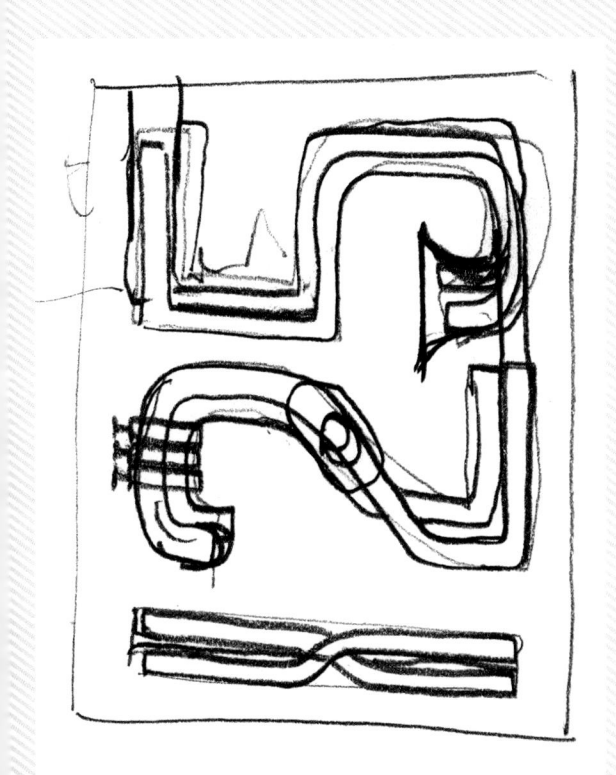

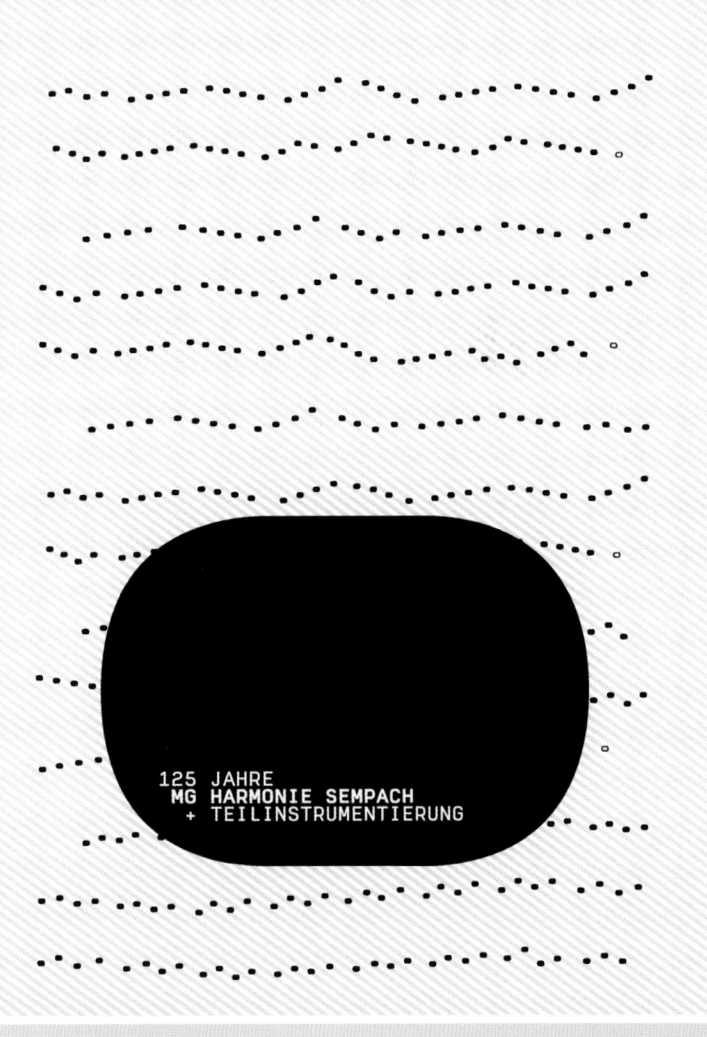

Um dos primeiros esboços a lápis mostra uma fascinação inicial com a mecânica dos instrumentos. O número indica o aniversário do cliente, transformado em imagem por meio de uma alteração na forma.

Um primeiro esboço digital enfoca a ideia de ritmo. Abstratamente, os pontos fazem uma alusão à notação musical e conferem uma espécie de movimento rítmico a todo o formato.

musicalidade. Ele criou um esboço mais amarrado para os clientes da banda e eles aprovaram. "Para mim, é normal apresentar apenas um conceito ideal. Se o cliente não estiver satisfeito", comenta, "começo a trabalhar em outro conceito e o apresento em outro momento." ▌Confiante na sua abordagem, Brechbühl digitalizou os diagramas dos instrumentos e começou a delineá-los com um software gráfico, construindo uma extensa biblioteca das peças com as quais ele seria capaz de compor. Depois de uma semana investigando e desenvolvendo o conceito inicial, ele passou alguns dias preparando os desenhos e então os organizando em várias iterações para determinar as composições mais rítmicas, o posicionamento das áreas claras e escuras e como elas interagiriam com os espaços negativos resultantes. Os elementos tipográficos mínimos, configurados em pesos regular e bold de uma família neutra sem serifa, integraram-se facilmente aos ritmos lineares e realçaram a pontuação visual das formas dos botões.

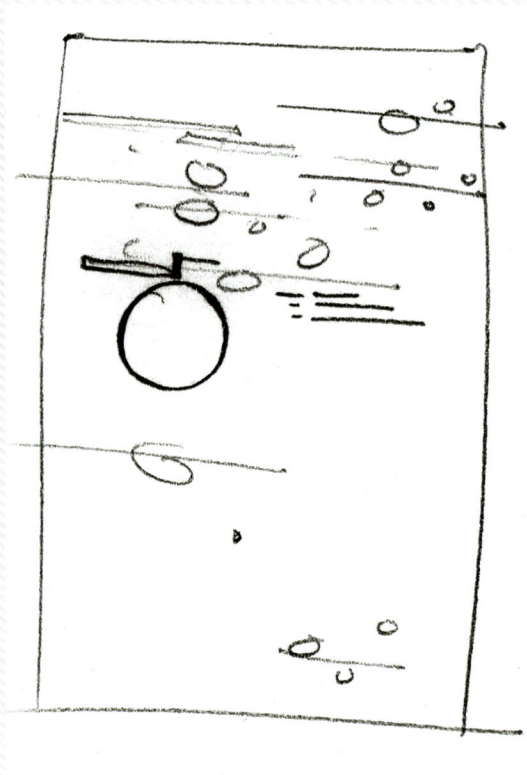

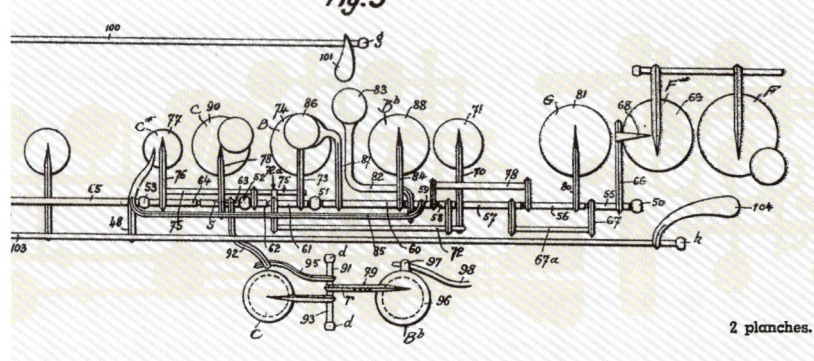

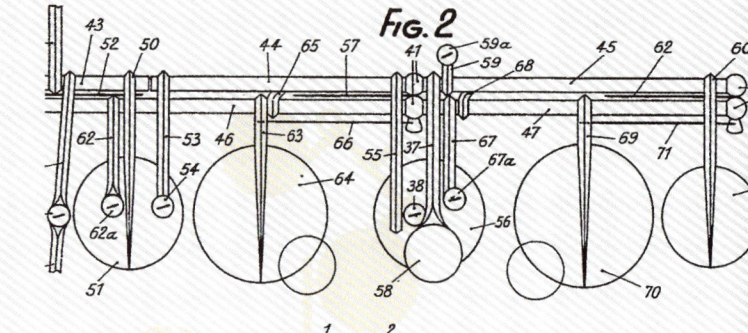

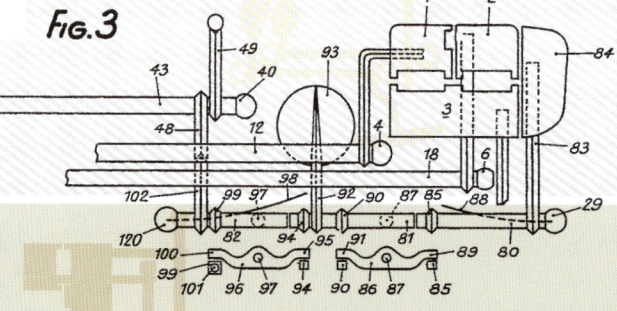

Esse esboço define uma composição rítmica de pontos e linhas. Ao examinar os instrumentos, Brechbühl percebeu que a mecânica das válvulas e dos botões poderia ser representada como pontos e linhas. Ele digitalizou os diagramas dos instrumentos e os delineou utilizando um software a fim de criar um "kit de peças" para a composição.

O agrupamento dos elementos de pontos e linhas dos botões cria áreas com densidades mais escuras e mais claras. Sua distribuição à esquerda e à direita define um ritmo bidirecional, bem como áreas de tensão contra a borda e as áreas arejadas do formato. De cima para baixo, os intervalos irregulares definidos pelas formas criam compactação e expansão.

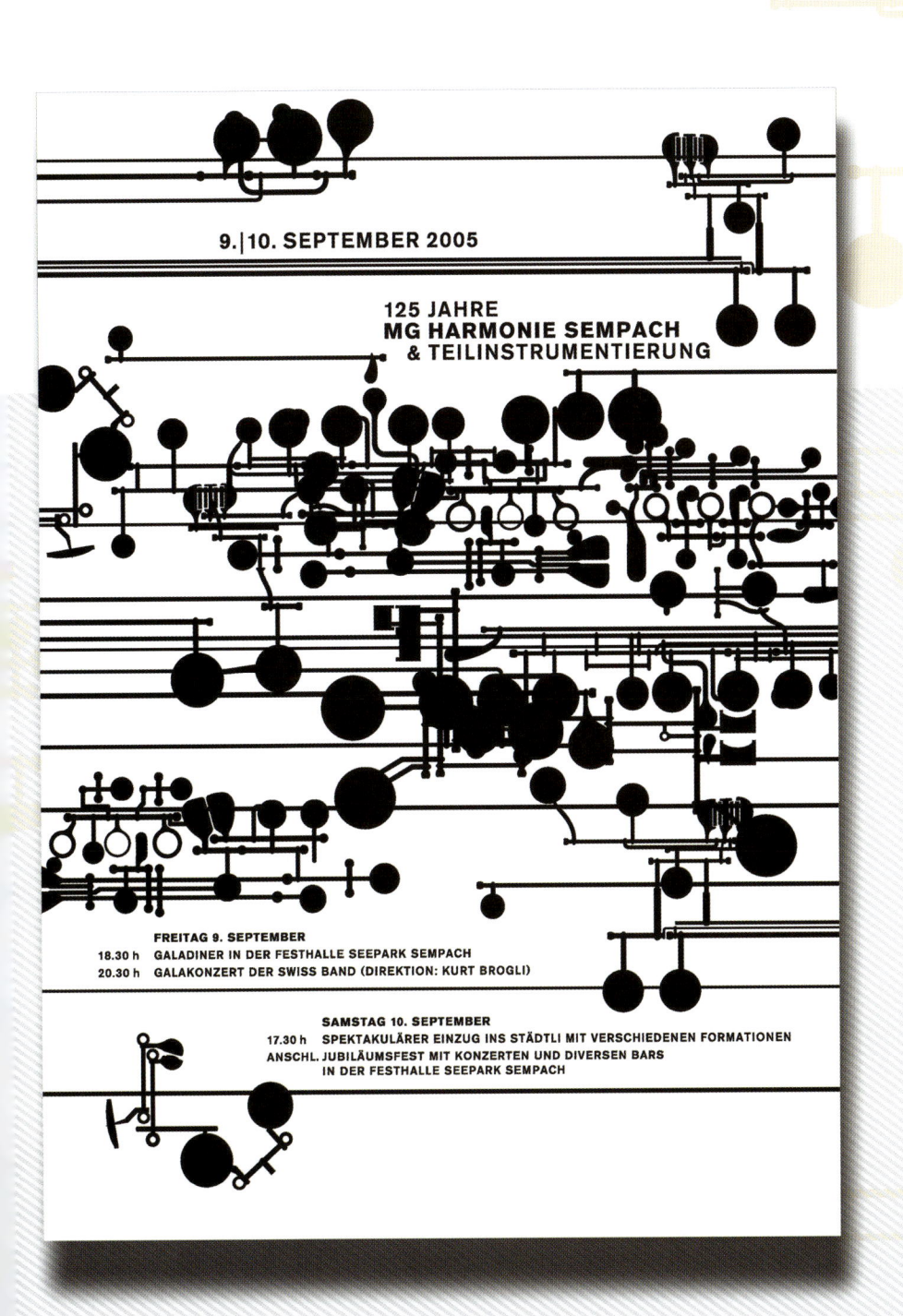

Como configurações horizontais das linhas e pontos, a imagem também sugere uma pauta musical, alusão secundária e mais abstrata que aprimora a profundidade conceitual do cartaz.

Uma face de tipo sem serifa neutra ecoa a qualidade linear da imagem; a variação de peso da fonte, regular e bold, responde às modificações na densidade da imagem. Compor todo o texto em caixa-alta reforça sua horizontalidade evitando o ritmo interno variável — ascendentes e descendentes — que a caixa-baixa teria introduzido.

As localizações dos alinhamentos tipográficos adicionam um correspondente contraponto vertical ao ritmo horizontal da imagem e ao próprio texto; isso introduz uma estrutura secundária subordinada que ajuda a unificar as várias áreas da composição.

13 Identidade visual e site da Bizer HVAC
2FRESH | Istanbul, Turquia

Ideias arejadas

Por sua natureza, o setor de aquecimento, ventilação e ar-condicionado (AVAC) é um campo em que engenharia de alta tecnologia, negócios e talento humano se encontram. As vantagens dos sistemas bem integrados são custos operacionais mais baixos e maior produtividade resultante da melhor saúde do trabalhador. Além disso, esse setor conta com o talento de engenharia de alto nível; as peças do sistema são produzidas em um setor industrial de alta tecnologia, e a maioria dos sistemas é gerenciada digitalmente. CanBurak Bizer e sua equipe no 2FRESH foram contratados para redesenhar a identidade dessa empresa principalmente a fim de atualizá-la quanto à percepção em transformação desse setor, mas também com o objetivo de estabelecer uma presença Web corporativa para o cliente. Embarcar nesse processo para a **Bizer HVAC Engineering, Ltd.** significou abordar os elementos da identidade existente antes de explorar novos conceitos. Os resultados — uma marca nominativa inteligente, dinâmica, situada em um ambiente Web revigorante e de alta tecnologia — evidenciam as vantagens de um redesenho cuidadoso e de uma extensão da marca para uma nova mídia promocional.

Os esboços a lápis mostram o interesse dos designers por ar e movimento, giros e rotações; também pela mecânica dos sistemas AVAC. Testes com hélices e ventiladores, derivados diretamente de pesquisas com imagens, criaram possibilidades interessantes, incluindo um catavento tridimensional.

Esta imagem era excessivamente complexa e delicada para ser usada em uma marca, mas serviu como inspiração posteriormente.

Ao desenvolver uma face de tipo personalizada como uma direção alternativa, o desenho do B e do R chamou a atenção dos designers. O uso das formas desses tipos para tentar criar pás de ventilador resultou na incorporação dessa ideia diretamente à palavra para formar um logotipo mais específico. A configuração das pás é uma repetição do *R* caixa-baixa. Posicionando a haste do *R* caixa-baixa abaixo da linha de base, a letra torna-se parte das formas das pás giratórias na imagem da hélice.

"Focamos principalmente no ar e no movimento", comenta Bizer, "e procuramos no mecanismo dos equipamentos AVAC — ventiladores, hélices, osciladores, moinhos de vento — a inspiração". A pesquisa com imagens produziu uma vasta coleção de referências aos tipos das formas; esboços desenhados à mão levaram rapidamente aos desenhos digitais das hélices e dos moinhos de vento. Ao mesmo tempo, Bizer e sua equipe desenvolviam um conceito alternativo de marca nominativa, retendo as qualidades de uma face de tipo sem serifa, mas criando algo mais personalizado. O B inicial, tanto caixa-alta como caixa-baixa, sugeriu algumas formas das pás que eles viam nas hélices, mas foi o R caixa-baixa que resolveu a questão. "De alguma maneira, essa letra nos chamou a atenção", lembra-se Bizer. Essa ideia levou a uma integração harmônica da forma abstrata da hélice e o tipo, unido pelo R funcionando como uma das pás da hélice.

Próximo pedido do cliente: o site. Bizer e sua equipe desenvolveram o mapa de um site para organizar as várias áreas, classificando a lista de referências de projeto como o mais importante. Como havia uma enorme quantidade de projetos no histórico da empresa, eles foram editados e categorizados segundo sua aplicação. Outras áreas de navegação primária, ou nível A, incluíam informações corporativas, uma lista de serviços e contatos. Com o mapa do site completo, os designers começaram a estudar experiência no site. "Em vez de criar um site orientado à informação", argumenta, "buscamos criar um site com imagens corporativas atraentes. Todas as informações continuariam lá, mas em uma posição secundária."

O primeiro conceito foi um modelo 3D de um sistema AVAC, utilizando suas peças como navegação. A unidade central indicava a página

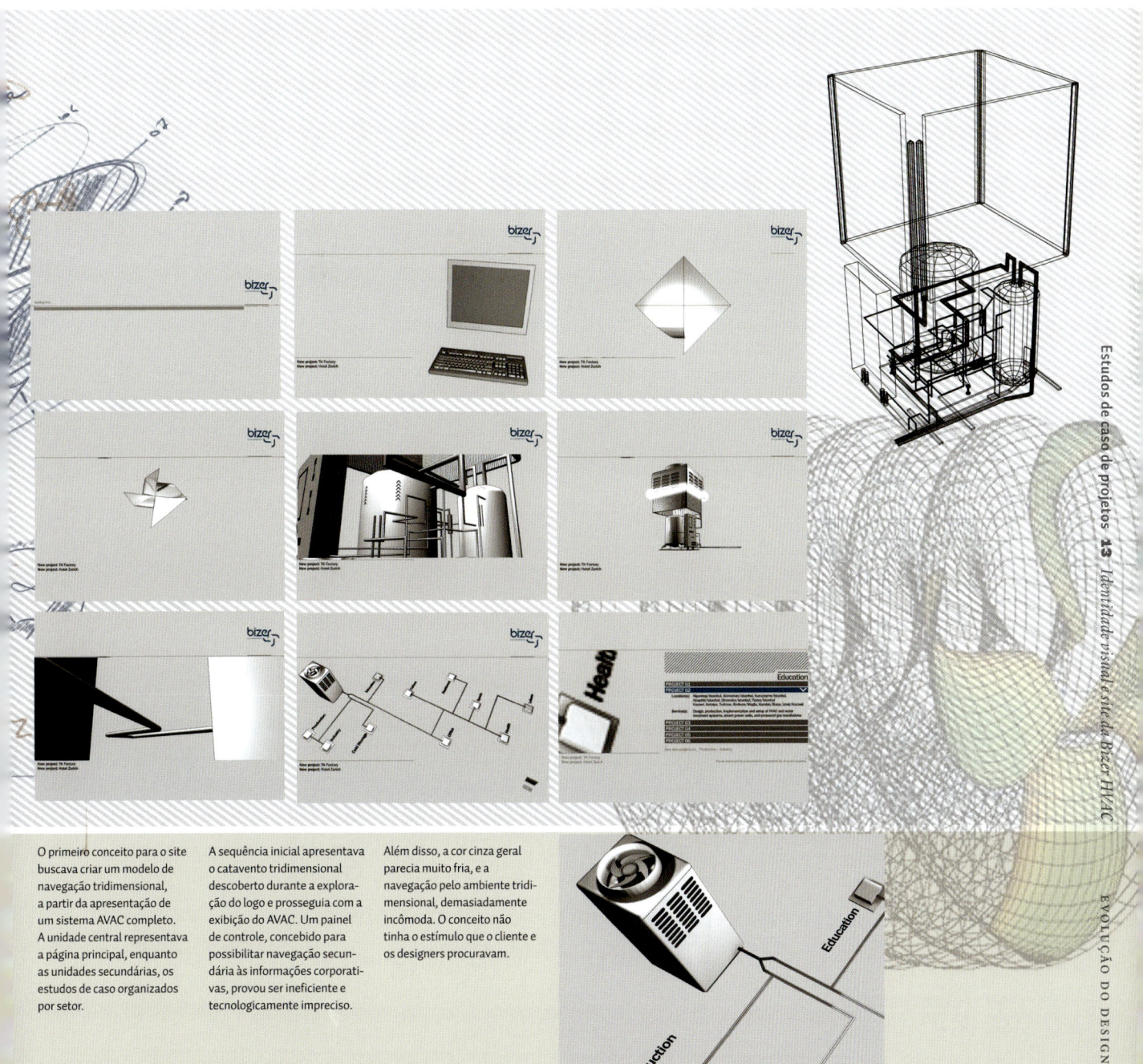

O primeiro conceito para o site buscava criar um modelo de navegação tridimensional, a partir da apresentação de um sistema AVAC completo. A unidade central representava a página principal, enquanto as unidades secundárias, os estudos de caso organizados por setor.

A sequência inicial apresentava o catavento tridimensional descoberto durante a exploração do logo e prosseguia com a exibição do AVAC. Um painel de controle, concebido para possibilitar navegação secundária às informações corporativas, provou ser ineficiente e tecnologicamente impreciso.

Além disso, a cor cinza geral parecia muito fria, e a navegação pelo ambiente tridimensional, demasiadamente incômoda. O conceito não tinha o estímulo que o cliente e os designers procuravam.

principal; e o sistema de tubos, os níveis A. O site abriria com a animação de uma hélice que se tornaria a ventoinha da unidade central; uma unidade de controle computadorizada funcionava como um dispositivo de navegação alternativo. ▌Bizer, porém, interrompeu o processo devido a algumas objeções da equipe: as informações focavam pouco os aspectos técnicos, falhando na comunicação com investidores, desenvolvedores e engenheiros; as renderizações do sistema eram objetivas demais e não muito impressionantes, embora comunicassem bem; as cores claras eram frias, mas não suficientemente técnicas. Resumindo, "precisávamos de algo mais extraordinário e sofisticado", comenta Bizer. ▌A equipe desenvolveu esboços de telas dos três novos conceitos, buscando um impacto visual e não apenas a representação do negócio. As três direções incorporaram abstrações tecnológicas no espaço 3D, um tipo de realidade distorcida. Uma delas estava centrada em uma versão animada futurista de uma hélice. Esse conceito pareceu o mais adequado, dada a direção que a identidade assumiu.

> O importante não é um único elemento, mas o todo formado por esses elementos. Assim, refinamento, para nós, tem a ver com a criação do todo e, desde que o universo que criamos funcione de maneira coerente, ficamos bastante satisfeitos.
>
> CanBurak Bizer, diretor de criação

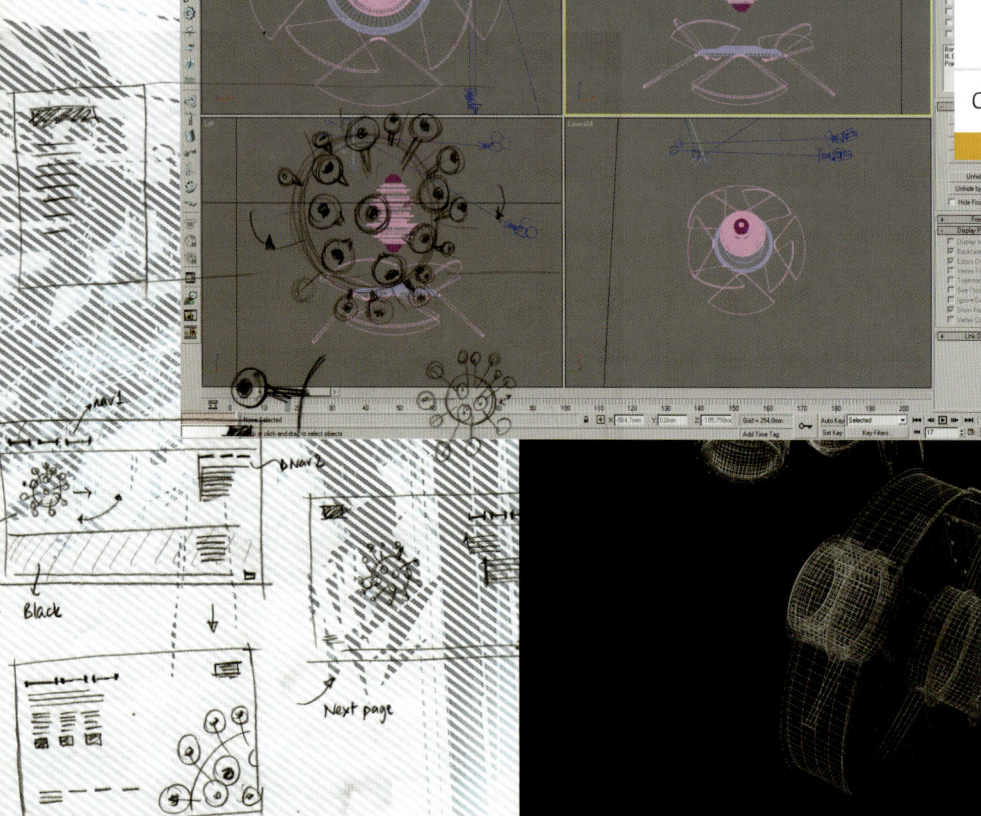

Os designers exploraram ambientes tridimensionais mais dinâmicos que eram completamente abstratos. A tridimensionalidade do site foi considerada desejável para transmitir a sofisticação tecnológica do cliente. Criar uma experiência mais interessante com a cor foi um dos principais objetivos; a pesquisa se concentrou em cores frias.

Novos esboços, também derivados da pesquisa-tema, focalizaram as peças do sistema AVAC, como rotores, pás e hélices. Os designers decidiram criar modelos de máquinas fictícias para realçar a qualidade futurista do site; as explorações do estilo de renderização determinaram as superfícies plásticas monocromáticas com um pequeno reflexo.

As capturas de tela do processo de modelagem mostram a complexidade das formas a serem renderizadas.

O primeiro passo foi modelar os objetos das hélices do sistema AVAC utilizando um software 3D e determinar um estilo de renderização – como as superfícies seriam tratadas e refletiriam a luz. Ao optar por uma superfície semirreflexiva, plástica/metálica e um tratamento monocromático, a equipe fez testes das renderizações, desenvolvendo alguns objetos semelhantes que seriam animados. À medida que a equipe de design começou a criar o storyboard e a construir os movimentos de câmera no software de animação, também voltou sua atenção para o layout do site. Diferentemente do conceito inicial, cores mais saturadas deveriam ser utilizadas para contrastar com as formas animadas. A equipe decidiu que a animação da hélice ocuparia uma área do site, enquanto a outra conteria o conteúdo. Os níveis A foram estruturados em uma configuração horizontal, unicamente como tipografia, no canto superior direito da tela, e o posicionamento do mouse sobre os links ativaria menus secundários para a subnavegação. Diretamente abaixo da área de navegação, um espaço para expansão do conteúdo permitiu a exibição de longas listas de projetos

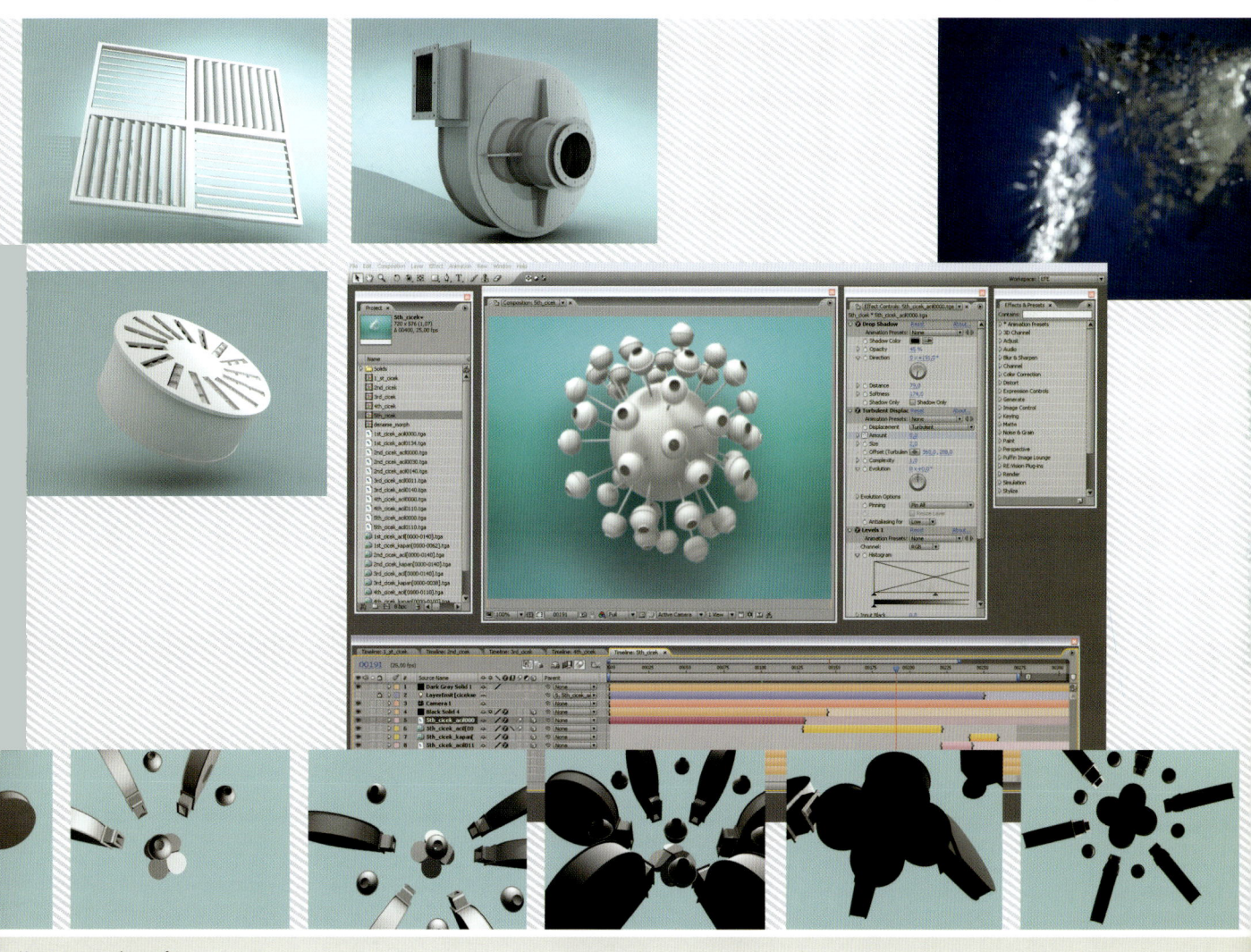

Um campo em azul escuro foi desenvolvido para o ambiente do site, com um efeito suave de iluminação para contrastar com as formas brancas das máquinas. A navegação permanecia claramente ordenada no topo, com uma área abaixo para exibição de conteúdo.

EVOLUÇÃO DO DESIGN

de referência. Os designers desenvolveram um sistema de linhas animadas que seguiria o cursor à medida que ele fosse posicionado sobre os links; essas linhas se expandiriam como uma estrutura de árvore ao redor do link selecionado para exibir informações mais detalhadas. Com as animações funcionando, Bizer e sua equipe continuavam a procurar o "fator uau!" que queriam. Eles o descobriram depois de uma pesquisa exaustiva dos efeitos de animação no software. "Partículas dançando no ar", comenta, "animação de partículas."

Uma agitação cinética de partículas frias, parecidas com flocos de neve, sopradas por um vento invisível, acrescentou o grau exato de movimento e excitação que eles desejavam.

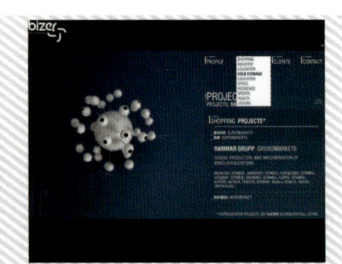

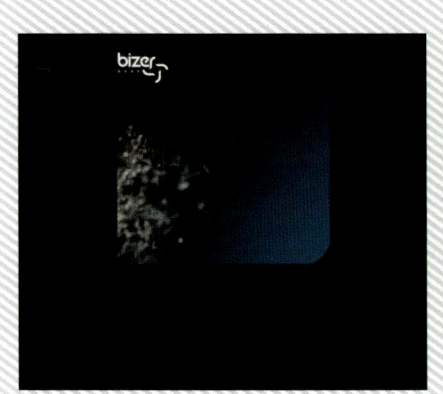

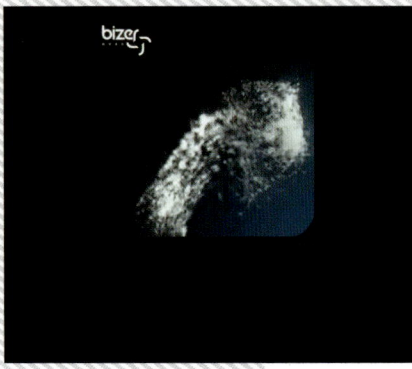

Como último componente do site, os designers desenvolveram uma explosão vertiginosa de partículas de flocos de neve para as transições na abertura entre as áreas navegáveis do site. O movimento através do quadro do site interferia nos elementos de navegação; portanto, a tela foi projetada para contrair o quadro enquanto as partículas explodiam e se expandiam. Os elementos lineares animados funcionam como indicadores quando o mouse está sobre um link.

> A animação das partículas em 3D foi uma dor de cabeça. O software sempre travava quando o número de partículas aumentava. Assim, decidimos criar as partículas em duas dimensões.
>
> CanBurak Bizer, diretor de criação

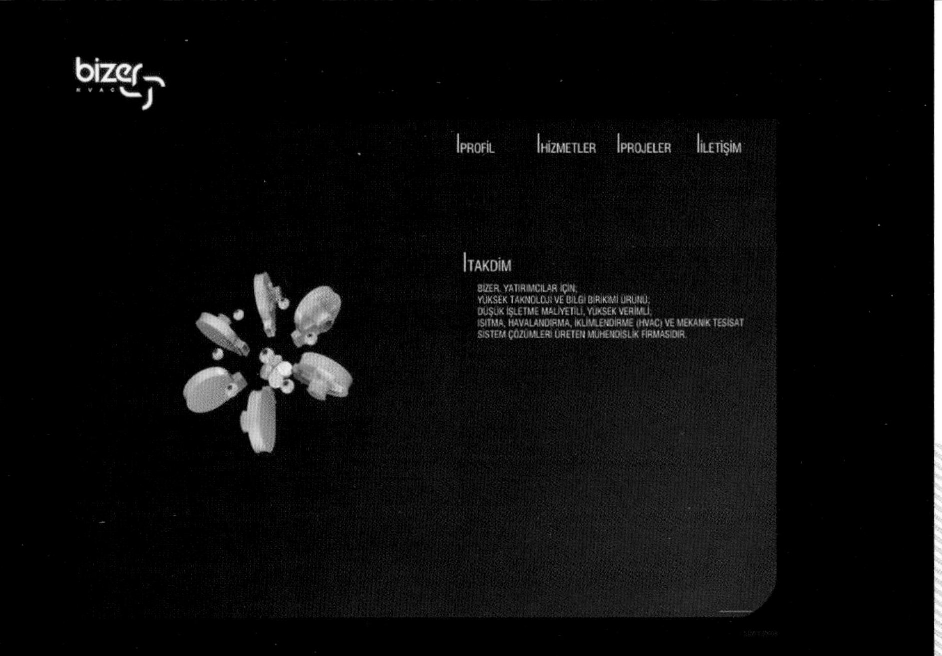

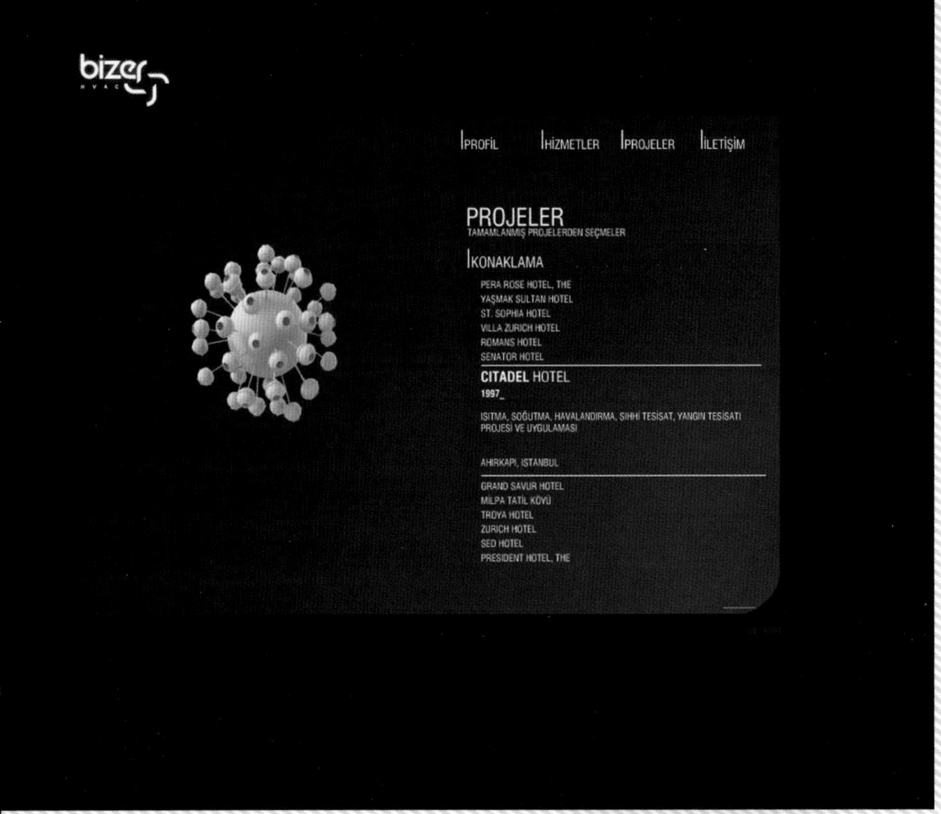

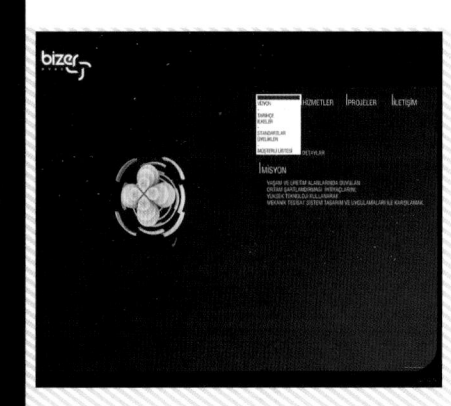

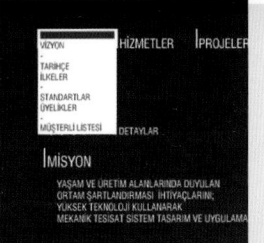

A navegação secundária foi alcançada com um menu expansível que abre em uma caixa branca luminosa com tipografia em azul escuro, que oferece clareza, consistência e legibilidade. Além disso, cada vez que uma caixa abre, os elementos gráficos se movem um pouco, mantendo viva a sensação cinética.

O extenso menu dos estudos de caso está organizado por setor industrial na navegação principal no topo. Na área de conteúdo, a lista dos estudos de caso em cada setor selecionado é expandida e contraída para gerenciar o volume de informações. O movimento dos elementos lineares, junto com a expansão e a contração, coordena-se com o movimento dos elementos em outros locais no site. O objeto tridimensional da máquina monitora o movimento do cursor e gira a fim de segui-lo.

Estudos de caso de projetos **13** *Identidade visual e site da Bizer HVAC*

EVOLUÇÃO DO DESIGN

14 Embalagem de produtos da Beeline Honey
Kym Abrams Design | Chicago, Illinois, EUA

Um zumbido no ar

Sem dúvida, é uma ideia criativa: ex-presidiários que produzem e comercializam mel para lojas badaladas e sofisticadas. Esse é o tipo de mentalidade que torna o mundo um lugar melhor para se viver, e o design gráfico tem um papel a desempenhar. Neste caso, foi desenvolver o branding para a Beeline — marca de produtos de mel e derivados fabricados como resultado de um programa desenvolvido pela North Lawndale Employment Network (NLEN) — que facilitaria a reintegração social de ex-presidiários. O NLEN é uma organização sem fins lucrativos que cria iniciativas inovadoras de emprego nas áreas pobres de Chicago. Essa foi a sentença dada ao estúdio Kym Abrams Design, de Chicago, dirigido por Abrams e sua sócia Melissa DePasquale. | "O produto deveria ser lançado em mercados de produtos naturais sofisticados em Chicago", comenta Abrams. "Tinha de atrair a clientela desse tipo de produto e se destacar nas prateleiras."

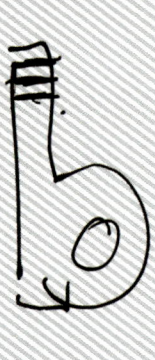

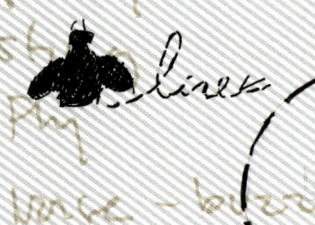

O processo de design começou com a criação de um nome para o produto: os designers desenvolveram listas de palavras para cristalizar as ideias. Opções de nomes, como FreeBee (Abelha Livre), foram concebidas por serem simples, amigáveis e fazerem uma relação inteligente com os fabricantes do produto — ex-presidiários. Beeline (Linha de Abelhas ou Caminho mais Curto) ganhou como metáfora mais otimista.

O processo de esboço inicial, realizado à mão, explorou várias opções, como a imagem icônica de favos de mel e abelhas e ideias estritamente tipográficas. A simplicidade dos ícones reflete o aspecto imediato e direto do conceito do nome. Os elementos lineares traçam abstratamente o percurso do voo de uma abelha.

Abrams e DePasquale se envolveram desde o início com a criação do nome do projeto, tarefa rara para muitos designers gráficos. Era importante criar um nome simples e amigável, mas a equipe estava interessada em desenvolver uma marca que despertasse interesse pelo projeto e fosse lembrada pelas pessoas. "Sentimos que o nome e a marca deveriam transmitir uma imagem de algo fresco e puro e que parecesse urbano", explica DePasquale. Eles exploraram uma série de nomes curtos e inteligentes, que variavam do espirituoso — *FreeBee*, *worker bee*, *beelieve* — ao cômico e simplório — *Honey, I Got a Job* (Querida, consegui um emprego) —, definindo finalmente Beeline por seu caráter direto e por sugerir a intenção do produto: "Criar uma linha direta, *beeline*, para um emprego honesto e lucrativo", comenta Abrams. Assim que o nome foi aprovado, iniciaram-se os esboços. Os dois designers exploraram várias possibilidades, desde desenhos de abelha ilustrativos e icônicos até soluções estritamente tipográficas. Várias das ideias tipográficas que se fundiriam depois para formar a solução de design final continham elementos lineares em combinação com letras ou ícones de abelha.

> "Desde o início, parecia que esse logo deveria ser basicamente preto e branco. Isso se refletiu na maior parte dos nossos primeiros esboços e em todas as etapas do processo."
>
> Melissa DePasquale, designer

Os esboços digitais mais refinados são baseados em esboços feitos à mão. Mesmo nessa etapa, é evidente a abordagem minimalista quanto aos detalhes e às cores. Faces de tipo sem serifa com traço uniforme são preferidas por sua simplicidade e linearidade. Os designers também criaram combinações concisas de tipo e linha que chamam a atenção para a ideia na própria palavra. O *B* listrado, caixa-baixa, é um forte candidato porque a simples adição de faixas amarelas permite representar na letra *B* a palavra "bee" (abelha) e a imagem de uma abelha real. Em outro logotipo, uma linha hachurada substitui a letra *I*, novamente referindo-se às listras do inseto.

Abrams e DePasquale misturaram diversas partes no processo de esboço, mesmo antes de trocar o lápis pelo computador. Os esboços tendiam a compartilhar uma qualidade semelhante — em vez de desenhos puramente ilustrativos, optou-se pela simplicidade icônica, aplicação limitada de cores e pelos estilos de tipo sem serifa. "A Beeline gera trabalho para ex-presidiários em Chicago", reitera DePasquale. "Todos os elementos do design tentavam refletir um contorno marcado."

Outros candidatos fortes nessa etapa do processo de design foram os que utilizavam a forma icônica do inseto. Os designers experimentaram a interação do símbolo com padrões como códigos de barras e linhas mais simples que poderiam ser interpretadas como as grades da prisão e com formas de letras. Uma versão refinada do conceito de padrão de voo circular incorporou a silhueta da abelha e as duas subpalavras em duas cores compostas em um tipo sem serifa. Neste esboço, como em outros, observe o contraste de elementos lineares com formas mais volumosas para criar riqueza em configurações simples.

Três conceitos, por fim, atraíram o cliente, cada um oferecendo uma mensagem muito diferente com um mínimo de formas. O conceito de cima, no qual "beeline" é escrito à mão em uma linha pontilhada, é pessoal e acessível; o caráter aleatório da escrita sugere o traçado do voo da abelha ou um caminho de busca. O B caixa-baixa listrado, mostrado em uma face condensada para realçar sua linearidade, é minimalista. O terceiro conceito explora o caráter caseiro e aconchegante de uma ilustração realista. O contraste das hastes na tipografia combina com o aspecto grosso e fino do desenho.

A natureza sem fins lucrativos do cliente significava que não havia orçamento, e isso se encaixou convenientemente com a direção estética geral. "O cliente não tinha um grande orçamento para a impressão, mas a limitação do preto e branco contribuiu para o toque moderno e urbano que buscávamos", continua DePasquale. ▌Embora Abrams e sua equipe normalmente apresentem somente dois ou três conceitos aos seus clientes, nesse caso eles ficaram animados com quatro versões, e resolveram mostrar todas. "Gostamos de mostrar o projeto em aplicações, então, usamos potes de mel e de cosméticos para apresentar os logos." E foi isso — o cliente aprovou o design implementado sem nenhum pedido de modificação. Abrams e DePasquale rapidamente adaptaram a solução para vários formatos, integrando uma face serifada para informações secundárias na parte posterior dos potes, que têm uma forma contemporânea, cilíndrica, complementando as linhas simples da identidade. Abrams e DePasquale — e seus clientes — estavam muito empolgados. "Em sua primeira estação, a Beeline vendeu para vários mercados. Devido ao seu grande sucesso, diversas vagas de emprego foram criadas. Ficamos muito felizes."

> **Como não havia orçamento para a marca, o design e a redação publicitária foram doados. Quanto aos fornecedores de impressão, tivemos de optar por uma solução de baixo custo. Imprimir apenas em preto e uma cor Pantone diminuiu bastante o custo.**
>
> Kym Abrams, diretor

Os designers fizeram pequenos ajustes no corpo, espacejamento e seleção da face do tipo para uma segunda apresentação. Os retoques finais foram apresentados em um boné de beisebol e em um pote a fim de mostrar o potencial da marca em diferentes aplicações.

Um quarto conceito, mostrado aqui no quadrante superior direito, também foi apresentado. Esta abordagem era ainda mais sutil que as outras. Sem a massa do ícone da abelha do esboço original, essa marca nominativa é visualmente mais suave no seu grau de contraste, mas muito direta e ainda ricamente sugestiva em seu conteúdo.

> É um projeto que se destaca. Os produtos da Beeline são 100% orgânicos. A apicultura tornou produtiva uma região abandonada da cidade, além de criar trabalhos para ex-presidiários.

Kym Abrams, diretor

beeline
body bar

fillmore apiary
chicago raised, chemical free

-----

a project of the north lawndale
employment network

3726 west flournoy
chicago illinois 60624
www.nlen.org

a unique body moisturizer
massage directly onto dry skin

-----

ingredients
chemical free beeswax
organic vegetable shortening
organic sweet almond oil
organic cocoa butter

-----

a project of the north lawndale
employment network

3726 west flournoy
chicago illinois 60624
www.nlen.org

beeline
honey

12 oz

Estudos de caso de projetos **14** Embalagem de produtos da Beeline Honey

---

O sistema final de rótulos usa uma tipografia de apoio serifada para contrastar com a uniformidade do logotipo, que mostra a palavra "bee" em amarelo. A mesma sem serifa do logotipo é utilizada para listas de ingredientes e informações adicionais nos rótulos.

O pote de vidro cilíndrico e o pote de metal fosco complementam o peso do traço uniforme e o detalhamento linear da tipografia.

Um leve retoque foi feito na frequência e no espaçamento entre traços na linha. O uso de traços ligeiramente mais longos e o aumento do espaço entre eles aprimoraram o aspecto direcional da linha em relação à qualidade mais próxima à textura da primeira versão.

EVOLUÇÃO DO DESIGN

15

Campanha de ação política
Un mundo féliz: Gabriel Martínez, Sonia Díaz, Galfano Carboni, Fernando Palmeiro, Javier Garcia, Ignacio Buenhombre | Madri, Espanha

Abaixo Guantânamo!

O público em geral – e mesmo muitos designers gráficos – vê a profissão como um exército de estilistas e esteticistas trabalhando a serviço de grandes corporações ou promovendo os glamourosos negócios da moda, música, culinária, estilo e arte. Eles esquecem que o verdadeiro objetivo do design é a comunicação. O design gráfico exerce sua função mais admirável quando chega às ruas para disseminar informações em nome do interesse público. Despertando a consciência sobre um assunto não popular e delicado, especialmente nos Estados Unidos, esta campanha denuncia a prisão de detentos em uma base militar em Guantânamo, Cuba, e faz um protesto público contra o desrespeito aos direitos humanos.

Os cinco designers do coletivo constroem continuamente uma biblioteca de ícones, símbolos, expressões e supersignos que eles podem invocar rapidamente como base para seu trabalho político. O imagético associa de maneira inteligente o conteúdo universalmente compreensível, como um conjunto de caveiras e mãos, com figuras reconhecíveis, como Hitler e Che Guevara, e elementos como facas, nuvens tempestuosas, insetos, símbolos religiosos e assim por diante.

O projeto é semelhante a outros produzidos pelo *Un Mundo Féliz* (UMF), coletivo de designers gráficos sediado em Madri que promove campanhas de conscientização pública sobre questões políticas e sociais. Dirigida por Gabriel Martínez e Sonia Díaz, do LSD (apresentado em outra parte deste livro), essa associação informal de designers usa suas extraordinárias habilidades gráficas como arma na luta por justiça social. Para projetos como este, iniciado pela Fundación Signes, uma agência promocional de Barcelona, a UMF trabalha a partir de uma coleção de imagens que gera e atualiza constan-

Esboços feitos à mão mostram o ritmo em que esse projeto foi produzido: as linhas têm uma energia quase frenética. As combinações de formas selecionadas da biblioteca interagem com símbolos facilmente interpretáveis para uma comunicação rápida e provocativa: caveira, chamas, punho fechado, coração, grades de prisão, olho e um desenho do Mickey Mouse. A associação de dois ícones pode aludir a ideias mais complexas — a sobreposição da forma do olho com linhas verticais sugere não só o encarceramento, mas também a propaganda, a desinformação e a censura na imprensa.

> Gostamos de fazer a nossa parte como designers e cidadãos interessados em discutir questões públicas e sociais e afirmar nossas opiniões.
>
> Sonia Díaz, sócia

temente. "Estamos reunindo essas imagens há dois anos", relata Martinez. Como a agenda para os trabalhos sociais e políticos é rápida demais, é útil ter uma biblioteca de imagens relevantes à disposição que possa ser consultada para seleção. Ele continua: "Esse tipo de trabalho exige uma resposta rápida. Se tivermos uma imagem adequada relacionada às mensagens, nós a utilizamos com alterações mínimas sempre que precisarmos. Se não a encontramos, criamos uma imediatamente."

> Tentamos ser conscientes e objetivos, mas às vezes a velocidade em que trabalhamos torna impossível controlar nosso design completamente.
>
> Fernando Palmeiro, designer

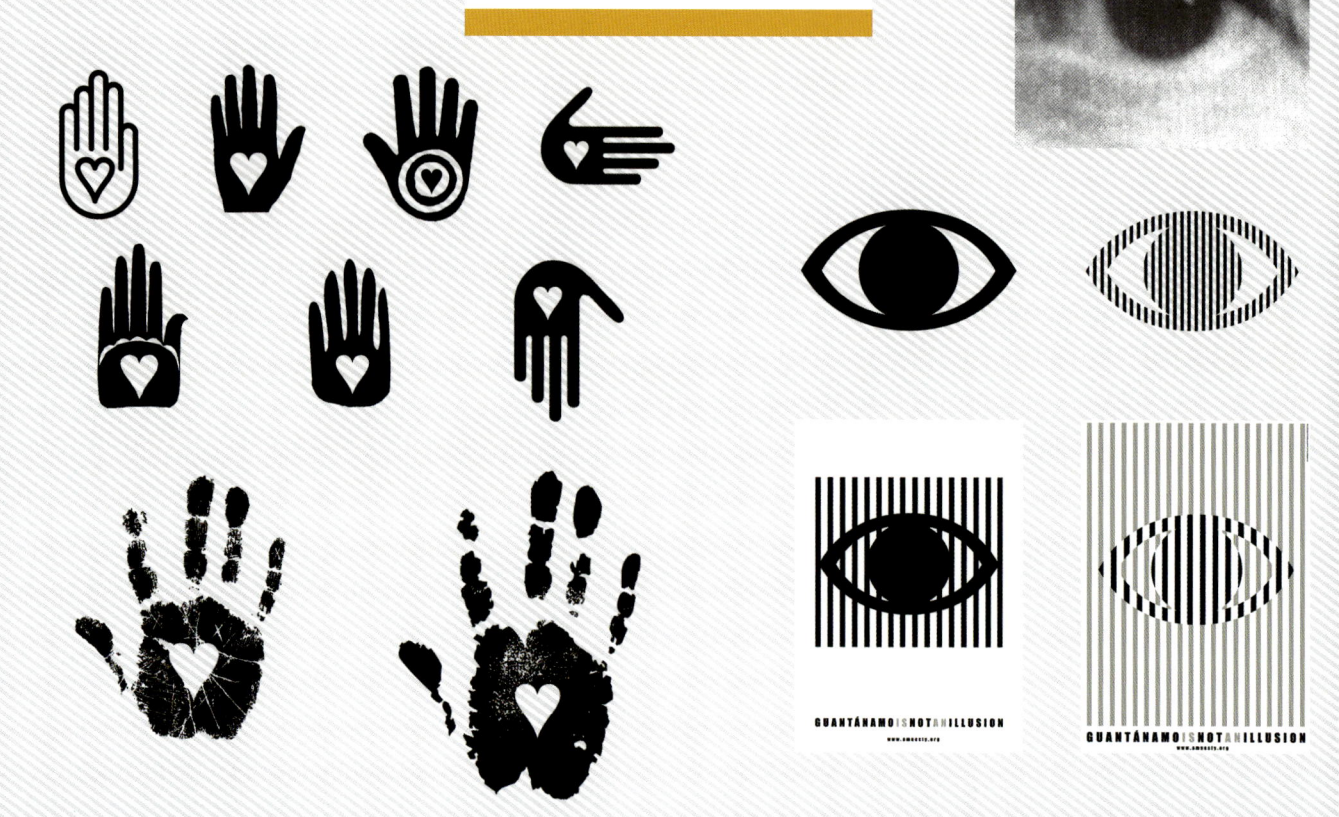

A comparação de combinações mão/coração revela a forma que comunica mais direta e profundamente — e qual transmite mensagens indesejáveis. As formas icônicas contornadas e sólidas, com os dedos juntos, são um gesto que indica "parar". A posição da mão aberta articula o ato de pegar ou alcançar. A mão virada parece oferecer o coração como um presente. A textura rústica da mão suja de tinta transmite uma noção de dor à imagem, mas a atitude relaxada da mão parece casual demais para transmitir o sentido de urgência. A textura impressa da mão escolhida é mais grosseira e imperfeita, e parece ameaçadora; o nítido coração branco vazado na palma da mão sugere a esperança diante da luta.

A diferença entre a versão fotográfica e a versão abstrata do olho é profunda; enquanto a imagem fotográfica parece relaxada ou pensativa, a versão icônica revela-se agressiva ou surpresa. Embora o olho fotografado se mostrasse útil, os designers investigaram a forma icônica mais a fundo, a partir de um primeiro esboço. No conjunto de variações de baixo, o olho é combinado com e interrompido por linhas verticais. O bloqueio criado quando as linhas negativas atravessam a massa do olho pode ser interpretado como um véu ou outra obstrução; menos linhas são interpretadas com maior facilidade como grades de prisão.

As imagens são ícones simples e formas tipográficas que podem ser reorganizadas, alteradas, combinadas e complementadas para gerar mensagens conceituais mais complexas. A objetividade das imagens e o seu forte contraste figura/fundo garantem impacto visual e comunicação objetiva. O grupo desenvolveu uma série de mensagens verbais provocativas e relacionou as imagens selecionadas da biblioteca. Frases como "Nightmare on Paradise" (pesadelo no paraíso) e "An Icon of Lawlessness" (um ícone da ilegalidade) sugeriam metáforas visuais mais complexas, enquanto noções de encarceramento e dissidência remetiam a imagens muito claras, quase clichês – grades de prisão, um olho, punhos cerrados e assim por diante.

Os designers exploraram combinações de imagem e texto durante cinco dias, trabalhando primeiro com lápis e logo passando para o computador. Para maior impacto visual, bem como por questões de orçamento, estabeleceram uma paleta de cores mínima e de alto-contraste: preto, branco e vermelho. Eles editaram as variações à medida que elas surgiam, determinando finalmente cinco imagens que então foram produzidas em vários formatos para distribuição global gratuita – como cartazes, cartões postais e formato digital para download.

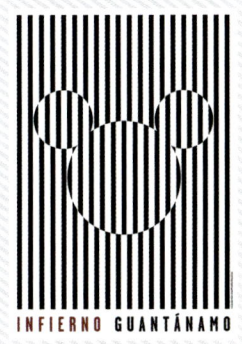

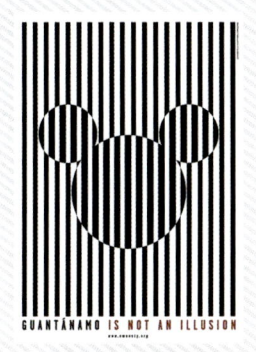

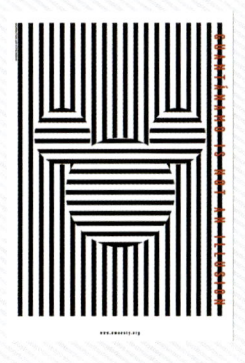

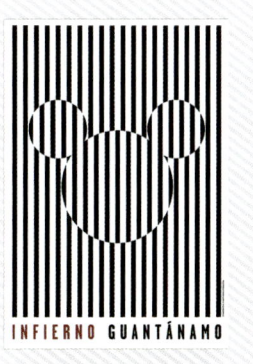

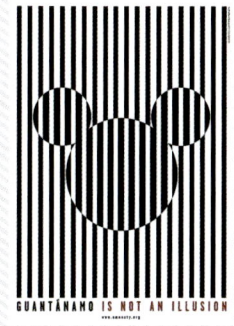

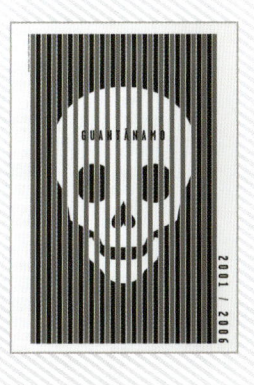

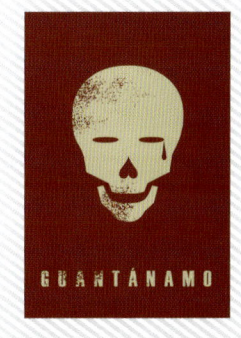

> "A ilustração nos oferece recursos mais gráficos, mas muitas vezes começamos com a fotografia.
>
> Gabriel Martínez, sócio

As experiências com associações e manipulações de imagem feitas em cada cartão acabam evocando umas às outras. Desenhando a partir da manipulação da imagem do olho, os designers insistiram nas grades de prisão e no efeito linear ótico com uma caveira e o poderoso símbolo do Mickey Mouse. Nesta série de estudos, os designers testaram o efeito de mudar a relação das linhas fora da forma do Mickey com as linhas dentro dela. Dependendo da orientação e da densidade, as linhas parecem grades de prisão ou vibrações caleidoscópicas que obscurecem a percepção do ícone.

Outra solução explora alterações e adições a um ícone de caveira, entre elas o conceito de grade de prisão. Manchas de respingos evocam sangue, sugerindo morte violenta. Mudar os olhos, acrescentar uma lágrima e substituir a forma do nariz por um coração de ponta-cabeça sugerem sofrimento, enquanto o efeito sutil da textura sobre a caveira insinua abuso ou abandono. A versão encapuzada evoca a aparição do Anjo da Morte, mas também parece um pouco fascinante, pois brinca com a ideia de paraíso e viagem.

GUANTÁNAMO / END TORTURE NOW

SOONER OR LATER THERE WILL BE A NEED TO CLOSE GUANTÁNAMO HOPEFULLY AS SOON AS POSSIBLE
TARDE O TEMPRANO EXISTIRÁ LA NECESIDAD DE CERRAR GUANTÁNAMO ESPERAMOS QUE SEA LO ANTES POSIBLE

Os cinco projetos finalizados posicionam a imagem centralmente, em uma relação simétrica com as proporções do formato. Os designers evitam com maestria e arte a qualidade estética normalmente associada à simetria. Ajustam o material de maneira cuidadosa a fim de que tenha o tamanho ideal para confrontar as bordas do formato: as orelhas do Mickey, por exemplo, criam tensão com as bordas esquerda e direita; as áreas externas da imagem do olho fotografado são um pouco irregulares, e seus limites mais suaves contrastam com as severas linhas verticais; o polegar do ícone da mão exerce a mesma função. Os designers dão ainda mais vida aos planos simétricos alterando o intervalo entre imagem e tipos.

O uso consistente de uma face condensada e sem serifa unifica a série apesar dos estilos de imagem radicalmente diferentes. No contexto das imagens com grades de prisão, a disposição do texto ecoa o forte espaçamento linear das barras verticais. Nos cartazes da mão e da caveira, oferece um contraste rítmico às qualidades irregulares organicamente texturizadas das imagens.

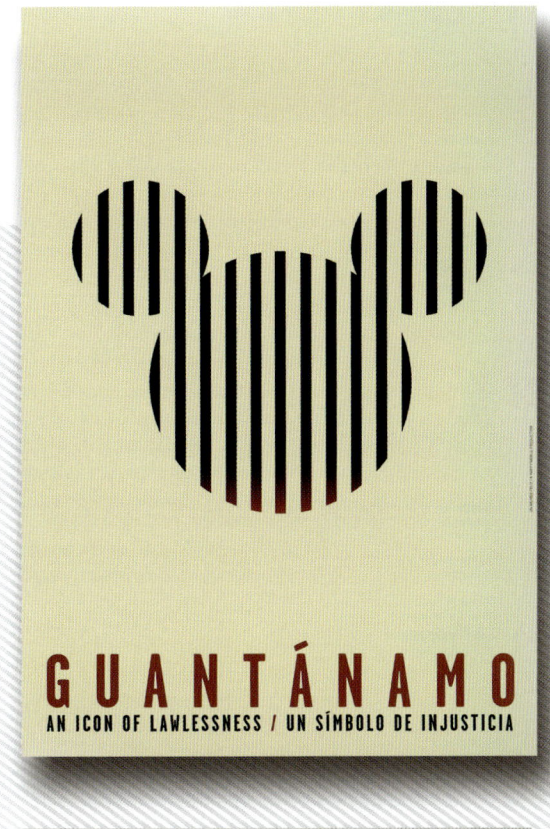

GUANTÁNAMO
AN ICON OF LAWLESSNESS / UN SÍMBOLO DE INJUSTICIA

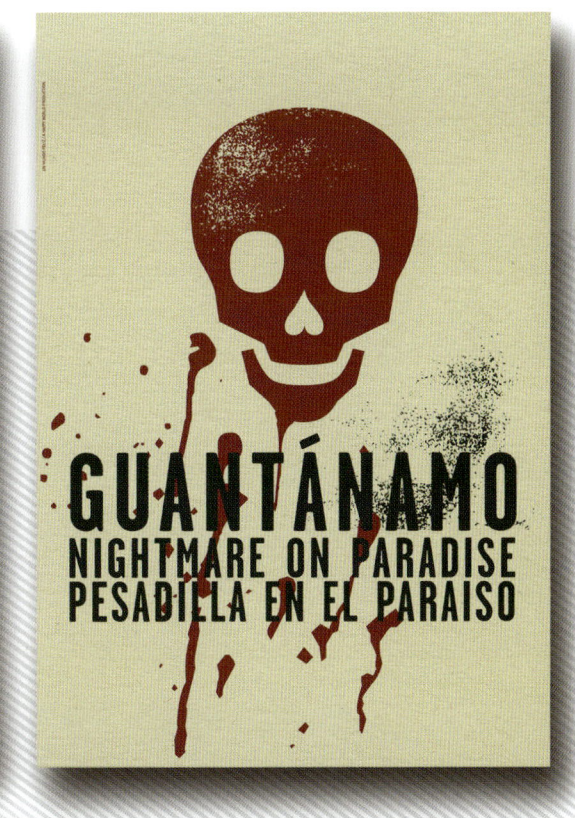

GUANTÁNAMO
NIGHTMARE ON PARADISE
PESADILLA EN EL PARAISO

THE OPPOSITE OF COMPASSION IS NOT HATRED, IT'S INDIFFERENCE

LO OPUESTO A LA COMPASIÓN NO ES EL ODIO SINO
LA INDIFERENCIA
HUMAN RIGHTS WATCH / hrw.org

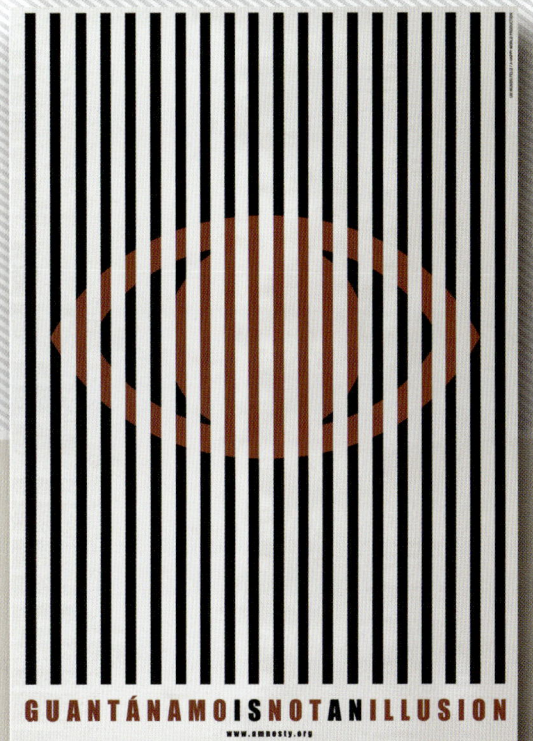

GUANTÁNAMO IS NOT AN ILLUSION
www.amnesty.org

Estudos de caso de projetos **15** Campanha de ação política

EVOLUÇÃO DO DESIGN

16 Identidade visual do Conservatorio di Musica Giuseppe Tartini
Leonardo Sonnoli / Tassinari Vetta | Rimini &Trieste, Itália

A infinita permutação da música

A forma abstrata e a tipografia são muitas vezes comparadas ao sistema fluido chamado música, exatamente por causa desses atributos — sua fluidez de forma e sua lógica orgânica, sistemática. Portanto, o designer à procura de uma linguagem visual para representar um conservatório de música poderia muito bem se voltar para um sistema de símbolos tipográficos com infinitas possibilidades de combinações. ▌Para aqueles que conhecem a obra de Leonardo Sonnoli, não é surpresa que essa seja a abordagem adotada no desenvolvimento do programa visual do Conservatorio di Musica Giuseppe Tartini, localizado em Trieste, Itália. O objetivo da escola ao contratar Sonnoli e seus sócios da Tassinari/Vetta, firma com escritórios em Trieste e Rimini, foi catalisar o interesse pela escola e aumentar tanto o número de matrículas como a presença em suas audições mediante o desenvolvimento de uma nova identidade.

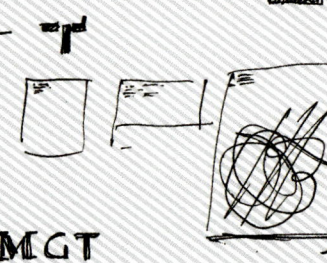

Em vez de esboços à mão, como costuma fazer, Sonnoli começou o processo de design usando um software gráfico depois de escrever e refletir sobre o briefing do cliente. Sua afinidade com o trabalho de identidade baseado em sistema do pioneiro do design suíço, Karl Gerstner, direcionou-o para a ideia de variação sob limites definidos, e isso foi corroborado por um encontro casual com um livro de poemas franceses — uma edição seccionada, linha por linha e, por isso, quase infinitamente variável. Sonnoli percebeu que essa ideia adequava-se ao conceito de música e começou a explorar conjuntos de símbolos que poderiam ser recombinados para produzir uma espécie de logo variável. Diferentemente do pensamento convencional no design de identidade corporativa, que investe na repetição inalterável da forma do logo com poder absoluto, esse método confia sua reconhecibilidade nos componentes e na compreensão da lógica que os organiza. Contanto que o observador veja os mesmos tipos de elementos, relacionando-os entre si da mesma maneira, não há menos reconhecimento e memorização do que um logo tradicional.

"forma" della musica –
onde sonore

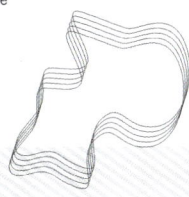

Sonnoli é, como seu parceiro, Paolo Tassinari, um experiente designer de identidades para instituições culturais. Portanto, eles puderam começar o projeto imediatamente e sem muitos esboços preliminares. Embora Sonnoli normalmente inicie com esboços a lápis, ele observa que, nesse caso, seu ponto de partida foi escrever anotações e o que ele descreve como "desenhos muito simples e ruins", preferindo refletir sobre o problema e seu contexto. ▌As anotações e "desenhos ruins" resultaram de sua abordagem conceitual habitual de abstração e tipografia, fundada na sua reverência ao modernismo e à sua identificação com os pensadores conceituais do design e de outras ciências humanas.

▌Entre eles, o trabalho pioneiro em identidade do designer suíço Karl Gerstner, exemplificado em seu livro *Designing Programmes*, sempre útil como referência, estava bastante presente em sua memória quando o projeto de Tartini iniciou. Além disso, Sonnoli mantém uma extensa biblioteca de temas visuais e outros assuntos na qual ele pode buscar inspiração de abordagens abrangentes com profundidade intelectual.

▌Ao pensar sobre a música, a linguagem visual e a tipografia — um amor onipresente —, Sonnoli

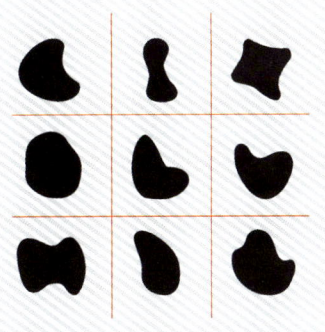

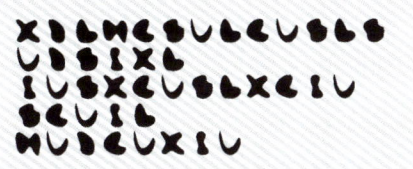

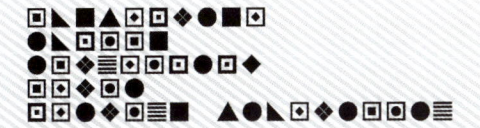

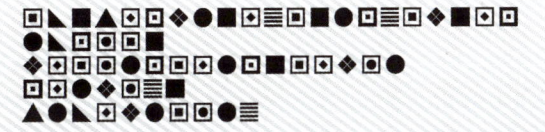

Os esboços mostram a progressão no pensamento de design. O primeiro conjunto apresenta variações de uma forma; essas poderiam ser muito difíceis de lembrar, e a falta da qualidade linear as torna um pouco fracas. Na transformação seguinte, as formas são elaboradas em uma família e organizadas em um grid, o que não acrescenta significado ao assunto em questão. As formas então tornam-se um pouco mais lineares, coloridas, simplificadas e são organizadas em uma estrutura de cinco linhas relacionada com a pauta musical. Uma alteração posterior evoca as letras da palavra "musica". Outra versão investiga formas geométricas, a partir de quadrados e pontos que aparecem como brinquedos ou peças de um quebra-cabeça, o que talvez seja infantil demais como solução formal.

EVOLUÇÃO DO DESIGN

Estudos de caso de projetos **16** Identidade visual do Conservatorio di Musica Giuseppe Tartini

percorreu um pouco a obra do tipógrafo francês, poeta e escritor Robert Massin, redescobrindo não só a heterodoxa e indefinível abordagem tipográfica de Massin, mas um projeto particular para o escritor e poeta Raymond Queneau.

▌Foi o livro intitulado *One Hundred Million Million Poems* (1961) que impulsionou o processo. O livro contém 10 sonetos, dos quais cada linha é impressa em uma tira separada — como livro de cabeças / corpos / pernas. Os 10 sonetos compartilham o mesmo esquema e sons de rima; portanto, qualquer número de linhas de qualquer poema pode ser combinado com o de qualquer outro poema — resultando em 10^{14} poemas possíveis. Mesmo que lesse por 200 milhões de anos sem parar, uma pessoa comum nunca leria o mesmo poema duas vezes.

▌Sonnoli reconheceu que esse conceito é semelhante ao da música — as sete notas são recombinadas e resequenciadas sem necessidade de uma repetição, criando um sistema infinitamente variável. Durante a semana seguinte, ele elaborou várias formas abstratas, e amorfas, como base para uma linguagem visual que pudesse ser igualmente flexível. As formas foram organizadas em cinco linhas como uma referência à pauta musical; a quantidade por linha e a ordem em que apareceriam permaneceram flexíveis. Esse sistema agrupado tornou-se a proposta de Sonnoli para um logo. Antes de mostrar o conceito para o cliente, porém, ele decidiu investigar o mesmo conceito, mas usando uma forma tipográfica real no lugar da linguagem de formas abstratas. Algo sobre o conceito original o incomodava, tavez a falta de rigor, o fato de ser decorativo demais. Sonnoli de-

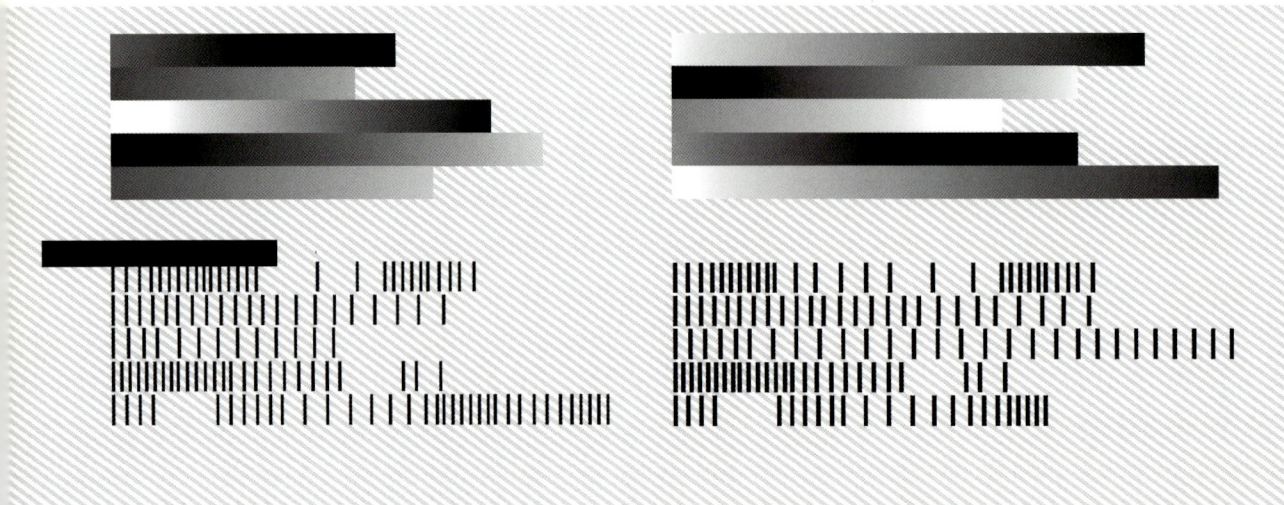

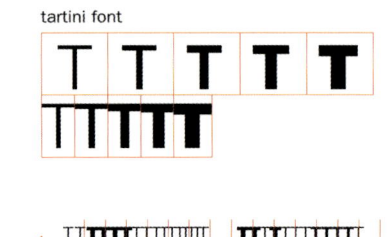

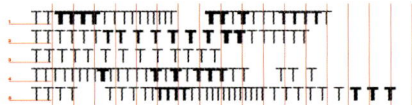

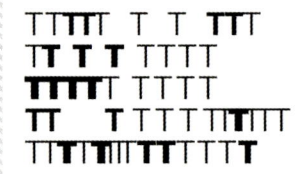

Reduzir a linguagem a linhas, alterando apenas o espaçamento, manifesta não só a simplicidade que a linguagem pode ter, mas também o fato de o ritmo ser uma consideração importante. Transformar a ideia da linha em uma única letra — a inicial do diretor do conservatório — acrescenta significado concreto. Ao alterar o peso da letra, a qualidade rítmica da estratégia de espaçamento é significativamente aprimorada.

Depois que o cliente aprovou o conceito, foram feitos ajustes na estrutura da marca; o nome completo do cliente foi acrescentado como um elemento subordinado em um único peso de uma face de tipo sem serifa bold. Uma mudança no valor da tipografia cria uma hierarquia interna. As palavras mais claras recuam em importância.

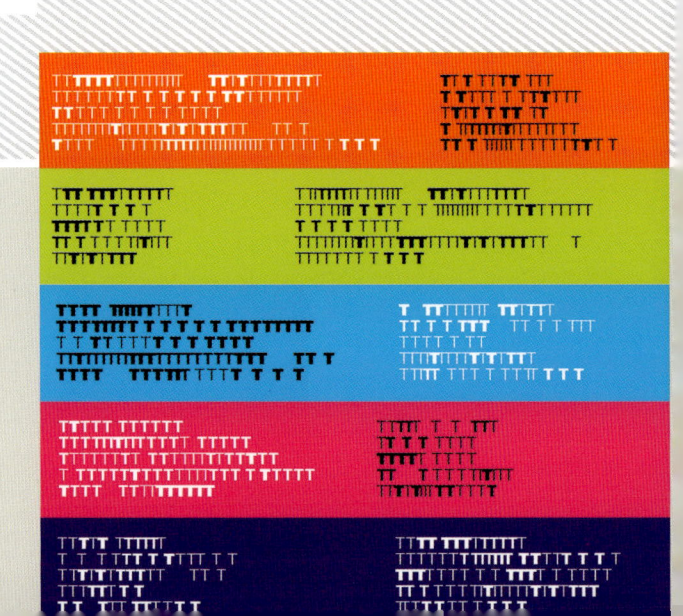

senvolveu uma família de Ts sem serifa em cinco pesos e aplicou a mesma lógica que havia empregado na primeira versão. ▌Ele apresentou as duas versões ao cliente, acompanhadas pela tipografia em composição convencional, tanto sobre fundos de cores chapadas como em fundos fotográficos. ▌Como resultado da reunião, Sonnoli e o cliente preferiram o sistema de logo tipográfico àquele do sistema de forma abstrata, pelas razões que o próprio Sonnoli havia considerado — o sistema selecionado era mais rigoroso, mais elementar, e o uso do T como um componente do sistema indicava uma conexão imediata com o nome de Tartini. O cliente não pediu mudança alguma no conceito. "Se o cliente pede alterações, prefiro começar do zero... sem concessões", afirma Sonnoli. Durante um curto período de refinamento para estabelecer um grid para as publicações e cartazes, e em consideração à simplicidade elementar do conceito, Sonnoli evitou qualquer tipo de imagem, confiando em um conceito de cor simples para variações — matizes vibrantes de valor médio que pudessem aceitar tinta preta e permitissem a tipografia vazada em branco, sem prejudicar a legibilidade. ▌Isso garantiu certa continuidade, apesar da ausência de uma paleta formal de cores, e aliviou algumas preocupações de custo, pois todos os materiais poderiam ser produzidos em duas cores.

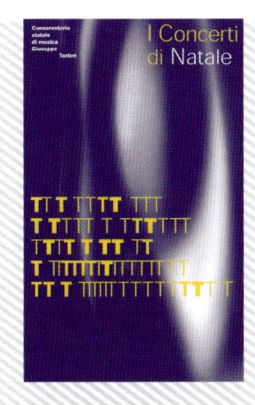

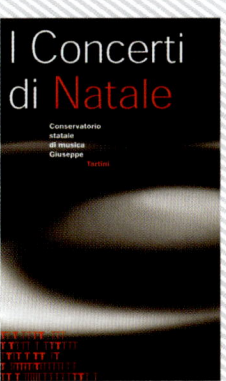

> Eu queria uma identidade em movimento, que pudesse aplicar de maneira simples e variada. Há cinco linhas, como uma pauta musical; é uma espécie de tradução tipográfica da música. E ela é alterada a cada aplicação, como a música: sempre em constante mudança.
>
> Leonardo Sonnoli, sócio

Na etapa seguinte do desenvolvimento, Sonnoli investigou o uso da imagem como uma linguagem de apoio para peças de divulgação como anúncios, cartazes e programas de concerto. A paleta de cores restrita combina preto e branco com uma cor secundária, principalmente por razões econômicas.

A imagem nestes estudos é lírica em seu movimento; os elementos tipográficos respondem a esse movimento compositivo no seu arranjo.

Nat King Stravinskij

Conservatorio statale di musica Giuseppe Tartini

Il mondo della musica
ti offre più di una professione.

Vieni in un conservatorio
di respiro europeo
che vanta cento anni di esperienza
l'insegnamento di tutti gli strumenti
nuovi linguaggi musicali
video e musica informatica
l'esperienza dell'orchestra
borse di studio per l'estero
competenze ed entusiasmo.

Vieni a Trieste.

corsi inferiori
corsi triennali superiori
accessi per età differenziate
iscrizioni dall'1 al 30.4.2004

biennio di specializzazione
iscrizioni entro il 20.9.2004

Conservatorio Giuseppe Tartini
via Ghega 12, 34132 Trieste
tel 040 6724911 fax 040 370265

www.conservatorio.trieste.it

O papel timbrado tem estrutura simples, e a posição dos elementos tipográficos ativa o espaço no formato. Os cartões de visita e o envelope são igualmente discretos e bem elaborados em relação ao tamanho e a posição entre os elementos. Os espaços negativos respondem às proporções dos elementos tipográficos.

O cartaz explora uma grande mudança de escala na tipografia, bem como uma enorme quantidade de espaço negativo. Estruturas de alinhamento claras e o uso de pesos variáveis para desenvolver hierarquia, assim como proporções decisivas, contribuem para o dinamismo e a cor tipográfica simples do cartaz.

Johann Sebastian Berio

Por fim, o designer descartou a imagem por ela ser desnecessária. O ritmo tipográfico do logo, junto com aquele criado por elementos de texto maiores e relações de cor, foi considerado o suficiente. Nesta série de capas de programas do conservatório, a organização horizontal em faixas criada pela estruturação da marca e pelo texto do título é muito clara. As mudanças no contraste entre os elementos tipográficos e a cor de fundo criam variação e uma percepção de maior profundidade espacial.

Estudos de caso de projetos **16** *Identidade visual do Conservatorio di Musica Giuseppe Tartini*

EVOLUÇÃO DO DESIGN

Reimpresso com permissão do Memorial Sloan-Kettering Cancer Center Public Affairs.

17

Relatório anual de 2005 do Memorial Sloan-Kettering Cancer Center
Ideas On Purpose | Nova York, EUA

O bom design está nos genes

Os relatórios anuais das grandes corporações tendem a se concentrar no desempenho em termos de números, enquanto os de instituições médicas ou de pesquisa o definem em termos humanos. Portanto, a narrativa do relatório é mais importante que os dados financeiros — pelo menos para os objetivos de divulgação da entidade e de angariação de fundos. Esses são, de fato, os objetivos deste relatório e o motivo pelo qual o Memorial Sloan-Kettering Cancer Center, hospital de pesquisa da cidade de Nova York, investiu na sua criação com o Ideas On Purpose (IOP), também localizado em Nova York. Para o IOP, a narração é, sem dúvida, o ponto crucial no projeto dessas publicações — nesse sentido, trata-se de um trabalho editorial. Essa abordagem define o processo para os diretores do IOP, Darren Namaye, Michelle Marks e John Connolly, em todas as etapas do jogo. É uma abordagem colaborativa, iterativa, que resultou em uma publicação com profundidade e inspiração.

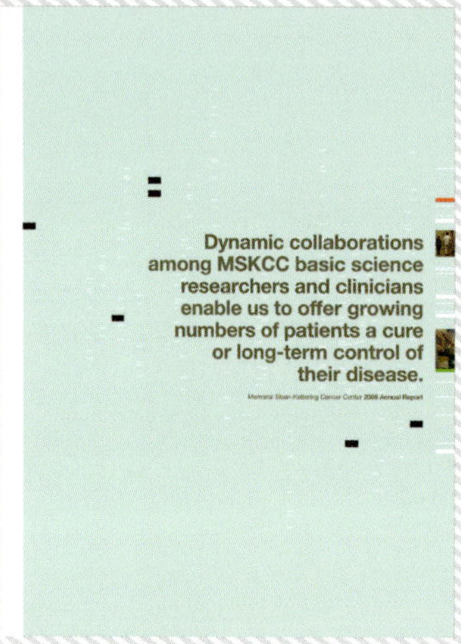

> "Tentamos apresentar uma história completa, não apenas páginas de design comuns. Acreditamos que a história é parte fundamental do design.

John Connolly, sócio

As duas primeiras propostas de capa surgiram diretamente de seus respectivos conceitos. A capa "everyday" mostrou uma fotografia espontânea, quase jornalística, cujo corte e leve desfoque sugeriam rapidez e experiência real. A capa alternativa apresentou imagens pequenas, associadas à linguagem das linhas de DNA. Uma expressão extraída da declaração de missão da empresa substituiu o título convencional.

Connolly destaca que a abordagem do IOP para o desenvolvimento de relatórios anuais vem da necessidade e da experiência. "Começamos desenvolvendo conceitos verbais", comenta, enfatizando sua crença no aspecto narrativo do relatório anual como um documento. "Então, traçamos ou editamos informalmente nossas ideias narrativas. A partir daí, o processo de design começa com pequenos esboços a lápis, em que concebemos ideias formais que são amarradas à narrativa. Desses esboços, desenvolvemos layouts de página em escala real." ▌Em geral, o IOP apresenta três conceitos aos clientes, mas, neste caso, eles desenvolveram somente dois. Os conceitos verbais do anuário nasceram da resposta dos designers à declaração da missão do hospital e a uma história que deveriam incluir: a de um novo membro de pesquisa e sua equipe, e seu trabalho de análise de DNA. ▌Os designers também estavam cientes da necessidade de equilibrar cuidadosamente aspectos relacionados ao tratamento, à pesquisa e ao ensino continuado da instituição — em certo grau por causa das potenciais repercussões políticas internas, mas principalmente devido ao desejo do hospital de retratar os três aspectos da sua declaração de missão do modo mais completo

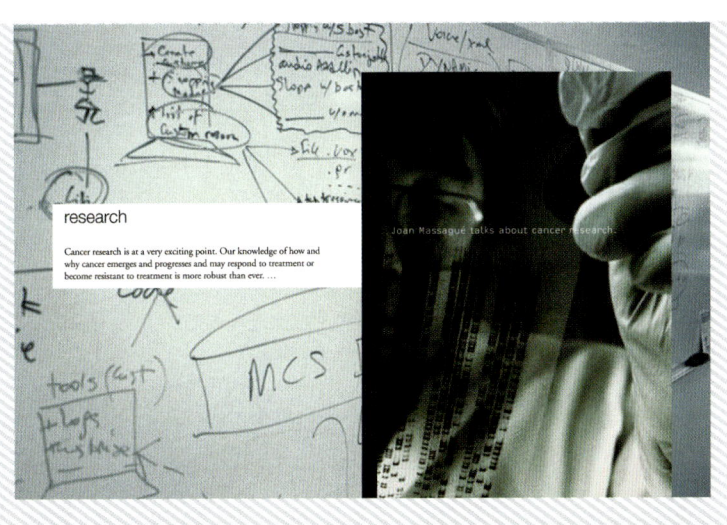

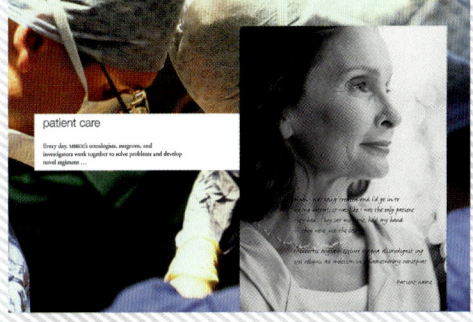

Depois das discussões iniciais com o cliente, o IOP desenvolveu duas soluções para o anuário. Ambas adotaram elementos da declaração de missão do hospital como inspiração, definindo três áreas de interesse: pesquisa, tratamento e ensino. O primeiro conceito desenvolveu uma narrativa baseada na exploração dos esforços diários dos funcionários do hospital, pesquisadores e pacientes em sua busca para vencer o câncer. Cada seção foi aberta com uma fotografia totalmente sangrada envolvendo um encarte com páginas menores. Essas páginas receberam diferentes tratamentos para cada seção; na seção de pesquisa, por exemplo, as páginas menores foram texturizadas com um grid de papel quadriculado para transmitir um tom científico. A seção Patient Care utilizou retratos em preto e branco e uma cor mais quente para evocar a história pessoal do paciente.

possível. Dos dois conceitos apresentados, aquele baseado diretamente na declaração de missão do hospital revelou-se o mais desejável na realização desses objetivos. Essa opção evoluiu com um conceito formal que também nasceu da inspiração dos designers no sequenciamento de DNA que haviam visto. "Utilizamos faixas verticais de imagem e texto como referência a essa visualização. Nessa estrutura formal básica, injetamos o máximo de diferenciação em escala para transmitir a sensação de um lugar dinâmico." ▌Connolly observa que, enquanto a ideia formal tem tipicamente uma conexão mais direta com o conteúdo

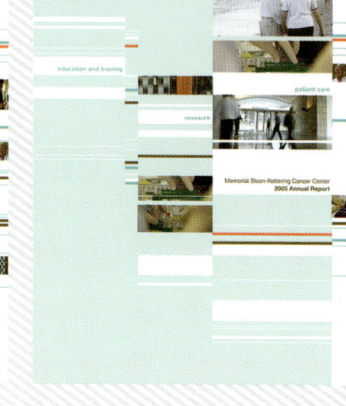

O segundo conceito organizou a narrativa de modo semelhante, porém, de maneira mais diretamente vinculada à declaração de missão. Foi utilizada uma linguagem visual geral inspirada pelas visitas dos designers aos laboratórios de pesquisa, onde encontraram visualizações de DNA. Os designers abstraíram essas imagens até um sistema de linhas que variava em peso e comprimento, movendo-se em progressões rítmicas para cima e para baixo ao longo das páginas. As colunas de texto mais estreitas continuavam o movimento vertical estabelecido pelos ritmos da linha.

As mudanças de design no conceito selecionado foram mínimas e consistiram principalmente em revisões de conteúdo, tanto editorial como dos temas fotográficos. Um desenvolvimento radical foi a liberação das colunas de texto e das chamadas para refletir mais claramente a linguagem das linhas de DNA. Os designers trabalharam com um grid exato de 14 colunas, alterando a largura das colunas e deslocando elementos para cima e para baixo a fim de acentuar o ritmo nas páginas. Esse constante deslocamento cria um ritmo dinâmico para o relatório.

narrativo, nesse caso, a relação das formas foi mais indireta, resultando de uma sugestão visual relacionada a um aspecto da história. ▌O ritmo sequencial, ou paginação, do material foi criado em conjunto com o grupo de relações públicas do cliente, que determinou o conteúdo editorial, mas foi responsabilidade do IOP especificar a formatação do texto. "Intercalamos as histórias com imagens inteiras em páginas duplas", explica Connolly, "então, entrelaçamos composições de imagens de página inteira e brincamos com a escala das pessoas quando as fotografamos."

A frase da capa foi substituída pelas três linhas que direcionam a missão do hospital, correspondendo às três seções narrativas internas.

A página dupla de abertura e o sumário utilizam linguagem linear para obter um grande efeito. As imagens, assim como a tipografia, são integradas por semelhança em um arranjo com as linhas.

Estudos de caso de projetos **17** Relatório anual do Memorial Sloan-Kettering Cancer Center

EVOLUÇÃO DO DESIGN

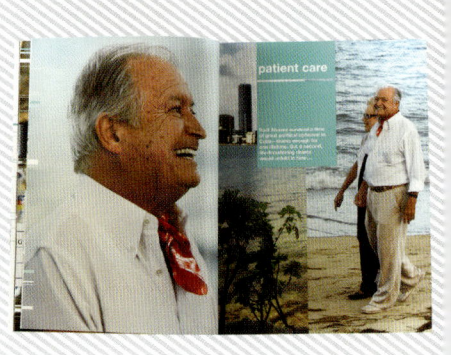

As aberturas de seção são definidas por colunas largas, na cor azul-esverdeada, que cruzam uma imagem sangrada de cima a baixo. Esse tratamento distingue as páginas duplas iniciais das páginas duplas de texto correspondentes, atuando como um sinal claro de que a narrativa irá mudar de direção.

Utilizar apenas uma face de tipo sem serifa, Helvetica, do começo ao fim e mudar somente o peso e o corpo cria unidade visual e impede que a tipografia ativa distraia o leitor do conteúdo. As formas curvas da Helvetica são mais arredondadas do que as de outras famílias sem serifa, como Univers, e parecem mais orgânicas nesse contexto.

A fotografia é um aspecto importante da abordagem narrativa; mais ainda nesse caso, uma vez que o relatório conta uma história humana. O IOP selecionou e contratou o fotógrafo, e fez a direção de arte das sessões fotográficas. Segundo Connolly, o objetivo era "gerar retratos ambientais verdadeiros para reforçar a história humana. Programamos dedicar cerca de um dia de trabalho a cada assunto a fim de entendê-los totalmente e captar isso no filme — ou digitalmente, como era o caso." Eles reviram milhares de fotos com a equipe de relações públicas do cliente, que ajudou na seleção final das imagens.

"Depois da sessão de fotos, tivemos dificuldade ao trabalhar com nossa ideia de faixas verticais", comenta Connolly, com certo desapontamento. "Foi difícil não deixar transparecer que [os temas] foram forçados em um layout." Os designers do IOP usaram um grid, mas de um modo cinético, brincando com a verticalidade nas páginas. As larguras de diferentes colunas — todas derivadas de um grid mestre mais denso — foram combinadas e subdivididas. Essa flexibilidade permitiu aos designers redesenhar algumas seções para que o conteúdo da imagem parecesse mais adequado às restrições das páginas.

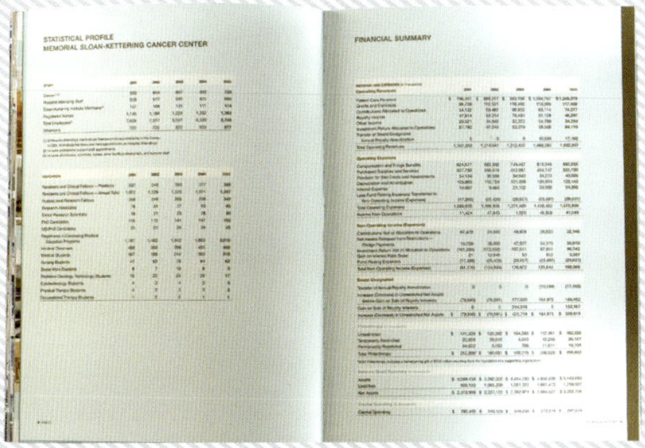

A legibilidade da Helvetica em corpos menores, e em contextos complexos, como a seção financeira, provém de sua grande altura-x e ótimo espacejamento.

Os tons frios do azul-esverdeado foram selecionados para sugerir os interiores do hospital; o contrastante marrom-oliva foi combinado para criar uma harmonia de cores inesperada. As duas cores são quase complementos uma da outra.

18

Agenda de mesa promocional da Scheufelen Paper
Strichpunkt | Stuttgart, Alemanha

Seja livre, independente... e coloque tudo no papel

Promoções do setor de papéis costumam ser divertidas, mas não é comum que se tornem uma experiência literária e conceitual. Inspirado na personalidade independente da empresa de papel Scheufelen, o estúdio de design alemão Strichpunkt desenvolveu exatamente essa experiência. Ao demonstrar as características de um papel especial, eles criaram uma biografia dos caminhos em que as pessoas experimentam liberdade e independência – do nascimento à eternidade. Por meio de fotografias e texto, o *Book of Independence* ilustra várias etapas da vida, e um calendário especial começa onde o leitor quiser – com adesivos para marcar as datas e destacar celebrações pessoais de liberdade.

NO LOGO

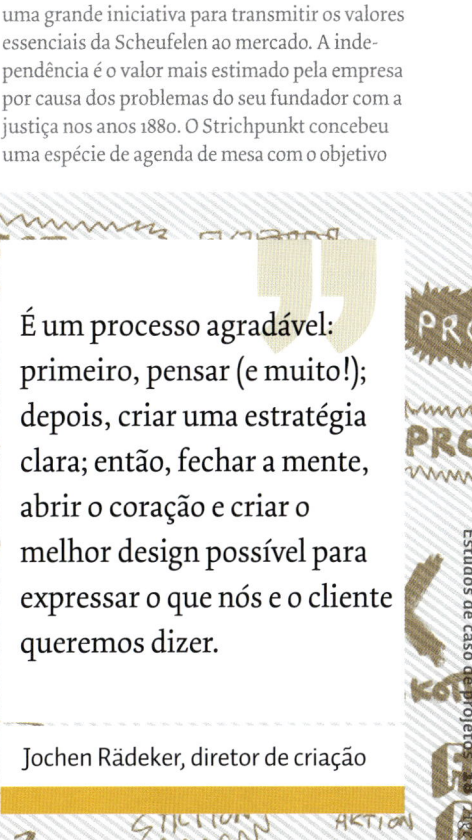

Uma das considerações importantes era o público. "Era principalmente a pessoas como nós que o design deveria ser dirigido. Parece fácil, mas na verdade fica mais difícil obter uma visão objetiva", comenta Jochen Rädeker, diretor de criação do Strichpunkt. O projeto foi muito discutido, quase diariamente, pois fazia parte de uma grande iniciativa para transmitir os valores essenciais da Scheufelen ao mercado. A independência é o valor mais estimado pela empresa por causa dos problemas do seu fundador com a justiça nos anos 1880. O Strichpunkt concebeu uma espécie de agenda de mesa com o objetivo

> É um processo agradável: primeiro, pensar (e muito!); depois, criar uma estratégia clara; então, fechar a mente, abrir o coração e criar o melhor design possível para expressar o que nós e o cliente queremos dizer.
>
> Jochen Rädeker, diretor de criação

Be Premium
Be Special
Be Different
Be Independent

Notas, pesquisa fotográfica e desenhos buscam imagens e ideias para representar a independência. Imagens icônicas, como as das estrelas do rock dos anos 1960 Janis Joplin e Jimi Hendrix, compartilham espaço com declarações escritas à mão e ilustrações relacionadas ao punk, a emblemas, etc.

Os slogans, em particular, transmitem o espírito provocativo e independente que parece imediato e autêntico. As referências a adesivos de automóveis, anúncios e outros elementos efêmeros trazem variação tipográfica à mistura.

A equipe apresentou uma versão preliminar do conceito evolutivo em páginas impressas a laser. Um corte especial circular na primeira página sugere a visão de um bebê assim que ele vem ao mundo.

> Projetar é sempre descartar, buscar; é uma mistura de coisas em sua mente e em sua mesa de trabalho. Para ser franco, acho que não existe um caminho criativo direto para um projeto.

Jochen Rädeker, diretor de criação

de torná-la muito mais do que isso. Doze capítulos depois, eles conseguiram. ▌Uma equipe de sete pessoas do Strichpunkt — cinco delas designers — trabalhou durante cerca de quatro meses no desenvolvimento do conceito. Esboçando primeiro à mão, informalmente em equipe e durante várias reuniões com o cliente, os designers desenvolveram a ideia até dar a ela uma forma mais clara — embora ainda não resolvida — para uma apresentação "oficial". ▌Semelhante a alguns outros estúdios de design neste livro, Rädeker e sua equipe apresentam apenas um conceito aos seus clientes, quer tenham ou não

As anotações escritas à mão foram digitalizadas para uso nas páginas da agenda.

À medida que o conceito se desenvolve, ideias de diferentes etapas no processo de esboço se combinam para formar concepções e também para novas seções para aprimorar as páginas de imagens. Desenvolver várias seções, cada uma com uma narrativa e um tratamento diferente, permite uma demonstração mais complexa das qualidades dos diferentes papéis. Isso também deixa a experiência mais editorial. A sequência do material torna-se um aspecto importante das seções editoriais.

Uma página descritiva da segunda apresentação de um conceito mais aprimorado define as seções a serem implementadas. As páginas adicionais mostram a tipografia mais refinada, misturando pesos e estilos com elementos lineares e desenvolvendo páginas de imagem para várias seções.

estabelecido um histórico dos projetos anteriores. "É uma questão de princípio. Faz parte do trabalho de uma agência de planejamento estratégico apresentar uma solução, não opções de soluções possíveis", explica. ▍Como o cliente tinha participado das discussões durante o desenvolvimento do conceito, não houve qualquer surpresa. A única mudança que o cliente solicitou foi a retirada de algumas fotos de topless para o mercado americano. ▍O livro é uma analogia exata entre forma e função: é uma agenda que não é dependente do tempo, sem datas fixas. Essa desconexão também é claramente evidenciada no que parecem ser partes não relacionadas. "Nosso objetivo foi apresentar o maior número possível de aspectos da independência. Quisemos demonstrar as possibilidades de impressão no papel PhoenXmotion – afinal, além de ser um livro sobre independência, é principalmente uma amostra de papel", continua. "Esse também foi o motivo por termos usado diferentes tipos de fotografia, mostrando nuances de áreas claras e escuras, degradês, tons de pele e assim por diante." É a combinação consistente de fotos de página inteira com elementos gráficos delicados, duas famílias tipográficas corporativas e um vermelho específico que criam uma linguagem visual reconhecível para representar a Scheufelen. ▍Os refinamentos nas páginas duplas criadas eram constantes, e avançavam à medida que Rädeker e outros designers criavam novas páginas. Esses refinamentos consistiam principalmente em ajustar a tipografia e o equilíbrio de cores da fotografia e supervisionar de perto questões de produção para coordenar a reprodução junto com os impressores. Ao longo do caminho, eles mostraram duas vezes o livro para a Scheufelen como um trabalho em processo, o que, segundo Rädeker, foi excelente para o cliente, uma vez que o prazo de

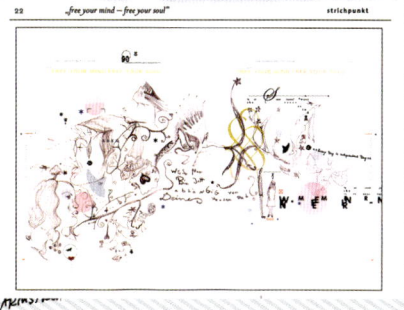

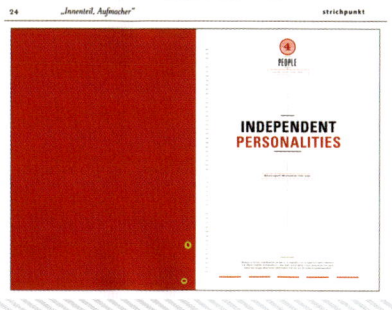

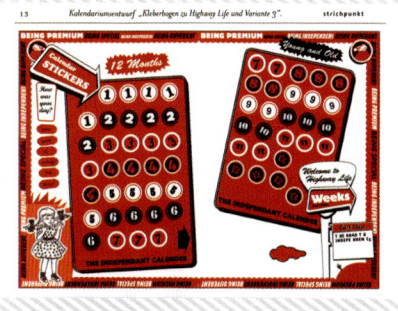

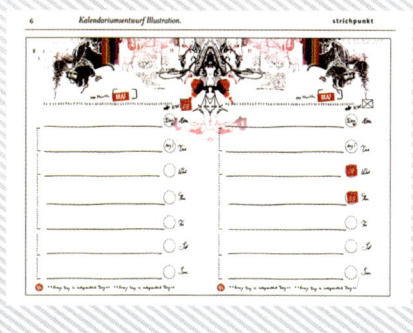

As imagens fotográficas sugerem uma direção geral para uma das seções na agenda, uma exploração das etapas da vida (do nascimento à morte) e o exercício da independência em cada uma. As fotografias são selecionadas com base em seu tema incomum e peculiar, sua composição, sua cor inesperada e a conexão conceitual com a ideia de independência — o casal nu cuidando do jardim, por exemplo, e a cabana solitária na praia.

Ao procurar tratamentos para a agenda diária, os designers estudaram a ideia de personalizá-la desde o início. Aqui, as ilustrações feitas à mão tornam cada página única. Em outro conceito, a agenda pede para o usuário marcar seu dia. Essa ideia levou à criação de uma agenda que não tem começo e nem fim, completamente definida pelo usuário. Para tornar a experiência mais divertida, os designers conceberam adesivos que pudessem marcar meses, dias e horas, bem como outros tipos de ideias, com base em slogans e elementos efêmeros pesquisados por eles.

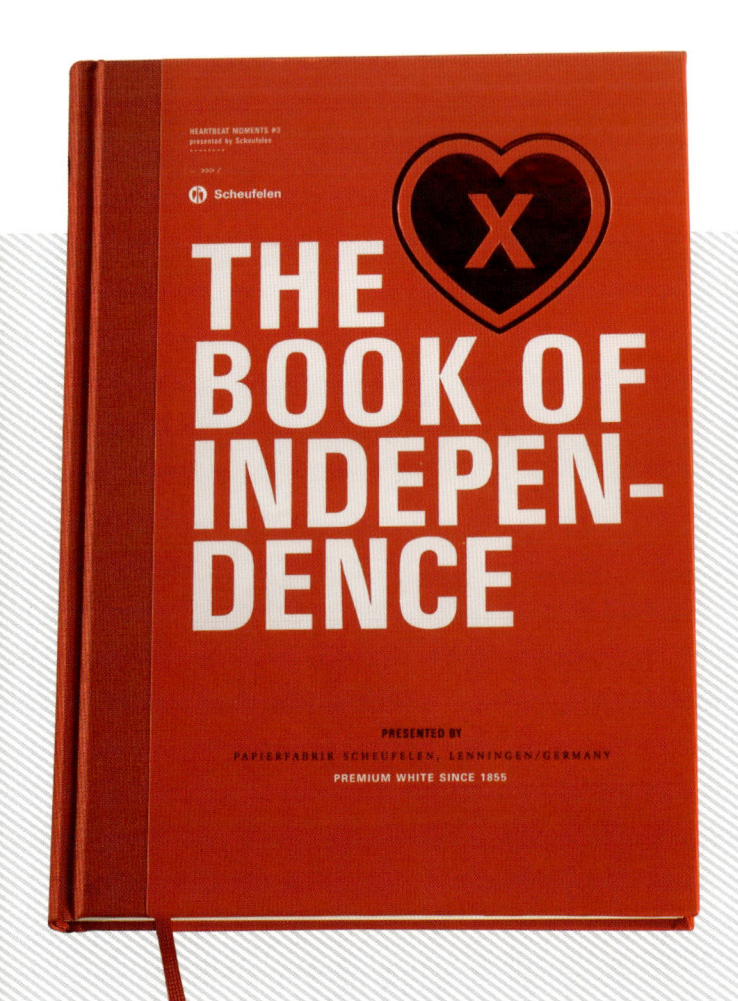

produção era extremamente apertado. O tempo de preparação para os layouts finais era de apenas quatro semanas, com mais seis dedicadas à impressão e ao acabamento. "A maioria das promoções de papéis tem apenas apelo visual. Esse livro conta uma história, ele conduz o leitor por sua vida, de capítulo a capítulo", diz Rädeker. "É interativo, desafiando o usuário a criar seu próprio calendário. Ele está de acordo com as principais mensagens do cliente sem ser muito limitado. Ele dá sugestões sem ser professoral."

O acabamento da capa foi feito com um fundo em vermelho vivo fosco e estampagem laminada (hot stamping).

A sequência de abertura apresenta aos leitores o conceito e o papel com imagens icônicas e textos breves, bem configurados.

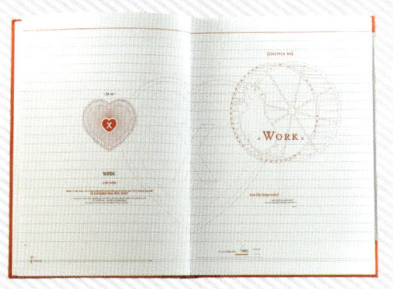

As páginas duplas com imagens fotográficas são ligadas por um título que se repete na parte inferior direita, enumerando maneiras de tornar-se independente de várias entidades ou humores. As imagens são tomadas simples e diretas, seja de pessoas, objetos ou cenas, o que lhes confere um caráter objetivo e jornalístico. A cor e os detalhes são ricos e tonais.

Símbolos, anotações, dados estatísticos e diagramas são sobrepostos às imagens para criar uma narrativa complexa que o leitor pode explorar.

Esta página dupla, a primeira na seção de etapas da vida, mostra todos os elementos que aparecem nas páginas duplas de abertura. A iconografia, a ilustração e a tipografia combinam-se com as linhas do caderno para evocar uma atmosfera escolar.

Algumas imagens são produzidas ou alteradas para evidenciar o conteúdo e o conceito da marca, como é o caso nesta página dupla, que mostra um ambiente de sala de aula. Observe as imagens e o texto na lousa.

> A ideia básica é muito séria e diretamente ligada aos valores da empresa; o design e a ferramenta é que são divertidos. O mesmo acontece com o nosso negócio: levá-lo a sério significa divertir-se com ele.

Jochen Rädeker, diretor de criação

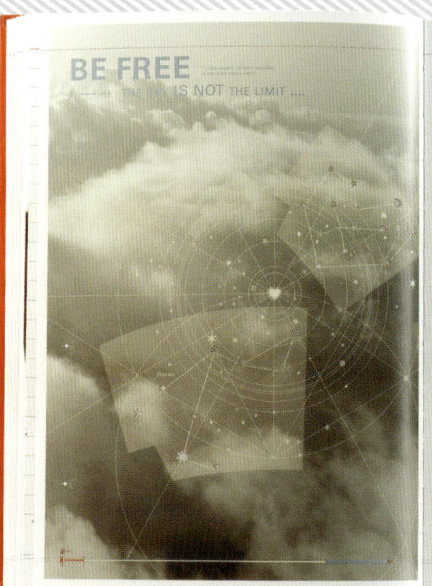

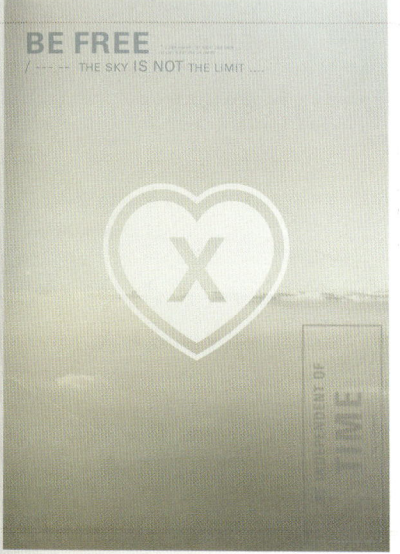

Como um veículo para demonstrar técnicas de impressão sobre o papel do cliente, os designers utilizam vários métodos, incluindo vernizes e estampagem laminada (hot stamping) metálica, para enriquecer as qualidades de textura das páginas.

Um ensaio fotográfico detalha a vida dos caminhoneiros, que passam a maior parte do ano na estrada. As imagens apresentam um estilo fotojornalístico exagerado, quase surreal, que contrasta com a objetividade da primeira seção.

A experiência visual e conceitual em constante mudança é mantida por uma mistura orgânica que utiliza a cor vermelha corporativa do cliente, tratamentos tipográficos específicos e uniformidade temática.

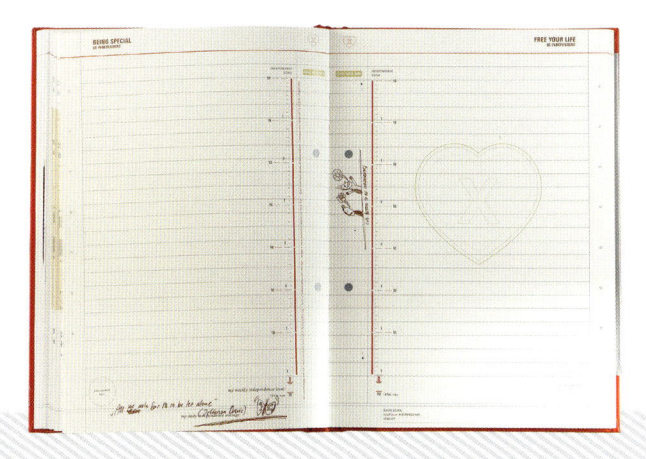

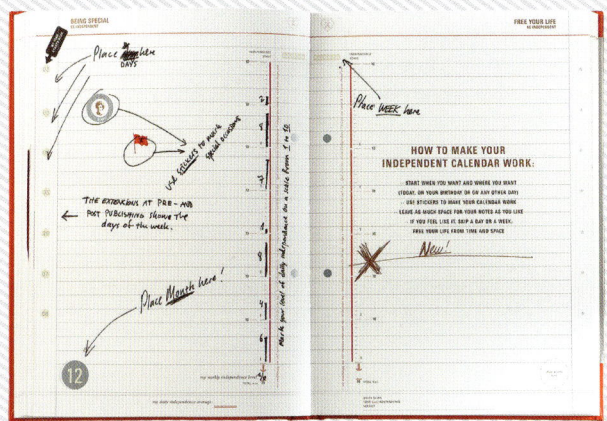

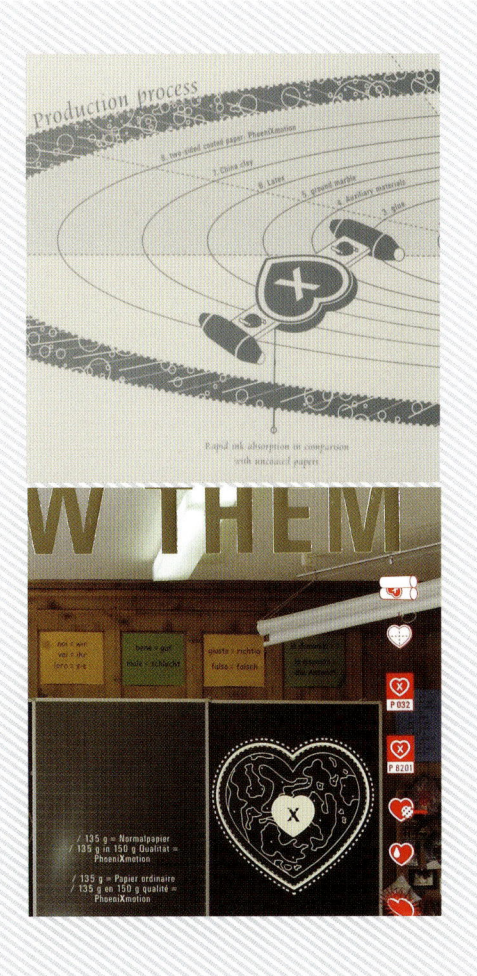

Estudos de caso de projetos **18** *Agenda de mesa promocional da Scheufelen Paper*

A seção de abertura apresenta instruções escritas à mão. A combinação de tipografia clara, linear, detalhes de ícones e a escrita à mão rudimentar e aleatória confere continuidade à variação da linguagem visual.

Os adesivos permitem que os editores personalizem a agenda e ajudam a definir objetivos, que variam de preocupações pessoais a questões globais. Um adesivo que sugere utilizar somente o papel da empresa reforça a mensagem da marca, mas com senso de humor e autoconsciência.

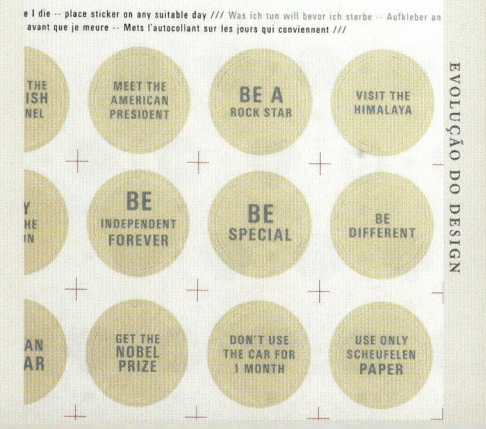

EVOLUÇÃO DO DESIGN

19

Capa de catálogo de exposição do Heide Museum of Art
GollingsPidgeon | Melbourne, Austrália

A arquitetura das capas de livro

O Heide Museum of Modern Art em Melbourne é, há muito tempo, cliente do estúdio de design GollingsPidgeon, responsável por desenvolver sua identidade e sinalização. O estúdio também elabora diversos projetos gráficos editoriais relativos às exposições do museu, incluindo os catálogos. O museu precisava criar um catálogo para a *Living in landscape: Heide and houses by McGlashan and Everist*, uma exposição sobre o trabalho de dois arquitetos premiados que projetaram uma das casas pertencentes ao museu, que se tornou agora uma galeria. | "Queríamos diferenciar este catálogo daqueles que simplesmente utilizam uma imagem como capa", relata o diretor David Pidgeon. O catálogo da exposição destaca a importância de influências como o arquiteto alemão Ludwig Mies van der Rohe e o artista do movimento "de Stijl" Theovan Doesburg sobre a arquitetura de McGlashan e Everist. Essa influência, que é ilustrada pela natureza abstrata das plantas arquitetônicas, foi inspiração tanto para o design da capa como para o texto.

A linguagem abstrata das linhas principais das plantas arquitetônicas forma a base para um surpreendente design geométrico de capa que tem relação direta com o assunto do catálogo. Depois de uma tentativa malsucedida de revestir o livro com uma sobrecapa feita de cópia heliográfica, os designers desenvolveram essa ideia propondo uma sobrecapa transparente sobre uma capa em papel-cartão.

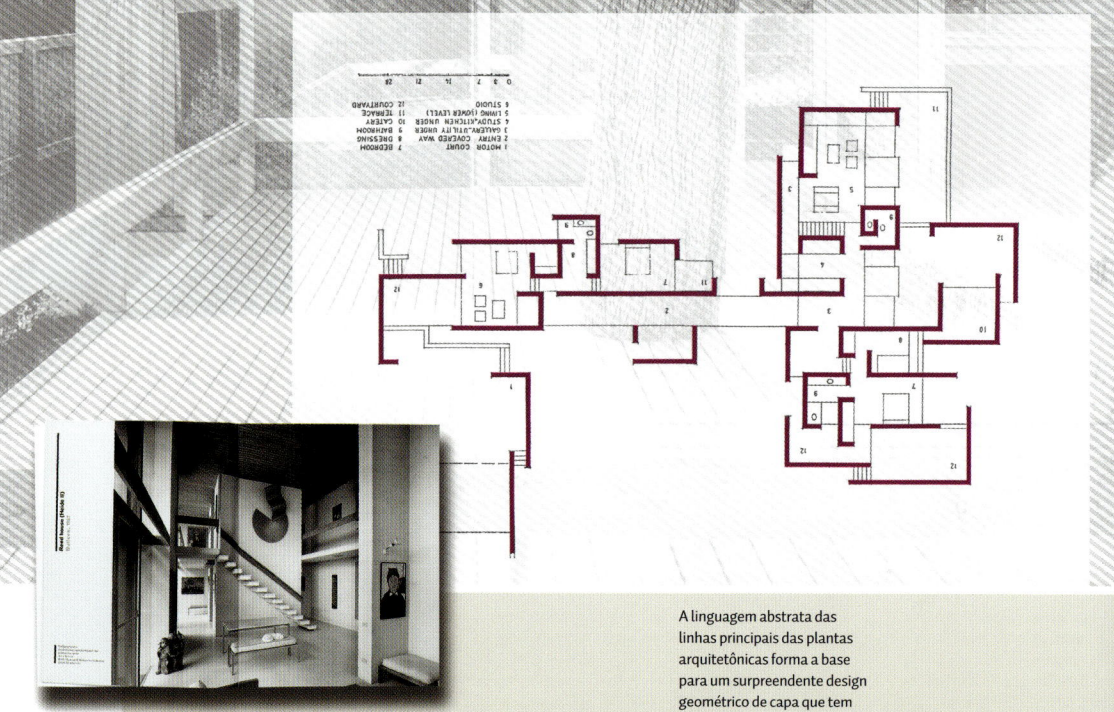

Pidgeon e a designer-chefe, Kate Rogers, desenvolveram um conceito inicial em que a impressão de uma planta heliográfica do Heide II envolvia a publicação como uma sobrecapa. Essa abordagem foi descartada porque a planta não se ajustou a esse tipo de tratamento e pelo seu alto custo. Entretanto, por causa de seu significado para o projeto, Rogers continuou investindo no conceito de utilizar a planta do Heide II como base para a capa. Ela propôs uma composição de grossas linhas-chave abstraídas da planta.

Pidgeon e Rogers conceberam a impressão da planta sobre um suporte translúcido que envolveria a capa. As versões preliminares, nas quais somente as paredes externas foram incluídas, eram abstratas e mais próximas ao estilo do movimento De Stijl do que à versão final. Detalhes como janelas e escadas foram acrescentados em linhas mais finas a fim de garantir que a relação entre a planta do Heide II e a composição não fosse perdida. Durante o processo, decidiu-se imprimir o título na própria capa, abaixo, e fazer um corte especial na sobrecapa a fim de que a tipografia fosse visualizada. Rogers escolheu a fonte Grotesque para os títulos, que tem uma proximidade com o estilo modernista

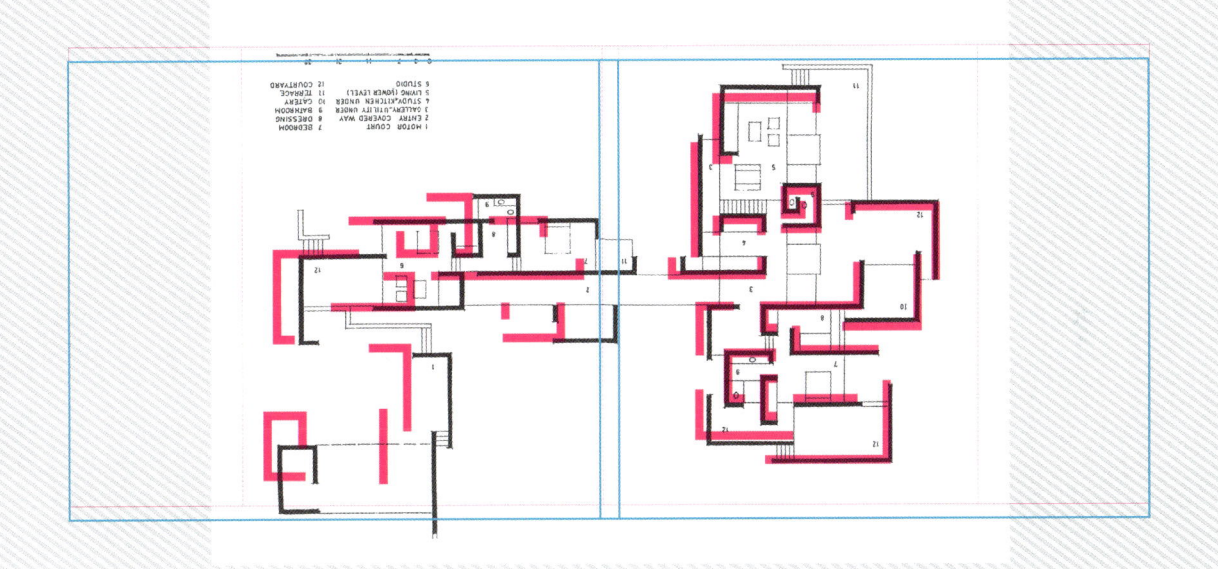

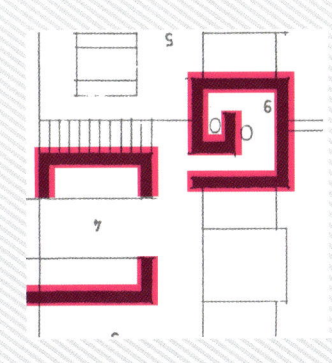

O desenho da planta mostrou-se muito delicado, exigindo linhas mais grossas. A planta foi recriada com um software gráfico para que as modificações gerais na espessura das linhas pudessem ser refeitas.

> Tento apresentar apenas um conceito; contudo, muitas vezes apresentamos o processo de elaboração que nos levou a um resultado, o qual pode incluir soluções alternativas ao longo do caminho. Apesar disso, concluímos com uma recomendação clara.
>
> David Pigeon, diretor

sem ser óbvia demais, como a Akzidenz Grotesk. ▌"Sugerimos a impressão da capa interna em verde fluorescente para que as linhas transparentes na capa externa acrescentassem cor a um catálogo que, de outro modo, seria monocromático", diz Pidgeon. O cliente optou por uma versão cinza da capa, pois julgou que essa cor se adaptaria melhor à paleta de cores interna. ▌O design da capa enfrentou alguns problemas de produção. Para que o título do catálogo fosse legível, a composição de linhas transparentes na sobrecapa de vinil precisava ter um registro muito semelhante ao do texto impresso na capa. ▌Devido às restrições de prazo, os dois elementos tiveram de ser produzidos por diferentes fornecedores simultaneamente, o que significava nenhuma garantia de um encaixe perfeito. Os designers arriscaram abrindo ligeiramente as linhas, esperando que o registro fosse exato.

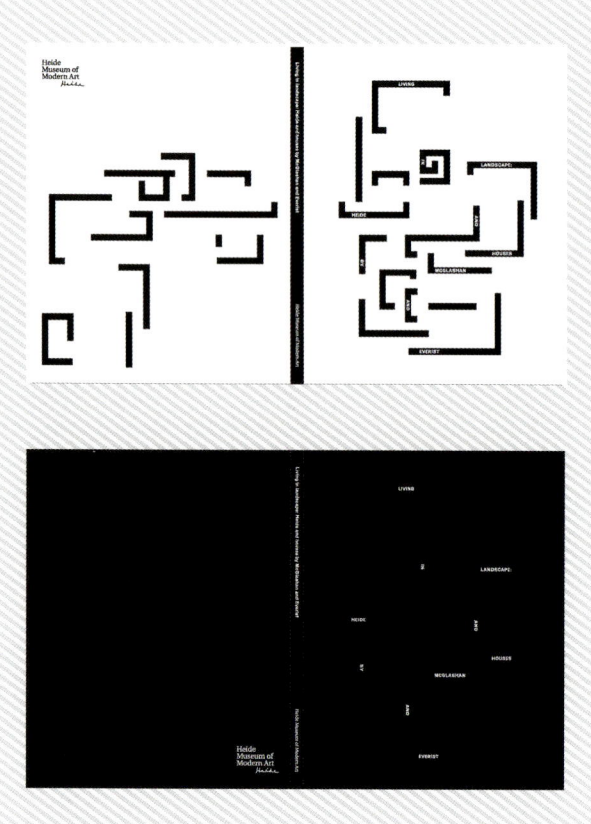

Os designers experimentaram a transparência da sobrecapa, concluindo que ficaria mais interessante se impressa com uma tinta branca opaca, o que permitiria certa transparência da capa abaixo. Essa experimentação os levou a considerar uma encadernação em verde vivo para que a cor brilhasse através das aberturas das linhas-chave da planta.

A sobrecapa final, impressa com uma tinta branca opaca, ainda conserva alguma transparência, o que acrescenta dimensão à experiência quando em contato com a capa abaixo.

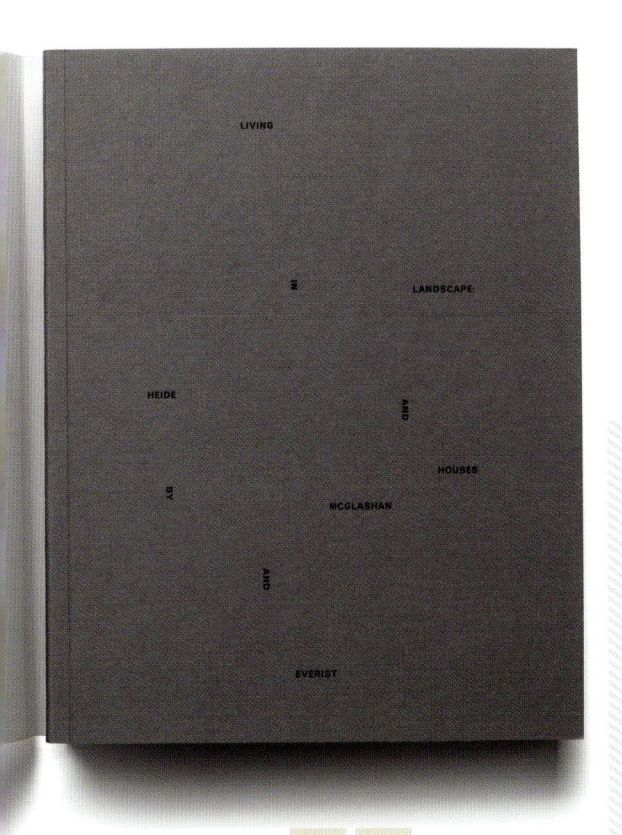

> Ao imprimir a capa em duas partes, a sobrecapa serigrafada em branco em um vinil claro para criar um traço transparente e a capa impressa com cor chapada e texto, transformamos uma composição gráfica plana, unidimensional, em algo reflexivo, textural e interativo.

David Pigeon, diretor

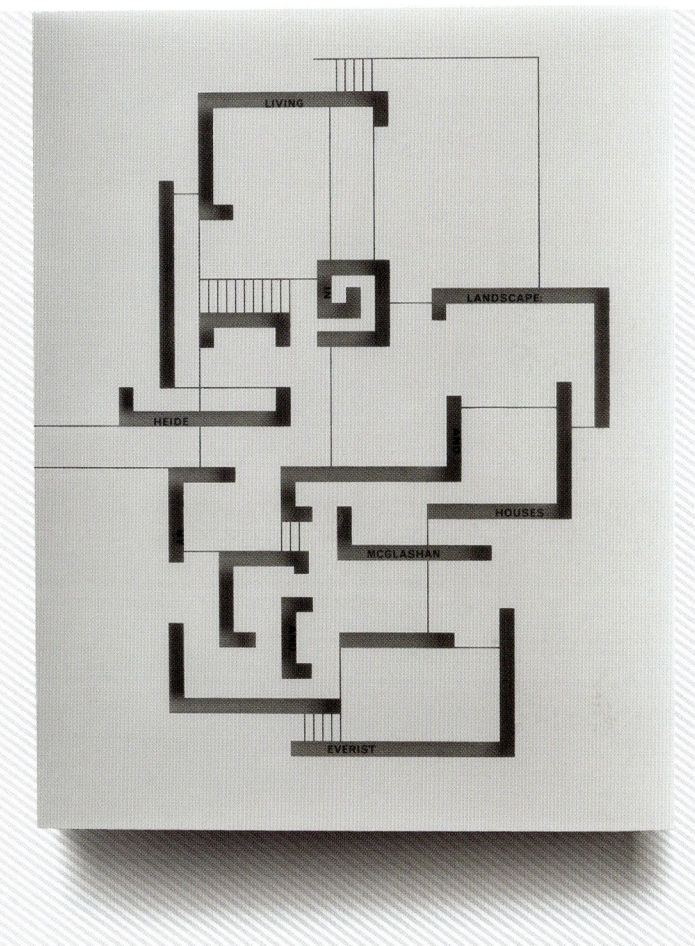

A capa é impressa com o título da exposição em Grotesk (utilizada por todo o catálogo) como uma referência aos tipos sem serifa usados no período de trabalho do arquiteto. A atenção cuidadosa ao posicionamento permite que as palavras guiem o olhar de uma para a outra, auxiliadas pelos elementos lineares da planta quando a sobrecapa é aplicada.

As linhas da capa ecoam as linhas utilizadas nas páginas duplas de abertura de cada seção do miolo.

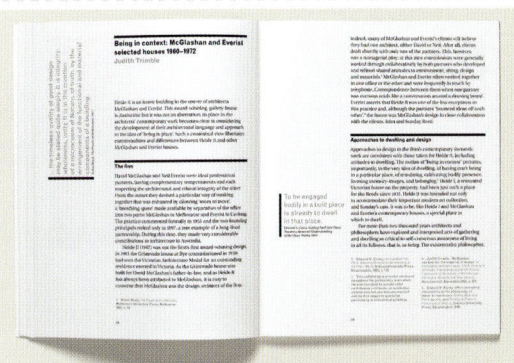

Estudos de caso de projetos **19** *Capa de catálogo de exposição do Heide Museum of Art*

EVOLUÇÃO DO DESIGN

20

Branding da programação de verão de 2007 do American Players Theatre
Planet Propaganda | Madison, Wisconsin, EUA

Onde o teatro encontra a gravura

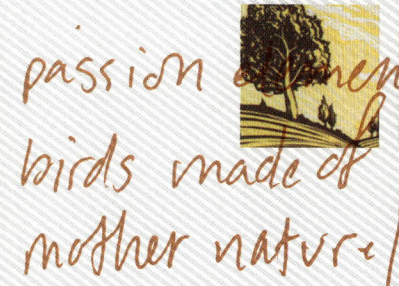

O que poderia ser mais divertido do que caminhar por um bosque em uma noite de verão brumosa e descobrir Julio César matizado pelo luar e pela sombra das folhagens? Este é o contexto do projeto desenvolvido para o American Players Theatre, companhia de teatro de rua de repertório clássico em Spring Green, Wisconsin. A excelente performance dramática, os grandes temas, as cores, os trajes e a atmosfera de uma noite fresca acompanham as peças de divulgação impressas rusticamente, criadas para a temporada de 2007 pela Planet Propaganda. A tarefa dos designers era desenvolver uma ideia visual geral para promover a nova temporada e atrair frequentadores de teatro.

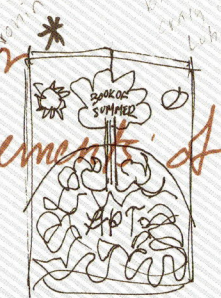

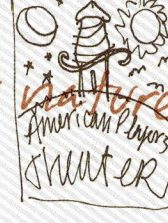

Como ponto de partida no desenvolvimento de um estilo de ilustração para a temporada, que deveria enfatizar o aspecto da experiência ao ar livre do frequentador de teatro, os designers buscaram imagens de várias fontes. Imagens texturizadas, desenhadas à mão e xilografadas captavam a ideia de algo rústico realizado ao ar livre, bem como o caráter humano das peças da temporada. As imagens pintadas dos cartazes da tradição polonesa agradaram por sua sensibilidade dramática.

Ao investigar o estilo ilustrativo, os designers começaram a desenvolver imagens para as várias peças. Esses esboços feitos à mão mostram a ênfase nas imagens míticas, icônicas e elementais — reis, fogo, foguetes, espadas, coroas, lua, máscaras — bem como imagens naturais — árvores, folhas, pássaros, esquilos e outras criaturas das florestas.

A clareza dos desenhos facilita o trabalho do designer ao comunicar conceitos para o cliente. As anotações identificam os conceitos que serão mais explorados para cada uma das peças.

Mesmo no início do projeto, ainda sem uma direção temática definida, a probabilidade de se adotar uma direção ilustrativa é muito grande. "Trabalhamos com o APT há 16 anos", relata Dana Lytle, uma das diretoras de criação da Planet Propaganda, "e, exceto em uma ocasião, sempre preferimos a ilustração à fotografia. Quando começamos a trabalhar no programa, a temporada do APT ainda está em cartaz. A ilustração é um meio flexível que permite fazer ajustes baseados na evolução de cada peça e na temporada como um todo." ▌Nesse ano, o APT e a Planet Propaganda decidiram enfatizar o fato de que o público assiste às apresentações na floresta, o que, por si só, já é uma experiência emocionante e dramática. O APT começou a adaptar a organização da temporada com seleções intrigantes de repertório que pareciam acentuar os aspectos telúrico e elemental. Durante o desenvolvimento do tema, os designers experimentaram estilos de ilustração que complementariam essas mensagens. ▌Esses estilos eram baseados em ilustrações xilográficas históricas, devido à sua característica artesanal, e nos cartazes do teatro polonês, que apresentam imagens vibrantes, surreais e muito dramáticas. Considerando isso,

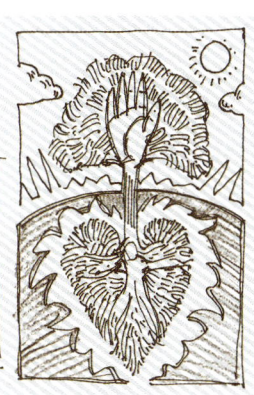

> **Guardamos quase todas as iterações. Você nunca sabe quando precisará rever um conceito anterior.**
>
> Dana Lytle, diretora de criação

Uma imagem geral para a temporada centrou-se na ideia de uma árvore como um palco e nos pássaros como atores ou público. O tema naturalista aludia à natureza elementar das peças dessa temporada e evocava o local aberto e arborizado em que as peças seriam apresentadas.

os designers passaram a esboçar imagens que serviriam para o tema teatral. Em uma etapa inicial, esses desenhos foram apresentados ao cliente com exemplos do tipo de ilustração que eles pretendiam utilizar – linoleogravuras.

▌Lytle esclarece essa estratégia: "É raro apresentarmos um só conceito. Mas o APT é um cliente atípico – o desenvolvimento dos materiais de cada temporada é um processo colaborativo. Portanto, podemos não lhes oferecer uma variedade de conceitos iniciais, mas aceitamos suas sugestões em todas as fases do processo de criação."

> É quase impossível fazer correções em blocos de linóleo. Basta um deslize infeliz com o buril ou na escolha da linha para termos de recomeçar tudo de novo.
>
> Dana Lytle, diretora de criação

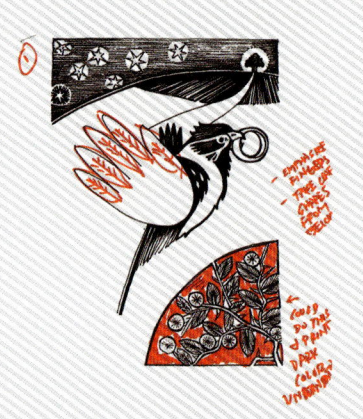

Uma vez que o grande tema da árvore foi associado ao estilo de ilustração – linoleogravura colorida –, cada peça teatral da série evoluiu de modo semelhante a partir dos esboços iniciais. Esta sequência mostra a evolução da imagem utilizada para ilustrar a peça The Matchmaker (A Casamenteira), de Thornton Wilder. As miniaturas dos esboços conceituais transformam-se em desenhos a lápis maiores e mais detalhados. Aqui, o ilustrador trabalha combinando vários componentes de imagem relacionados ao assunto da peça e incorporando as imagens de árvore e pássaro.

O pássaro torna-se o protagonista do título, ocupando a cena central. Objetos como cálices de vinho, figuras e peixes substituem as árvores; em outra iteração, o campo sobre o qual voa o pássaro central torna-se uma textura de outros pássaros. A maior parte do processo concentra-se em simplificar o número de elementos e enfatizar o personagem central.

Mudanças sutis acrescentaram e excluíram conteúdos simbólicos. A representação da asa do pássaro passou de naturalista para algo que lembra a forma de uma mão. Esse tipo de detalhe é mais teatral e ajuda a incluir mais informação na imagem utilizando menos elementos.

O cliente aprovou a direção geral, e os designers continuaram a desenvolver o tema das ilustrações, gerando imagens que mostravam conteúdo majestoso, simbólico, e relações de escala não convencionais. As imagens apresentavam personagens elementais nos cenários de floresta. Uma forte imagem central de árvore evocava a floresta, mas também servia como metáfora do palco — uma estrutura em que o drama da natureza se realiza —, e os pássaros povoaram as peças gráficas como protagonistas. ▌Objetos e personagens secundários, que simbolizavam os temas de cada peça teatral, compartilharam o centro da atenção. Há uma qualidade singular, de conto de fadas, nas imagens que realçam a sua ligação com o teatro e a experiência ao ar livre. ▌No decorrer de alguns meses, os desenhos foram refinados, transferidos para o linóleo e, então, preparados para a impressão. Os refinamentos foram apresentados como trabalhos em andamento, uma vez que resultavam da preparação para a impressão. "É uma evolução gradual, como o envolvimento do cliente em cada passo, e não uma série mais comum de marcos de projeto e revisões", explica Lytle.

O desenho pintado final é transferido para uma placa de linóleo, que é gravada em alto-relevo para entintagem e impressão.

As imagens impressas foram digitalizadas, e suas cores foram separadas para a impressão em quadricromia; os designers ajustaram as separações de cores para manter a vitalidade da impressão da gravura original.

EVOLUÇÃO DO DESIGN

THE MATCHMAKER · ROMEO AND JULIET · MEASURE FOR MEASURE · ARMS AND THE MAN · JU

AMERICAN PLAYERS THEATRE
2006

> É um paradoxo clássico do design: quanto mais orgânica e desestruturada for a estética, maior a necessidade de uma edição cuidadosa para obter uma composição que funcione. Ao mesmo tempo, confiamos em nossa intuição.

Dana Lytle, diretora de criação

Junto com a evolução contínua das ilustrações, os designers introduziram a tipografia igualmente rústica, com uma mistura eclética de letras cortadas à mão, elementos decorativos e serifas quadradas. O estilo de ilustração exigiu uma paleta forte, elementar — assim como o fato de a temporada da peça em Wisconsin ocorrer até o final do inverno, quando a paisagem está em sua forma mais cinza e melancólica. A cor vibrante, de verão, é também uma estratégia de marketing promocional.

No cartaz principal da temporada, a imagem de árvore ocupa o lugar de honra, nascendo na parte inferior do formato e abrindo seus ramos para o exterior. Uma espada icônica transmite paixão e perigo; gotas de sangue escorrem de sua lâmina para a terra elementar, alimentando as raízes da árvore mítica. Um pássaro delicado pousa entre as folhas, enquanto um corvo de aparência decrépita se aproxima. Uma paleta de marrons, verde, dourado, vermelho e azul — suavizada para evitar um aspecto carnavalesco — reforça a qualidade rústica da imagem. Sua simplicidade cromática — matizes primários que são mais simples de entender — evoca a natureza elementar das peças.

O sistema de peças gráficas adota um tom um pouco casual, às vezes irreverente na escrita, que complementa as imagens e a tipografia de aparência rudimentar. As peças — programa, guia do espetáculo e ingressos — evitam complicações na tipografia, confiando em uma estrutura centralizada, uma face de tipo usual em livros, vários tipos de madeira sem serifa e tipos com serifa quadrada. A natureza casual dos títulos contrasta com a composição estética do texto.

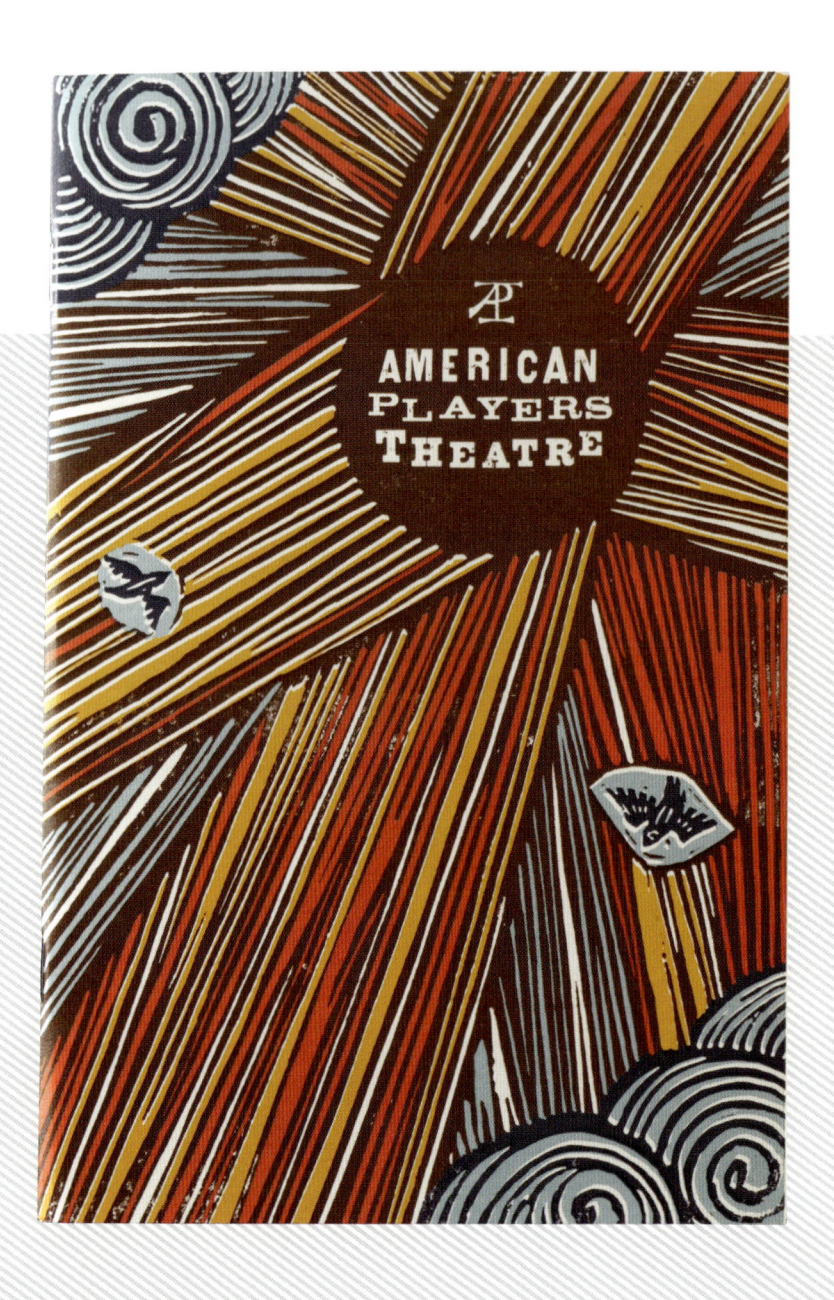

Os detalhes gráficos de apoio, também gravados nas placas de linóleo e impressos, são utilizados para reforçar as imagens principais em todo o sistema de peças gráficas. Até as peças simples tornam-se mais ricas e nitidamente integradas ao programa com esses acréscimos.

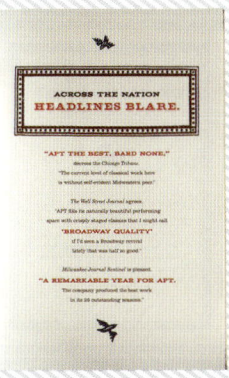

A atenção cuidadosa a intervalos no espaçamento vertical, larguras de coluna e alinhamento horizontal entre as páginas ajuda a ativar a composição simétrica dos elementos.

O contraste entre tipografia e cor é controlado para realçar as hierarquias e assegurar a legibilidade.

Estudos de caso de projetos 20 *Branding da programação de verão do American Players Theatre*

EVOLUÇÃO DO DESIGN

21

Identidade e site da Toronto Film Studios
Compass 360, Inc. | Toronto, Canadá

"Estúdios de cinema costumam ser comercializados como grandes espaços para alugar", comenta o fundador e diretor de criação do Compass 360, Karl Thomson. "Demos à Toronto Film Studios uma identidade que é única na indústria. Todos os elementos são refinados, e mesmo assim o tom do texto publicitário é tipicamente canadense em seu humor. Elevamos o perfil da empresa no mundo do entretenimento e a colocamos na vanguarda do mercado de Toronto." Apesar de sua simplicidade aparente, essa identidade tem profundidade conceitual e praticamente definiu o site por si só. Além disso, é vermelha.

Quatro quadrados em vermelho quente: gravando!

> É importante que o cliente entenda o espírito do material criativo, por isso, nos preocupamos em fundamentar as opções que apresentamos. Estimulamos o debate durante as reuniões e nossos clientes quase sempre ficam motivados depois de mostrarmos nossas primeiras ideias.
>
> Karl Thomson, diretor de criação

Os designers trabalharam no computador ao explorar conceitos tipográficos para o logo, concentrando-se em uma abordagem geralmente neutra com referências muito sutis à ideia de filme.

Elementos lineares dividem uma configuração horizontal das letras para sugerir quadros de um filme. A substituição da letra I por quatro quadrados, representando os quatro blocos pertencentes aos estúdios de cinema da TFS, cria uma tira vertical; a caixa com cantos arredondados evoca uma tela. As linhas verticais separam as formas tipográficas para sugerir o bilhete de entrada do cinema.

O empilhamento das três palavras em forma de caixa alude à claquete.

O processo que resultou no lançamento do site premiado da Toronto Film Studios começou com o desenvolvimento da identidade. O cliente havia solicitado ajuda ao Compass 360 para posicioná-lo como a primeira empresa no setor de infraestrutura para estúdios de cinema do Canadá, e parte desse posicionamento era mudar a imagem corporativa. A fase inicial do desenvolvimento do logo, uma empreitada de um mês, foi elaborada quase totalmente no computador, embora alguns esboços tenham sido feitos. "Depende do designer", diz Karl, "mas trabalhar em preto e branco em nossos computadores é útil porque permite ver a ideia principal livre da distração visual da cor." Essas ideias fundamentais concentraram-se em estudos tipográficos, muitos dos quais destacaram a palavra FILM e, com tratamentos sutis na configuração dos elementos ou nos detalhes das linhas, aludiam à película de cinema e a outros símbolos da indústria. Depois de muito trabalho, o Compass 360 apresentou um conceito ao cliente, no qual a palavra FILM foi separada em quadrados que representavam um mapa dos estúdios em que a companhia de cinema está localizada. "Para identidades, costumamos apresentar

Entre as opções que a equipe explorou estava a versão apresentada ao cliente: a palavra "FILM" configurada em quatro quadrantes, com o restante do nome posicionado acima e abaixo. É uma referência sutil, assim como o i formado por quatro quadrados em outro conceito, aos quatro blocos ocupados pelos estúdios do cliente, onde as instalações de filmagem e serviço estão localizadas.

> "O vermelho é dinâmico, prende a atenção e funciona muito bem num ambiente visualmente saturado. Há um enorme muro em um edifício dos estúdios da TFS que dá para uma rua de tráfego intenso no centro de Toronto. Esse muro é pintado com um vermelho chapado intenso com as palavras "Now Playing" em branco ao lado do logo da TFS."
>
> Karl Thomson, diretor de criação

A face serifada foi descartada em favor da unificação de todos os elementos tipográficos em um único estilo. Os elementos em preto foram dimensionados para que o peso de seus traços fossem visualmente iguais aos dos quadrados vermelhos. A palavra "FILM", composta em corpo maior, destaca-se pela variação mais pesada.

> **Embora tenhamos aprendido a confiar em nossos instintos, pouco do nosso processo é inconsciente. Cada aspecto de cada projeto é cuidadosamente considerado.**
>
> Karl Thomson, diretor de criação

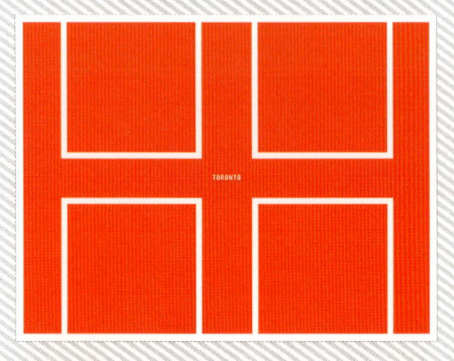

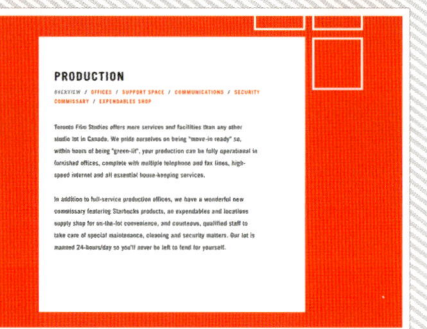

O site praticamente se desenhou sozinho. Devido à semelhança dos quatro quadrados do logo com um mapa, a divisão do conteúdo limitado em quatro grandes categorias foi intuitiva. Esse esboço mostra, em alguns traços rápidos, como seria o site.

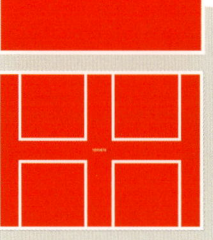

A sequência de abertura do site, com suas formas originais e atuais, mostra uma leve variação no mesmo conceito: a criação de quatro quadrados que contêm o conteúdo, dispostos em quadrantes. Curiosamente, o logo completo não aparece em qualquer lugar do site. Vemos apenas a palavra "FILM", como nesta sequência.

entre três e cinco [conceitos]. No caso da TFS, como a propaganda é uma extensão direta da marca, apresentamos um design visual único com várias soluções para os títulos", continua.

▌A gerência da TFS entendeu a solução criativa do estúdio Compass 360 e a aprovou praticamente sem alterações. Karl e a empresa prosseguiram com o planejamento gráfico da papelaria, o que exigiu cerca de três semanas. "O logo da TFS representa a essência do que as instalações da empresa oferecem", comenta Karl animado. "A magia dos filmes é criada no interior dos quatro pequenos blocos, dos estúdios de gravação e de outros edifícios da TFS." Considerando a clareza da identidade e a facilidade com que sua forma baseada em grid ajudou a articular a papelaria, não surpreende que a concepção do site estivesse quase pronta depois de um simples esboço. ▌Novamente, a base arquitetônica do logo direcionou a visão da organização do site — navegação entre quadrantes — e a animação vetorial criou a possibilidade de interatividade. Thompson e Buchner apresentaram ao cliente o esboço e uma tela como exemplo, gerada digitalmente — o que foi o bastante para a aprovação e continuidade do trabalho. O site abre com uma animação espacial rápida dos quadrados da FILM que define a navegação baseada em quadrantes. O usuário move-se entre os quatro "blocos" do estúdio virtual para acessar páginas com informações pertinentes compostas em uma estrutura simples. A navegação de nível B dentro dessas áreas acontece por meio de botões tipográficos.

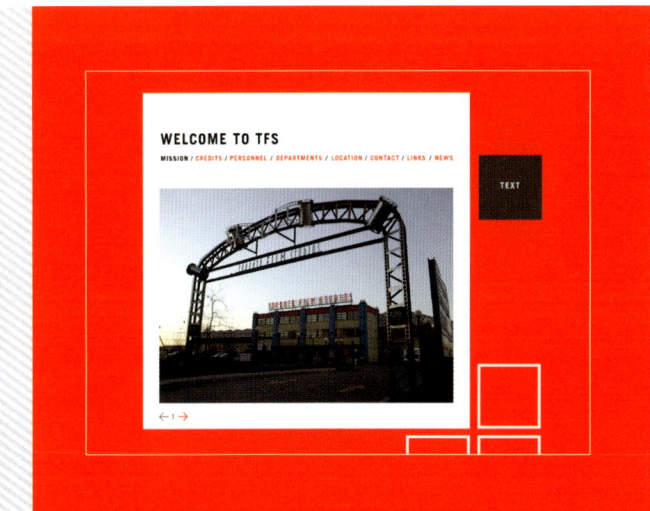

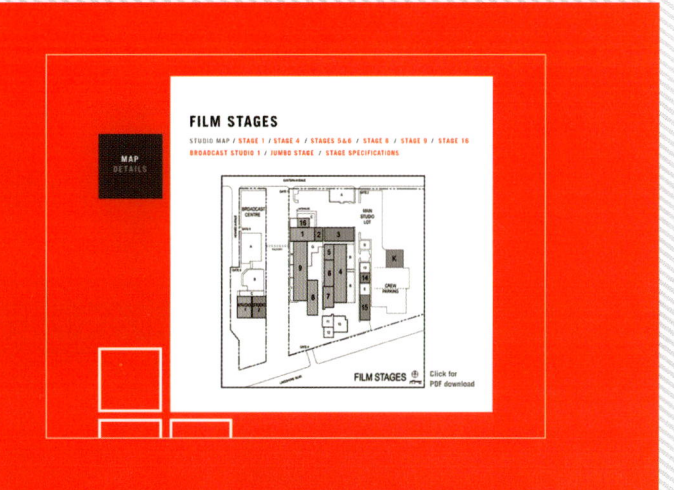

Cada quadrante expande-se e adquire um fundo branco para apresentar o conteúdo relacionado. Um sistema de navegação muito simples e austero para o conteúdo do subnível do nível A selecionado apresenta uma opção clara e escalonável se esses links forem alterados ou se necessitarem de acréscimos futuros. O conteúdo aparece na parte inferior do campo branco, com o texto de apoio à direita ou à esquerda, conforme a necessidade. Os demais quadrantes do nível A exibem seus links com o movimento do mouse.

As transições entre cada quadrante são rápidas e fluidas, conotando eficiência, objetivo e atenção aos detalhes. Barras de rolagem personalizadas ampliam a noção de detalhe.

22

Branding e sistema de embalagens da Henry's Drive Vignerons
Parallax Design | Adelaide, Austrália

Um bom motivo para escrever uma carta

A vinicultura é uma atividade humana rica e lendária que remonta a milhares de anos atrás. A qualidade e a fama de um vinho dependem das terras em que o vinhedo é cultivado, do clima regional e da filosofia de vinicultura do produtor. Esses laços profundos com a terra e o povo que nela vive fazem da história local uma fonte essencial de identificação e narrativa — é o que dá vida à marca do vinho. Matthew Remphrey do estúdio Parallax Design captou essa história na criação da marca da Henry's Drive Vignerons, uma vinícola da Austrália do Sul. Durante o século XIX, o cocheiro que transportava as cartas de Adelaide para Melbourne descansava seus cavalos na terra que agora pertence ao cliente de Remphrey. O vinhedo foi batizado com o nome do proprietário do serviço de transporte do correio, Henry Hill, e a noção romântica do serviço postal fundamentou a exploração para a marca que Remphrey desenvolveu.

Embora alguns esboços à mão tenham precedido o desenvolvimento completo, Remphrey se voltou rapidamente para a criação da arte-final dos vários elementos da identidade depois de mostrar a pesquisa de imagem em que baseou sua ideia central — selos e elementos gráficos relacionados ao serviço postal do século XIX. Essa orientação, e o nome do vinhedo, vieram da história local: um mensageiro parava para dar descanso aos seus cavalos na propriedade antes de ela se tornar um vinhedo.

Chancelas, carimbos de correio, selos e pacotes postais contribuíram com possibilidades para um ambiente com texturas variadas.

"Nosso objetivo foi desenvolver uma marca forte e relevante que distinguisse a Henry's Drive Vignerons da sua concorrência e desse ao consumidor um motivo para preferi-la", relata Remphrey. Os clientes da Henry's Drive's são consumidores de vinho experientes — colecionadores, aficionados, *sommeliers* e donos de restaurante. Desenvolvemos a marca com base nesses critérios." Remphrey sempre começa com esboços à mão e usando uma fotocopiadora para perceber fisicamente escala e textura. Esse processo inicial levou aproximadamente quatro semanas antes de uma primeira apresenta-

Uma coleção de selos e carimbos se justapõe com os esboços do designer, em uma investigação que, por fim, se tornará o "logo" do vinhedo. Os detalhes de selos desenhados são o berço do conceito do papel timbrado — imagens de selos representando os proprietários, chancelados à mão com um carimbo de borracha personalizado. Nessa etapa inicial, Remphrey também prevê conceitos de produto. Este esboço para a variedade Pillar Box Red — nome derivado de um tipo de caixa de correio — anuncia a variedade de abordagens que a marca irá assimilar.

> A indústria do vinho é extremamente fragmentada e muito diferente da maioria das outras indústrias. Se quiser comprar uma garrafa de 20 dólares de shiraz australiano, você tem literalmente centenas de opções. A maioria delas parece genérica — como a categoria — e não consegue cativar o consumidor.
>
> Matthew Remphrey, diretor

ção. Nessa etapa, Remphrey geralmente mostra esboços e fragmentos, em vez de peças que simulam a execução final, convidando o cliente a discutir os conceitos que ele escolheu como mais viáveis. "Às vezes, aprimoramos nossas ideias em apenas uma direção. Depende da avaliação da primeira etapa e das soluções que começamos a desenvolver. Raramente apresento três ideias, e nunca mais que isso." Além da discussão, não há nada especial que Remphrey e sua equipe preparem para a apresentação, exceto "ouça e me diga o que você acha." ▌Dessa conversa, o cliente confiou à Parallax a busca de uma ideia central: a sensação romântica do serviço postal do século XIX. "Procuramos expressões autênticas. O estilo de ilustração, as técnicas de impressão, o suporte e a cor são influenciados pelos materiais gráficos efêmeros daquele período." ▌Em particular, Remphrey coletou amostras de selos e chancelas para planejar um logo que pudesse ser engenhosamente alterado. Ele encomendou retratos de perfil do cliente e sua esposa, coproprietária do vinhedo, com base nos selos gravados, que foram impressos e então chancelados — à mão — com um carimbo feito sob encomenda. O carimbo funcionou como uma espécie de logo, mas é facilmente usado como uma

A partir da referência fotográfica, um ilustrador executou os selos gravados com os retratos do cliente e de sua esposa e coproprietária em tinta preta e branca. O desenvolvimento resultou em uma ilustração traçada e refinada com um software gráfico que simula perfeitamente o estilo gráfico do período.

O carimbo para a chancela foi personalizado com um software gráfico, moldado em borracha e, então, carimbado fisicamente no papel.

A papelaria expande o conceito postal com papéis de várias cores e com o uso inventivo de uma etiqueta de sacola de carteiro presa por um barbante, o qual funciona como um cartão de visitas. Essa mistura de formas tridimensionais e elementos simbólicos abstratos cria uma experiência rica, romântica e metafórica.

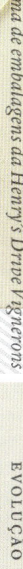

imagem – como uma textura repetida em malas-diretas, por exemplo. Essa individualidade nos vários projetos cobertos pela identidade – promoções, embalagens, kits de mídia, etc. – cria a possibilidade de ser específico nas mensagens da imagem e de variar a combinação entre ilustração, tipografia e símbolos por toda parte. A autenticidade do conceito é a força motriz, "mas", como argumenta Remphrey, "sempre buscamos incluir algo inesperado na execução de conceitos individuais a fim de torná-los relevantes para um público contemporâneo." As antigas técnicas de impressão tipográfica, por exemplo, misturaram aplicações de cores vivas e aplicações incomuns de rótulo, como a tira elástica que prendeu um rótulo e uma "carta" à garrafa mágnum. Para cartões de visita, a etiqueta de sacola de correio foi impressa com as informações do vinhedo, e pôde ser utilizada como um dispositivo de fechamento da pasta, cuja forma foi derivada da bolsa do carteiro e impressa na parte interna com imagens ampliadas de uma carta escrita à mão. A metáfora histórica deixou de ser um empréstimo meramente literal e ganhou vida com as modificações de escala incomuns, a cor e a mistura de efeitos.

A ideia da carta escrita adquiriu abstração a partir da mudança de escala neste folder desdobrável, elaborado como livro de anotações de um carteiro.

> Gastei bastante tempo no refinamento. O rótulo da garrafa mágnum do Henry's Drive é um bom exemplo disso: o envelope contendo o cartão postal e o ingresso foi executado à mão.
>
> Matthew Remphrey, diretor

Nenhum retrabalho ou refinamento poderia aprimorar essa marca da variedade conhecida como Dead Letter Office (departamento de cartas sem endereço). A manipulação inteligente — as canetas cruzadas, os dois selos e o envelope de ponta-cabeça — transformou esses elementos postais comuns no símbolo da morte.

O rótulo do Dead Letter Office mostra como a dimensão e o posicionamento decisivo dos elementos criam uma sensação de espontaneidade. O estímulo visual entre a forma retangular do envelope (mais escuro e menor) e o carimbo vermelho (grande, mais claro e irregular), junto com a tipografia deslocada (observe o alinhamento entre a maiúscula inicial e o eixo central das canetas cruzadas), contribuiu para a apresentação casual do layout.

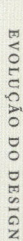

Estudos de caso de projetos a brandin ma de embalagens da Henry's Drive Vignerons

A embalagem e outros itens envolveram o tema do correio em várias direções. Misturar e compor os elementos individuais a partir dos variados recursos da marca — escrita à mão, carimbos, selos, cartões postais, rótulos, etiquetas, gravuras — criou um sistema orgânico sem restrições dos conceitos de branding convencionais. A garrafa Reserve Shiraz joga com a dimensionalidade imprimindo a textura caligráfica na superfície da garrafa de vinho, mas segurando o rótulo (uma ilusão de óptica de um cartão postal) com uma tira elástica usada para amarrar maços de cartas.

O manuscrito apareceu outra vez no pequeno portfólio que traz um conjunto de cartões postais promocionais (muito apropriado). Cada cartão foi projetado individualmente para refletir sua marca individualizada. O cartão do Pillar Box Red, por exemplo, emprega um corte especial que simula a abertura de uma caixa de correio.

EVOLUÇÃO DO DESIGN

23

Qual é sua grande ideia?

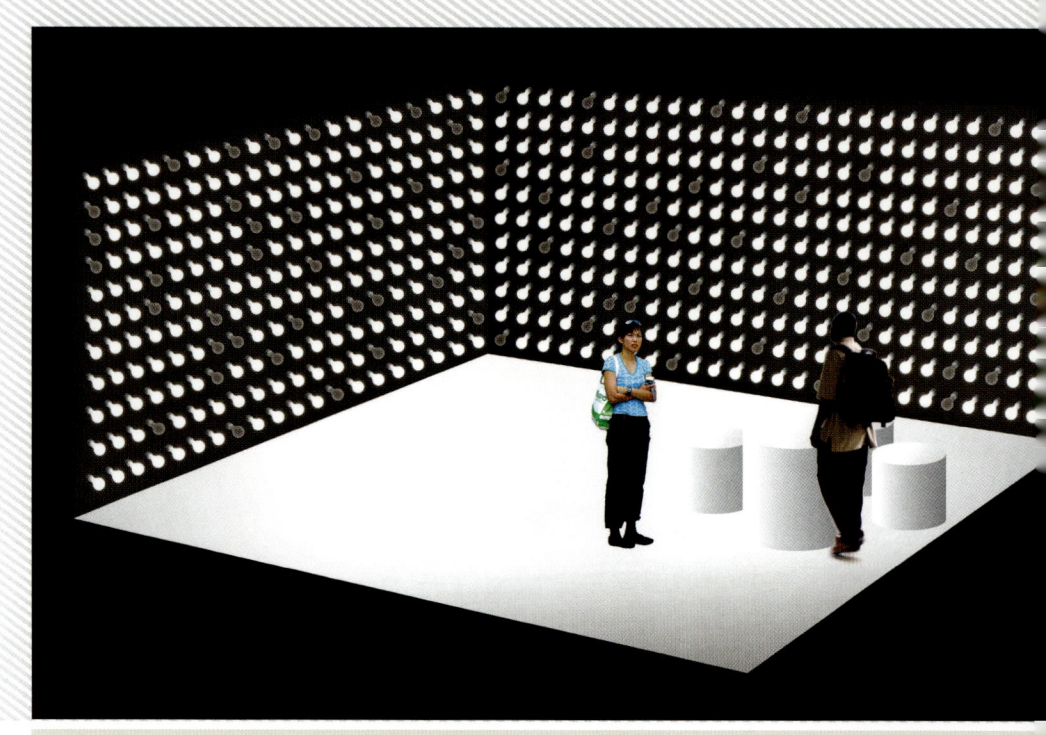

Ambiente da Adobe Systems, Inc. para conferência e mostra comercial de design
AdamsMorioka, Inc. | Beverly Hills, Califórnia, EUA

Nos últimos 20 anos, a Adobe Systems tem sido líder no desenvolvimento de ferramentas de software para visualização e produção de design; hoje, não existe designer gráfico que não utilize um produto Adobe em seu trabalho. A empresa ajuda a comunidade de design há tanto tempo que chega a ser difícil imaginar um motivo para sua presença em feiras comerciais do setor. "Sentimos que, especialmente para grandes empresas, é crucial estar em contato com os consumidores, mantendo-se acessível e cumprindo a promessa da marca", diz Sean Adams, diretor do estúdio de design encarregado de criar essa exposição.

O estúdio AdamsMorioka projetou uma presença completa no andar da convenção, incluindo materiais impressos disponíveis no estande. O desenvolvimento conceitual, porém, começou enfatizando a experiência a ser proposta pelo estande em si, e na forma digital. Estas páginas, extraídas da apresentação preliminar, mostram a ideia da equipe de envolver o visitante — e fazê-lo se sentir a parte mais importante da equação.

Este conceito apresentou uma parede de lâmpadas ritmicamente animadas, alimentadas por um fino painel LED de texto gerado em laptops no estande. As lâmpadas foram consideradas inseguras por causa do calor que gerariam, mas a modulação em pixels atraiu os designers.

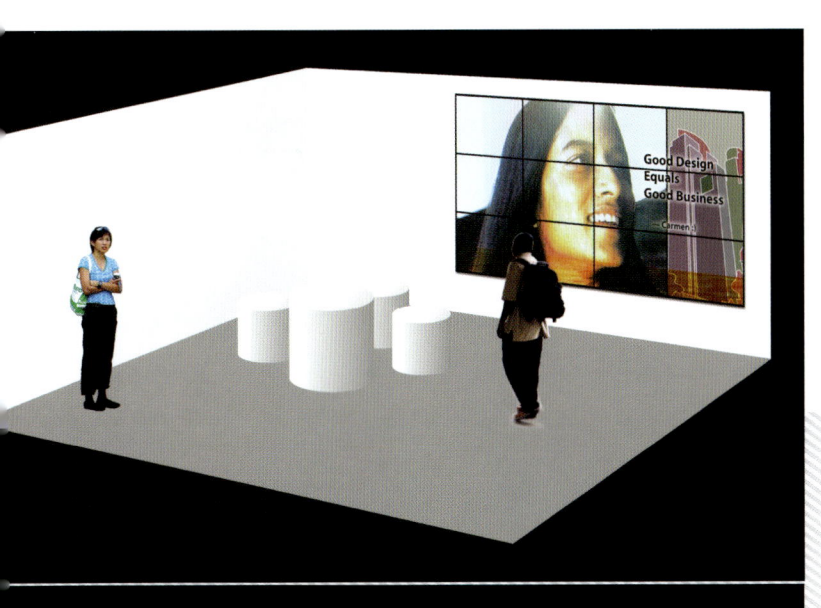

"Queríamos que a Adobe fizesse o seu público sentir que era compreendido." Há, afinal de contas, um mar de concorrentes, e os designers se voltarão para outros produtos se os considerarem melhores. O único jeito de evitar isso é ser o melhor. ▌Junto com Noreen Morioka, Adams e a equipe do estúdio concretizaram essa tarefa com um vibrante ambiente exspositivo para a empresa na HOW Design Conference que busca identificar os desejos e as aspirações dos parceiros tecnológicos da comunidade de design. ▌"Como fazemos parte do público-alvo de profissionais de criação, simplesmente nos perguntamos 'Que experiência

> Nunca falamos sobre design com os clientes. Falamos sobre mensagem e resultados. E os ouvimos. Certos clientes não têm familiaridade com a linguagem do design; é nosso trabalho traduzir o que eles estão dizendo, chegar à essência de suas questões.
>
> Noreen Morioka, diretora

Estes conceitos mostravam uma apresentação de vídeo que poderia ser manipulada pelos participantes da conferência; essa interação colocava os aspectos visuais da exposição nas mãos do público.

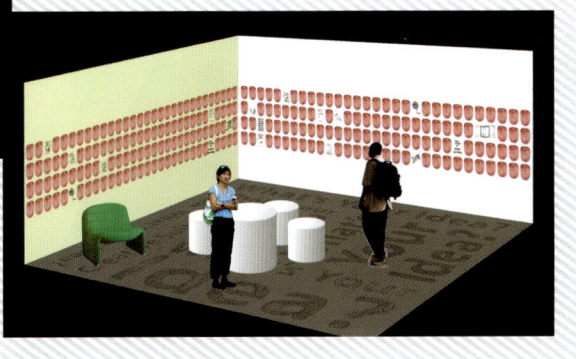

Este conceito sugeria painéis compostos por abas que escondiam ideias, desenhadas nas superfícies de trás. O carpete foi projetado para ser tecido ou impresso com o slogan "Qual é sua grande ideia?".

Estudos de caso de projetos **23** Ambiente da Adobe Systems, Inc. para conferência e mostra comercial de design

EVOLUÇÃO DO DESIGN

> O design que parece extremamente simples é elaborado cuidadosamente. O truque é fazê-lo parecer fácil e natural.
>
> Monica Schlaug, designer

gostaríamos de ter com a Adobe em eventos como este?'", comenta Morioka. Assim, em vez de dirigirem-se para a prancheta ou para o mouse, os designers — Volker Dürre, que atua como diretor de arte, Christopher Taillon e Monica Schlaug — começaram discutindo qual experiência queriam criar para esse público e esboçando ideias preliminares de uma maneira que Morioka descreve como "peculiar". "Desenhamos de um modo tão básico que pode ser comparável a uma caligrafia ruim. Na verdade, os dois caminham de mãos dadas no AdamsMorioka", brinca. Os designers se concentraram na necessidade de valorização profissional. "Eles querem uma plataforma que dê voz a sua perspectiva", afirma Volker Dürre. A equipe sentiu que era importante reposicionar a Adobe como parte fundamental da comunidade de design, como uma empresa que se reinventa e é mais do que uma fabricante de software. "A Adobe entende a comunidade de criação gráfica e quer valorizar suas realizações na expressão da sua criatividade", diz Adams. "Não se trata de ferramentas, mas de mentalidade." Os seis conceitos que o AdamsMorioka inicialmente mostrou para a Adobe giravam em torno de displays visuais iluminados e dinâmicos. Um conceito propunha

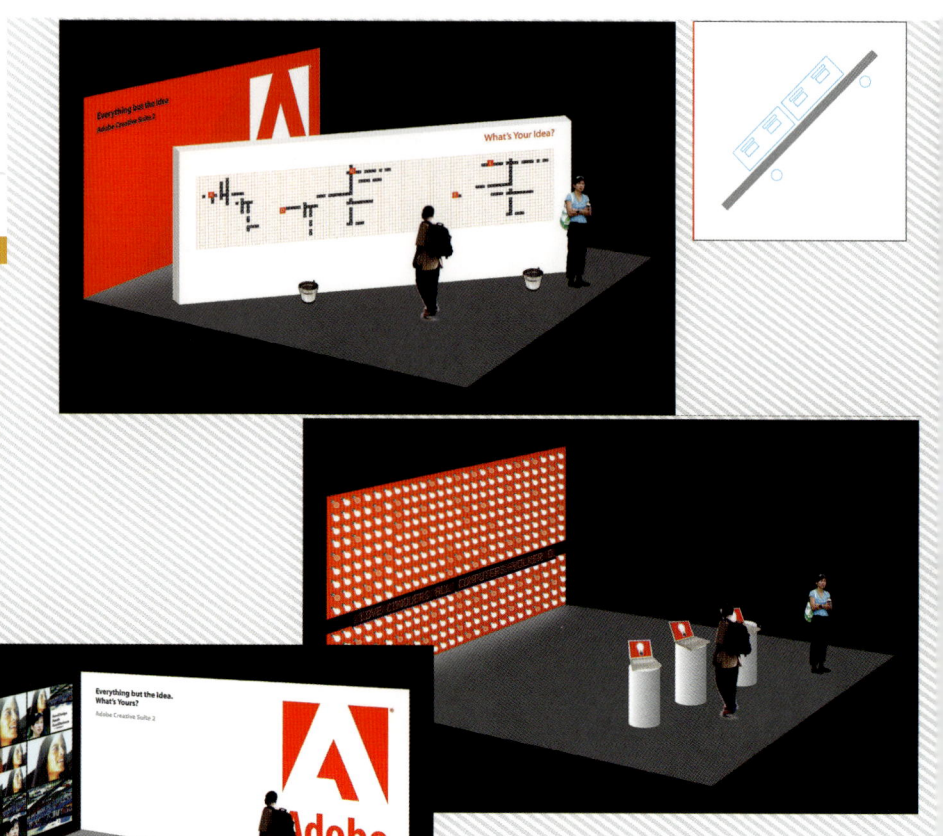

Acima: como outra forma de envolver os visitantes, este conceito apresentava um grande quadro branco com marcadores de texto e um grid do tipo palavras cruzadas, onde mensagens poderiam ser escritas.

animação com 2 mil lâmpadas — uma para cada participante da conferência —, mas, depois de mais estudos, foi descartado devido aos riscos relativos à segurança. Outro conceito propunha um painel digital que exibia vários mantras conceituais constantemente. Outro permitia que os participantes interagissem, acrescentando imagens e texto exibidos em um painel de vídeos. Esse conceito parecia trabalhar bem com outro mostrado antes: uma tela branca gigante onde os participantes poderiam divulgar suas ideias.

▌Todas essas propostas preliminares cresceram a partir de um desafio direto, escrito, que esclarecia o papel da Adobe e colocava o público em primeiro lugar: "Everything but the idea. What's yours?" ["Só falta a ideia. Qual é a sua?"]. A partir do entusiasmo da Adobe, os designers exploraram os caminhos para vencer esse desafio. "Uma vez que aprovamos uma solução", diz Morioka, "nós a vemos com novos olhos, tentando encontrar outras expressões que possam ser utilizadas para o contexto." Essa estratégia os levou a pensar em outra tecnologia que pudesse substituir o painel de vídeo e as lâmpadas — que pareciam interessantes pela evocação da ideia de pixels — e investigar o aspecto da interatividade com maior profundidade. ▌A descoberta de um painel modular de células fotoelétricas os entusiasmou, e eles decidiram criar uma animação para a parede a fim de trazer cor ao espaço. Foi aí que entrou em cena o design das tapeçarias da década de 1920 da Bauhaus. "Como seria se eles as tivessem projetado com um computador?", os designers se perguntaram. ▌A estética e o esquema de cores da animação derivaram desta ideia, e foram executadas internamente. "Surpreendentemente", observa Schlaug, "um pixel de animação correspondia exatamente a uma unidade do painel luminoso. Portanto, o filme QuickTime era repro-

O conceito aprovado unia a ideia do painel de vídeo, da participação do visitante e da declaração de posicionamento: "Everything but the idea. What's yours?" ["Só falta a ideia. Qual é a sua?"]. Procurando modos de resolver o difícil dilema das lâmpadas, os designers chegaram a uma tecnologia de painel de vídeo que replicava a aparência de pixel das lâmpadas. Durante o processo de criação das peças gráficas, os redatores apresentaram aos designers o ilustrador Peter Arkle, cujos estranhos desenhos acrescentavam um elemento humano — a ideia — à organização essencial dos layouts. A equipe de design decidiu instalar um gigantesco quadro-negro na parte de trás da parede de vídeo. O desenho de abertura de Arkle convidaria os visitantes a participar com suas próprias palavras e imagens, colocando a ilustração — uma antiga forma de comunicação comunitária — no moderno contexto do estande. A escolha do meio, tanto para o velho como para o novo, está relacionada diretamente, e quase literalmente, com o desenvolvimento histórico da produção de texto e imagem.

Os designers desenvolveram uma animação cíclica para o painel de vídeo. Eles descobriram por acaso que as células do painel exibiriam os pixels da animação um a um, qualquer que fosse o tamanho; o arquivo de animação era extremamente pequeno, como mostram os quadros mostrados acima.

EVOLUÇÃO DO DESIGN

duzido na minúscula resolução de 25 x 65 pixels." No lado oposto ao painel, os designers definiram uma lousa gigante onde os participantes da conferência poderiam escrever ou desenhar — para expressar a criatividade, que é um aspecto central da principal missão da Adobe. Incorporar esse elemento humano nos materiais impressos exigiu a contratação de um ilustrador; o redator responsável pelo texto da conferência apresentou Peter Arkle à equipe. "As ilustrações que Peter Arkle fez para nós tinham um maravilhoso contraste com os demais elementos de design, resultando em uma justaposição de alta e baixa tecnologia que muitas pessoas entenderam imediatamente e apreciaram." Arkle começou os desenhos na parede na conferência, estimulando os participantes a experimentar. O projeto demandou seis semanas para refinamento do design e contratação de fornecedores viáveis, e então vários meses à medida que produtos tornavam-se necessários. A data dos eventos reais estabeleceu um cronograma específico que não poderia ser negociado.

Para simplificar o estande e contrastar a atividade de ambos os painéis, paredes brancas e um carpete cinza claro foram acrescentados ao espaço.

> "A criação da forma foi resultado de acidentes felizes e ações deliberadas, mas nada que aparece na página ou na tela é aleatório."
>
> Sean Adams, diretor

Os materiais impressos, com a estrutura em grid, que organiza imagens cortadas em formato quadrado, colunas de texto e as ilustrações de Arkle, se fundem perfeitamente aos elementos no estande tridimensional.

Arkle começa a ilustração no quadro-negro participativo.

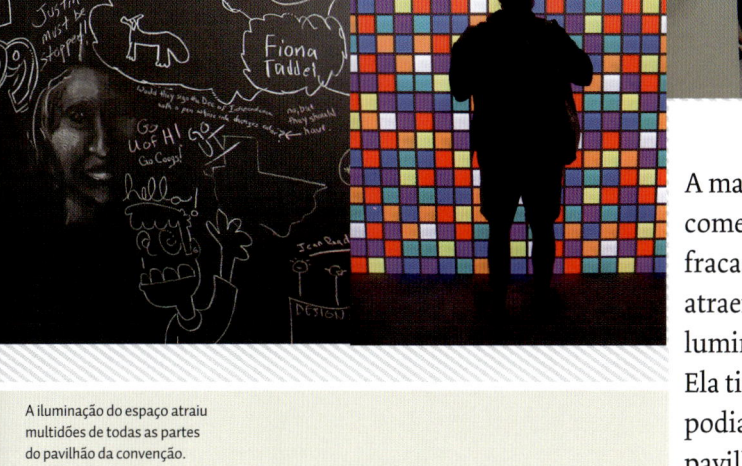

A iluminação do espaço atraiu multidões de todas as partes do pavilhão da convenção.

> A maioria dos estandes de feiras comerciais apresenta luzes fracas e carpetes pouco atraentes. O impacto da parede luminosa foi impressionante. Ela tinha um brilho quente que podia ser visto do outro lado do pavilhão. Os visitantes se concentraram nesse estande como mariposas em volta da luz.

Volker Dürre, diretor de arte

Estudos de caso de projetos 23 Ambiente da Adobe Systems, Inc. para conferência e mostra comercial de design

EVOLUÇÃO DO DESIGN

24

Site da Kohn Pederson Fox Architects
Firstborn | Nova York e Los Angeles, EUA

No espaço e guiados pela estrutura

A arquitetura enquanto ideia é parte da prática do design gráfico há anos. O modernista suíço Josef Müller-Brockmann falava da tipografia em termos de suas qualidades arquitetônicas; Richard Saul Wurman inventou a noção de "arquiteto da informação". Guiar um público pela experiência visual/verbal no papel é muito semelhante a estabelecer um fluxo pelo espaço tridimensional, controlado por — como os próprios arquitetos gostam de dizer — "um programa": um conceito de uso específico. Quando as duas disciplinas encontraram-se na nova fronteira espacial — a Internet —, desenvolvedores Web do Firstborn criaram um site sofisticado para a consagrada empresa Kohn Pederson Fox Architects, que mostra exatamente o que é arquitetura.

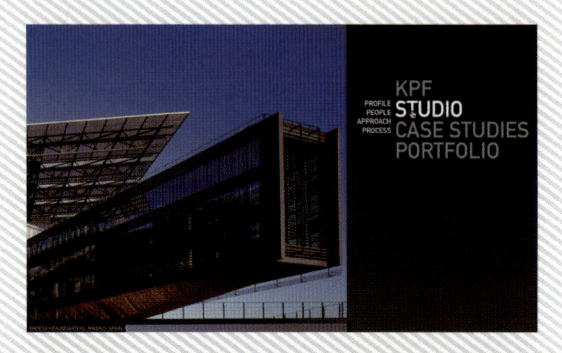

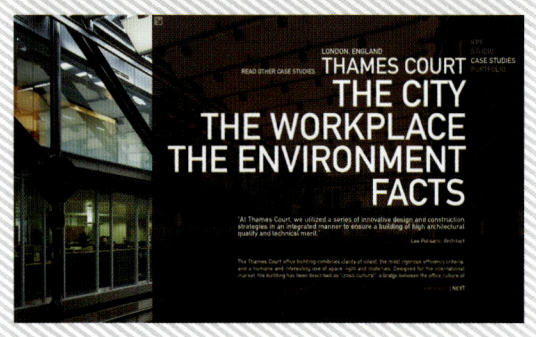

> O novo KPF.com apresenta a empresa de modo visual, para contar sua história e a complexidade de cada um de seus edifícios.
>
> Luba Shekhter, produtor

Um dos conceitos preliminares apresentados ao cliente explorava a excelente fotografia em tela inteira. Um quadro escuro e transparente contendo links de navegação tipográficos se expandia e se contraía — assim como a própria tipografia — à medida que o usuário navegava pelos links.

As claras modificações de tamanho e valor entre os elementos tipográficos — isto é, maiores e mais claros quando selecionados — estabeleciam uma precisa hierarquia.

O trabalho começou "ambicioso", lembra o então diretor de criação, Vas Sloutchevsky. "Queríamos mergulhar de cabeça e nos entregar completamente a esse projeto", acrescenta Jeremy Berg, produtor executivo do projeto. "Ficamos muito entusiasmados com a possibilidade de trabalhar em um site sobre arquitetura. Estávamos em sintonia com esse cliente." Esse entusiasmo inicial, embora não tenha sumido, diminuiu com a compreensão da enorme complexidade do projeto. Primeiro, o cliente mantém dois escritórios — um em Nova York e outro em Londres —, e a diferença

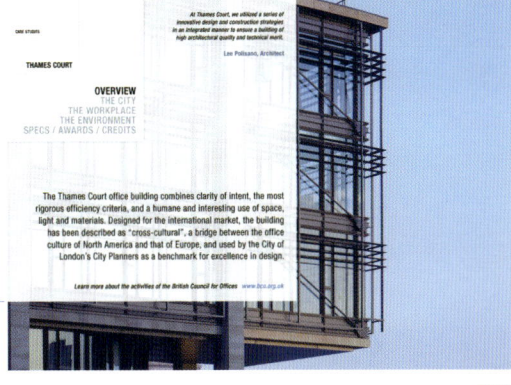

Este conceito apresentava as imagens dos edifícios como um pano de fundo, colocado em um quadro branco e sobreposto por uma pequena caixa de navegação. A mudança na cor, em vez de no tamanho, indicava atividade com o movimento do mouse, e um clique expandia a caixa para exibir a navegação do nível B, ou subpágina, do link selecionado. A mesma lógica aplicava-se por níveis cada vez mais profundos à medida que o usuário explorava o conteúdo.

O terceiro conceito apresentava uma só imagem circundada por uma moldura branca e interrompida por um leve grid. Os campos do grid eram rotulados de acordo com o conteúdo e indicavam seu estado ativo com "uma caixa inteligente" quando o ponteiro do mouse era sobreposto. Clicando nela, o usuário era levado para o interior de outra estrutura e, então, mais profundamente, para os estudos de caso. A navegação de baixo nível ficava oculta em um menu deslizante acessado no alto da página.

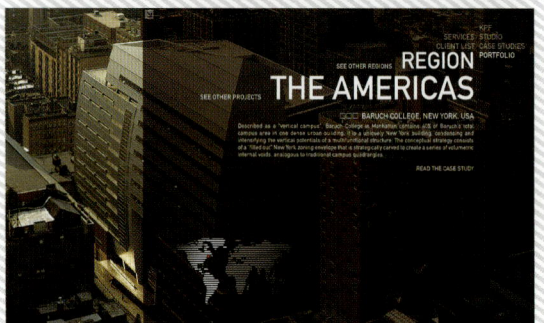

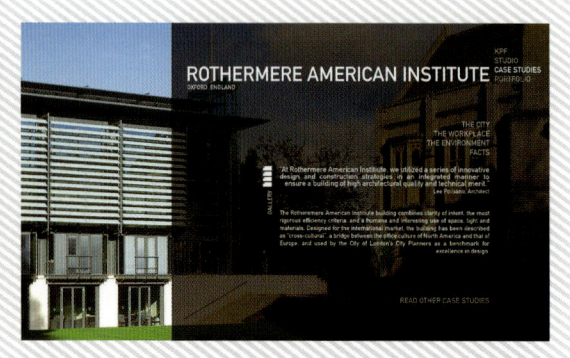

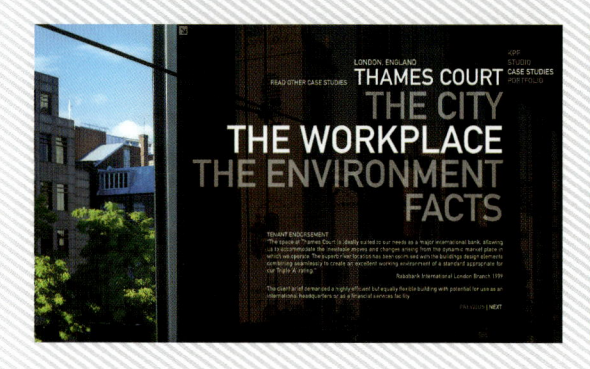

O cliente solicitou que os dois conceitos fossem mais desenvolvidos. A navegação no conceito mostrado acima foi simplificada sem perder a energia cinética. A diferença entre o corpo do tipo de nível A menor (não acessado) e o maior (selecionado) aumentou significativamente, e menos níveis A permaneceram visíveis enquanto o usuário percorria todo o site. Alguns detalhes informativos de apoio também foram excluídos para abrir o espaço e simplificar a textura. Apesar desse aprimoramento, o conceito não foi escolhido.

de opiniões entre os dois resultou na necessidade de conduzir dezenas de entrevistas com pessoal-chave para estabelecer alguns aspectos em comum na abordagem desejada. ▍ Somando-se à gama de variáveis a serem consideradas estava a história da KPF, de empresa pequena, mas altamente especializada e competente, a empresa global influente — muitas vezes a KPF era vista como um conglomerado comercial, apesar de continuar sendo uma firma pequena e de eles próprios ainda se considerarem assim. Por último, havia uma quantidade impressionante de material — anos de projetos premiados, elogios do setor e artigos importantes. Tudo isso fazia da tarefa um grande desafio. Depois de duas semanas de trabalho intenso, a equipe de oito pessoas apresentou três conceitos, destilados de dezenas de outros — cada um representando uma busca por um modo exato, tátil e atraente de expressar a abordagem inovadora da KPF na arquitetura. O conceito que imediatamente interessou o cliente apresentava o conteúdo por meio de uma estrutura de navegação que lembrava andares interligados por escadarias, o que consideraram uma proposta "exploratória". ▍ Uma estrutura em grid sobreposta por imagens permitia aos usuários "dar um zoom" em informações detalhadas, tornando cada página um tipo de estudo de caso individualizado. Uma das vantagens desse conceito era que ele comunicava o método de acessar níveis complexos de informações de maneira intuitiva e arquitetônica. Depois que a direção do design foi aprovada, a etapa de refinamento começou. Uma grande e complexa tarefa — desenvolver um sistema *back end* de gestão de conteúdo para o cliente conseguir atualizar o conteúdo do site — acontecia paralelamente à tarefa de aprimorar visualmente o

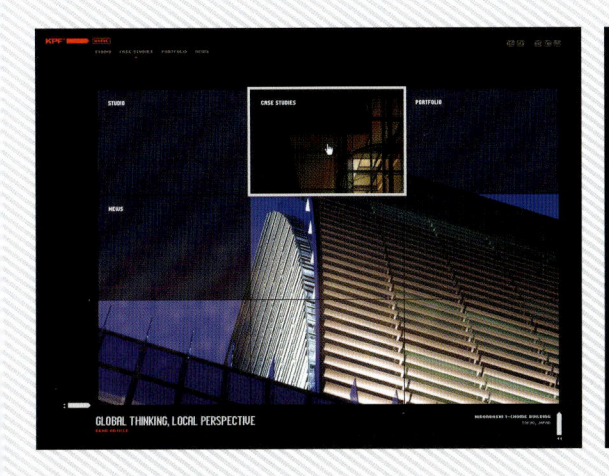

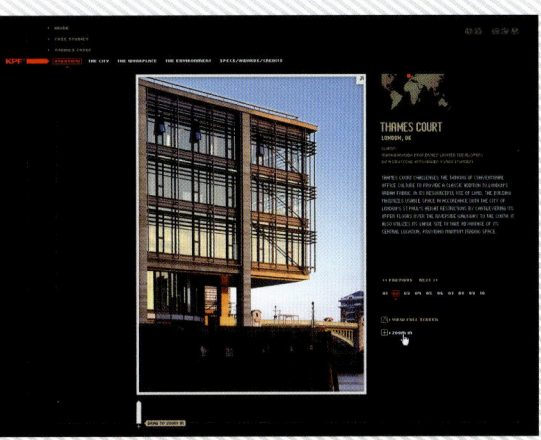

> Fizemos videoconferências cruzando o Atlântico para discutir pequenas coisas como a espessura da "moldura inteligente" em pixels. Lembro que demorou para chegarmos a um acordo sobre uma espessura de três pixels.
>
> Vas Sloutchevsky, diretor de criação

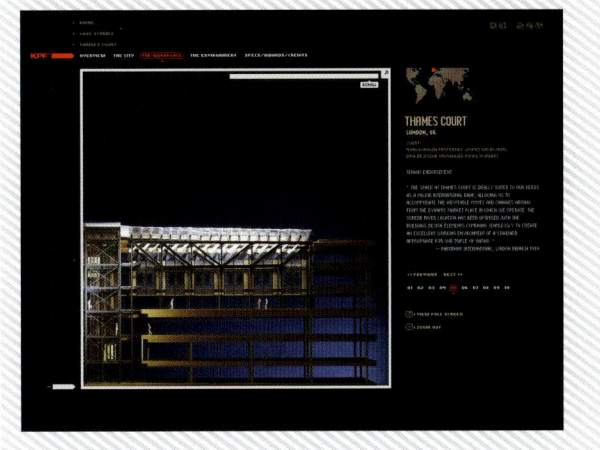

A primeira coisa a mudar na evolução desse conceito em direção ao lançamento foi colocar toda a navegação como uma série dada de links ao longo da parte superior do quadro da imagem, em vez de ocultá-los em um menu suspenso. A estrutura horizontal considerou a listagem de mais links de nível B, para que cada linha vertical pudesse ser dedicada a níveis A. Textos de apoio e links para conteúdo mais detalhado dos estudos de caso foram transferidos para locais do enquadramento externo, e o próprio quadro mudava o formato para acomodar edifícios de proporções diferentes e quantidades variadas de texto.

EVOLUÇÃO DO DESIGN

site. Estilos de fonte, detalhes auxiliares e fluxo de transições interativas foram desenvolvidos ao longo de três meses num processo iterativo com o cliente: o "pixel-estímulo", como Berg costumava se referir a esse processo. "Alteração de fonte, redução da largura em pixels do quadro, infinitos emails explicando o que era uma fonte em pixel e por que o corpo não podia ser ampliado", comenta. Além disso, a quantidade de trabalho para converter as imagens dos projetos arquitetônicos era enorme. "Há cerca de 900 imagens diferentes de edifícios. Cada imagem tem quatro dimensões: alta resolução, tamanho grande, médio e miniatura", continua Berg. As várias escalas refletem a capacidade do usuário de ampliar imagens conforme necessário — uma consequência da ideia de navegação por aproximação baseada em grid e o preço a se pagar pela interatividade, segundo Berg. "Esse efeito é especialmente gratificante em monitores grandes com alta resolução. Ao se clicar em uma imagem, a tela é preenchida até o máximo tamanho possível, o que é interessante ao se visualizar imagens panorâmicas." Outro recurso que alguns consideram especial é a possibilidade de mudar o fundo da tela de preto para branco. "É um efeito tão simples", diz Luba Shekhter, outro produtor do projeto, "mas os resultados são incríveis". Tanto a equipe como o cliente estavam felizes com os resultados. Um dos objetivos que a KPF expressou em seu briefing para o Firstborn foi que o projeto deveria atrair o grande público — que as pessoas enviassem o URL a amigos com uma observação: VEJA ISSO. Berg comenta orgulhosamente: "Missão cumprida."

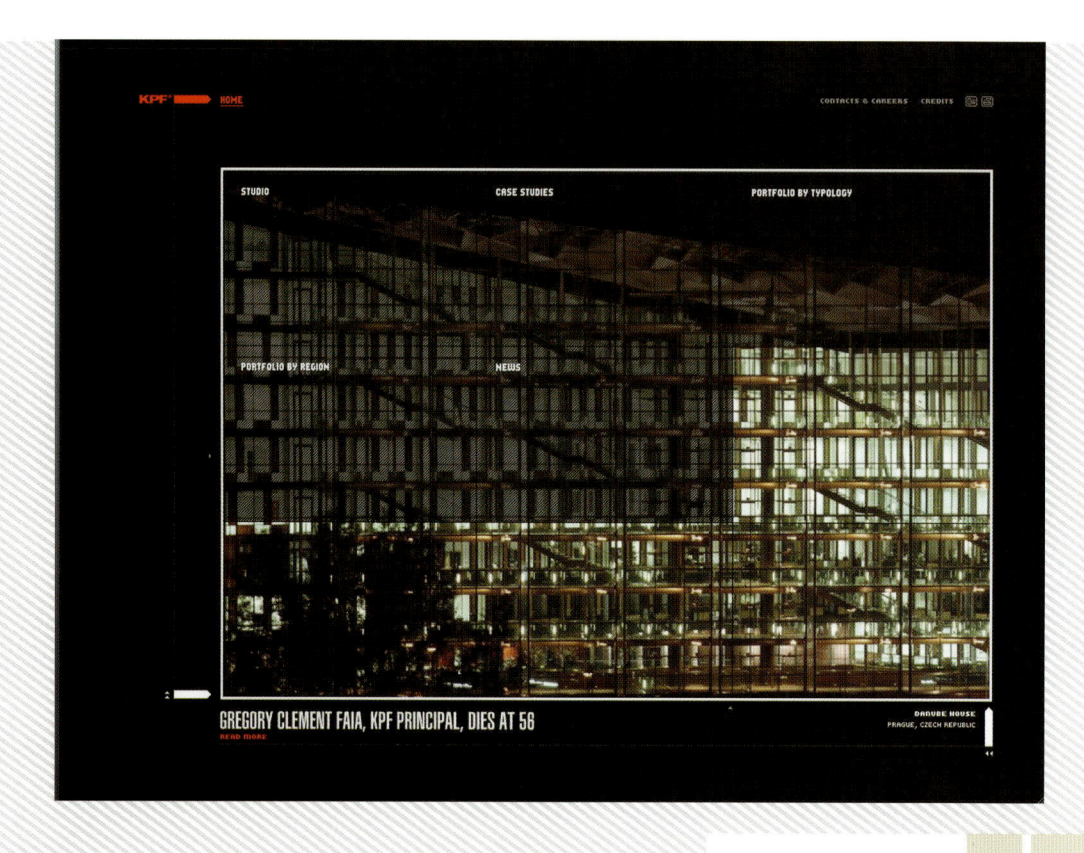

Apesar da aparência intimidadora do grid rígido e linear e do campo preto profundo, a navegação é intuitiva e fácil de utilizar. Essa sequência mostra a interatividade do "smart box", que viaja com o cursor à medida que o mouse passa sobre os módulos. A caixa é atraída para a posição e destaca o nível A selecionado.

> O tempo de desenvolvimento do site foi previsto para aproximadamente 14 semanas, mas foram necessários quase nove meses para sua ativação online. Depois do que parecia ser um projeto interminável, lançamos um site próximo da perfeição dentro do que poderíamos realizar. E sabe de uma coisa? Nós adoramos fazê-lo, apesar das imperfeições e tudo mais.
>
> Jeremy Berg, produtor executivo

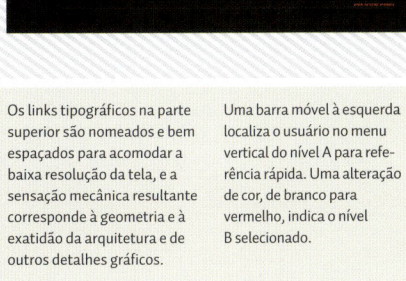

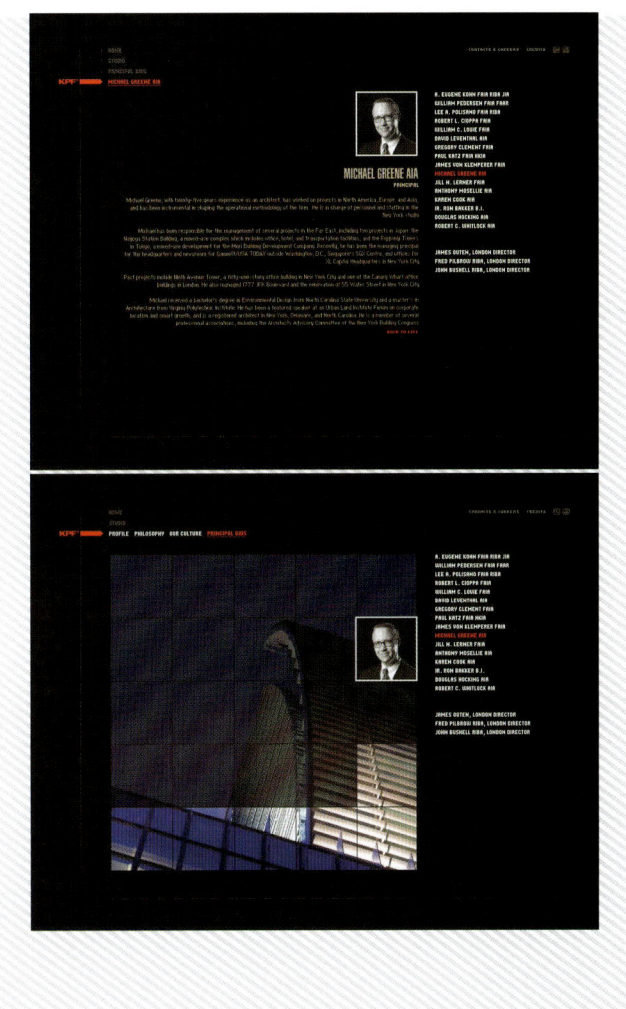

Os links tipográficos na parte superior são nomeados e bem espaçados para acomodar a baixa resolução da tela, e a sensação mecânica resultante corresponde à geometria e à exatidão da arquitetura e de outros detalhes gráficos.

Uma barra móvel à esquerda localiza o usuário no menu vertical do nível A para referência rápida. Uma alteração de cor, de branco para vermelho, indica o nível B selecionado.

A área sobre o perfil da empresa segue a mesma lógica do restante do site, utilizando um grid de módulos menores para o retrato dos arquitetos.

Estudos de caso de projetos 24 *Site da Kohn Pederson Fox Architects*

EVOLUÇÃO DO DESIGN

25

Identidade visual de 2007 da Moonlight Cinema
Studio Pip & Company | Melbourne, Austrália

A palavra "moonlight" (luar) evoca uma série de sentimentos e emoções, do medo apavorante à paixão surreal e diversas variações entre esses dois extremos. A noite é um momento para o mistério e uma pequena loucura — e muita diversão, especialmente se houver um filme envolvido. A Moonlight Cinema é uma empresa australiana que gerencia cinemas ao ar livre em cinco cidades da Austrália, de Melbourne a Sydney. O diretor do Studio Pip & Company, Andrew Ashton, foi bem-sucedido ao criar uma experiência pictórica vívida para promover a cadeia de cinemas que pode sem dúvida ser descrita como "excêntrica". O caráter surreal, mágico e urbano das imagens tem grande poder de comunicação para o cliente e mostra o processo fílmico e experimental que influencia o método de trabalho de Ashton.

Grandes sucessos de verão

BLINDED BY THE LIGHT
faces as icons / moon as spotlight / summer colours / fading into the light /

MOONSTRUCK
transformation when the moon rises / vampires and werewolf / shadows / people turning into animals in the moonlight /

SUMMER MOON
celebration / summer feeling / euphoria / light /

Moonlight Cinema 06/07

MOONLIGHT GARDEN
people wandering / garden / shadows / people becoming part of or blending into the garden /

G
geometric shapes / patterns / fluoro colours / energy / chaos / people blending into patterns

MOONSHINE
airbrush / fantasy / glitter-glamour world / dreamscapes / space-like landscape

Moonlight Cinema 2006/2007 concepts
Prepared by Studio Pip and Co. in Melbourne
for Moonlight Cinemas, July 2006

O processo de desenvolvimento do Studio Pip começa como um conjunto de notas semelhantes a legendas que destacam as ideias iniciais do diretor de arte, apresentadas em páginas como esta e embasadas por suas seleções de referência visual obtidas a partir de uma extensa biblioteca. A função dessas imagens é ajudar a invocar sensações e promover a discussão com o cliente, que está muito envolvido em definir a direção que Ashton irá explorar.

> "Queremos que nossos clientes compreendam o processo; isso os ajuda a entender por que seguimos determinada direção. Mas alguns clientes sentem-se oprimidos frente a escolhas; por isso, apresentamos apenas três direções.
>
> — Andrew Ashton, diretor

Ashton descreve seu processo orgânico que concilia em seu estúdio a experiência e a concepção de ideias: "Carrego sempre comigo um caderno de desenho ou uma câmera. Houve uma época em que eu registrava loucamente tudo o que experimentava. Com o tempo, cheguei ao ponto em que via e experimentava ideias semelhantes, apenas as circunstâncias é que mudavam. Ainda carrego o caderno de desenho e a caneta, mas só uma situação excepcional me faz usá-los." "Muitas vezes pensamos em outros problemas e situações e temos ideias que guardamos para o projeto adequado", continua, "um pouco parecido com uma biblioteca de ideias. Também tenho uma vasta biblioteca fotográfica pessoal." A experiência de trabalhar com a Moonlight Cinema foi divertida, relata Ashton, e o cliente quis enfatizar a ideia de ver grandes filmes em um cenário único: "Faça um piquenique, aprecie um belo parque e assista a um filme." Ashton explorou verbal e visualmente uma ampla variedade de ideias, preparando a apresentação que é sua marca registrada: legendas e imagens coletadas que permitem a participação do cliente no que é, nessa primeira etapa, uma discussão aberta

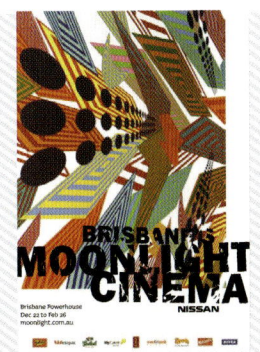

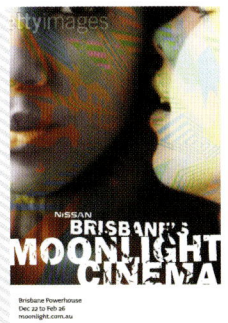

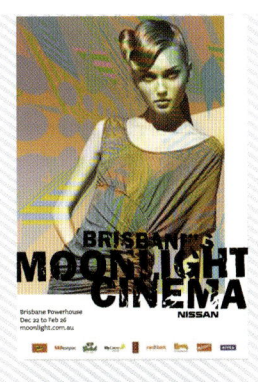

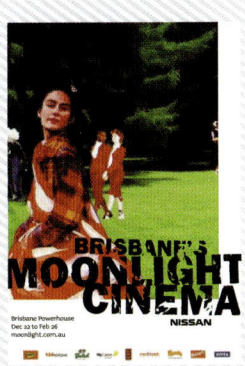

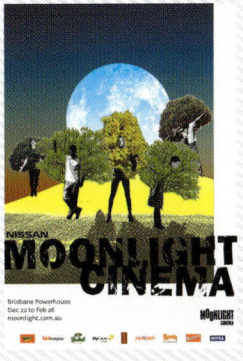

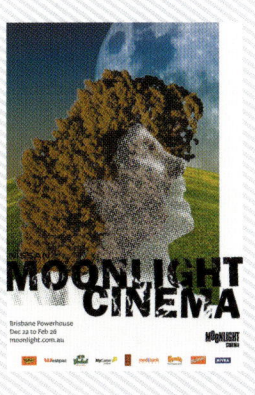

Rápidos estudos com algumas imagens de arquivo e um logotipo mais antigo ajudaram Ashton a explorar conceitos, incluindo alguns que foram importantes para a direção final, mais refinada. Entre esses estão figuras situadas em um parque, padrões geométricos, figuras e cor transparente, bem como misteriosas imagens relacionadas à noite. A exploração se aprofundou, tornando a imagem mais complexa ao envolver conteúdo plano, fotográfico, diagramático e geométrico em colagens. Nessa etapa, Ashton imaginou pessoas com "cabelos de árvore", por causa de algumas fotos mal enquadradas em que a pessoa fotografada parecia ter uma árvore crescendo a partir da cabeça. Estendendo essa ideia, especialmente porque captava o aspecto divertido da experiência de assistir filmes ao ar livre, Ashton desenvolveu o conceito de "pessoas-árvores". Dois ilustradores foram contratados para apresentar os esboços baseados na solução de Ashton.

sobre possibilidades. Muitos dos conceitos faziam associações com o luar — transformação, espíritos da floresta, espaço sideral, sombras no jardim e assim por diante. ▎Entre esses conceitos, uma ideia sobre "pessoas-árvores" emergiu de uma imagem que ativou uma memória sobre tirar fotos. "Em um parque, é muito fácil enquadrar uma pessoa em frente de uma árvore de modo que ela pareça ter o cabelo feito de árvore. Prosseguimos com essa abordagem."

> Não podemos prever o resultado visual antes de o trabalho ser contratado. Ilustração, fotografia e redação muitas vezes transformarão um projeto. Durante a etapa de conceito, sugerimos ideias, mas nunca prescrevemos qual será a ideia selecionada antes da contratação do redator, ilustrador ou fotógrafo.
>
> Andrew Ashton, diretor

Estas explorações em imagens vetoriais eram uma solução interessante, mas pareciam rígidas e inexpressivas para a visão de Ashton. Mais esboços fotográficos realizados pelo ilustrador ganharam aprovação imediata. A mistura de textura em alto-contraste, colagem e padrões gráficos intensamente coloridos apresentava as associações ecléticas, espontâneas e surreais que Ashton desejava evocar para o cliente.

Após a discussão, Ashton e seus sócios desenvolveram o conceito "pessoas-árvores", e mais outro, até um estado relativamente final, adequado para um cartão postal promocional. O conceito de pessoas-árvores ganhou. "Assim que houve aprovação, contratamos dois ilustradores para interpretar o conceito. Depois de sete dias, o primeiro ilustrador ainda não tinha conseguido entender o briefing. Após 12 horas, o segundo enviou ilustrações do conceito. O cliente aprovou imediatamente." ▌A partir daí, o processo funcionou como uma máquina.

"O cliente aprovou o estilo, as cores e os adereços. Depois, aprovou seis personagens individuais. As configurações desses personagens foram então aprovadas e aplicadas aos cartões postais e cartazes." A Moonlight tem mais de 500 aplicações, e uma família tipográfica específica garantiu que o evento tivesse uma imagem única. Ashton escolheu a família Sauna, da Underware. "A Sauna tinha uma grande variedade de pesos, e o seu design é rigoroso e memorável", opina. "Ela também tem uma aparência excêntrica."

A sessão fotográfica produziu várias imagens, cada uma com uma pose diferente. Como parte do processo de refinamento, Ashton passou um tempo considerando sua combinação e arranjo, incorporando outras abordagens, como desenho vetorial e cenas de paisagem, dos primeiros esboços.

Mudanças extremas de escala e cor vibrante criam composições dinâmicas nos formatos de cartaz. A cor de aparência artificial aumenta no observador a sensação de uma experiência inesperada e divertida.

A mistura de texturas fotográficas e ilustrativas cria uma linguagem visual mais inventiva e, portanto, mais distintiva e memorável em benefício do cliente.

> Moonlight é um evento divertido que justificou o uso de um tipo divertido. Grande parte do design contemporâneo limita-se zelosamente a uma única família sem serifa como característica do design. Gostamos de questionar essas linguagens e apresentar alternativas.
>
> Andrew Ashton, diretor

A solução em alto-contraste para as colagens é bem traduzida em aplicações menos sofisticadas, como a camiseta promocional, impressa economicamente em duas cores.

Estudos de caso de projetos **25** Identidade visual da Moonlight Cinema

EVOLUÇÃO DO DESIGN

26

Identidade visual da Zapp
Hesse Design | Düsseldorf, Alemanha

Visualizando competência em alta tecnologia

Direto e objetivo: executivos se orgulham da sua própria clareza e determinação. Essas duas características são notáveis mensageiros em comunicações B2B (business-to-business), conotando confiabilidade e honestidade. Para clientes cujo sustento depende desse tipo de comunicação, um design que também fale essa linguagem é fundamental para sua capacidade de lucrar. De igual importância é estabelecer uma voz visual oportuna e relevante dentro de um dado setor. Para a Zapp — fornecedor líder da indústria de suprimentos metálicos semiacabados para aplicações industriais complexas —, clareza, determinação, pontualidade e pertinência vieram na forma de uma nova identidade, desenvolvida pelo estúdio alemão Hesse Design.

> Embora a produção da Zapp seja em grande parte automatizada, ela ainda envolve trabalhadores, os quais gostamos de mostrar.

Klaus Hesse, diretor

O estúdio, localizado em Düsseldorf e presidido por Klaus e Christine Hesse, oferece, juntamente com sua estética elegante intensamente revisada, a aparência limpa e precisa de que a Zapp precisava. Quando a Zapp consultou o Hesse Design para a elaboração de uma nova identidade, a empresa entrava em um campo desconhecido — para a sua gerência. "A maior parte das empresas de médio porte do mesmo setor não tem um design corporativo moderno e consistente", comenta Christine Hesse. A Zapp estava a ponto de descobrir que a abordagem moderna do Hesse Design seria a definição de consistência — não repetitiva ou baseada em fórmulas, como o trabalho de muitos que tentam impor um estilo específico —, uma resposta calculada que é holística e intencional. Há sempre um grid. A tipografia é sempre escolhida pelo critério de legibilidade. A cor é usada por uma razão. O seu objetivo parece ser "fazer certo" — depois que a equipe de Hesse está pronta, ela funciona perfeitamente. | Apesar dessa clareza de visão, uma rápida consulta a seu portfólio já mostra que todos seus projetos têm voz própria. A integridade estrutural que o Hesse comunica nunca tira a novidade ou a individualidade da imagem de

A exploração da identidade da Zapp pela equipe do Hesse Design foi metódica e muito refletida. A pesquisa empregou uma estratégia baseada no nome, expresso tipograficamente, e em elementos de forma abstrata que interagem em estilos simples, mas sofisticados e decisivos. Explorando a variação — e as combinações de ideias vistas nas variações —, os designers foram guiados por um processo progressivo que produziu marcas altamente resolvidas e objetivas.

EVOLUÇÃO DO DESIGN

cada cliente. O projeto da Zapp começou com uma investigação de conceitos de logotipo. A equipe do Hesse, segundo Klaus, produz a maior parte dos esboços digitalmente. Embora os designers confiram e ajustem o trabalho um do outro, tendo Klaus como diretor e participante, eles tendem a resolver cada estudo em nível de finalização, mesmo se decidirem não apresentar ao cliente. Cada versão sempre está pronta para apresentação — cada uma constitui uma unidade autossuficiente que representa certas variáveis visuais, completas em si mesmas e sem necessidade de mais refinamento. ▎Por essa razão, Hesse e sua equipe mantêm um prazo flexível para a exploração. O estudo inicial do logo da Zapp levou mais de nove meses, tempo em que Hesse apresentou três dos conceitos ao cliente. ▎O rigor da exploração foi feliz, porque Hesse e sua equipe tiveram de ser confiantes face a uma mudança inesperada. "Detalhes que não sabíamos de antemão nos compeliram a revelar o processo de desenvolvimento", comenta Hesse com sua expressão de indiferença característica. "O resultado foi que a Zapp escolheu um dos logos alternativos."

Este conjunto examina a relação entre as hastes do tipo, contraformas e elementos lineares e negativos. Alguns estudos também investigam a divisão e o espelhamento de formas em torno de um eixo, e muitos experimentam as formas dos cantos, angulares e curvos. Durante a revisão de todo o processo, o cliente selecionou a marca final a partir dessa sequência de estudos. Um grid define a espessura de traços e os raios de vários cantos em diferentes formas.

O logo que o cliente selecionou demonstra a habilidade e o entendimento da forma que Hesse propõe. A forma das letras é construída a partir de um grid com unidades muito pequenas; os cantos externos das hastes, que seriam historicamente curvas de ponta a ponta, são apresentados com um raio circular. As contraformas, porém, permanecem angulares para criar uma repetição da forma positiva e negativa que gera uma aparência mecânica. A única anomalia estrutural no conjunto — o Z — é forçada a se igualar por um corte reto na sua diagonal a fim de produzir uma contraforma retilínea.

O contraste de curva e ângulo é um aspecto importante da linguagem visual das formas das letras. A alternância entre esses dois estados é evidente no contraste entre os vazios internos e os contornos externos, bem como na sua confrontação em quadrantes próximos.

A remoção da forma retilínea do Z inicial cria uma congruência rítmica e lógica com as outras letras — que têm naturalmente espaços internos. Isso impede que o Z se desconecte visualmente do conjunto por causa de sua diferença estrutural intrínseca.

O estande da feira comercial explora a linguagem linear por meio de materiais, introduzindo um padrão de acabamentos brilhantes e foscos no ambiente.

Estudos de caso de projetos 26 Identidade visual da Zapp

EVOLUÇÃO DO DESIGN

Segundo Hesse, houve poucas, se alguma, mudanças. A papelaria, as brochuras, os relatórios anuais, o site e demais aplicações foram organizados, formatados, ilustrados com fotografias claras e coloridas que mostram produtos e pessoas, sem muito alarde. "O refinamento" diz ele, "esteve mais relacionado ao conteúdo."

Cada fase do design e da produção é regida pela mesma abordagem metódica para resolver um problema e produzir o resultado muito bem elaborado, como uma peça de mobiliário. "Há aspectos do design, como em uma cadeira, que são dados. A cadeira precisa suportar peso contra a pressão da gravidade. Ela deve ser confortável. Essas coisas nunca mudarão. Então, para algumas coisas, o fabricante de cadeiras sempre fará o mesmo. Mas elas podem ser claras ou escuras, de metal frio ou de nogueira antiga — e é nesse aspecto que há um pouco de espaço para a diversão", opinam Klaus e Christine.

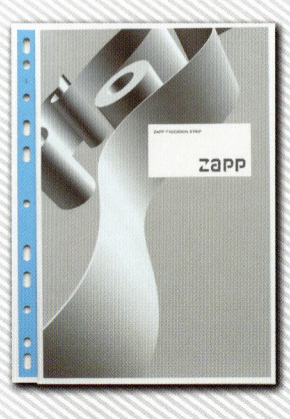

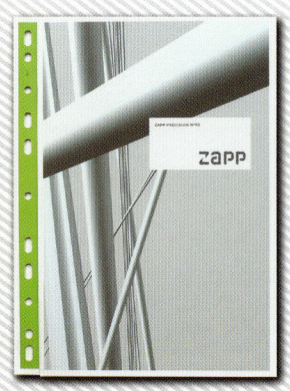

As aplicações seguem grids rígidos e combinam a tipografia sem serifa neutra com uma paleta de cores contida baseada em um cinza claro e três diferenciadores. As ilustrações e a fotografia são prospectadas ou projetadas individualmente, seguindo diretrizes estabelecidas em um manual informal.

Tanto as ilustrações tridimensionais como as fotografias complementam as qualidades luminosas e lineares do logotipo.

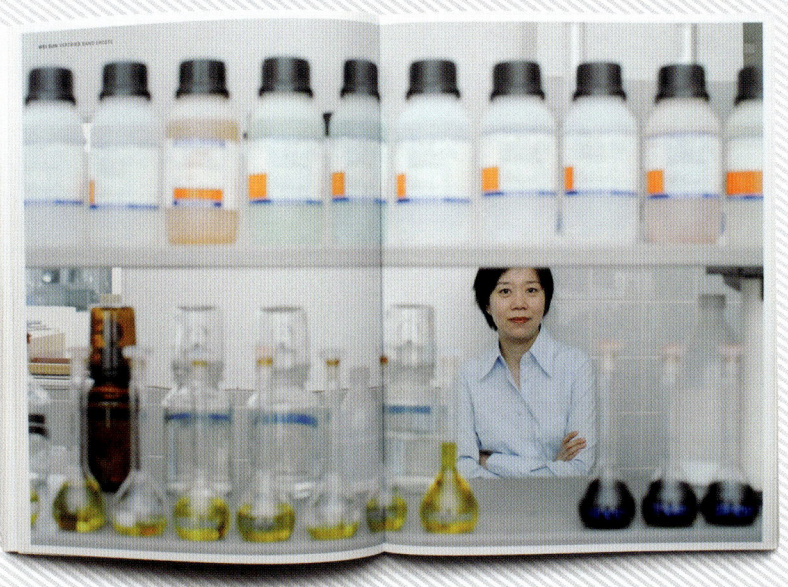

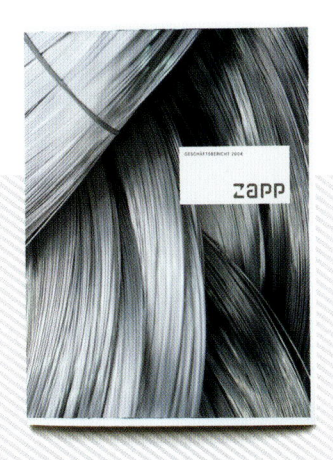

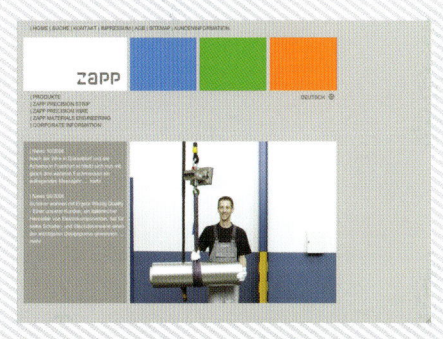

As imagens dos funcionários põe em cena um elemento humano, em fotografias meticulosamente produzidas e perfeitamente enquadradas.

Estudos de caso de projetos **26** Identidade visual da Zapp

EVOLUÇÃO DO DESIGN

27

Design de capa de livro: *Miss Invisible*
Red Canoe | Deer Lodge, Tennessee, EUA

O Red Canoe é um pequeno estúdio composto de duas pessoas que produz design sofisticado para pessoas sofisticadas – especialmente pessoas que gostam de ler, visto que o design de capas de livros tem sido, ultimamente, uma parte importante da sua prática. Depois de criar o design do primeiro romance de Laura Jensen Walker, *Reconstructing Natalie*, o estúdio foi contratado para desenvolver a capa do próximo lançamento da autora, *Miss Invisible*. "Ela escreve com um estilo inteligente sobre tópicos sérios do mundo real que as pessoas não querem discutir", afirma Caroline Kavanagh, sócia do estúdio. "Como o objetivo do design do livro é uma embalagem adequada para o conteúdo, essa combinação de fatores exige uma abordagem especial."
A primeira coisa que Kavanagh e sua sócia Deb Koch fazem ao começar qualquer projeto é pesquisar. Para designs de capas de livros, como esse, isso significa ler o original.

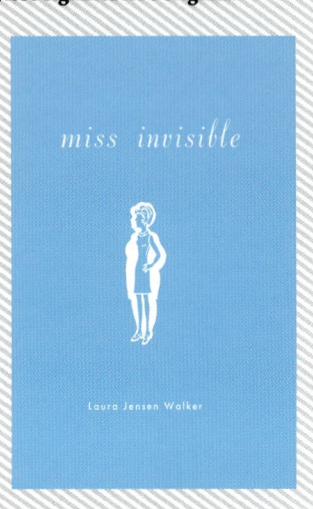

Falando sobre o que não está lá

Alguns esboços a lápis foram refinados, incluindo este conceito descartado que as designers consideraram muito literal – o que significa que ele não foi apresentado ao cliente. Outro, representando um par de chinelos vazios sobre uma balança, combinava melhor com a dualidade das ideias que elas selecionaram a partir da leitura do original. O posicionamento do título em vermelho no mostrador da balança parece indicar que a protagonista atingiu o peso no qual ela se torna invisível.

Normalmente, o editor também envia "folhas de sugestões", ou resumos de marketing, que descrevem a composição demográfica do público leitor alvo, o alcance do autor, outros títulos que interessariam o público leitor, etc. "Se não houver um original, lemos capítulos de exemplo, proposta de livro – qualquer coisa que possamos pedir, emprestar ou roubar do cliente", explica Koch. A partir da leitura, as designers criam listas de palavras-chave e frases que podem avaliar e discutir para descobrir conexões entre as ideias. Para *Miss Invisible*, o título forte insinuava a história – as dicotomias na relação que as pessoas têm com a comida e as respectivas consequências sociais lastimáveis. "A personagem do romance é obesa, mas gosta de cozinhar; ela é nutricionista", relata Kavanagh. "Os alimentos são nutritivos, mas, em excesso, estão associados à obesidade – e pessoas obesas são invisíveis na nossa sociedade. Pessoas esbeltas muitas vezes olham pessoas obesas com menosprezo. O que carrega outro duplo sentido – se uma pessoa fosse obesa, seria difícil não ser notada. Assim, a combinação dessas ideias é o conceito da capa." Criar esboços, para essa dupla, é algo raro quando se trata de uma capa de

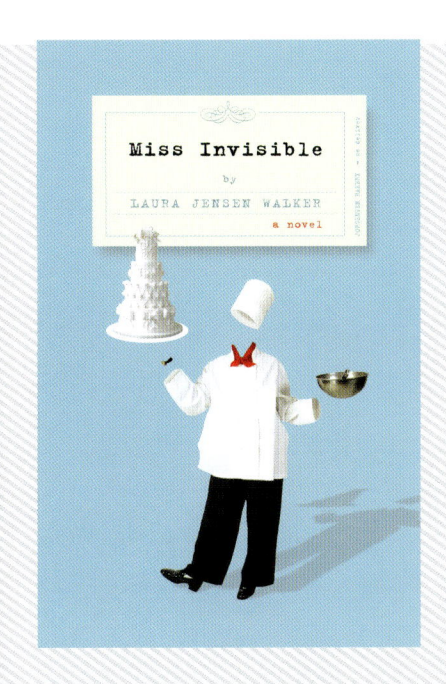

> "Três ideias são muitas vezes a regra. Significam a certeza de que podemos viver com qualquer uma delas — mas é quase impossível não ter uma candidata favorita no grupo.
>
> Deb Koch, sócia

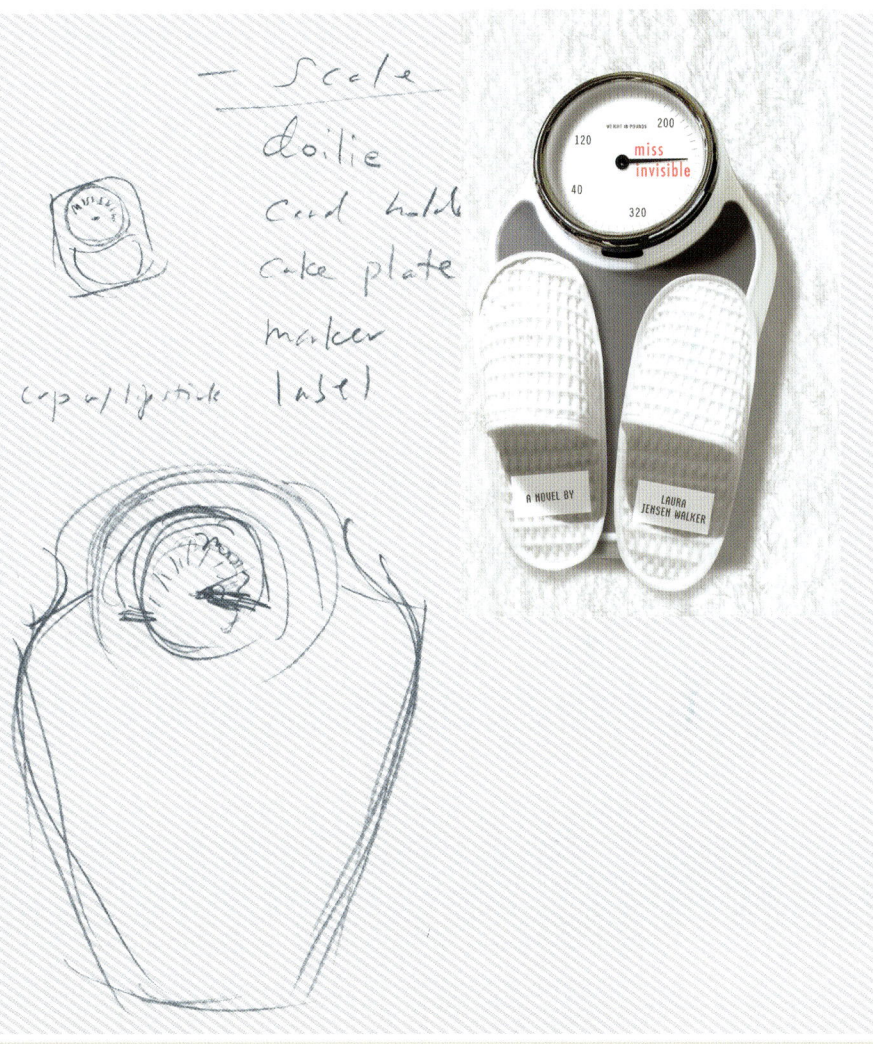

Outra interpretação bem-humorada, embora literal, focaliza os dotes culinários da protagonista. Um tratamento datiloscrito para o título evoca a metáfora visual de um fichário de receitas.

livro. Se utilizados, são como meio rápido de comunicação entre as parceiras. "Mesmo assim, é mais provável que 'falemos' por meio de esboços criados no Photoshop", conclui Koch. "O ponto de partida geral, porém, é um novo arquivo do Photoshop." ▌À medida que Kavanagh trabalha, aumenta o número de camadas com o teste de diferentes combinações de fundos, imagens e tratamentos da tipografia. "Talvez os arquivos de trabalho, algumas vezes, tenham mais camadas do que o programa permite", comenta. Frequentemente, as camadas são salvas a partir do zero para proteger o material mais antigo quando uma determinada direção começa a dar errado. "Às vezes uma ideia inicial, talvez prematuramente rejeitada, revela-se brilhante." ▌Mais ou menos duas semanas mais tarde, o Red Canoe apresentou três conceitos para a capa do *Miss Invisible*, um número padrão para elas. "Se o tempo e a prática do setor permitissem, preferiríamos mostrar somente uma e continuar daí", observa Koch. ▌As apresentações são entregues via email em arquivos PDF, uma vez que o estúdio Red Canoe fica, surpreendentemente, um pouco isolado no meio do Tennessee. Textos fluidos são incluídos na apresentação para repre-

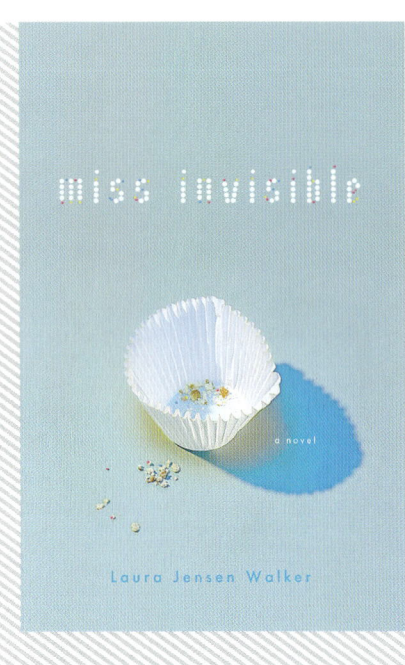

O conceito aprovado utilizou uma fotografia existente de autoria do colega e colaborador de longo prazo das designers, Peter McArthur, que parecia capturar todos os elementos conceituais da narrativa — as relações dicotômicas entre comida, obesidade, educação alimentar, visibilidade e invisibilidade (considerando que o próprio bolinho havia "desaparecido").

Os principais refinamentos no layout focaram a tipografia e a cor do fundo. O cliente preocupou-se com a legibilidade das letras formadas pelo polvilhamento. As designers primeiro simplificaram o tratamento do título, começando novamente a partir de uma fonte matricial. Elas acrescentaram elementos coloridos para criar a sensação de que as partículas caíram dos tipos. Em uma série de etapas, elas também escureceram o azul do fundo para aumentar o contraste com as letras brancas. Por fim, foram ampliados os pontos que formam as letras, e uma sombra intermediária foi removida.

Na tipografia do título, a progressão do mais complexo ao mais simples é também do mais literal ao mais abstrato.

A forte simetria dos principais componentes do layout é interrompida pelo posicionamento da sombra projetada e das migalhas, uma decisão que ajuda a ativar o grande plano de espaço azul.

sentar as designers, que dedicaram um bom tempo para elaborar e editar sua escrita. "Nossa experiência indica que algumas pessoas são mais sensíveis à palavra", reflete Kavanagh. "Elas não recebem as informações visuais em um nível visceral, e é crucial que sejam capazes de ler sobre as ideias. Outras pessoas veem e não leem. Simplesmente temos de apresentar nosso pensamento." O conceito selecionado (uma embalagem de bolinho como evidência de alguém que não mais está lá para ser visto) foi escolhido porque sua ideia parecia muito clara — nada faltando, nada sobrando. "Fazemos uma avaliação antes das apresentações ao cliente. Se não houver um motivo para algo, provavelmente ele não será necessário", diz Kavanagh. Uma fotografia simples e um tratamento inteligente para o título expressam o conceito com clareza, mas ainda sugerem algum mistério. "Capas de livro, em nossa opinião, não devem tentar contar toda a história; a curiosidade é um elemento importante."

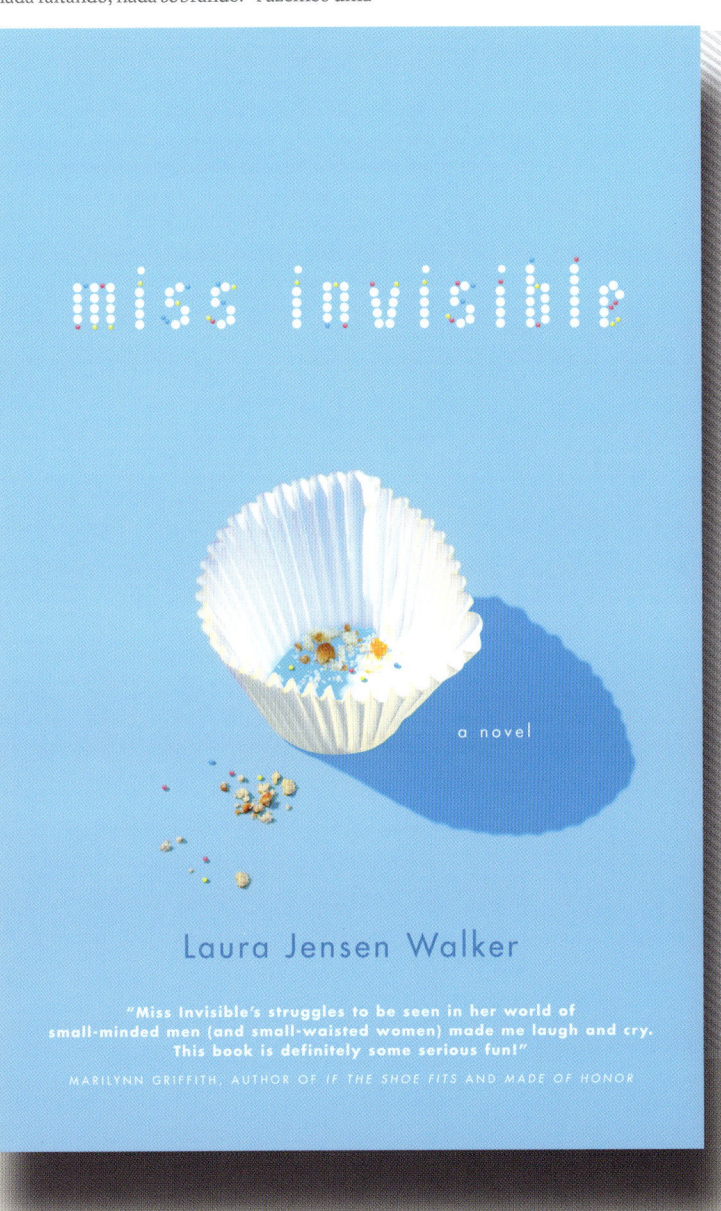

> Nossa ideia indicou a necessidade da imagem de um item específico e real; assim, a fotografia foi a escolha óbvia. Além disso, a simplicidade visual desejada sugeria uma tomada direta. Somente em alguns casos o orçamento permite contratar um fotógrafo ou ilustrador. O fotógrafo Peter McArthur, com quem trabalhamos em outros projetos, tem um estilo direto, claro e maravilhosamente colorido.
>
> Caroline Kavanagh, sócia

A capa final mostra o acréscimo de farelo para criar efeito e da face do tipo de apoio — Futura, uma face sem serifa e geométrica — que corresponde formalmente à linguagem de linhas/pontos do título e ao grande ponto criado pelo papel do bolinho.

28
Criando uma comunidade visual

Identidade visual da cidade de Wodonga
GollingsPidgeon | St. Kilda, Austrália

Wodonga — uma pequena cidade da Austrália do Sul, na província de Victoria — está passando por um período de expansão. Sua população de aproximadamente 35 mil habitantes aumentou regularmente a uma taxa de 1,8% entre 2000 e 2005, tornando-a uma das cidades de crescimento mais rápido da província. Até recentemente, Wodonga permaneceu sob a sombra de sua cidade-irmã maior, Albury, do outro lado do rio Murray. Impulsionado por esse crescimento repentino, o governo local decidiu que a cidade deveria capitalizar seu potencial para o turismo e para o desenvolvimento comercial e cultural. Para tanto, contratou a firma de design GollingsPidgeon a fim de fortalecer sua identidade... criando uma. Uma fonte personalizada, cujos direitos de uso pertencem à comunidade, conferiu uma característica inconfundível e amigável a essa comunidade em crescimento e uniu passado e presente em uma linguagem visual colorida e atraente.

> Sempre pesquiso nossa biblioteca de referências sobre design, história, fotografia, arte, arquitetura e moda. Também tenho uma parede com pôsteres, cartões postais, experimentos tipográficos, além de pinturas e desenhos da minha filha de quatro anos.
>
> David Pidgeon, diretor

Os cadernos de Pidgeon mostram os escritos e os esboços que formaram grande parte do seu processo ao desenvolver a nova identidade da cidade. Variações na construção da forma da letra mostram como a mesma letra pode ter estruturas formais diversas, permitindo ao designer personalizar a forma a fim de alcançar a sensação desejada.

"Era um desses briefings confusos em que o público-alvo é todo mundo", diz David Pidgeon, diretor de criação do estúdio. "Assim, nossa abordagem precisava de flexibilidade para atingir diferentes níveis de comunicação." Pidgeon concentrou seus esforços em uma marca tipográfica para o nome da cidade que evocasse a ideia de vínculos, de aproximação entre os habitantes de uma comunidade. ▌Focalizar a identidade em uma forma tipográfica, e não em um símbolo ou ícone, significava que ela poderia existir em praticamente todos os ambientes e reter sua presença. Essa escolha também evitaria questões políticas ou culturais delicadas que poderiam emergir com o uso de uma imagem específica. "Tentamos mostrar apenas um conceito, mas muitas vezes apresentamos o processo de raciocínio que nos guiou até ele, o que também pode incluir soluções alternativas. Na nossa proposta inicial, fundamentamos a ideia tipográfica com referências a um brasão tradicional e também à marcação de gado, visto que Wodonga é um dos maiores mercados de gado na região. O raciocínio era muito elementar; o cliente odiou a ideia e pensou em passar o trabalho para outro estúdio." ▌Apesar do

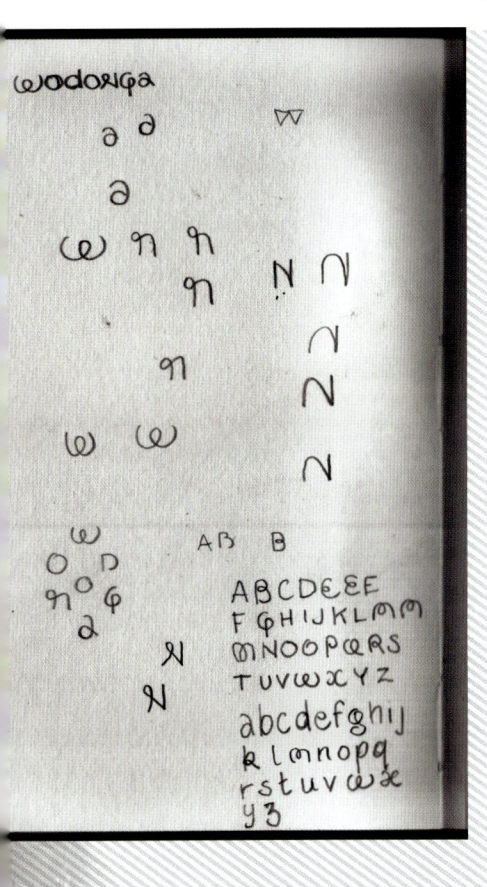

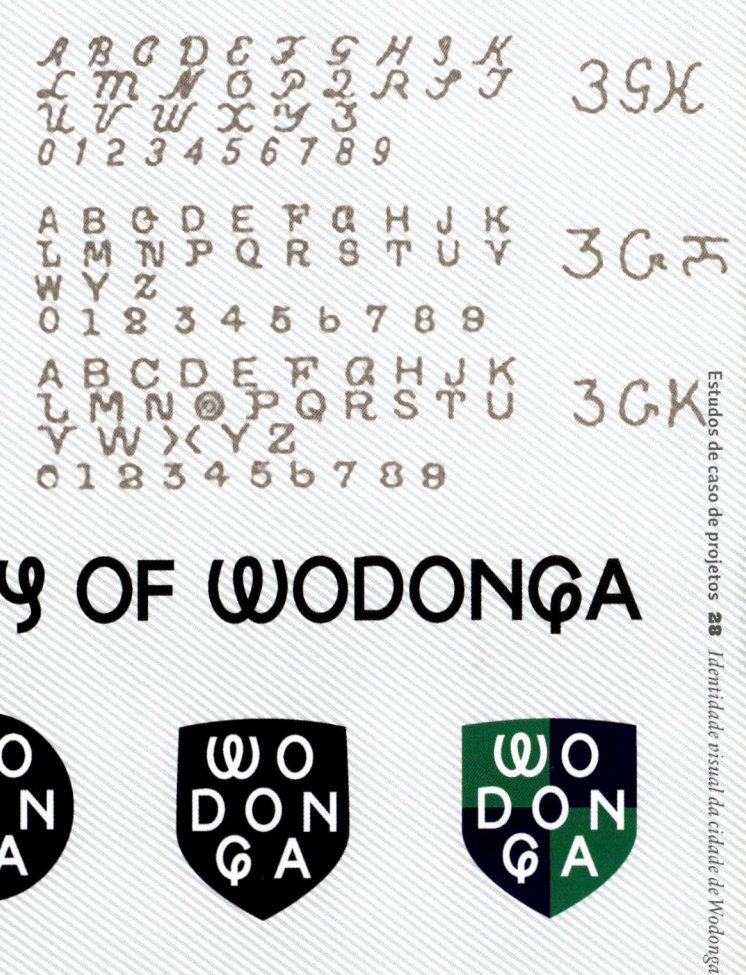

As primeiras iterações da marca nominativa da cidade de Wodonga eram formadas principalmente por fontes existentes, com alteração formal no W e no G, para a personalização.

Os esboços mostram várias configurações para as letras, tanto em uma linha como em formato triangular. Esse último desenvolvimento foi uma resposta à ideia de se criar uma insígnia, ou brasão, para a cidade — conceito que foi completamente descartado pelo conselho da cidade.

fracasso, Pidgeon achava que o conceito tipográfico precisava apenas de alguns pequenos ajustes — o estilo estético, no entanto, teria de mudar de direção. "A solução tipográfica dessa identidade veio de uma face experimental que eu havia criado chamada Hex, baseada na geometria de um hexágono e sem qualquer elemento estrutural horizontal. Consegui utilizar o que havia aprendido a partir desse processo para criar as formas dos caracteres da cidade de Wodonga." Pidgeon fez uma segunda apresentação da nova marca tipográfica; a cidade a aprovou com entusiasmo. ▌Pidgeon realizou pequenos ajustes nas formas e criou todo o alfabeto. Ao desenvolver a papelaria, construiu uma linguagem visual para os símbolos que representariam os diferentes aspectos e atividades da cidade. A inspiração foi a simplicidade do conceito dos marcadores de gado, descartado pela cidade na primeira apresentação. ▌Dessa vez, porém, foi utilizada uma linguagem de linhas que se relacionava diretamente à marca nominativa de Wodonga para criar figuras em uma estética moderna representando as várias atividades na cidade. As figuras poderiam ser utilizadas isoladamente ou em grupos variados. "À medida que desenvolvemos essa ideia, o cliente solicitou cada vez mais símbolos para representar a comunidade, e foi proposto que eles continuassem a ser desenvolvidos ao longo do tempo." A linguagem resultante é facilmente aplicável pelos vários órgãos da cidade, ajuda a personalizar seus projetos específicos e garante consistência.

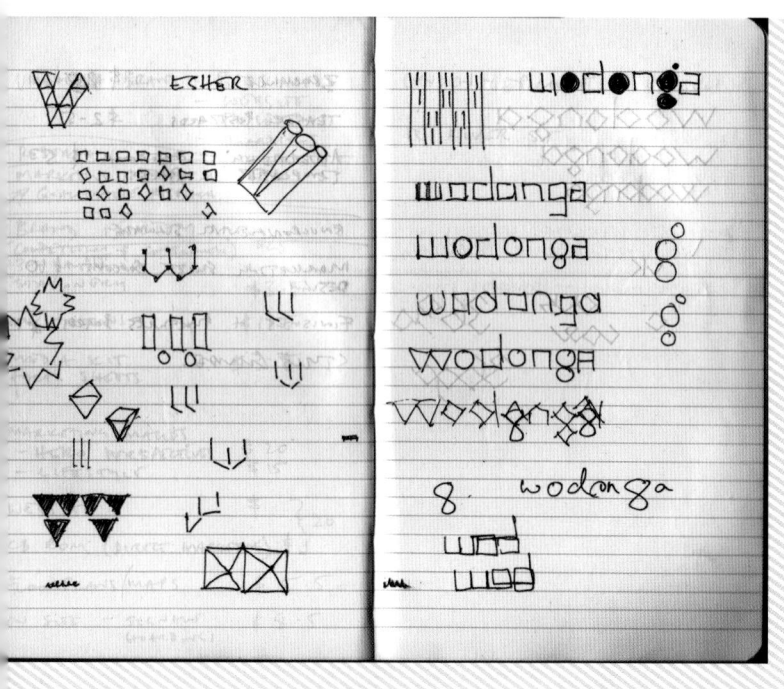

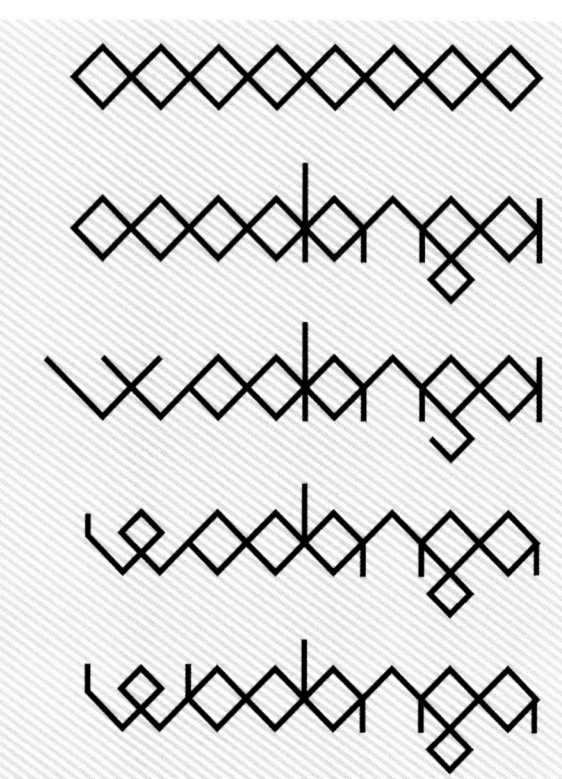

À medida que Pidgeon retomou a ideia de mostrar os vínculos entre as formas, surgiram configurações estruturais mais elaboradas. Seus esboços o levaram a revisitar uma face de tipo que havia criado para outro projeto, a Hex, construída utilizando um grid hexagonal. Aplicando a lógica da Hex a uma estrutura mais simples, Pidgeon foi capaz de criar uma marca nominativa continuamente interligada. A interconexão das hastes, como uma face manuscrita, criou um fluxo rítmico entre os caracteres e uma marca fortemente unificada — uma singularidade visual. A progressão da forma básica à estrutura da forma da letra é mostrada aqui em uma série de passos. Pidgeon aumentou o peso das hastes e arredondou os terminais para criar um contorno mais fluido; esses ajustes fortaleceram a unidade da forma, mas suavizaram sua angularidade, o que resultou em uma sensação mais amigável.

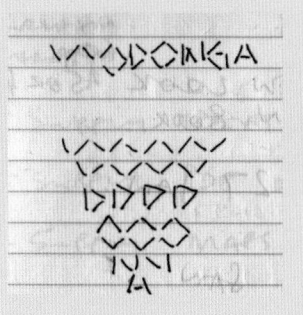

abcdefghijklmnop
qrstuvwxyz!@#$
%^&*()-=+{}[]:;
><"',.?/ 1234567890

> A forma visual para esse projeto consistia em criar uma marca memorável que reforçasse o conceito de vínculo dentro de uma comunidade. O fato de a marca também explicitar a palavra Wodonga foi uma preocupação secundária. O cliente demorou para aceitar essa proposta; eles queriam mais clareza na tipografia enquanto eu lutava para manter a força da forma.

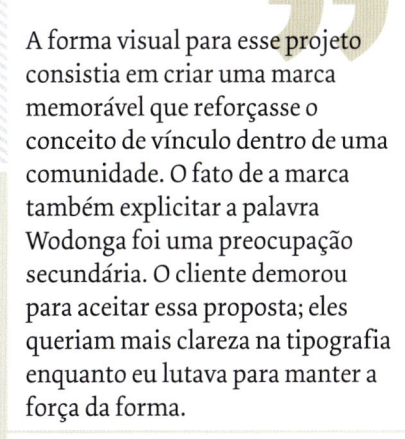

David Pidgeon, diretor

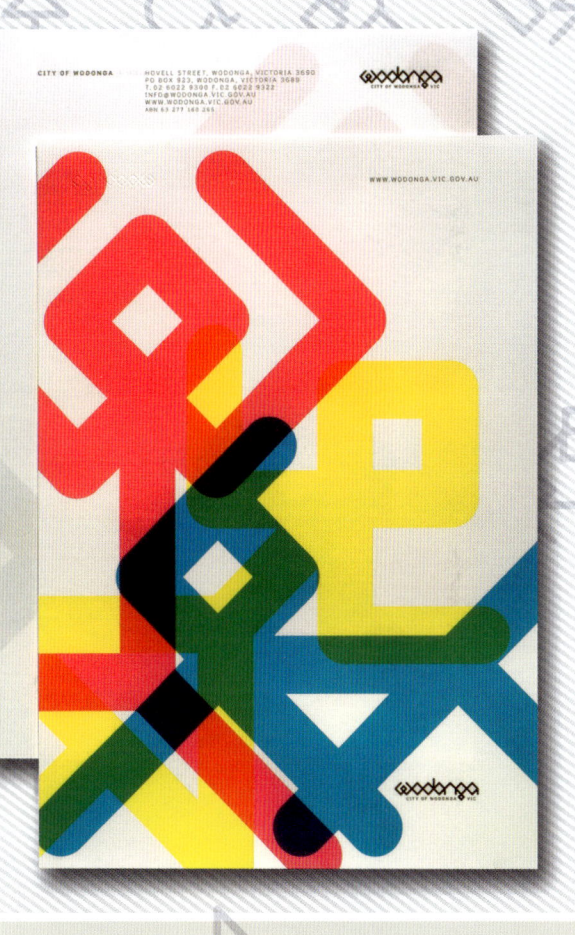

A papelaria foi desenvolvida rapidamente, unindo a marca nominativa a uma face sem serifa neutra em preto em um dos lados das aplicações e imprimindo uma composição dinâmica das figuras icônicas no lado oposto em cores de processo — ciano, magenta, amarelo e preto.

O cliente aprovou a nova marca e Pidgeon prosseguiu com o desenvolvimento das aplicações. Um dos primeiros passos era desenvolver os artigos de papelaria; Pidgeon voltou sua atenção à criação do alfabeto completo, com base nos caracteres do nome da cidade. À medida que fazia isso, ele percebeu uma semelhança entre algumas das formas icônicas das letras e as formas de marcas de gado que tinha testado anteriormente. Ele então criou um sistema secundário de ícones para representar as atividades da cidade utilizando a mesma linguagem visual do alfabeto.

Os componentes da identidade são úteis a vários objetivos e bastante flexíveis para serem separados, reempregados e transformados em novas formas, variando desde ilustrações de pessoas até decorações bem-humoradas na lateral de um caminhão de lixo.

A estrutura essencial do grid pode ser utilizada em aplicações tridimensionais, como na grade de proteção da raiz da árvore, que também funciona como arte pública, e para criar outras formas, como o escudo no totem de sinalização.

A capa do relatório anual apresenta as cores primárias (magenta, ciano, amarelo) em combinação com cores secundárias aditivas (laranja, violeta e verde). A simplicidade do esquema de cores é viva e divertida, apoiando a sensação de cordialidade da marca e dos ícones.

"Minha tendência é refinar em vez de criar inúmeras variações.

David Pidgeon, diretor

A identidade em si não depende da cor, mas suas formas podem ser facilmente convertidas em cores para uso em diferentes aplicações, como visto nos banners (cores únicas e múltiplas) e nas aplicações da sinalização.

29

Pôster do concurso de arquitetura do Calumet Environmental Center
Studio Blue | Chicago, EUA

Este edifício é para os pássaros

A Calumet Open Space Reserve é um pantanal preservado ao sul de Chicago e, estranhamente, uma das principais áreas industriais da cidade. Como forma de abordar esse paradoxo, a cidade deu início a várias iniciativas verdes e idealizou um centro de educação ambiental, a ser construído nessa área. O Department of Environment (DOE – Departamento do Meio Ambiente) da cidade organizou um concurso a fim de estimular as empresas a submeter propostas para o projeto do novo centro. O Studio Blue, de Chicago, foi selecionado para desenvolver o pôster de convocação para o concurso. Um desenho delicado apresentou o ninho de um pássaro no vocabulário de uma planta arquitetônica e, ao fazer isso, evocou discussões sobre sustentabilidade e extinção das fronteiras entre ambientes naturais e artificiais.

Os primeiros esboços mostram uma fascinação pela combinação entre as formas de pássaro, plantas e elementos geométricos. Trabalhar com temas reconhecíveis oferece liberdade para alterá-los a fim de se comunicar ideias e, ao mesmo tempo, mantém a clareza da mensagem.

Alguns esboços exploraram a fisicalidade do próprio pôster dobrado como forma de dividir e reconfigurar os elementos industriais e naturais.

Passar do trabalho manual para o digital permitiu uma justaposição mais específica dos componentes das imagens, como visto nesta série de ilustrações preliminares. O uso da ilustração realça a artificialidade das combinações das imagens, algumas ao mesmo tempo engraçadas e perturbadoras — especialmente a do pássaro usando a máscara de solda e a da fábrica exalando plantas.

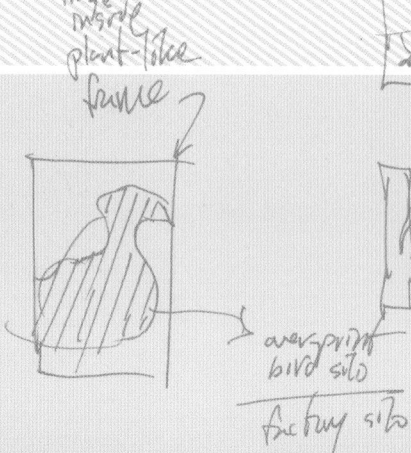

O estúdio começa os projetos coletivamente. A cada membro da equipe é atribuída uma tarefa — coletar referências visuais ou pesquisar as necessidades do cliente mais profundamente —, e então o grupo se encontra para a "geração de ideias informal". Cheryl Towler-Weese, uma das sócias do estúdio, descreve esse processo "como o programa de televisão *Win, Lose, or Draw*, com várias pessoas criando esboços rápidos na hora. Às vezes, é apenas uma palavra; outras, é uma representação. No final do processo", continua, "temos uma parede coberta de ideias. Ela pode não se parecer com nada, mas captura o tom desejado de um projeto." Para o pôster do concurso, Towler-Weese e os designers Tammy Baird e Garrett Niksch buscavam algo excepcional depois da sessão daquele dia. "O local onde cresci não era longe de onde o centro ambiental seria construído; portanto, conhecia a paisagem", conta Towler-Weese. "Nessa parte do meio-oeste, às vezes a natureza e a indústria coexistem de uma maneira surpreendente." Evocar essa ideia parecia apropriado, dado o local proposto para o futuro centro. Os primeiros esboços digitalizados experimentaram pássaros como protagonistas; essa escolha veio do conhecimento local, e o

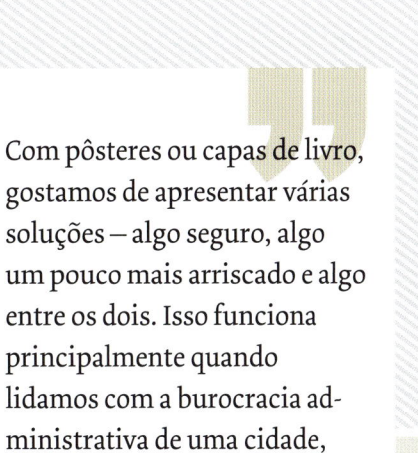

> **Com pôsteres ou capas de livro, gostamos de apresentar várias soluções — algo seguro, algo um pouco mais arriscado e algo entre os dois. Isso funciona principalmente quando lidamos com a burocracia administrativa de uma cidade, como nesse projeto.**
>
> Cheryl Towler-Weese, sócia

mesmo se deu para a direção geral – ninhos de pássaros ao longo do Calumet River. Niksch e Weese testaram justaposições surreais de pássaros e indústrias, inquietantes e bem-humoradas – em um dos esboços, eles colocaram o pássaro ao lado da imagem de uma fábrica sinistra; uma abordagem alegre mostrava o pássaro usando o capacete de um soldador.

Uma das direções mostrava o ninho do pássaro como uma espécie de planta arquitetônica. Tratamentos preliminares de tipografia foram acrescentados para a apresentação, em que o conceito geral e a qualidade visual eram questões cruciais. Towler-Weese e Niksch prepararam três versões. Quando o Studio Blue apresenta conceitos aos clientes, introduz os processos de pesquisa e de conceituação. "Isso especifica melhor a etapa em que se encontra o que eles estão prestes a ver", comenta Towler-Weese.

> Como a licitação visava atrair arquitetos mais jovens e contemporâneos, queríamos que o pôster tivesse um pouco de dissimulação – algo que não seria capturado à primeira vista.
>
> Tammy Baird, designer

Nesta etapa, os designers investigaram o uso de tipografia em combinação com as imagens. A disposição vertical do texto nesses estudos funciona como um contraponto à disposição diagonal do pássaro e faz alusão às chaminés de uma maneira menos literal do que as ilustrações anteriores.

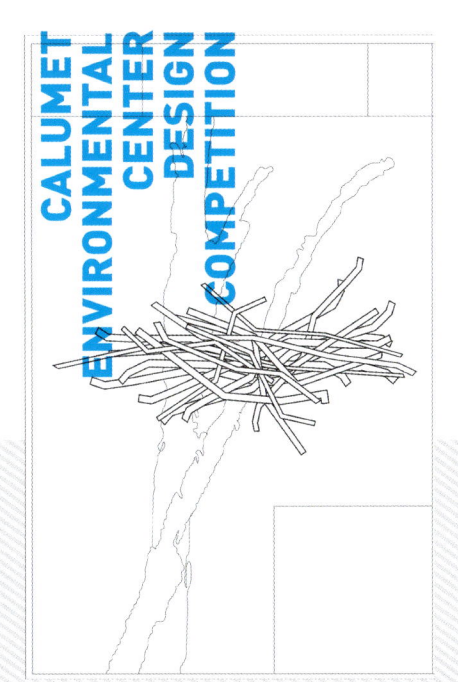

O cliente gostou imediatamente do conceito de ninho, mas tinha uma recomendação muito específica. O pássaro representado na árvore não era da espécie correta para a área, o ninho era muito simples e não evocava o emaranhado do ninho de uma garça de verdade. Além disso, o cliente achava que a linha do horizonte precisava ser mais parecida com os edifícios perto do local real. ▎Niksch e Baird atenderam essas solicitações e desenvolveram o conceito mais detalhadamente ao longo das quatro revisões seguintes. Como as silhuetas da garça

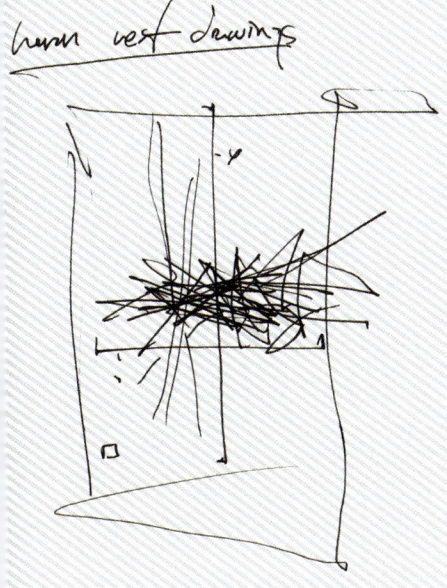

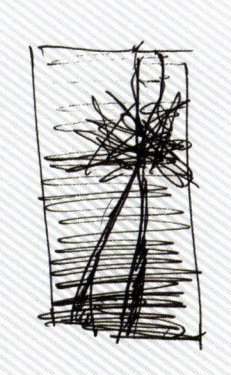

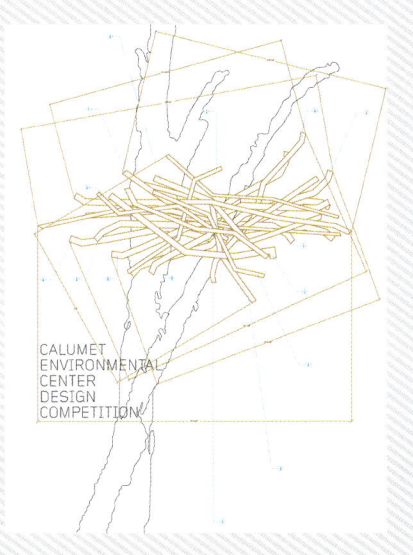

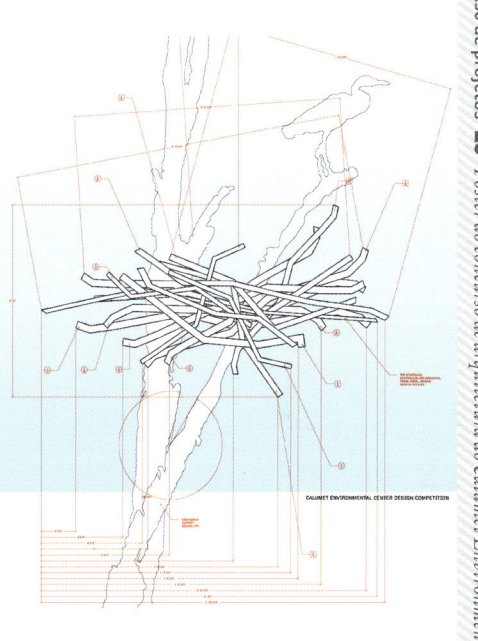

A ideia de um ninho, a arquitetura feita por um pássaro, era recorrente em vários esboços à medida que os designers resolviam as combinações das imagens. Nestes estudos, o designer explora o tamanho, a posição e o valor relativo ou a densidade. Uma nota ao lado de um dos esboços sugere a ideia forte de criar o ninho como uma planta ou desenho arquitetônico.

A configuração vertical da tipografia ocorreu em um dos primeiros desenhos de ninho gerados por computador, digitalizados a partir de uma fotografia e executados com um plotter CAD. A força do texto sólido quase sobrepuja a ilustração.

Elementos diagramáticos extras que destacam as medidas espaciais da renderização em CAD acrescentam complexidade ao layout e esclarecem o conceito de "arquitetura de pássaro". A divisão em quadrados do espaço abriga a forma da árvore/ninho em uma estrutura robusta, reforçando sua qualidade arquitetônica. Em uma iteração posterior, um pequeno degradê de azul frio ajuda a suavizar a linearidade do pôster e introduz a percepção de espaço mais profundo. A inclusão da silhueta do pássaro esclarece ainda mais o tema.

EVOLUÇÃO DO DESIGN

e a linha do horizonte industrial precisavam evocar o ambiente específico ao longo do rio, foram realizadas fotografias do local, depois traçadas com o ScanFont – programa muito usado para digitalizar caligrafia no desenvolvimento de tipografias. Esse procedimento produziu contornos vetoriais extremamente precisos para os elementos que estabeleceriam o ambiente em que o centro da reserva natural seria construído. Para acrescentar uma camada arquitetônica de significado, o ninho (a "casa" da garça) foi dimensionado utilizando um software CAD. "O resultado é um tipo de planta arquitetônica ilógica", define Niksch. "As dimensões que você vê no pôster são, na verdade, avaliadas de acordo com uma escala."

> Gostamos da multiplicidade das narrativas. Elas têm mais a dizer do que parece.

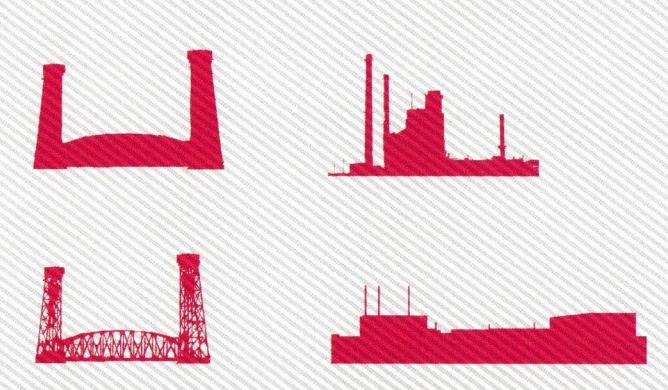

Cheryl Towler-Weese, sócia

Os designers continuaram a desenvolver o pôster introduzindo um horizonte construído, referindo-se à herança industrial do local do futuro centro. A especificidade foi crucial ao representar o ambiente natural; o cliente do Studio Blue no DOE queria que os edifícios industriais fossem representados de modo adequado para que o pôster refletisse com precisão o local do centro. Isso resultou no redesenho de cada elemento várias vezes, com base em diferentes referências fotográficas e várias teleconferências para discutir detalhes tão pequenos como a escala dos silos de cereais e o número certo de janelas para as fábricas. Alterar o esquema de cores geral de azul para verde acrescentou calor e uma associação mais imediata com a ideia relacionada ao meio ambiente.

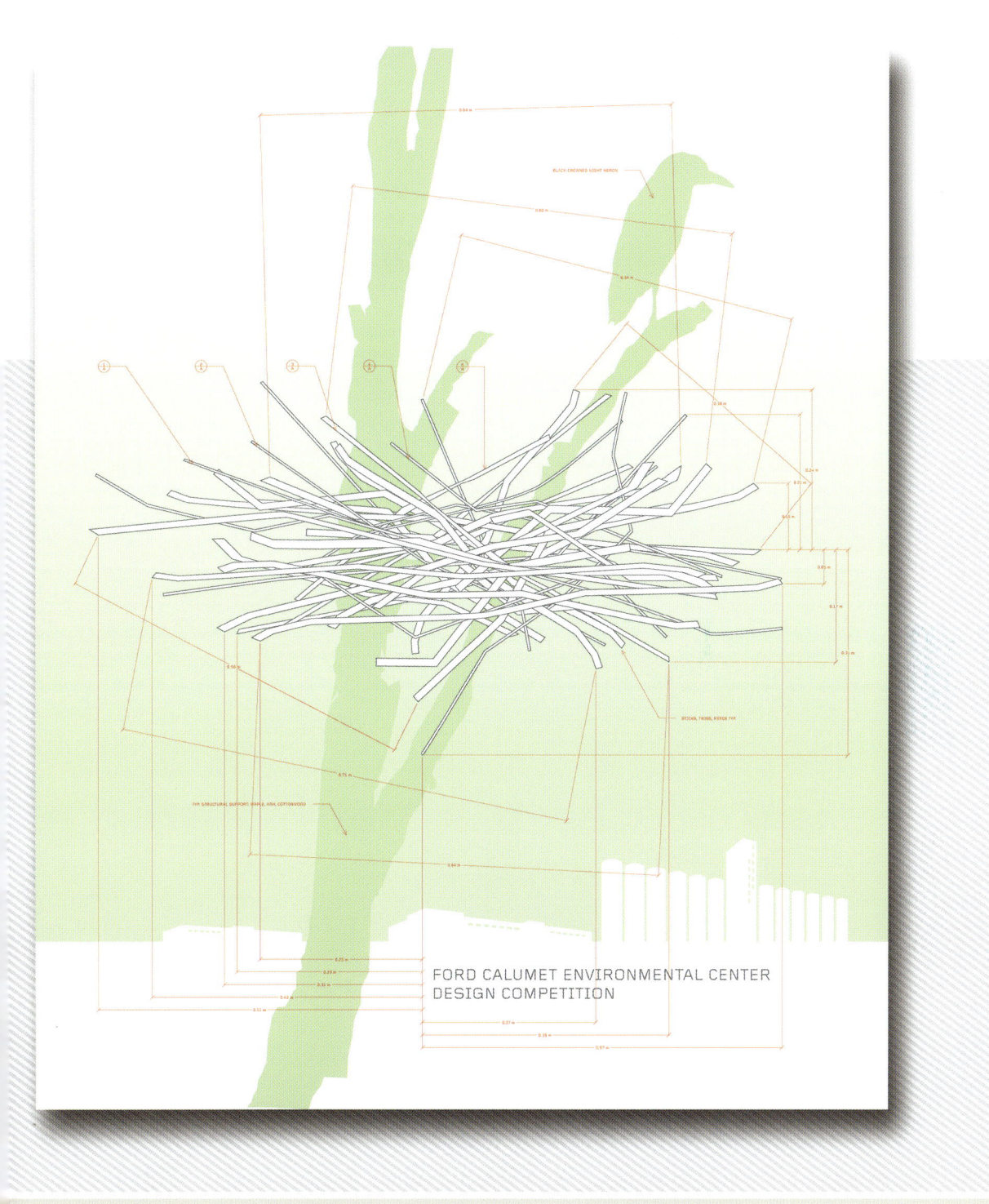

Estudos de caso de projetos 29 · *Pôster do concurso de arquitetura do Calumet Environmental Center*

FORD CALUMET ENVIRONMENTAL CENTER
DESIGN COMPETITION

A gradação tonal do fundo aumentou a profundidade espacial introduzida pelas cores; o preenchimento das silhuetas da árvore e do pássaro com cores chapadas criou a percepção de um plano intermediário. Manter o tratamento do ninho com contornos projetou-o ainda mais no primeiro plano.

Reservar a cor vermelha para as linhas diagramáticas ajudou a separá-las do desenho do ninho para que os dois elementos permanecessem distintos. A escolha de um vermelho intenso é complementar ao verde pálido utilizado para a árvore, o pássaro e o fundo.

A complexidade dos elementos desenhados camuflou uma divisão forte porém sutil do espaço ao longo do formato com uma série de diagonais delicadamente inclinadas; por exemplo, a leve inclinação da vertical primária da árvore foi compensada pelo galho que se ramifica para cima e à direita e os edifícios industriais que se erguem gradativamente no horizonte.

Embora inicialmente obscurecidas pela nuvem de linhas, as divisões assimétricas espaciais produzem formas negativas fortes em intervalos decisivamente diferentes. Compondo a tipografia toda em caixa-alta com um tipo sem serifa, leve e regular, o designer conectou visualmente a qualidade linear do tipo àquela da ilustração.

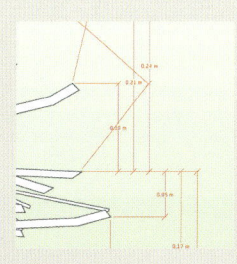

EVOLUÇÃO DO DESIGN

30

Redesign de garrafa: Shango Rum Liqueur
Wallace Church, Inc. | Nova York, EUA

Profundo, escuro e delicioso

O mercado de bebidas destiladas luxuosas está saturado. Pense, por exemplo, em todas as marcas sofisticadas de vodka disponíveis atualmente. Disputar atenção em um nível estritamente visual costumava funcionar, mas dentro desse concorrido setor, cada vez mais segmentado em diferentes subculturas e estilos de vida, a imagem precisa de um reforço. Shango é um saboroso rum cuja marca explorava a cultura mítica para criar fidelidade em seu público-alvo, mas não estava contando sua história. Para fazê-lo de maneira eficiente, a marca precisava ser abordada a partir de um novo ponto de vista – ponto que a Wallace Church, Inc., empresa nova-iorquina de branding estratégico e embalagens, descobriu quando começou sua pesquisa.

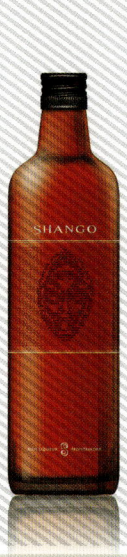

A marca da garrafa original era muito complicada; a textura linear, toda em branco sobre uma superfície vermelha, impedia que os consumidores distinguissem facilmente formas e texto. Além disso, a escolha de elementos ilustrativos não conseguia capturar a profundidade simbólica da mitologia que a marca pretendia evocar.

O cliente queria manter a garrafa vermelha; assim, os designers da Wallace Church produziram a ampla maioria dos seus estudos nesse esquema de cores. A combinação de vermelho e branco era um dos aspectos visuais que mostrava precisão — essas eram as cores simbólicas do Shango.

Shango (Xangô) é uma figura divina da Santeria, um sistema espiritual Iorubá levado à Cuba pelos escravos trazidos da África para a ilha. A religião foi forçada a passar para a clandestinidade por causa do seu conflito com o catolicismo, mas ainda é uma força espiritual e cultural poderosa no Caribe. "Shango é famoso e reverenciado por muitas pessoas", explica Stan Wallace, diretor da empresa. ▌A convergência dessas e de outras variáveis (que o rum é produzido em Cuba, por exemplo) orienta a principal comunicação da marca — seu nome proveniente de um deus — e seu posicionamento entre consumidores jovens urbanos, africanos e latino-americanos. A marca procurava uma conexão com as raízes culturais entre os membros desses grupos, bem como noções românticas de poder, mito e sexualidade elementar. ▌O design da garrafa, apesar de sua cor vermelha incomum, mostrava uma miscelânea iconográfica pseudoafricana. Além de o " detalhamento ser poluído e confuso, o desenho poderia ser considerado ofensivo — um motivo no estilo polinésio, ou Tiki, com folhas, lanças, elmo e uma falsa tipografia "tribal". O que faltava — além de bom gosto — era autenticidade e emoção.

Os novos conceitos variavam desde estudos de aproximação das imagens simbólicas relacionadas diretamente ao Shango e à Santeria — o machado de duas lâminas e o carneiro —, a imagens Iorubá mais gerais, como a máscara, até conceitos simbólicos por trás da mitologia caribenha, incluindo a serpente infinita, o sangue e a fumaça. Também foram testadas imagens contemporâneas como graffiti, texturas digitais e figuras ilustrativas. Esses últimos conceitos, embora apresentados ao cliente, foram considerados pouco relevantes em relação à mitologia do Shango, apesar de serem importantes por abrirem novas possibilidades. A intuição da Church, apesar do briefing do cliente, indicava que a garrafa deveria ser preta para comunicar a conexão de Shango com a noite e para se referir aos aspectos mais secretos e misteriosos da Santeria. Essa personificação mais escura também poderia referir-se ao problemático contexto histórico que levou a religião Iorubá à Cuba — o comércio de escravos. Contra a expectativa, o cliente decidiu que o instinto da Church estava correto e aprovou o design da garrafa preta.

Os designers da Wallace Church, equipados com histórias sobre Shango coletadas de várias fontes e imagens fornecidas pelo cliente, começaram a criar o esboço dos novos conceitos. O projeto deveria se desenvolver em um espaço de tempo relativamente curto — seis meses entre o início e o lançamento —, assim, a investigação passou rapidamente para o meio digital. O briefing do cliente solicitou que os designers mantivessem a cor vermelha da garrafa, porque Shango normalmente é identificado com vermelho e branco. ▌A maior parte da exploração buscava trazer referências críveis dos mitos Iorubá, evocando a iconografia associada a Shango: seu machado de dois gumes, a cabeça de carneiro, formas de máscaras, etc. Stan Wallace, diretor de criação, e sua equipe apresentaram 15 conceitos. ▌Um dos conceitos mostrados desviava-se do briefing. "Embora Shango seja representado por vermelho e branco, tínhamos uma forte impressão de que o preto transmitiria misticismo e o lado escuro da história de maneira mais eficaz", diz Wallace. "Apresentamos um projeto para mostrar como ele funcionaria, e o cliente aprovou." ▌A garrafa preta apresentava uma face vermelha marcante, parecida com uma máscara, mas desfocada e fantasmagórica. Parecia espreitar do interior profundo da garrafa, como se alguma entidade tivesse sido capturada e aprisionada dentro dela. Um logotipo elegante em tipografia serifada, um mínimo de texto descritivo e um delicado ícone de machado completavam o design da garrafa com uma narrativa misteriosa, austera e, de certa forma, apaixonante. Os fabricantes do Shango ficaram tão satisfeitos que pouco refinamento foi necessário. ▌Os detalhes tipográficos foram solucionados rapidamente e a imagem da face — fotografada no próprio estúdio por razões orçamentárias e manipulada digitalmente — passou por modificações na densidade e na nitidez a fim de que a qualidade da sua reprodução na garrafa pudesse ser testada.

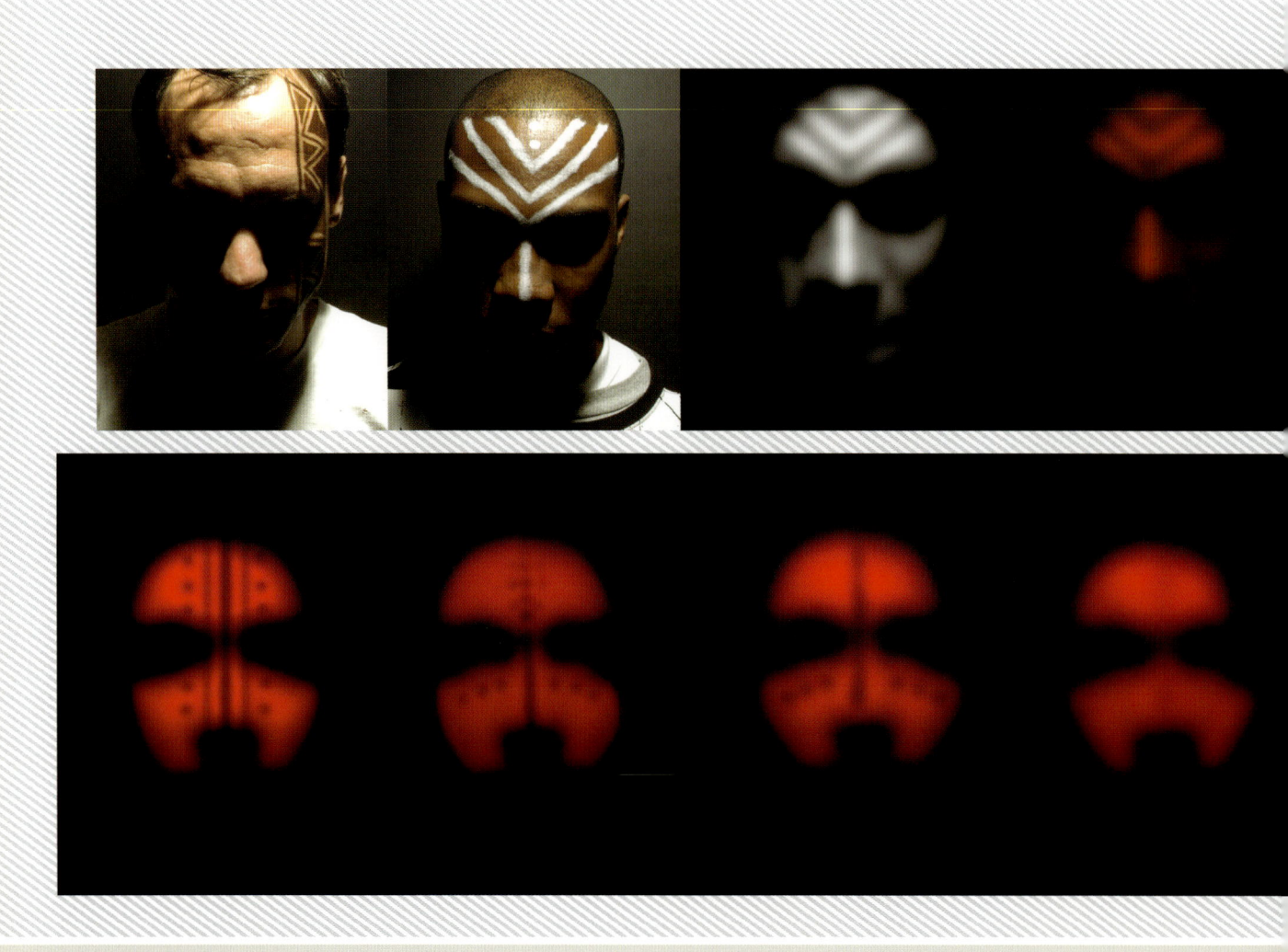

Houve pouca modificação no design da garrafa depois que o cliente aprovou o conceito. Um ícone abstrato foi substituído pelo símbolo de Shango, o machado de duas lâminas; e o corpo do tipo na parte inferior foi ligeiramente aumentado. O espaçamento do texto todo composto em caixa-alta foi aberto um pouco para garantir melhor legibilidade; pontos vermelhos foram incluídos para sugerir brasas.

A imagem fantasmagórica da face vermelha, que é o elemento central do design, recebeu a atenção maior. Foram realizadas fotografias de teste com diferentes modelos, tanto caucasianos como afro-americanos, com e sem pintura facial. A iluminação em alto-contraste ofereceu uma qualidade mais escultural, fazendo com que a face lembrasse uma máscara. A imagem foi manipulada digitalmente.

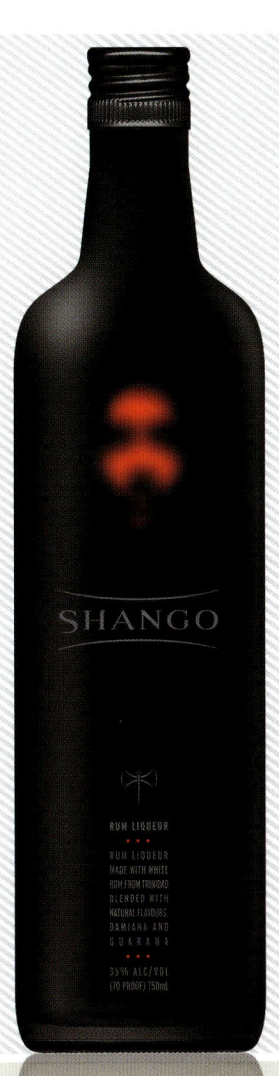

O logotipo do Shango é uma variação do tipo Percolator. Foram introduzidas diferenças nos contornos das letras, a partir das formas originais, para exagerar as curvas sinuosas do S e personalizar ligeiramente as proporções e os detalhes das outras letras.

Estudos de caso de projetos **30** Redesign de garrafa: Shango Rum Liqueur

EVOLUÇÃO DO DESIGN

31

Pôster promocional da Pigeons International Performance
Thomas Csano | Montreal, Canadá

A história do mundo em três atos

Como parte da celebração de seu vigésimo aniversário, a Pigeons International, companhia de dança-teatro de Montreal, organizou uma apresentação multimídia de suas últimas três peças, uma trilogia da obra de Paula de Vasconcelos que investiga o estado do planeta Terra. O designer gráfico Thomas Csano havia criado o pôster para a primeira parte, *Babylone*, cerca de três anos antes, quando da estreia da peça. Desta vez, Csano criaria um novo pôster para promover o espetáculo de três atos.

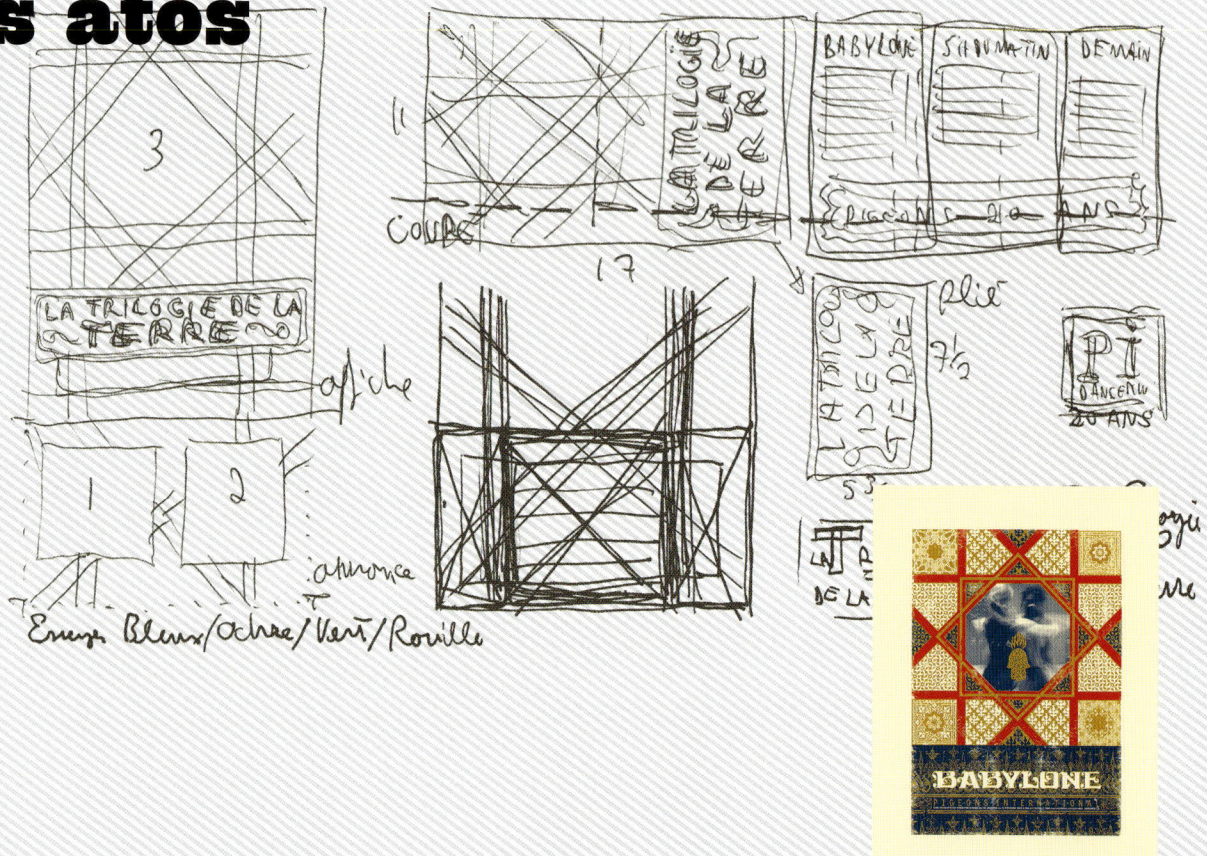

O pôster que Csano criou para a peça *Babylone* fazia referência explícita ao Oriente Médio por meio do uso de padrões de mosaicos e uma estrutura modular em quadrados que formam uma estrela.

Nos primeiros esboços para *Trilogie*, Csano imaginou uma trilogia literal de espaços geométricos, compostos de minicartazes baseados no design original do pôster da peça *Babylone*. Embora comunique claramente a ideia de trilogia, ela não capta a magnitude do evento, comunicada por um título maior que abrange todos os atos.

Csano brincou com a exibição de uma Mão de Fátima como imagem icônica central, mas o cliente considerou essa ideia abstrata demais e pediu que Csano utilizasse fotos de cada espetáculo.

Cada um dos três espetáculos em *La Trilogie de la Terre*, ou Trilogia da Terra, é um trabalho que explora uma sequência temporal da história do mundo: passado, presente e futuro. A obra aborda questões relacionadas à evolução, à natureza, e ao triunfo e à tragédia humanos.

Como o espetáculo focalizava o passado, o pôster original de Csano para *Babylone* empregava tipografia exótica, texturas e um motivo modular inspirado no trabalho marroquino com ladrilhos. "Criei um grid centralizado e equilibrado e utilizei um efeito padrão inspirado nos elementos gráficos encontrados nas civilizações antigas", recorda. Ao revisitar esse conceito visual a pedido do cliente, Csano teve o cuidado de levar em consideração o que já havia sido feito e entendeu que o trabalho anterior teve boa repercussão. "Não é ideal", pondera, "mas terei de fazer com que funcione." Nesse caso, ele não teria de estabelecer a direção conceitual geral como havia acontecido anteriormente, mas precisaria revigorá-la a fim de torná-la relevante.

Para o pôster original da peça *Babylone*, a questão era discutir o assunto e associar ideias junto com seu cliente para escolher uma direção que ambos considerassem

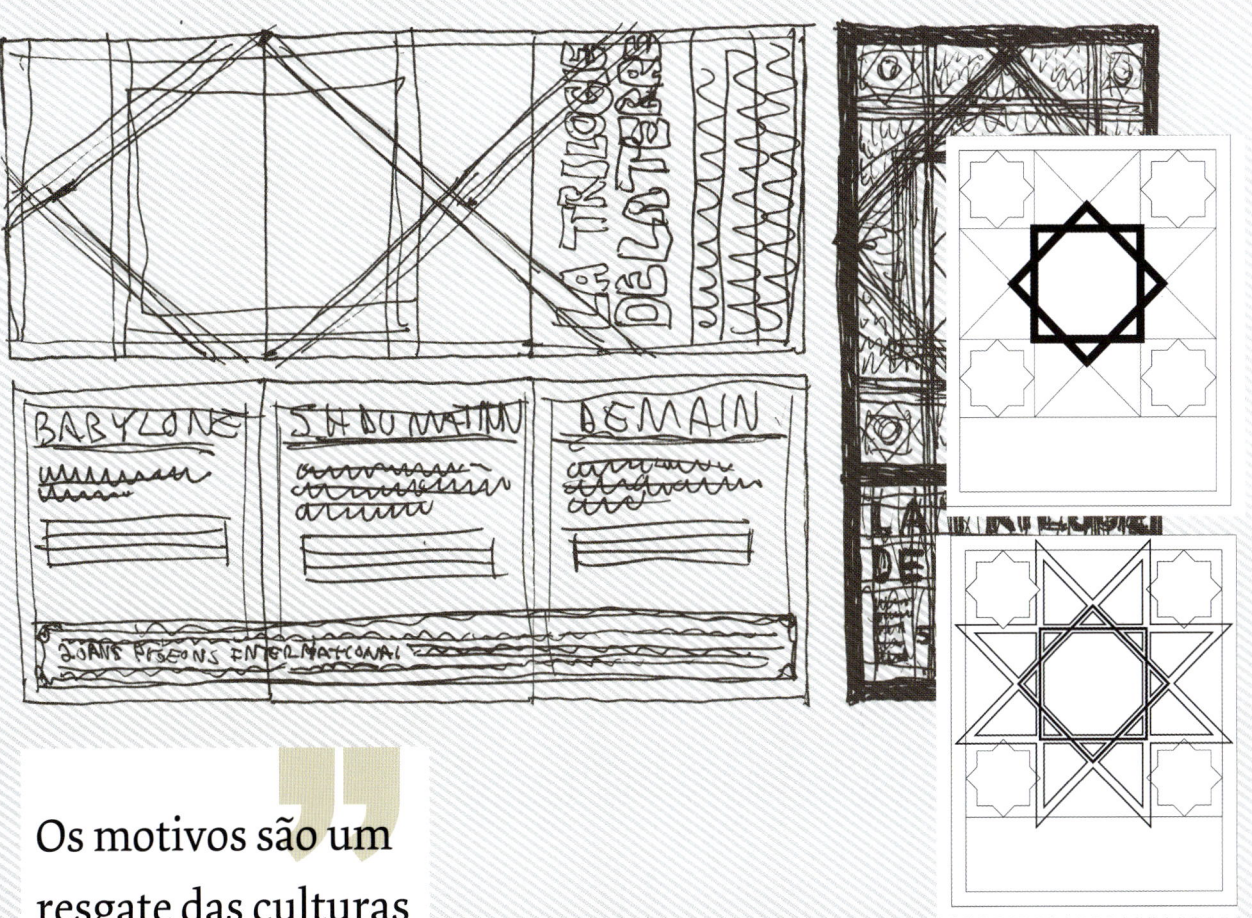

> ## Os motivos são um resgate das culturas da antiguidade.
>
> Thomas Csano, diretor

As imagens incluídas por solicitação do cliente foram primeiramente posicionadas nos quatro cantos da formação estrutural. A elas foram sobrepostos símbolos do sol para ajudar a integrar suas qualidades tonais ao padrão circundante.

viável. De acordo com Csano, esse é um método típico de trabalho, mesmo para clientes corporativos. ▌Depois das discussões, Csano trabalha primeiro manualmente e então passa para esboços digitais. "Visualizo em minha mente um produto quase acabado; quando começo a trabalhar, normalmente o esboço é quase o produto final", comenta. "Faço todas as modificações que preciso à medida que trabalho. A solução para esse design específico foi alterar e realterar o mesmo arquivo." Csano continua a abordagem colaborativa mostrando aos clientes as modificações feitas, mas geralmente não mais de três vezes. ▌No novo pôster, o grid geométrico permaneceu o elemento principal, com uma fotografia centralizada. Os elementos lineares do grid foram fortalecidos, e o título foi ampliado e reposicionado mais abaixo para ocupar a terceira parte inferior do formato. Uma tipografia menos decorativa foi selecionada, mas com textura desgastada para sugerir envelhecimento. O pôster conta com uma série de gestos simbólicos para a comunicação, como a qualidade envelhecida, padrões, formas de mandala, geometria e narrativa velada na fotografia.

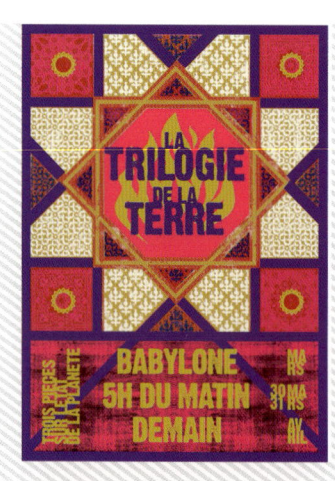

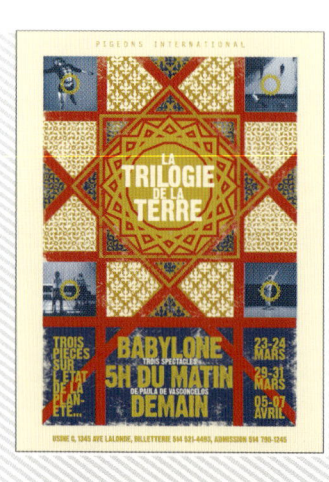

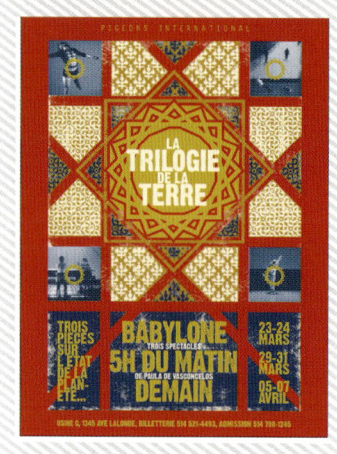

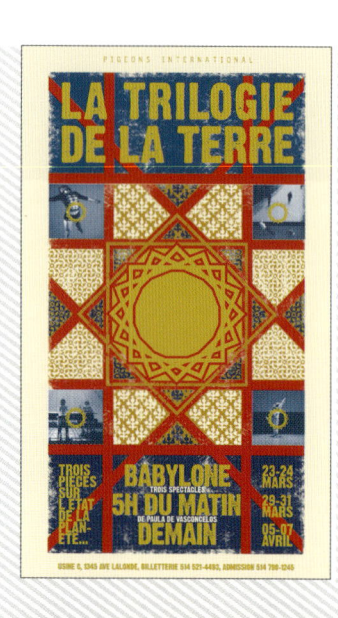

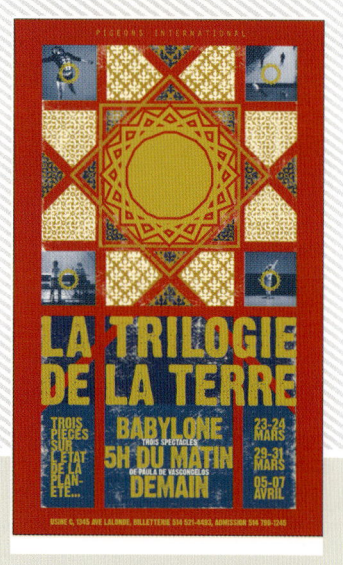

As variações testam as relações e a saturação relativa das cores. Um conjunto de matizes quase primários é utilizado, mas em cada variação ele é ligeiramente alterado. Por exemplo, na primeira exploração, o vermelho é mais frio, tornando-o mais análogo ao azul, que tende para o violeta. No próximo conjunto, o vermelho torna-se mais quente à medida que se desloca na direção do laranja, o que cria uma relação complementar com o azul menos saturado. O amarelo relativamente pálido permanece constante em todos os experimentos.

Junto com as cores, o designer leva em consideração variações no posicionamento do grid central e do título, testando o arranjo de cada um para determinar qual cria o conjunto mais forte de relações no formato. Alongar o formato cria uma relação mais harmoniosa e matemática entre esse campo gráfico e o grid central a partir das proporções da seção áurea. O formato alongado permite que a configuração do grid central, incluindo a fotografia, seja deslocada para cima, enquanto o título é posicionado mais embaixo; justificado, o título cria uma divisão horizontal forte entre as partes superior e inferior.

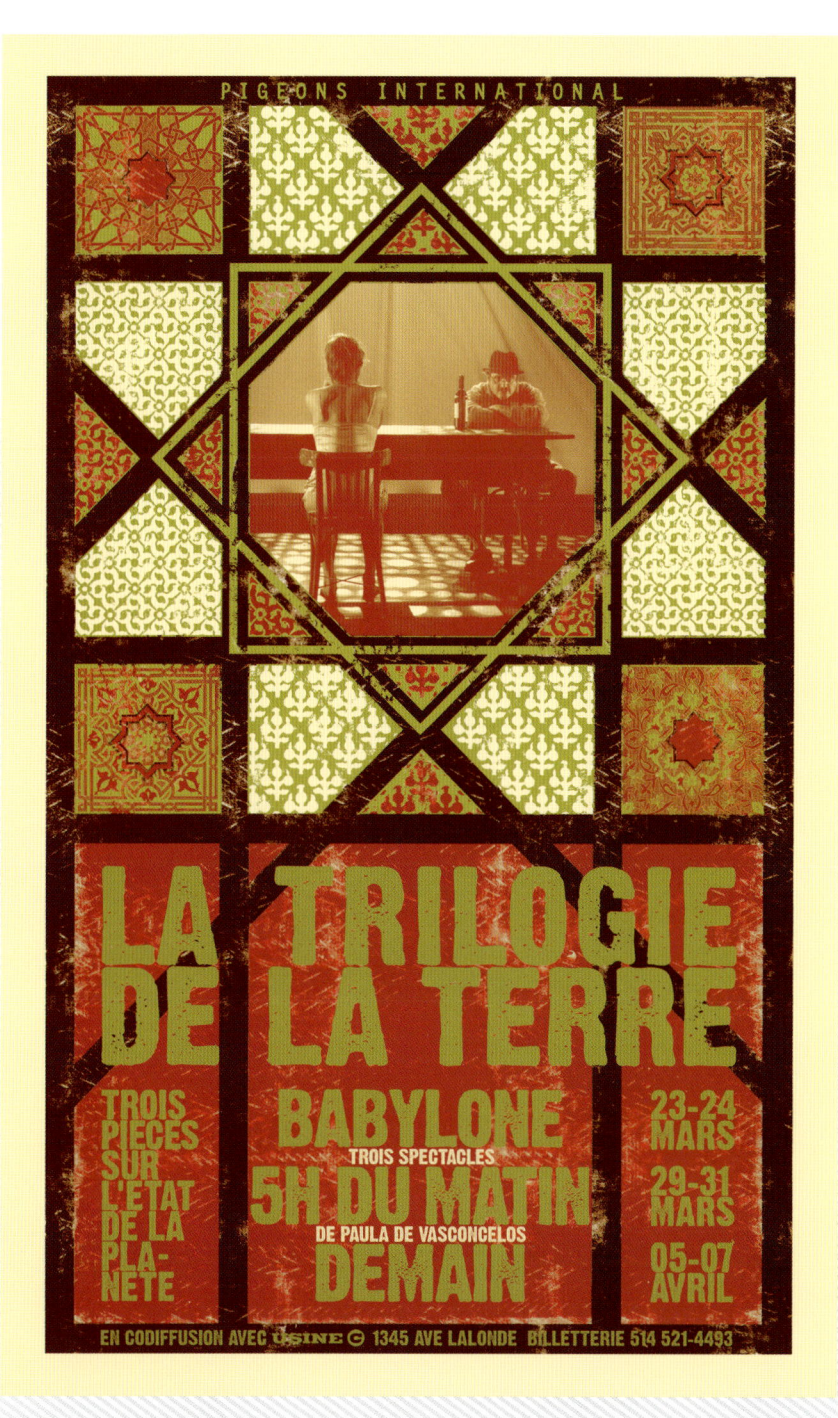

> A imagem é como uma janela no presente; essa imagem mostra uma tensão entre o homem e a mulher, uma dualidade entre jovem e velho. Parece haver uma comunicação entre os dois, que poderia ser uma discussão sobre o futuro.

Thomas Csano, diretor

O esquema de cores final transforma todas as cores em uma relação análoga de vermelhos amarronzados e dourados, com o componente de azul removido completamente. As quatro imagens laterais são substituídas por uma imagem central.

Na fotografia, uma narrativa misteriosa é sugerida pelas duas figuras, que parecem personificar opostos (dicotomias): masculino/feminino, jovem/velho, recuo/avanço.

32

Identidade visual do Sundance Film Festival de 2007
AdamsMorioka, Inc. | Beverly Hills, Califórnia, EUA

Ponto de ignição

A explosão de filmes independentes nos Estados Unidos ocorreu principalmente por causa da visão de Robert Redford, ator, diretor e fundador do Sundance Institute, organização dedicada a dar apoio ao cinema fora do sistema de estúdios de Hollywood. O Sundance Film Festival, evento anual realizado em Park City, Utah, traz visibilidade para novos cineastas e é um fórum de inovação. Há anos o estúdio responsável por capturar o espírito desse evento definidor de tendências é o AdamsMorioka, localizado em Beverly Hills, Califórnia. O diretor do estúdio, Sean Adams, e sua equipe trabalham nesse projeto anual com paixão, reconhecendo a posição de destaque do festival como árbitro cultural e seu papel em manter certo rigor estético. "A maioria das mostras de cinema independente caem na armadilha de querer ser 'moderna'. Isso só é bom quando aplicável", diz Adams, "mas o Sundance nunca deve tentar ser moderno." Depois de meses de trabalho intenso, a identidade do festival de 2007 ganhou vida, apresentando uma imagem eficiente, poderosa e elementar.

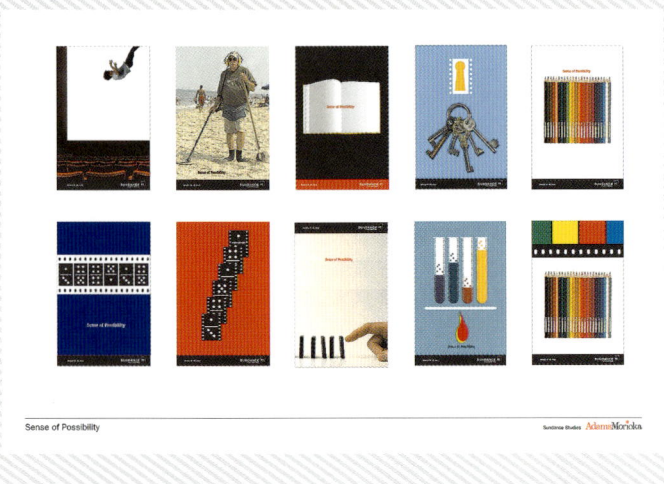

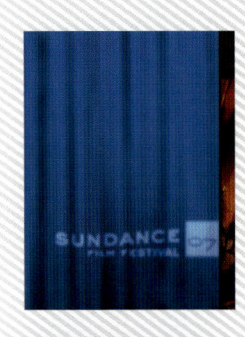

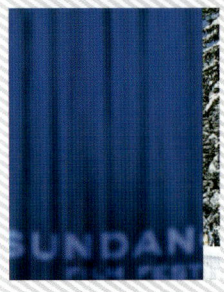

Cada prancha conceitual registra o nome do conceito — este foi denominado "Sense of Possibility" (Senso de Possibilidade) — e mostra como ele seria expandido em algumas aplicações hipotéticas. O conceito "Sense of Possibility" usa o ícone do fotograma catalisado por diferentes elementos.

Um conceito sobre a expectativa propôs representar uma cortina de tela de projeção que esconde e revela ambientes vistos durante o festival.

"Começamos com meus terríveis esboços manuais. Eles são praticamente impossíveis de entender", diz Adams, "ao mesmo tempo, trabalhamos digitalmente com as informações do ano anterior para explorar questões relacionadas a tipografias e formatos." ▌A fase de exploração inicial é desafiadora para o estúdio AdamsMorioka. Trabalhando diretamente com os diretores do instituto, Robert Redford e Jan Fleming, e também com um grupo interno do Sundance, eles acharam difícil decifrar e priorizar as diversas ideias geradas. Adams observa que, durante uma discussão sobre o festival de 2007, Redford teve uma visão forte para comunicar a ideia de comunidade e os rigores de se produzir um filme independente, o que possibilitou algum foco. ▌Além disso, o período de geração de ideias era relativamente longo e tendia a sobrepor o anterior. "Como criamos o design do festival nos últimos cinco anos, é difícil dizer quando as explorações de um ano pararam e as do próximo começaram. Se fosse necessário especificar um cronograma inflexível para a fase de exploração para este ano, eu diria que ela duraria aproximadamente três meses", comenta Adams. ▌As necessidades do projeto – não simplesmente criar imagens, mas também ajudar a circulação de 50 mil pessoas no local –, bem como o impacto da mídia sobre a exposição do festival, eram prioridades entre as considerações da equipe na exploração de ideias. Embora criada para os patrocinadores, profissionais ligados à indústria cinematográfica e demais participantes do festival, a imagem deveria transmitir a ideia principal rápida e claramente para aqueles que a vissem em materiais impressos e na televisão (provavelmente a maioria das pessoas) – em noticiários ou em segmentos como o *Entertainment Tonight*, por exemplo. ▌Para a criação do conceito de 2008, a equipe do AdamsMorioka – composta por Volker Dürre como diretor de arte do projeto e pelos designers Monica Schlaug

Esse conceito propôs uma colagem divertida das imagens de pássaros como uma alternativa ao temas conceituais densos. Um conceito cujo tema é o inverno brincou com a composição de vários flocos de neve produzidos a partir de figuras e equipamentos da indústria cinematográfica.

> "Quando o cliente tem senso de criatividade, é melhor trabalhar compartilhando ideias, para então excluí-las, até que se chegue a um acordo. Isso elimina a inevitável pergunta: "Você não experimentou fazer em vermelho?"."
>
> Sean Adams, diretor

Este conceito, intitulado "Ignition" (Ignição), mostrava uma chama explodindo em labaredas sob diferentes configurações em vários materiais impressos. A paixão, a intensidade e a energia criativa indicadas por essa direção capturavam as ideias de Redford, e a equipe de marketing do Sundance julgou que elas eram importantes neste ano.

e Chris Taillon — mergulhou nos experimentos dos anos anteriores para garimpar os conceitos considerados, desenvolveu-os em novas direções e ainda gerou outros a partir do zero. Uma unidade de disco rígido dedicada ao Sundance organiza os arquivos para referência fácil. Além disso, o estúdio também mantém uma biblioteca de formas, ideias para cores e artefatos visuais que são explorados à medida que os designers trabalham. No final, a equipe apresentou 75 conceitos, em várias montagens, a Redford e à equipe do Sundance. "Os piores foram deixados de lado", reflete Adams. Ele explica o raciocínio por trás dessa apresentação extensa: "A visão de Robert Redford é o componente mais importante. Como um cineasta extraordinário, ele, junto com Jan Fleming, tem uma capacidade de discernimento que sempre aprimora uma ideia."

▌Cada conceito é apresentado em um grande painel que inclui anotações sobre sua mensagem e como ele poderia ser aplicado às famosas publicações do festival, por exemplo, o guia de filmes. Alguns conceitos continuam a ser investigados à medida que novos são propostos, enquanto outros são descartados imediatamente e arquivados para consideração futura. ▌Depois de muita discussão, o conceito do fogo foi escolhido como imagem principal para representar a mensagem

> Mantivemos a restrição de utilizar somente o fogo, sem recorrer a truques gráficos ou tipográficos. Deixamos a mensagem ser o que era.

Volker Dürre, diretor de arte

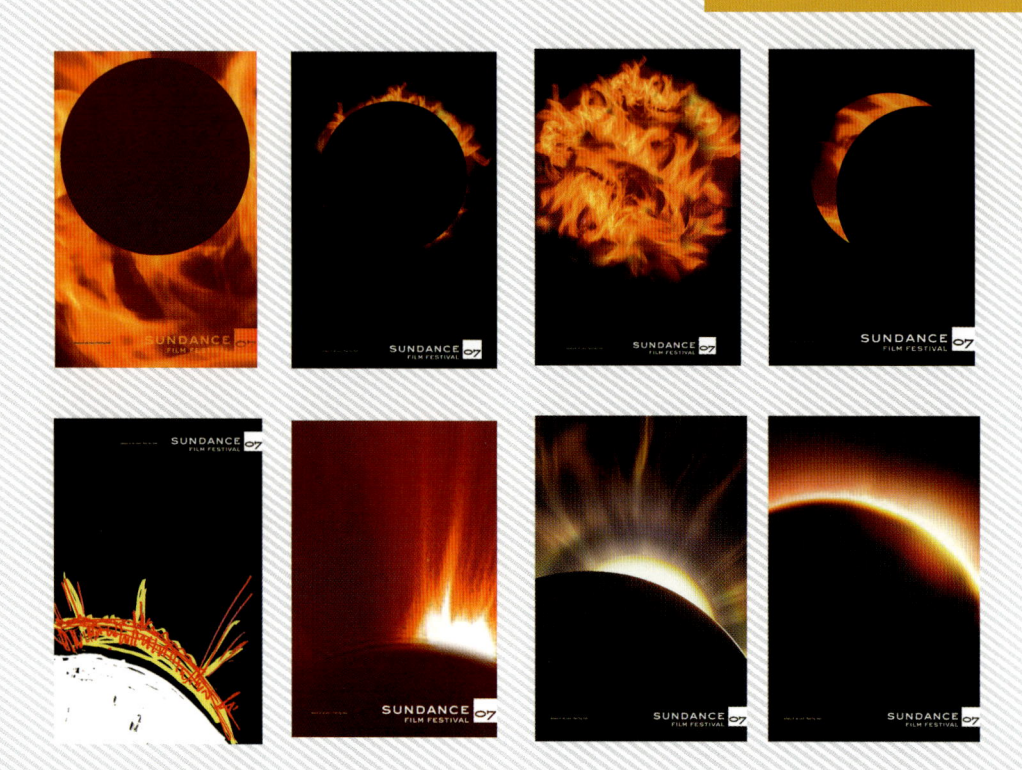

Depois da aprovação, os designers começaram a definir a linguagem da imagem da ignição e o comportamento do fogo. Esses estudos preliminares previam uma bola de fogo ardente a partir da explosão, fazendo uma referência ao sol, mas sem buscar uma representação literal.

Essas imagens exploram o campo circular ligado às chamas. O ponto de vista e o corte sugeriam mais a coroa de um eclipse solar do que um objeto faiscando pela ignição. As imagens sem o objeto sólido não remetiam claramente ao fogo — pareciam um pouco com a pele de um animal — e a ausência de um objeto "inflamável" não criava a ideia da ignição.

Esta imagem começou a capturar o sentido da ignição; o objeto sólido era suficientemente indistinto e sua forma não propunha qualquer identificação.

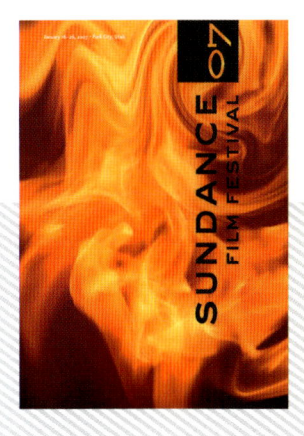

do festival de 2007. A ideia elementar sugeria energia e impulso criativo para a equipe bem como evocava noções de ritual e encontros, como em volta de uma fogueira. "Focalizamos a energia do fogo, não o aspecto destrutivo", explica Volker Dürre. "O objeto incendiado nunca é mostrado. Não há qualquer filme queimando ou elemento gráfico para confundir a mensagem", esclarece. Duas semanas foram necessárias para o refinamento do design, com poucas modificações no conceito. A equipe combinou a ideia da chama com o uso de uma tipografia para título personalizada a partir de uma face em serifa quadrada extendida, a

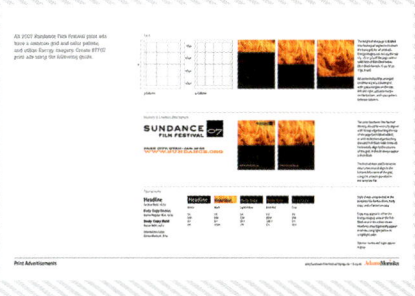

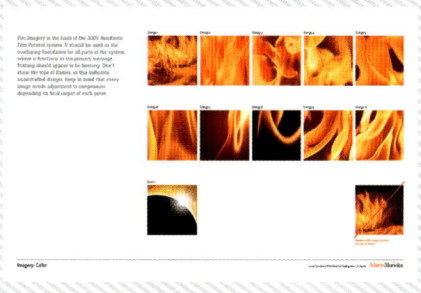

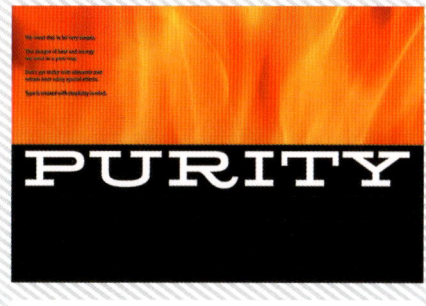

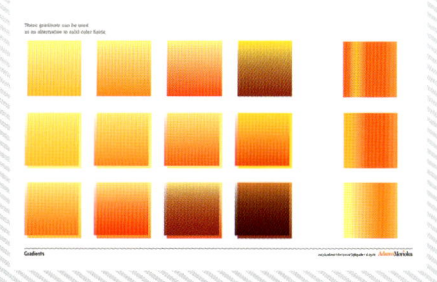

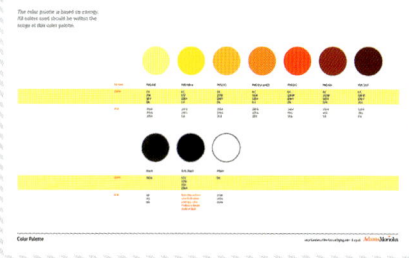

EVOLUÇÃO DO DESIGN

As imagens de ignição e chamas foram por fim pintadas por um artista, que conseguiu capturar a atividade essencial da ignição, da chama e da labareda que a equipe de design procurava. Ficou claro que, para evitar uma interpretação negativa — destruição —, nenhum objeto queimando poderia ser mostrado; o foco deveria estar nas chamas, não em sua fonte.

A equipe de design desenvolveu regras coerentes para o corte do fogo, bem como diretrizes para as cores, tipos de papel e tipografia, que foram enumerados em um manual de estilos.

Os títulos foram compostos em uma face de tipo com serifa quadrada, personalizada a partir da Hellenic Wide, um antigo tipo de metal originalmente distribuído pela fundição Bauer. A alteração mostrada aqui foi feita para expandir as formas das letras e exagerar seu ritmo horizontal. Uma face sem serifa com proporções ligeiramente condensadas foi escolhida para estabelecer volumes complexos de informações — descrições dos filmes, horários, créditos, etc. A caixa condensada oferecia contraste com a face do título, e mais variações de pesos e itálicos para as necessidades hierárquicas detalhadas do texto. Uma terceira face, a Boton, foi selecionada como intermediária — funcionando como uma transição visual entre a face estendida de título e a sem serifa condensada —, porque apresenta serifa quadrada, cujo traço tem peso uniforme, e proporções condensadas. Os designers desenvolveram um segundo peso para acrescentar flexibilidade à cor tipográfica.

Hellenic Wide, devido a sua sensação visual ligeiramente ocidental e a sua semelhança de proporções ao logotipo do Sundance Film Festival. Uma face sem serifa, a Section, foi escolhida para o texto informativo por causa de sua versatilidade e variações de pesos. E uma terceira, a Boton, foi utilizada como face intermediária, com a adição de um peso extra para aumentar a flexibilidade. ▎O refinamento do design também incluiu o desenvolvimento de uma paleta de cores, basicamente matizes quentes, e os conceitos relacionados à formatação incluíam estruturas em grid, posicionamento do logo do festival e cortes da imagem. ▎"Qualidade e habilidade são essenciais para a mensagem. Todos os elementos, desde o arco de uma chama específica às relações proporcionais entre texto e logo, são refinados", continua Adams. "A imagem é uma ilustração, pintada por um artista extraordinário, Mike Lavallee, do estúdio Killer Paint — a fotografia nunca teve a nitidez ou a resolução necessária para peças em escalas grandes. Além disso, a ilustração possibilitou controle sobre as chamas; o que não é tão fácil com o fogo real", resume.
▎Além da organização da complexa programação e dos dados sobre o evento em uma configu-

Papéis nas cores vermelha, laranja e amarela quase fluorescentes foram usados nas peças gráficas impressas em uma cor, como ingressos e os artigos de papelaria mostrados aqui (papel timbrado e envelopes).

> Onde estaríamos sem um grid? Eu não cruzaria a rua sem um.

ração claramente navegável, as várias publicações e os materiais impressos apresentavam informações e imagens baseadas nas tradições cinematográficas. Partes da história são reveladas à medida que o observador avança por cada parte, experimentando picos e vales e um claro ponto-final. Às vezes, vários grupos de imagens da chama coexistem para indicar diferentes pontos de vista dos cineastas.

Sean Adams, diretor

A qualidade orgânica da imagem da chama permite uma variação infinita na visualização do conceito; cada ocorrência da chama é completamente original e nunca se repete. Conceitualmente, essa é uma mensagem forte que corresponde à visão de Redford e do Sundance Festival quanto à produção de filmes independentes.

As sequências de páginas duplas mostram as características da montagem cinematográfica que os designers utilizaram para dar ritmo ao conteúdo das publicações, editando lentos crescendos contrapostos a campos súbitos e explosivos da chama, bem como movimento em torno dos grids, articulados por deslocamentos para cima e para baixo entre o texto e os elementos gráficos.

Todas as publicações são compostas em um grid de colunas cujas proporções são definidas no manual de estilo. Isso garante uma formatação rápida e continuidade da proporção e do ritmo entre as publicações.

Nas páginas em que predominam espaços brancos, o motivo da chama continua presente em uma barra de cores que ajuda a orientar o leitor pelo material bem como sobre o tema do festival.

Quase todas as peças de divulgação também incluem um tratamento vermelho do texto, o que conecta as palavras ao elemento visual central do fogo. Os blocos de preto evocam as salas de cinema escuras que, subitamente, ganham vida pela mágica dos filmes independentes, como representado pelas labaredas.

33

Identidade visual do Melbourne Design Festival de 2006
Studio Pip & Company | Melbourne, Austrália

Desafiando uma premissa... ou cinco

Andrew Ashton é quase um iconoclasta. Grande parte de seu trabalho, com seus amálgamas complexos de símbolos, estilos e metáforas, ameaça as noções estabelecidas do design — dogma estilístico, tendências visuais populares, concessões corporativas, redutivismo — e desafia a maioria das "regras" enumeradas neste livro. Felizmente, essa abordagem rebelde é fundamentada por um entendimento profundo dessas "regras" e pela habilidade de quebrá-las de modo produtivo. A direção do festival anual de design de Melbourne, Austrália, provavelmente sentiu um misto de medo e entusiasmo ao contratar Ashton para desenvolver a identidade da edição de 2006. Unificada sob o tema "brilho", a identidade do Melbourne Design Festival expõe a estranha intersecção de ideias característica do processo idiossincrático de Ashton.

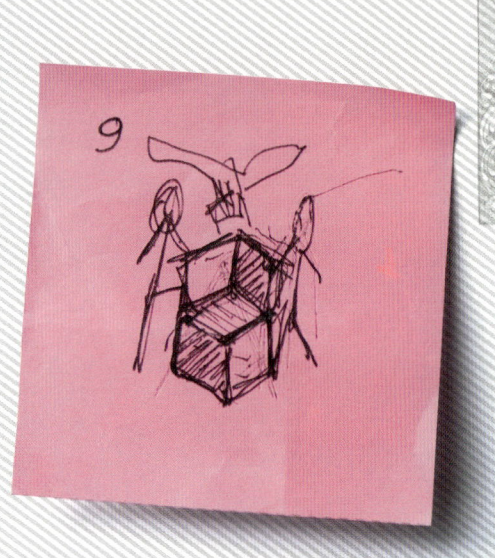

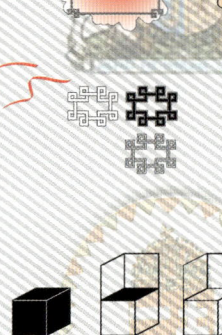

O processo de descoberta de Ashton começa com uma busca por ideações não apenas do tema do festival, "brilho", mas também de questões relacionadas à importância do design contemporâneo: força, significado histórico, consumismo, política, estética, igualdade sexual, etc.

Ashton concebeu um brasão contemporâneo derivado, em parte, do conservadorismo na política australiana e da imposição da identidade nacional por meio desse recurso heráldico nas comunicações do governo. A pesquisa de Ashton fez emergir uma série de componentes simbólicos que poderiam ser testados: faixas; formas de escudos, brasões e divisas militares; animais poderosos como o carneiro, o cervo e o leão; vinhas e plantas de potência mística; armoriado; e assim por diante. Um aspecto interessante é que, conceitualmente, o brasão lembra estratégias antigas de identificação ou branding.

O esboço para o conceito do brasão é apresentado aqui na nota autoadesiva que sobreviveu a uma sessão de brainstorming. Ele mostra o arranjo básico das figuras dos escudos e imagens decorativas associadas aos emblemas heráldicos.

"Aplico a terceira lei de Newton ao meu processo regularmente", afirma Ashton, enigmaticamente. "Para cada ação há uma reação igual, se não maior. Gosto de entender o público de um projeto para avaliar o que influencia suas ações e desenvolver ideias sobre essas descobertas."

▌O objetivo do Melbourne Design Festival, além de celebrar o atual estado da prática de design, é envolver o público e destacar o design como parte de sua experiência cotidiana. Ashton conhece muito bem as tendências dos estilos e seu impacto sobre a consciência pública e, caracteristicamente, questiona a fonte, o valor e o efeito destas em uma cultura visual e, portanto, pública. "Os softwares gráficos recentes facilitaram a criação de imagens tonais complexas", diz Ashton. "Com isso, uma enxurrada de marcas corporativas modeladas em 3D apareceu em todo o mundo. Para resistir a essa tendência", afirma, "o estúdio abordou a identidade gráfica do festival com base em técnicas de arte óptica, para desenvolver uma imagem complexa sem a ajuda de muitas gradações tonais." ▌Trabalhar intencionalmente sob esses conceitos predeterminados e desafiadores é uma estratégia que Ashton adota para lutar contra clichês e ampliar fronteiras.

Além de reconhecer que um festival de design deveria ser representado por uma imagem excitante, Ashton concluiu que, dada a ampla variedade de eventos no setor de design, o público escolheria ir ou não ao evento unicamente com base na sua percepção de valor da imagem. "Quanto menos clichê for a imagem do evento, menos provável que ele aborde questões clichês que os profissionais de marketing pensam ser de interesse dos designers", opina Ashton. ▌Ele apresenta os conceitos em duas etapas (ver Estudo de Caso 25) — primeiro, todas as ideias são exploradas em conjunto, depois, o

> A ampla maioria desse público entende o design contemporâneo. Queríamos desafiar o observador apresentando uma imagem diferente de qualquer outra atualmente produzida nesse campo.

Andrew Ashton, diretor

Componentes potenciais da imagem, como o compasso da maçonaria, foram explorados em uma série de estudos nos quais Ashton testou variações para ver o que era possível, bem como o que funcionaria melhor em determinadas situações.

Um esboço digital refinado do conceito heráldico, embasado pela pesquisa de Ashton, comunicou a ideia de maneira adequada ao cliente, e foi aprovado para posterior desenvolvimento.

> Se comunicarem, se envolverem e se pudermos usar princípios de design sólidos, empregaremos formas abstratas, diretas, literais, conceituais ou uma combinação disso tudo. Frequentemente, gosto de premiar o leitor com detalhes extras, explosões de imagens e surpresas.
>
> Andrew Ashton, diretor

conceito é refinado com base nos resultados da discussão inicial. "À medida que os projetos progridem, criamos referências para etapas-chave", diz Ashton. "Essas etapas ajudam a confirmar a escolha final. Às vezes, exploramos uma ideia até esgotá-la, mesmo sabendo que, numa etapa anterior, ela já estava em sua melhor forma. Uma ideia totalmente nova pode surgir da exaustão de outra." ▌As referências de Ashton na etapa inicial da exploração, com o tema "brilho" em mente, foram inspiradas no conservadorismo da política australiana e à imposição do governo ao uso do brasão da Austrália como um símbolo nacional oficial. Ashton gostou da ideia de utilizar um símbolo heráldico — uma forma histórica de branding, familiar a muitas pessoas — como um contenedor para as ideias mais complexas que coletava para evocar o tema em si. ▌"A função do festival é chamar a atenção do público para o design", explica Ashton. "Um brasão inspirado no design parecia um bom veículo." Como a prática do design envolve inúmeros campos de estudo e prática, educação, problemas sociais e ciência, bem como comuni-

As figuras ao lado do escudo foram substituídas por novas versões inspiradas na saudação pictográfica intergaláctica criada por Carl Sagan para a espaçonave *Voyager I*, lançada no final dos anos 1970. Na versão de Ashton, porém, a mulher faz a saudação, não o homem.

Como reação à moda dos logos em 3D, Ashton impôs uma limitação ao brasão que criaria: ele seria composto apenas por formas em alto-contraste, opticamente reproduzíveis — nada de tons contínuos nem degradês. Uma evolução do brasão nessa direção mostra os componentes simbólicos principais, reduzidos a uma forma puramente em preto e branco: um brilho radial, linear; estruturas lineares; um conjunto de pequenas estrelas; uma forma de escudo; um motivo de vinha estilizada germinando glóbulos de luz; duas figuras; e uma faixa com insígnias. Essa configuração tem referência clara no brasão australiano, visto nas proximidades.

Uma forma de estrela projetada foi acrescentada no lado direito do conjunto para contrabalançar a tensão inclinada à esquerda criada pela projeção dos círculos concêntricos, e o motivo da vinha foi ampliado.

cação e estética, ele desenvolveu componentes icônicos e simbólicos que combinou dentro do formato do brasão, de modo parecido com a heráldica medieval. O brasão é repleto de simbolismo, da teoria fractal à igualdade sexual. Uma estrela fractal, linhas irradiadas e um vinhedo germinando glóbulos de luz reforçam o tema do festival. ▍A etapa de refinamento e detalhamento formal, depois da aprovação conceitual pelo cliente, durou uma semana. O tipo Dolly, uma face serifada para livros, porém peculiar, foi selecionada para a tipografia do festival; e a paleta de cores foi limitada a duas cores, outro elemento que foi contra as expectativas de uma produção extravagante.

O logotipo do festival foi composto todo em caixa-baixa e submetido a uma distorção esférica igual à do brasão.

Como último ajuste, todo o brasão foi submetido a uma distorção feita com filtro para criar um arqueamento bizarramente esférico.

34

Sistema de identidade visual do ARQ (Museu Arqueológico de Múrcia)
LSD | Madri, Espanha

Uma viagem moderna entre as ruínas

Um dos principais desafios ao criar mensagens visuais para museus é trazer a história para o presente a fim de que ela repercuta entre o público contemporâneo. Identidades muito conservadoras ou acadêmicas às vezes afugentam os espectadores, em vez de dar vida à história e instigar o público à exploração. O programa gráfico para esse museu, no entanto, conseguiu respeitar a tradição antiga dos artesãos da cidade espanhola de Múrcia e ao mesmo tempo entregar uma experiência viva aos frequentadores do museu, graças à intervenção hábil de Gabriel Martínez e Paz Martín, do estúdio de design madrileno LSD.

Imagens pintadas e inscritas pertencentes à extensa coleção de cerâmica ibérica antiga do museu estavam contextualmente presentes para os designers quando começaram a explorar um logotipo. A ideia da cerâmica quebrada — e a metáfora da fragmentação que ela sugeria, peças reconstituídas pela arqueologia — foi a base dos estudos iniciais. Os designers examinaram a separação das letras do acrônimo.

No que diz respeito à história arqueológica, a coleção do museu oferecia uma excelente fonte de materiais para os designers. Múrcia é uma antiga cidade na Costa Blanca da Espanha, e o museu mantém uma coleção de objetos ibéricos desde 1900 a.C., passando pela ocupação otomana e chegando até o presente. Na coleção, há uma grande quantidade de cerâmica que utiliza a argila vermelho-alaranjada característica do local; foi nesse material que os designers imediatamente se inspiraram. ▌Suas investigações iniciais de marcas tipográficas se concentraram nas iniciais MAM – Museo Arqueológico de Murcia – em várias configurações que lembravam fragmentos. Referindo-se a imagens de potes, placas e outros objetos, os designers separaram as letras a fim de criar uma noção da reconstituição arqueológica de diferentes épocas. Esse conceito se mostraria fundamental ao desenvolver o conceito para além da marca. ▌A primeira proposta, porém, estava relacionada ao próprio nome do museu. "Era institucional demais", diz Martínez. Ao considerar maneiras de atrair a atenção do público e criar uma experiência agradável, eles perceberam que o nome poderia funcionar contra eles. "Sugerimos um nome menos formal – ARQ – que poderia fa-

Os designers propuseram alterar o acrônimo do museu das iniciais literais MAM, que pareciam muito pesadas e institucionais, para ARQ, que continha um som mais contemporâneo e comunicava a natureza do museu de modo mais direto. Martínez e Martín mostraram conceitos semelhantes para o logo na apresentação; o museu concordou e aprovou o conceito.

As letras ARQ oferecem formas mais variadas em sua estrutura — o A angulado, o Q curvado e o R, que faz uma espécie de transição entre as duas letras. Essa progressão de ângulo para curva confere ao agrupamento uma lógica interna forte e maior complexidade do que a configuração MAM.

cilmente se tornar um termo divertido e familiar." Em uma atitude inesperada e corajosa, o conselho do museu aprovou a mudança e os designers retomaram as ideias que estavam investigando, agora utilizando três novas letras. Ao final de três meses, o estúdio LSD apresentou a marca da identidade – as letras ARQ ritmicamente fragmentadas compostas em uma face serifada contemporânea – que, mais uma vez, foi aprovada pelo museu. O estúdio então voltou sua atenção à sinalização e aos elementos complementares, incluindo o conjunto da papelaria. A cerâmica da coleção ressurgiu como fonte de inspiração.

Muitos desses artefatos eram pintados com cenas intricadas da antiga vida cotidiana – animais, caçadores, símbolos rituais e temas geométricos decorativos. Esses elementos poderiam ser utilizados na papelaria, mas Martínez estava cauteloso em relação à direção a ser seguida, pois queria evitar um programa frio com uma aparência empoeirada. "O objetivo era mudar o sentimento tradicional em relação às coleções arqueológicas e acrescentar noções como descoberta, diversão e aprendizagem", recorda. Ele e Martín também começaram a investigar imagens fotográficas, esperando encontrar texturas mais modernas.

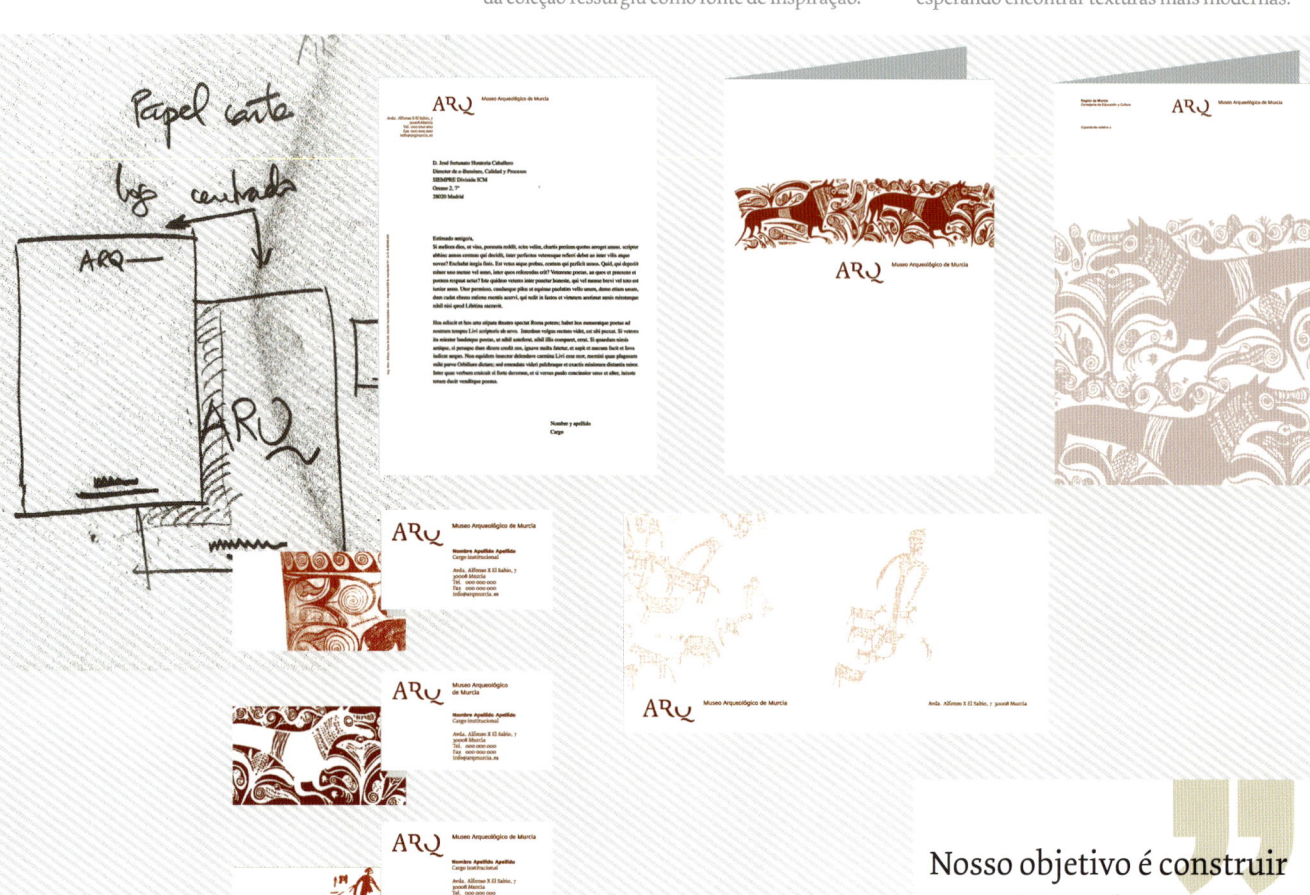

Uma amostra da paleta de argila em matizes análogos de vermelho e marrom foi obtida diretamente dos objetos em cerâmica. As cores relacionadas são semelhantes em valor, mas diferentes em temperatura, da mais quente à mais fria (deslocando-se de amarelo para vermelho).

O desenvolvimento da papelaria mostra como os designers, certos de que os desenhos na cerâmica precisavam fazer parte desses documentos, exploraram as opções do seu uso em conjunto com uma organização tipográfica do texto de apoio. Nas versões finais do cartão de visitas, a insígnia da cidade acompanha essas informações, enquanto o logo ARQ é mantido separado na parte de trás junto aos desenhos. O papel timbrado posiciona a insígnia da cidade perto da marca ARQ, e o desenho é disposto em uma faixa horizontal na parte inferior. Observe as relações de alinhamento entre os elementos tipográficos em ambas as aplicações e também como os elementos conferem proporção aos espaços que quebram.

> "Nosso objetivo é construir uma viagem de aprendizado a partir do passado. Por meio da interpretação dos objetos e das informações, os frequentadores do museu descobrirão como as pessoas viviam aqui.

Gabriel Martínez, sócio

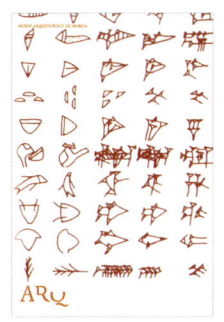

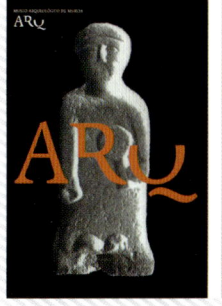

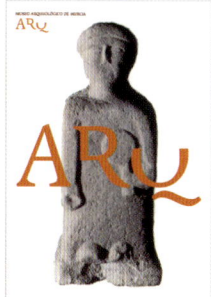

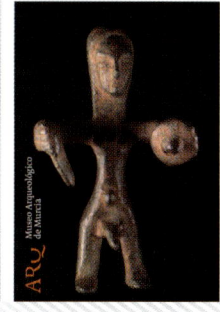

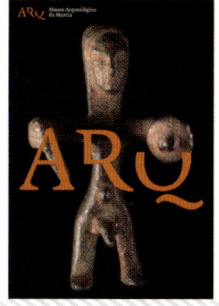

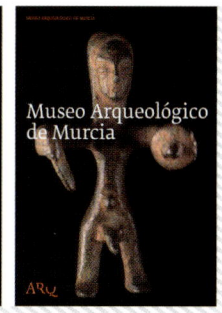

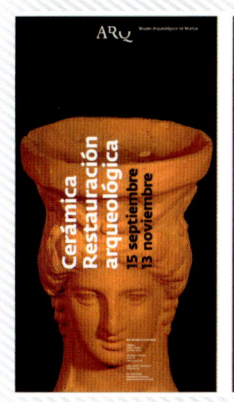

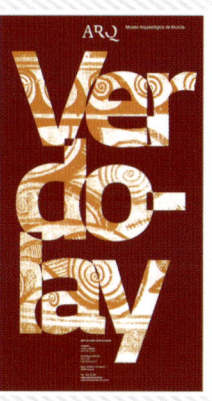

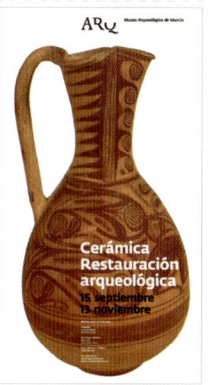

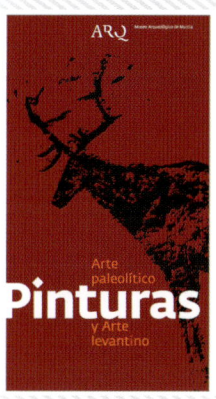

Os estudos iniciais para os cartazes focalizaram conceitos tipográficos, tendo como base imagens de argila colorida coletadas da cerâmica. A composição decisiva dos desenhos texturizados brinca com as configurações rítmicas do texto.

A família de tipos Fedra foi adotada, em suas formas com e sem serifa, para unificar o passado e o presente, bem como para aumentar a unidade visual dos materiais e, ao mesmo tempo, a possibilidade de variação na textura. Os detalhes das formas das letras evocam estilos mais antigos de escrita. O pingo do *I* caixa-baixa é um losango que dá uma aparência esculpida a essa letra; junções abertas entre o bojo e as hastes, como no *B* caixa-baixa, evocam formas arcaicas.

Os designers perceberam que todas as aplicações ficaram parecidas demais — e até limitadas —, e assim descartaram a abordagem tipográfica para explorar as fotografias. Este estudo trabalha com objetos e coloração relativamente neutra; as fotografias são documentais e semelhantes aos desenhos na cerâmica por sua tonalidade e apresentação natural.

Embora a composição das imagens e cores tipográficas correspondentes fosse simples e dinâmica, os designers determinaram que isso também era muito programático e institucional.

Estudos de caso de projetos **34** *Sistema de identidade visual do ARQ (Museu Arqueológico de Murcia)*

EVOLUÇÃO DO DESIGN

A fragmentação do logo sugeria que o mesmo poderia ser desejável para as imagens. ▌Os designers consideraram que uma simples divisão de um formato pela metade poderia integrar-se bem com o eixo horizontal do logo. Cada área poderia conter uma imagem diferente, ou os elementos poderiam atravessar a divisão a fim de estabelecer conexões mais diretas. Ao testar essa ideia na papelaria, viu-se imediatamente que o conjunto era excessivo, mas parecia funcionar para elementos mais promocionais.

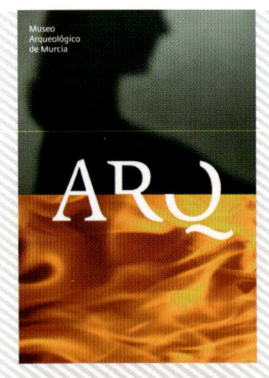

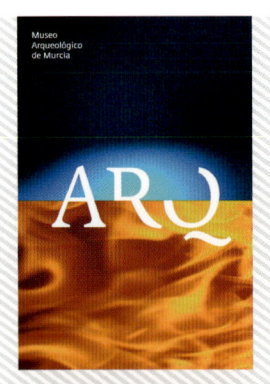

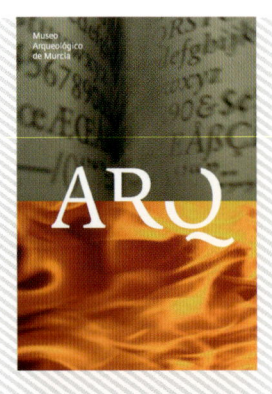

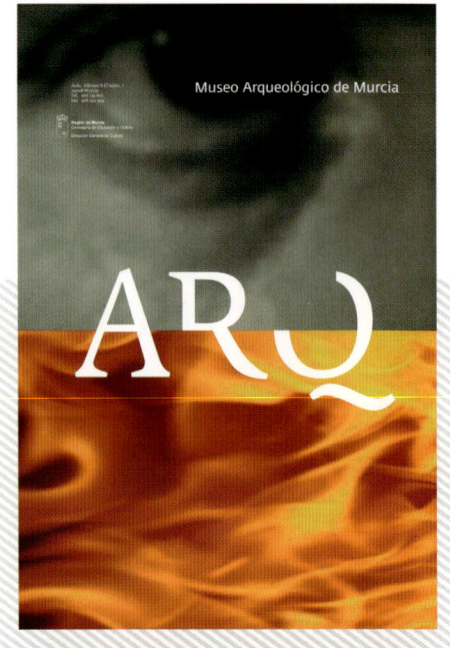

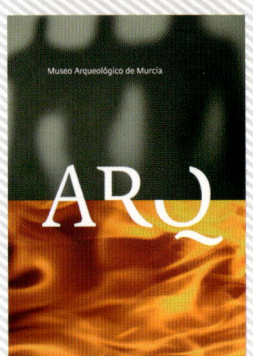

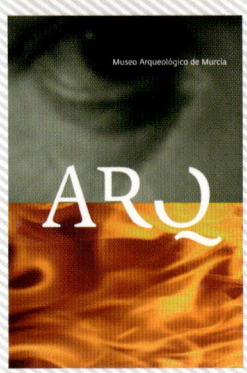

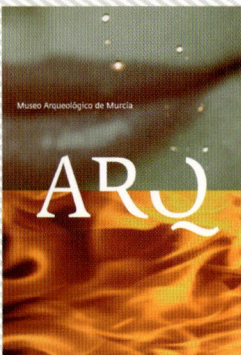

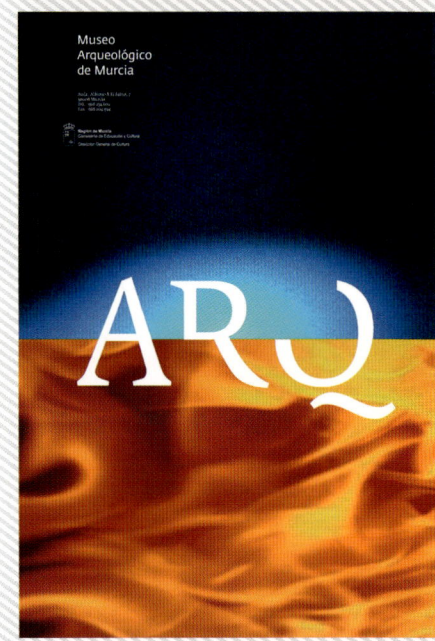

No estudo de cartaz seguinte, os designers dividiram o formato pela metade, situando o logotipo ARQ ao longo da divisão. As partes superior e inferior se tornariam independentes uma da outra, criando a oportunidade de se estabelecer as conexões entre o passado e o presente que os designers julgavam importantes. Várias combinações de imagens foram exploradas para analisar como poderiam ser criadas relações conceituais e visuais. A justaposição das diferentes imagens no alto e abaixo poderia afetar profundamente a comunicação.

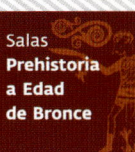

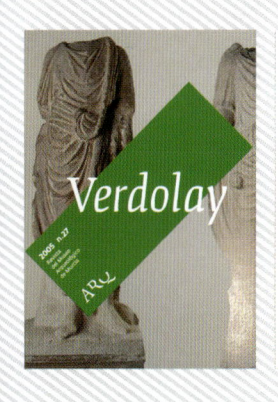

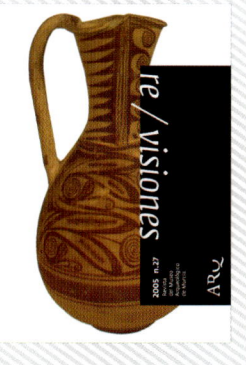

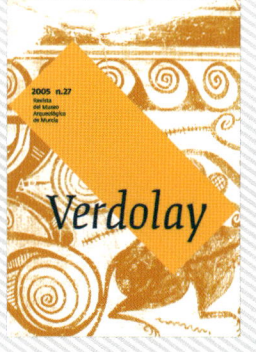

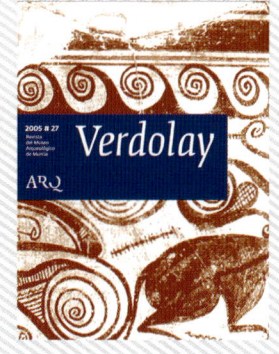

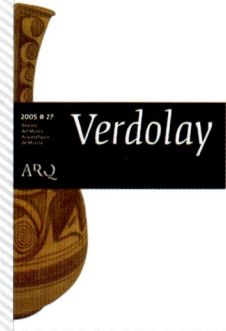

Depois de várias iterações dos cartazes, da sinalização e de uma revista informativa, os designers estabeleceram duas abordagens para o uso das imagens. "Escolhemos a ilustração para nos referirmos diretamente às coleções e fotografias a fim de construirmos conceitos mais abstratos com objetivos promocionais", relata Martínez. Os designers apresentaram aos clientes revisões do trabalho em andamento três vezes. Esse é um número padrão para o estúdio LSD – "Três é o limite!", exclama Martínez. ▌Para dar apoio ao programa em todas as fases, havia uma família tipográfica extensa e dual, sem serifa e com

Martínez e Martín submeteram o boletim informativo do museu a um processo semelhante ao dos cartazes e da papelaria. A progressão das etapas investiga uma apresentação fotográfica e, depois, uma estritamente tipográfica, apoiada pelas imagens das cerâmicas. A própria cerâmica é alterada por meio de cores extras para separá-la um pouco do contexto dos materiais institucionais.

Simultaneamente, os designers desenvolveram a sinalização e outros materiais. Em resposta à direção que os cartazes tinham tomado, seus estudos passaram da ilustração para a incorporação de fotos. Depois de avaliar essa ideia, eles decidiram manter as imagens das cerâmicas e sua paleta de cores associada para a sinalização, estabelecendo esses aspectos da linguagem visual para a própria instituição, em oposição às imagens fotográficas criadas para a comunicação publicitária e de marketing.

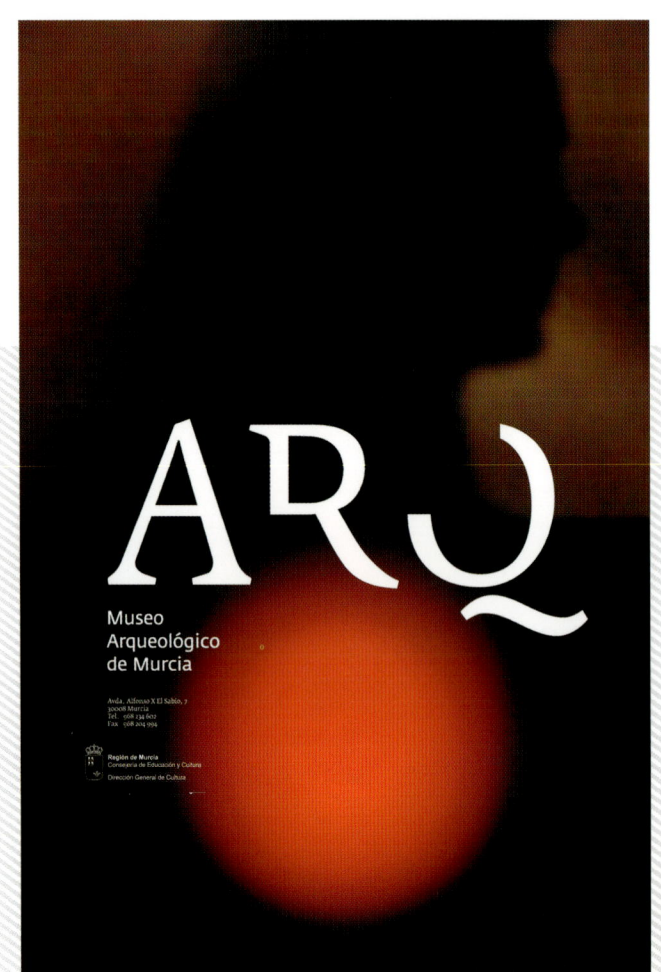

serifa — a Fedra, criada por Peter Bilak —, que permitiu uma flexibilidade enorme em termos de função e tom. Os designers também foram atraídos por essa família porque ela expressava uma noção semelhante a dos seus conceitos para as imagens: "As duas famílias associam perfeitamente os conceitos de tradição e contemporaneidade", comenta Martínez. Uma rica família de tons terrosos, incluindo as cores da cerâmica local, mais preto e um ótimo azul, refinou o conceito.

Os cartazes finais utilizaram imagens mais surreais, deixando a interpretação ao observador. Essa ideia abrange o objetivo dos designers de envolver o público e despertar seu interesse pela arqueologia.

Os cartazes promocionais incorporaram cores contrastantes que vinculam e enfatizam a divisão horizontal na composição e as letras da marca nominativa. As cores foram suavizadas e as imagens, desfocadas, criando um quadro intrigante bem como um contraste interessante que faz com que as linhas brancas, fortes e uniformes da tipografia se destaquem.

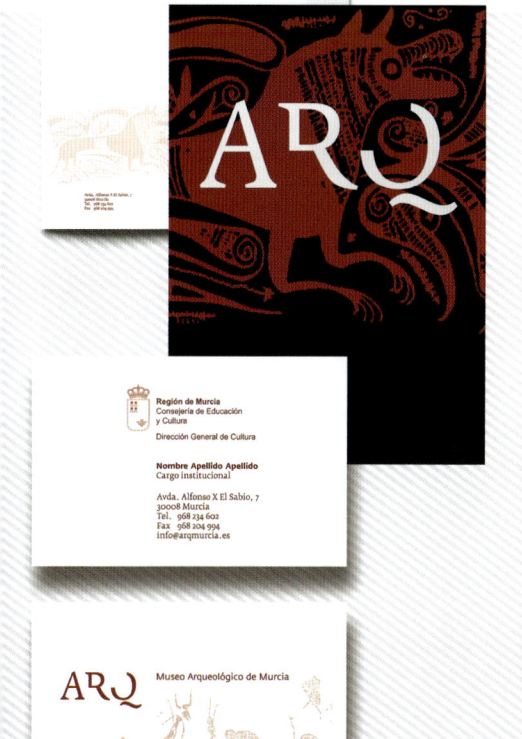

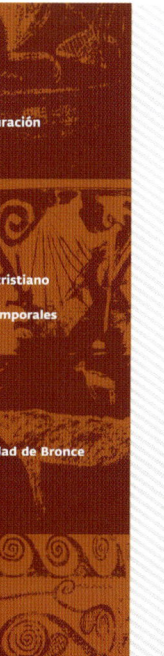

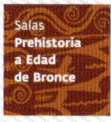

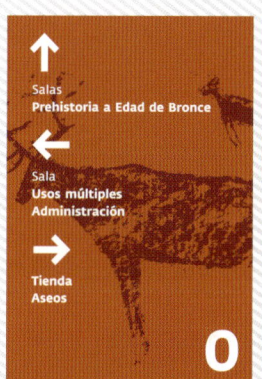

O sistema de imagens e a paleta de cores utilizados para os materiais, diretamente relacionados às próprias coleções, mostraram-se muito versáteis, tanto quando utilizados em aplicações coloridas únicas como na papelaria, ou em variações monocromáticas, quanto na sinalização ou em outras peças multicoloridas, como brochuras e camisetas.

Estudos de caso de projetos **34** Sistema de identidade visual do ARQ (Museu Arqueológico de Murcia)

EVOLUÇÃO DO DESIGN

35 Projeto de arte pública para o Swansea Waterfront Museum

Why Not Associates com Gordon Young | Londres, Inglaterra

Monólitos da idade da máquina... e um lugar para sentar

Forma, função, paisagem e história convergem neste projeto de design e arte pública criado para um museu dedicado à história industrial de Swansea, cidade da costa galesa. Outrora um porto marítimo poderoso, a herança da cidade abrange a construção naval, a fabricação de porcelana, a mineração e o desenvolvimento do primeiro serviço ferroviário do mundo. Essa rica narrativa está encarnada na extensa coleção de objetos industriais do museu, mantida em um edifício austero projetado pela empresa de arquitetura Wilkinson Eyre Architects, que evoca a produção industrial do início do século XX. O estúdio londrino Why Not Associates e seu frequente colaborador, o artista Gordon Young, foram contratados para criar uma obra ambiental que comunicasse a missão do museu e envolvesse o público.

Os primeiros esboços enfatizaram a forma quadrada das letras sem serifa, que refletem a herança industrial da área bem como a arquitetura do museu. A primeira proposta concebia um alfabeto com todas as letras; cada letra deveria carregar o nome de um objeto da coleção do museu, composto em sua superfície em galês e em inglês, juntamente com o respectivo número no catálogo. As formas das letras contendo esse elemento de texto são apresentadas em planificação e em uma representação gerada por computador ambientada no local. Um contorno pesado indica um contenedor em concreto abrigando uma superfície plana que situa e fixa o texto em aço. A inicial em vermelho cria contraste e ecoa os detalhes do edifício do museu.

O processo de dois anos começou com o sócio da Why Not e principal designer do projeto, Andrew Altmann, desenhando esboços no papel com Gordon Young. Apesar do trabalho caracteristicamente digital do Why Not, seu senso estético permanece arraigado em habilidades manuais, o que é evidenciado em recentes trabalhos de arte pública semelhantes envolvendo explorações tipográficas em pedra, vidro e bronze. ▌Logo no início, Altmann e Young concentraram-se em um conceito tipográfico. Primeiro, tal concepção evitaria a vinculação do museu a uma imagem específica. Segundo, os designers poderiam incorporar o idioma galês, aspecto que julgaram importante como modo de homenagear a cultura local. Por fim, as formas monumentais, projetadas em concreto e aço, poderiam ser utilizadas pelos visitantes como bancos. ▌Inspirado na arquitetura e em suas referências ao movimento holandês De Stijl, Altmann escolheu uma face de tipo geométrica para refletir o tema da coleção do museu. As plantas esquemáticas e as imagens geradas por computador do alfabeto proposto instalado nos jardins representavam esse

> "A diversão começou depois que os desenhos foram concluídos. Foram vários meses refinando as especificações, coordenando o trabalho com fabricantes e observando o processo evoluir gradativamente."
>
> Andrew Altmann, sócio

conceito, apresentado depois de duas semanas de desenvolvimento. "Sempre tentamos apresentar apenas um conceito em que acreditamos", diz Altmann. O comitê revisor da proposta aprovou o conceito imediatamente, mas o arquiteto do edifício tinha algumas objeções — as letras pareciam aleatoriamente dispersas na paisagem e ele não gostou da tipografia. "Pensamos que isso fazia sentido e também havia uma consideração em termos de custos", lembra-se Altmann. "Sem curvas! Assim é muito mais barato."

▌Após uma revisão adicional, os designers optaram por uma face de tipo, criada na década de 1930 por A. M. Cassandre, chamada Bifur. "Novamente, a fonte relacionada à indústria — Cassandre e todos os seus cartazes de transportes. Além disso", esclarece, "o design das letras permitiu criar uma forma mais fechada de banco." Também foi determinado que uma expressão, em vez de caracteres dispersos, criaria uma única linha de elementos cuja geometria complementaria o edifício e o local. ▌O comitê, junto com Altmann e Young, optou pela expressão Pobl+Machines — "Pessoas+Máquinas" em galês —, vinculada ao passado industrial. Depois que a expressão foi aprovada, um processo de dois anos de planejamento, desenho, produção e instalação começou.

A face de tipo revista, Bifur, tem um ar industrial semelhante à originalmente selecionada — a estrutura geométrica e as expressivas contraformas transmitem força e exatidão. A presença dos elementos curvilíneos, porém, acrescenta um contraponto à angularidade dos outros traços, criando uma experiência mais rica da forma. Além disso, o sombreado nas letras sugeria uma espécie de estrutura de dois níveis adequada à criação dos bancos com encostos e áreas fechadas. As representações tridimensionais geradas por computador da nova expressão ajudaram a refinar os níveis dos bancos e as relações de escala com o local antes da fabricação.

Estudos de caso de projetos **35** Projeto de arte pública para o *Swansea Waterfront Museum*

Ao se comparar o desenho feito por computador à esquerda com a maquete da pré-produção acima, pode-se ver um ajuste na pontuação. O caractere *&* que é parte do conjunto de caracteres da Bifur (à direita) mostrou-se complicado demais em relação às outras formas, bem como confuso — é um N? um C? Os designers então optaram por um sinal de adição, cuja configuração de traço mais simples é facilmente reconhecível e se ajusta claramente aos dos outros caracteres.

Após a aprovação final da maquete pelo cliente, as letras individuais de base foram produzidas em aço em escala real. A escala absoluta do projeto torna-se visível quando uma pessoa permanece no meio de duas das letras de base. Os textos menores foram cortados de chapas metálicas, compostos nas superfícies das formas de base e fixados com argamassa. O contraste entre superfícies ásperas e reflexivas em escalas pequenas e grandes cria uma experiência rica e tátil.

EVOLUÇÃO DO DESIGN

Acabamento, transporte e instalação dos bancos na forma de letras exigiram um pequeno exército e maquinário pesado. Com as letras posicionadas no jardim e um bom polimento, o projeto final foi apresentado ao público de Swansea em um belo cerimonial.

> Trabalhar com Gordon Young significa que podemos nos beneficiar da combinação de duas disciplinas. Em conjunto, chegamos a um ponto que nenhum de nós poderia ter alcançado sozinho.

Andrew Altmann, sócio

As letras finais em tamanho real foram construídas pelo artista Russell Coleman. Suas estruturas foram executadas em aço inoxidável e preenchidas com concreto até se alinharem com a superfície dos detalhes das formas das letras. A tipografia de apoio foi composta em uma face sem serifa clara, projetada por Edward Johnston em 1916 para o metrô de Londres. A massa das letras foi contrabalançada pela qualidade luminosa e reflexiva do revestimento em aço escovado. A textura granular da superfície de concreto acrescentou um detalhamento sutil às superfícies que, de outro modo, seriam completamente lisas. O projeto foi muito bem recebido pelo grupo de clientes no Waterfront Museum e é um local de visitação popular para todos os tipos de públicos, que muitas vezes descansam no parque sentados nos bancos monumentais.

As letras meio esculturas, meio bancos, integram-se melhor à paisagem por seu posicionamento cruzado à uma calçada. Os cinzas frios das pedras da calçada também completam muito bem os azuis e cinzas das formas das letras.

Os bancos monolíticos são utilizados regularmente pelos visitantes do museu e também por pessoas da cidade.

36

Cartaz promocional de peça de teatro:
Sennentuntschi
Mixer | Lucerne, Suíça

Uma mulher para chamar de nossa

Um dos prazeres do design é entrar em contato com áreas desconhecidas. Alguns encontros, entretanto, são mais interessantes do que outros. Erich Brechbühl do estúdio Mixer, por exemplo, descobriu como projetar pode ser interessante quando foi contratado para criar um cartaz para uma nova peça, apresentada pela primeira vez no Theater Aeternam em Lucerna, Suíça. "Minha pesquisa sempre começa do zero em cada projeto", afirma Brechbühl, preferindo não manter uma biblioteca de imagens como alguns designers fazem. Para este cartaz, a pesquisa estava um pouco fora do seu campo habitual de atuação.

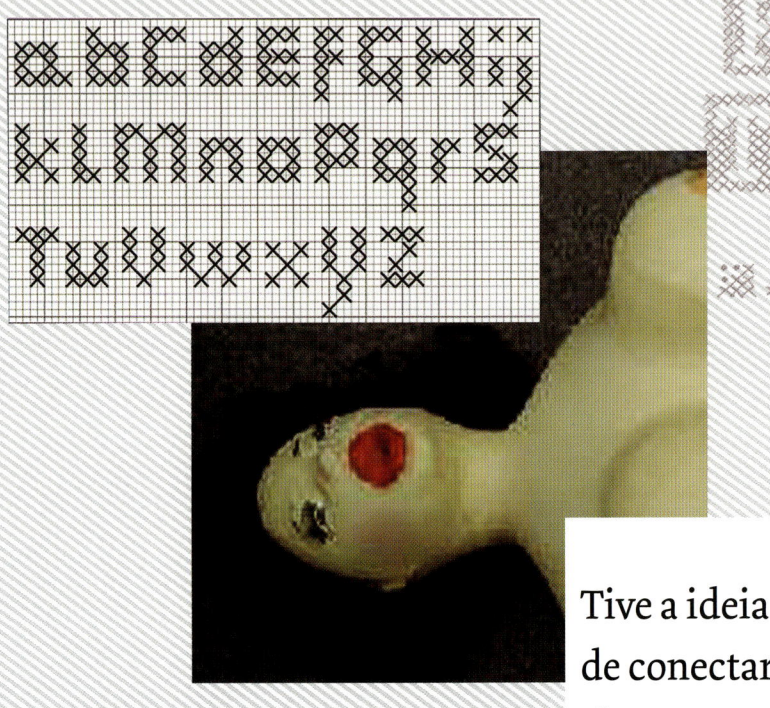

A extensa pesquisa de Brechbühl para referências de imagens fez com que ele conhecesse pessoas que, de outro modo, nunca teria conhecido.

> Tive a ideia de conectar elementos modernos com habilidades manuais tradicionais.

Erich Brechbühl, diretor

A peça girava em torno de dois pastores das montanhas suíças que, sentindo-se solitários, decidem criar uma versão própria de uma boneca inflável. Brechbühl imediatamente decidiu apresentar, de alguma maneira, uma imagem da criação dos personagens no cartaz. "Pensei que seria bastante direto", comenta. "Quis mostrar, de um jeito bem simples, do que a peça trata", acrescenta. ▎Incerto, porém, de como executar a ideia de uma forma elegante — provavelmente com ilustração —, o designer começou a coletar imagens de bonecas infláveis, provenientes principalmente da Internet. No entanto, como elas eram muito pequenas, ele precisou comprar algumas. ▎A questão mais importante era estabelecer proporções para a figura e conseguir determinar como representar os detalhes de modo preciso. "Há uma grande diferença entre a forma de uma mulher e... isso", esclarece. Na forma desenhada, ser capaz de apresentar a imagem como a de uma boneca, e não a de uma pessoa viva, dependeria da captura do gesto específico da boneca, a forma dos seus ombros e sua expressão característica. ▎Brechbühl, que leu a peça, começou os esboços à lápis, criando pequenos layouts para ver o que poderia fazer

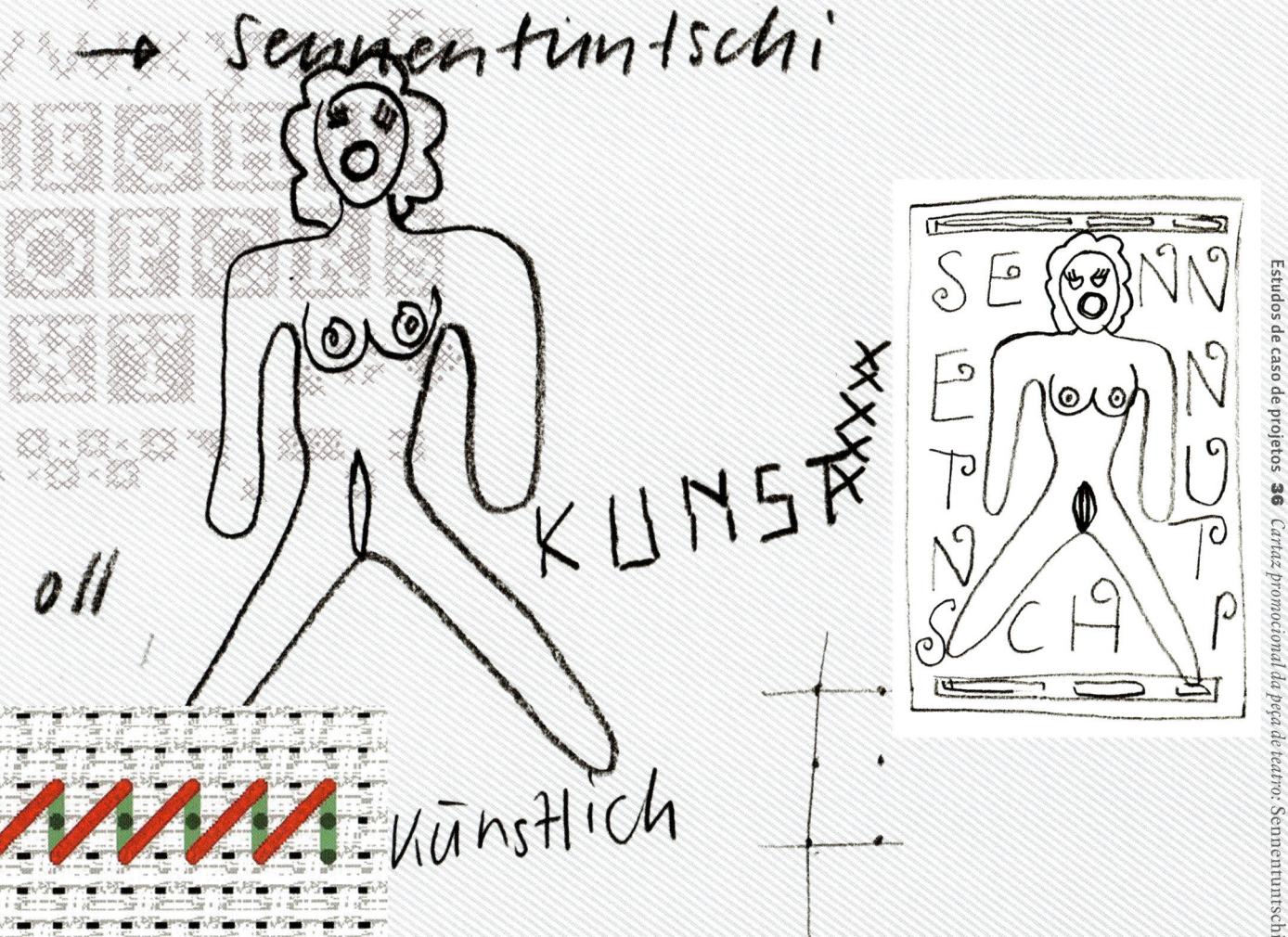

O designer coletou exemplos de textos bordados à mão a partir de amostras encontradas na Internet para estabelecer uma conexão entre o bordado e a criação dos personagens da peça teatral.

As diferenças entre fotografia e ilustração em termos de mediação subjetiva do tema ficam explícitas aqui. Enquanto algumas pessoas poderiam se sentir ofendidas ao ver as fotografias da boneca inflável — que são completamente verossímeis porque parecem "reais" — uma versão ilustrada remove a qualidade real, física e o potencial de ela ser percebida como "obscena".

A figura humana, por ser uma forma icônica, pode ser mostrada de maneira bem distorcida e, mesmo assim, permanecer reconhecível. O desenho da boneca exigia certa especificidade do gesto e da proporção — a forma como os antebraços se flexionam para fora, a estranha protuberância dos ombros, a transição indistinta entre o pescoço e a cabeça, etc. — para transformar a imagem de modo que o observador a identificasse.

com a imagem. "Tive a ideia de conectar elementos modernos com habilidades tradicionais", comenta. Brechbühl procurou algum tipo de artesanato rústico que poderia ser traduzido rapidamente para o público; ao ampliar uma imagem de baixa resolução, a pixelização sugeria um tipo de bordado comum, o ponto cruz — ironicamente, o tipo que as mulheres jovens de antigamente faziam para seu enxoval de linho.

▎Com isso em mente, o designer desenhou um esboço representando uma imagem bordada da boneca para seus clientes, e eles a aprovaram.

"Para mim, é normal apresentar um só conceito ideal. Se o cliente não ficar satisfeito", afirma, "trabalho em outra ideia e a apresento."

▎Brechbühl produziu desenhos vetoriais dos contornos da boneca. Em seguida, em um tamanho bem pequeno, impôs um padrão de bitmaps para que a pixelização criasse o padrão de bordado na escala real. Depois de completar essa tarefa e transferir a textura do bordado para o desenho vetorial em tamanho real, ele posicionou os elementos da tipografia.

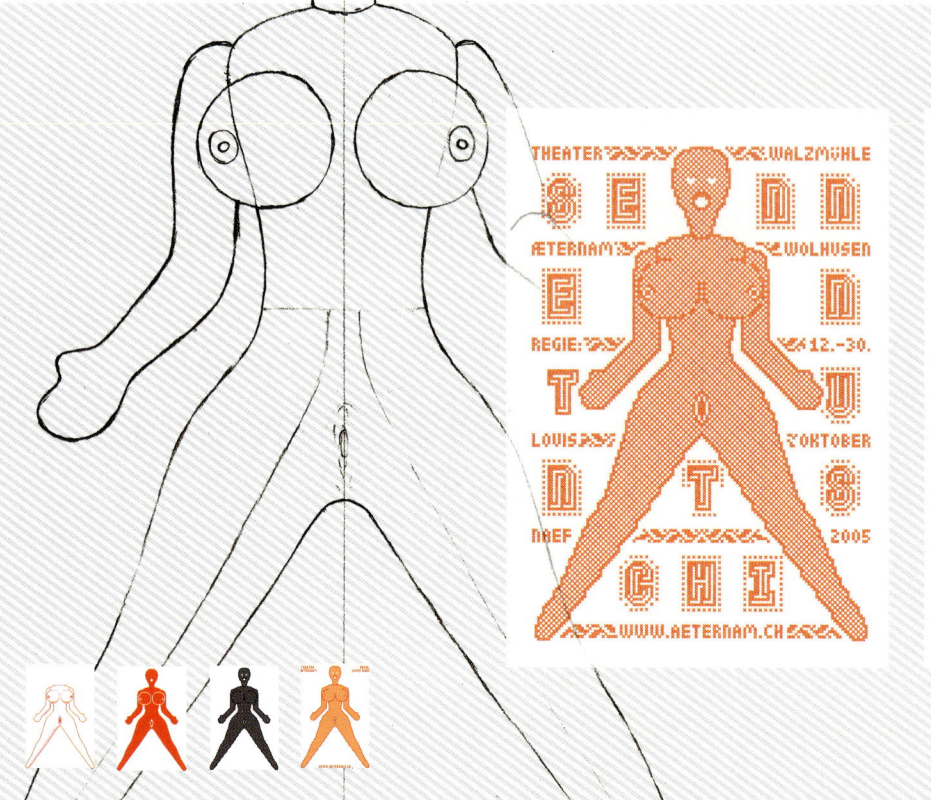

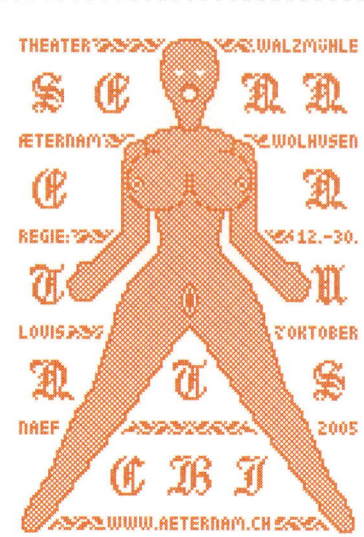

Esta é a pequena sequência original de desenhos texturizados que foram transformados, por meio de ampliação, no modelo para o padrão de bordado.

O posicionamento central da figura a torna confrontante e estranhamente bem-vinda. O designer contrabalança a qualidade estática da composição introduzindo detalhes na superfície e modificações na escala entre os elementos tipográficos de apoio.

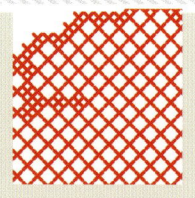

O tipo em bitmap compartilha uma característica estrutural com o bordado; o contexto transforma o digital em trabalho manual.

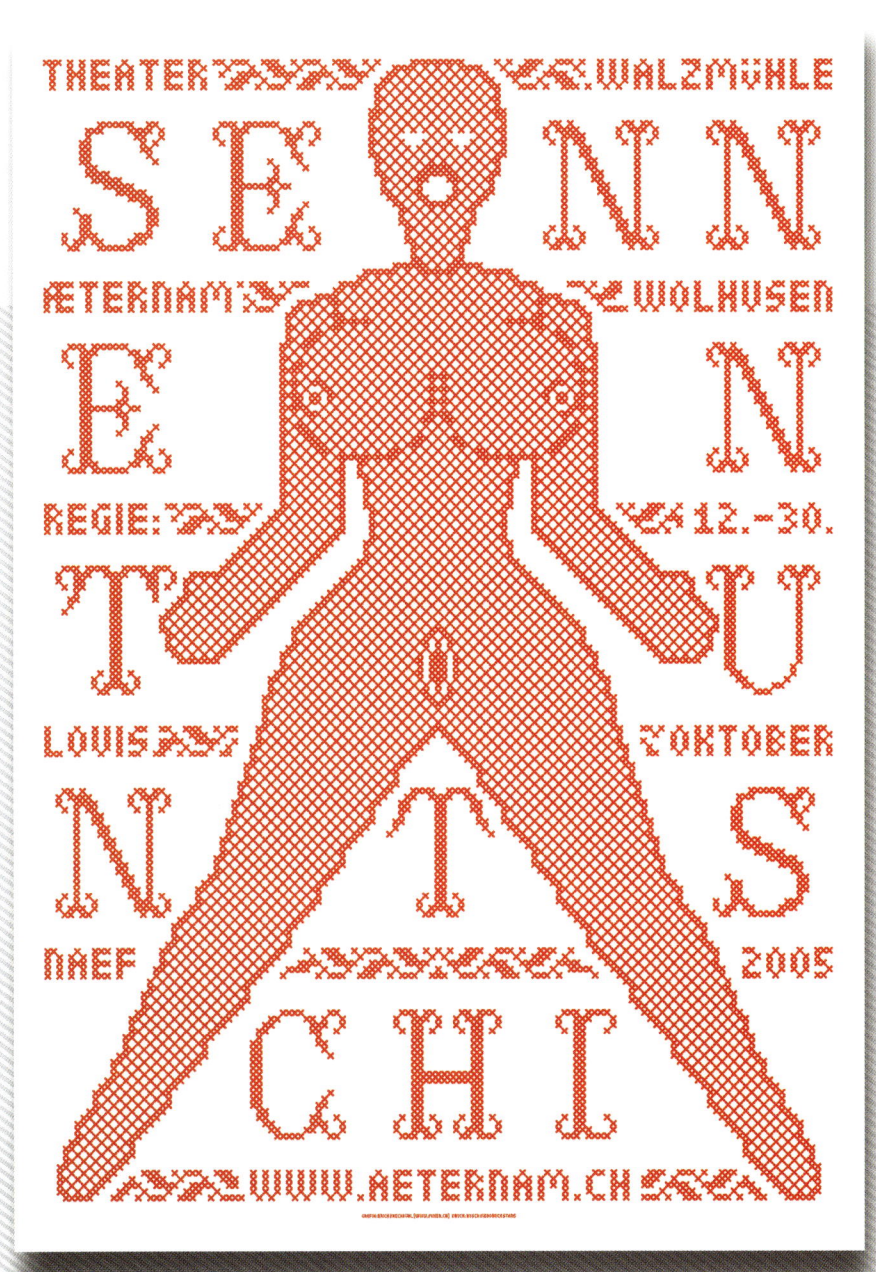

Esses, por sua vez, sofreram algumas modificações, principalmente por causa da avaliação de Brechbühl acerca do tamanho relativo e da complexidade da tipografia — titulação bordada de modo semelhante ao do desenho da boneca, apoiada por uma fonte bitmap (bastante semelhante em textura ao bordado) para as informações adicionais. O cartaz foi reproduzido em serigrafia com uma só cor sobre um papel de gramatura alta.

A escolha da face para o título nesta versão pré-final chama mais atenção para si do que o designer queria, desviando a atenção da imagem da boneca. Esse efeito resulta do peso do tipo em relação à menor densidade da boneca e também do grau de interação positiva e negativa nas letras individuais.

No cartaz final, a justaposição da figura feminina ampliada com as qualidades domésticas inerentes à sensação de bordado na tipografia transmite uma mensagem surpreendente sem ser obscena, inspirando curiosidade, envolvimento e humor, enquanto comunica informações claras sobre o conteúdo da peça.

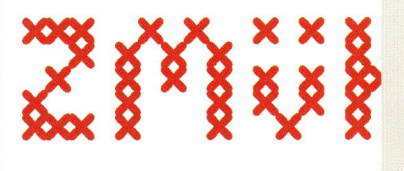

37

Site da Edison Innovation Foundation
Firstborn | Nova York e Los Angeles, EUA

A emoção da descoberta

O briefing sugeria que o site esperado pelo cliente, uma fundação dedicada à conservação do legado de Thomas Edison — inventor responsável pela criação da lâmpada, da válvula eletrônica, da vitrola e do cinema —, deveria ser tão inovador quanto o próprio Edison. Essa grande façanha foi confiada aos desenvolvedores de multimídia do Firstborn, que buscaram projetar uma interface impressionante que desafia as noções convencionais de navegação. "Queríamos criar um site com uma interação que impressionasse o próprio Edison", comenta Dan LaCivita, produtor executivo do Firstborn. A estrutura de informações em forma livre, que muda de uma página para outra, convida à exploração e ao fascínio por descobertas inesperadas.

A primeira das três abordagens apresentava o conteúdo em um contexto de página convencional de navegador no formato horizontal, com links de navegação no nível A separados em uma faixa cinza na parte inferior da página. Enquanto o botão Donate vermelho permanecia constante para incentivar os visitantes a fazer doações, a modificação nas cores dos links próximos indicava o seu estado de atividade e a localização do usuário.

Uma representação fotográfica da primeira lâmpada de Edison conectava-se a um título para dar boas-vindas aos usuários.

O principal objetivo da Edison Innovation Foundation ao desenvolver o site era complementar uma campanha de levantamento de fundos com o intuito de preservar os laboratórios, as lojas, a biblioteca e aproximadamente 5 mil documentos do Menlo Park de Thomas Edison que tinham caído no esquecimento. Uma das solicitacões do cliente ao estúdio Firstborn foi que evitasse o ar enfadonho de sites produzidos por instituições similares. LaCivita e sua equipe, liderada pelo diretor de arte Victor Brunetti e por Gicheol Lee, desenvolvedor em Flash, ficaram felizes em atender ao pedido. ▌Como parte da proposta e do cronograma, LaCivita e o cliente já tinham estabelecido as principais áreas de conteúdo e em quantas páginas cada uma consistiria. Depois de uma primeira reunião para discutir o briefing, o estúdio recebeu os recursos iniciais do cliente — materiais de marketing, a marca comercial na forma da assinatura de Thomas Edison, arquivos de imagem, o texto para a página principal e uma seção para estabelecer a estrutura de navegação e o estilo visual. ▌Embora LaCivita prefira concentrar-se em dois conceitos fortes, neste caso, o estúdio Firstborn desenvolveu três e apresentou todos eles. Cada um oferecia uma

> **Muitas invenções e ideias de Edison passaram despercebidas. Queríamos comunicar a amplitude das contribuições que ele fez para o mundo.**
>
> Dan LaCivita, produtor executivo

A linha do tempo foi apresentada como uma configuração linear que deslizava ao longo da tela à medida que o usuário girava uma roda circular composta de silhuetas das patentes de Edison. Os pontos, que representavam os anos, aumentavam de tamanho à medida que entravam em uma área central ativa relativa à posição de uma dada patente e, se selecionados, expandiam-se para um tamanho bem maior. Uma imagem introdutória assumia a posição central, enquanto instantâneos adicionais agrupavam-se no canto superior direito e as silhuetas posicionavam-se na parte inferior esquerda. Os ícones, como ornamentos tipográficos, direcionavam o usuário para os links, e as imagens continham legendas com um texto curto.

abordagem bem diferente, focalizada na seção de linha do tempo do site para ajudar a comparar a navegação. Duas das direções apresentavam o conteúdo em um formato mais convencional, com links de navegação de nível A ao longo da parte inferior. Nas duas versões, as linhas do tempo pareciam estruturas horizontais lineares com links para o conteúdo mais profundo. Um desses conceitos mostrava imagens menores redimensionáveis interagindo com os elementos gráficos e a tipografia em um fundo branco, enquanto o outro utilizava as imagens em tela inteira para inserir o usuário no ambiente do laboratório. O terceiro conceito, porém, veio do processo de exploração de padrões de design e scripts de programação no software Flash. "Cada projeto é diferente", diz Brunetti. "Às vezes, você cria vários esboços a lápis. Às vezes, coleta recursos, cria painéis de inspiração e trabalha com sistemas de grid... E outras vezes", Gicheol Lee completa, "você abre o Flash para experimentar que tipo de layout interessante pode ser criado programaticamente." Brunetti e Lee descobriram um padrão de design em Flash que poderia ser utilizado para criar uma estrutura de navegação baseada em uma

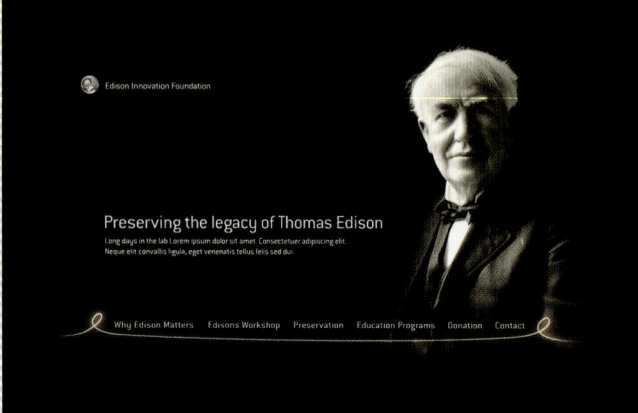

> De onde vieram as ideias para o site? Brainstorming. Muito brainstorming.

Victor Brunetti, diretor de arte

Um segundo conceito também enquadrava o site em um formato de página horizontal. Nessa direção, uma animação seguia a cintilação de uma corrente ou fio elétrico ao longo de uma montagem dos eventos históricos tecnológicos relacionados às invenções de Edison.

Tanto a página principal como a subpágina da linha do tempo utilizavam imagens totalmente sangradas. Na página principal, um elegante retrato em preto e branco de Edison apresentava um sistema de navegação horizontal, semelhante àquele utilizado no primeiro conceito. O rastro da corrente destacava a localização do usuário dentro do site. Na página da linha do tempo, uma tira de filme rolava pela tela, permitindo aos usuários acessar as imagens relevantes à linha do tempo, que é navegável abaixo em um formato de barra deslizante.

espiral que mudaria interativamente — reorganizando-se à medida que um conteúdo diferente fosse acessado. O cliente julgou este último conceito o que melhor capturava o espírito de descoberta de Edison. A estrutura de navegação em espiral é composta não apenas pelos links no nível A, mas também de links para 100 das 1.300 patentes de Edison, possibilitando acesso aos documentos das patentes originais. Os links de navegação no nível A fazem com que a espiral de texto gire em torno de um ícone central — o logo da Edison Foundation — e apresente o conteúdo acessado em uma estrutura mais apropriada. ▎A linha do tempo, por exemplo, se transforma em uma lista cronológica apresentada como uma coluna vertical que se expande e se contrai. Na área informativa da instituição, os links rolam para cima ao longo de uma barra horizontal. Toda a ação ocorre em um espaço profundo e colorido que faz uso de um navegador de tela inteira; não há áreas for-

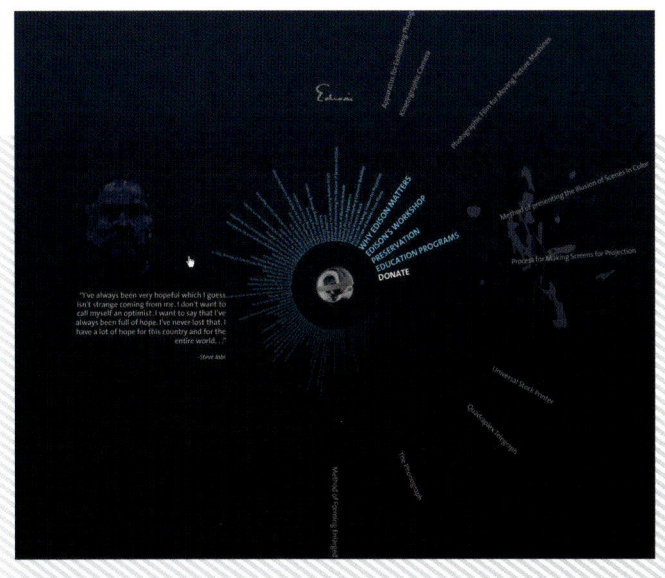

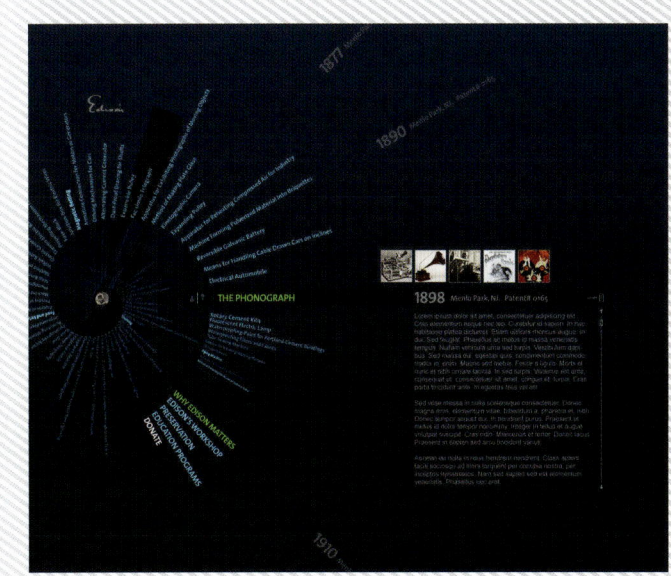

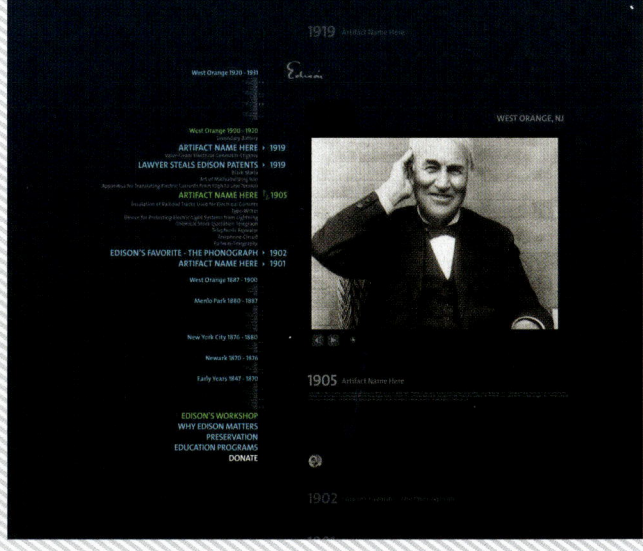

A terceira direção abordou um conceito diferente em todos os aspectos. Enquanto os dois primeiros conceitos fizeram uso limitado de cores, este enchia o navegador com um matiz rico de azul-esverdeado ligeiramente esfumaçado. A navegação e o conteúdo, em vez de restringidos por uma estrutura em grid, faixas ou outros dispositivos parecidos, eram exibidos por um jato de textos o que se irradiava a partir de um centro, movendo-se em espiral de trás para frente em direção ao espaço profundo e criando uma forma livre. Esse texto consistia nos nomes de aproximadamente 100 patentes de Edison. Cada página acessada pelos links de navegação reestruturava as informações. Na linha do tempo, por exemplo, uma coluna vertical de informações organizava a cronologia e as imagens de apoio. A abordagem arrojada, clara e incomum desse conceito foi bem recebida pelo cliente, pois representava o espírito inovador do famoso inventor.

matadas com molduras ou janelas; assim, a navegação e o material de conteúdo parecem flutuar livremente. ▎Depois que o conceito foi aprovado, a equipe passou três semanas refinando as imagens e as estruturas de exibição de conteúdo, trabalhando com o cliente para editar e organizar o material e também selecionar as patentes mais interessantes para a navegação em espiral. ▎A partir daí, a equipe levou outras cinco semanas para programar o site e solucionar problemas. Foram apresentados protótipos funcionais duas vezes para que o cliente fizesse modificações e revisões. A equipe mantinha cada iteração a fim de comparar as diferenças em funcionalidades, como as transições entre as páginas. ▎"Às vezes, os projetos podem ter mais de 100 versões à medida que avançam", relata LaCivita. O site resultante, lançado apenas três meses após o início do processo, ajuda a reintroduzir a imagem de Thomas Edison a um público contemporâneo em um contexto dinâmico e inspirador, e permite acessar as informações sobre as importantes contribuições tecnológicas do inventor.

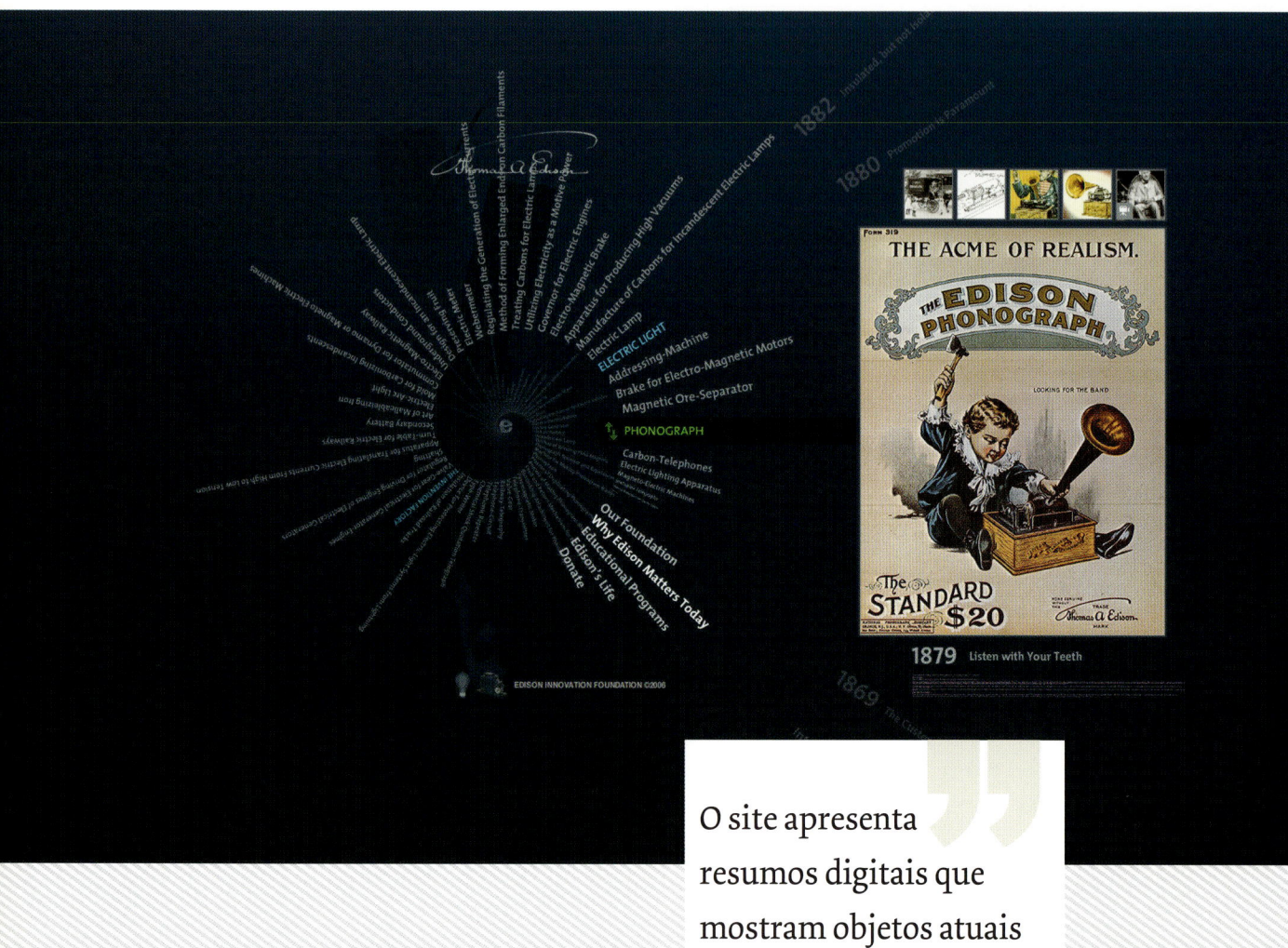

A espiral central no site contém uma lista de todas as patentes que Edison mantinha; ao se passar o mouse pelos títulos, os menus pop-up oferecem um PDF acessível da invenção e sua data de emissão. Os corpos dos tipos dos elementos-chave de navegação são maiores para que possam ser mais facilmente localizáveis. As linhas da espiral se transformam em novas formas à medida que o visitante pesquisa outras áreas do site, e sempre estão prontamente disponíveis, mantendo a ênfase nas invenções que definem Edison.

> O site apresenta resumos digitais que mostram objetos atuais inspirados pelas criações de Edison.
>
> Dan LaCivita, produtor executivo

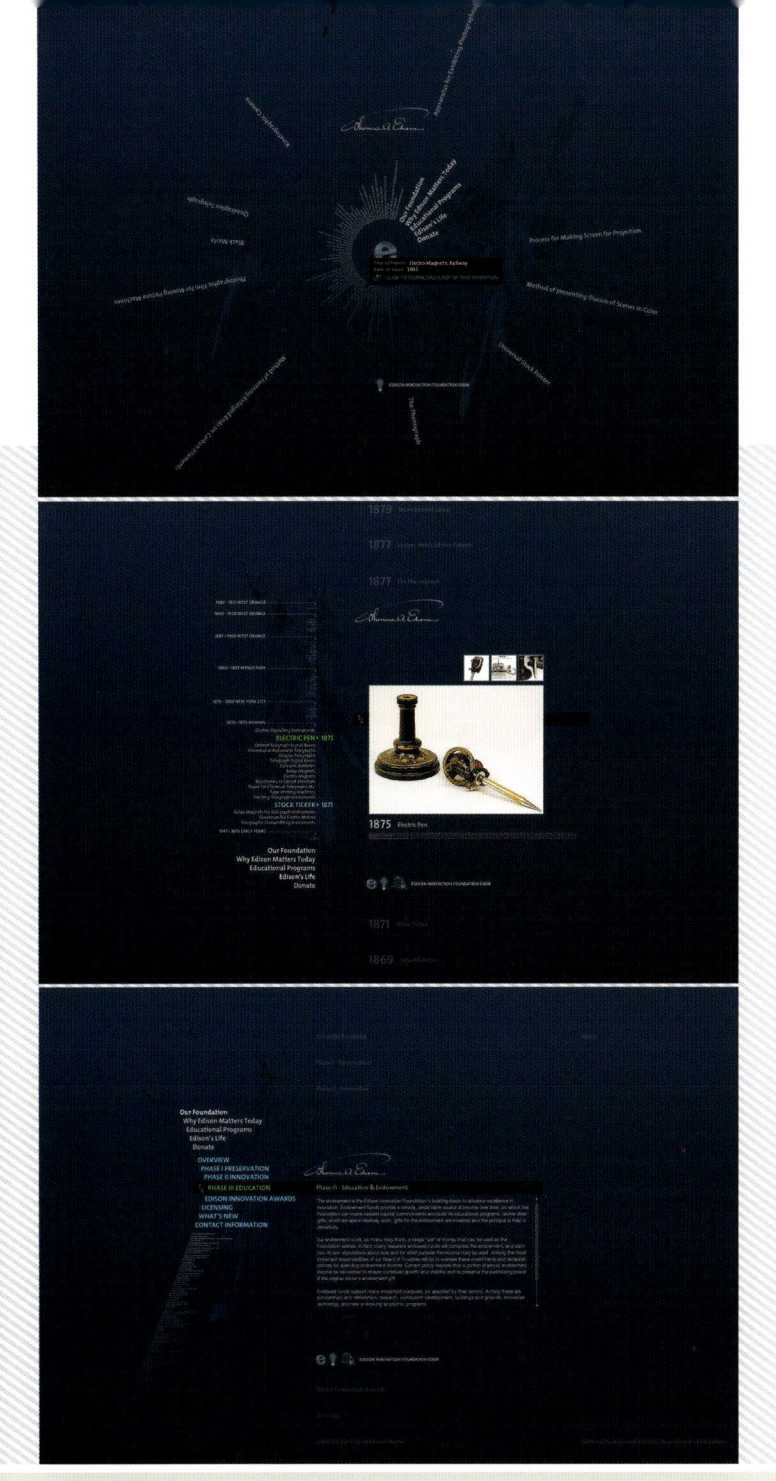

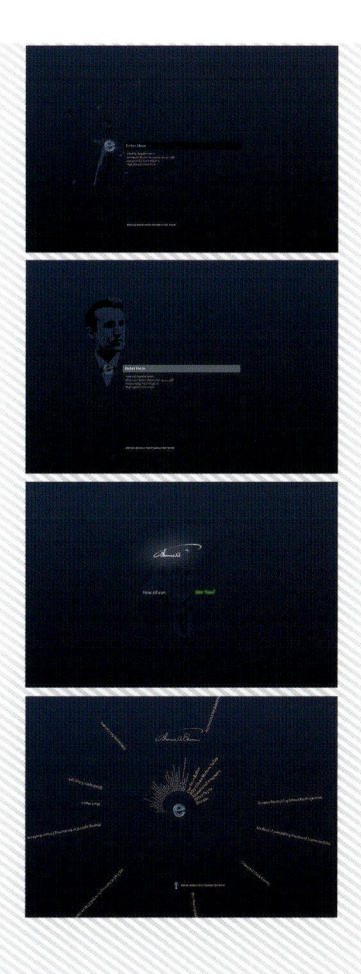

À medida que diferentes páginas se abrem, o layout assume formas distintas. A sequência de abertura explode com inúmeras ideias; as páginas internas mantêm conexão constante com as invenções mais importantes do legado de Edison. Por exemplo, clique em uma data e a espiral se transforma para destacar a invenção correspondente; uma janela pop-up, então, oferece informações detalhadas sobre o desenvolvimento da invenção.

O fundo azul escuro é suavizado com desenhos e outras informações como solicitações de patente que mostram os detalhes dos produtos inventados por Edison. Independentemente de onde você está no site, o acesso aos principais elementos de navegação bem como a lista de patentes está sempre disponível.

Estudos de caso de projetos **37** *Site da Edison Innovation Foundation*

EVOLUÇÃO DO DESIGN

38

Catálogo de exposição: *Branded and on Display*
Studio Blue | Chicago, EUA

O design de catálogos de exposição costuma seguir certas convenções, mantendo uma apresentação reservada na composição de página, tipografia e detalhamento gráfico em consideração ao trabalho artístico. No entanto, às vezes o conceito de uma exposição sugere – até mesmo exige – que o catálogo quebre essas regras. Esse foi o caso deste projeto – um catálogo projetado pelo Studio Blue de Chicago para uma exposição no Krannert Art Museum, localizado no campus da University of Illinois, em Urbana-Champaign. A exposição, *Branded and on Display*, apresentou obras de artistas cujo trabalho explora estratégias de branding e o ambiente de consumo. Ritmos ousados, tipografia inesperada e cores peculiares aplicam as ideias da exposição ao próprio catálogo.

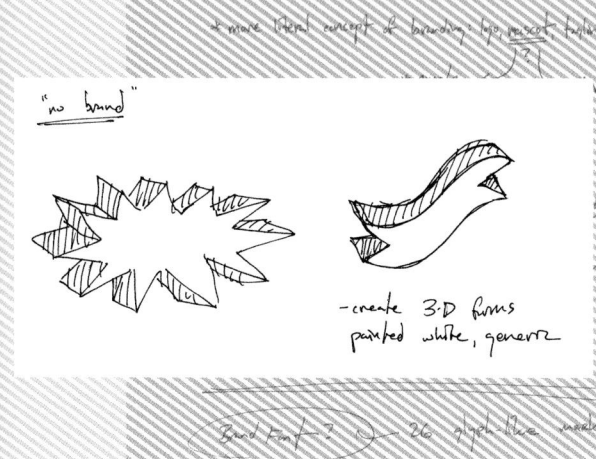

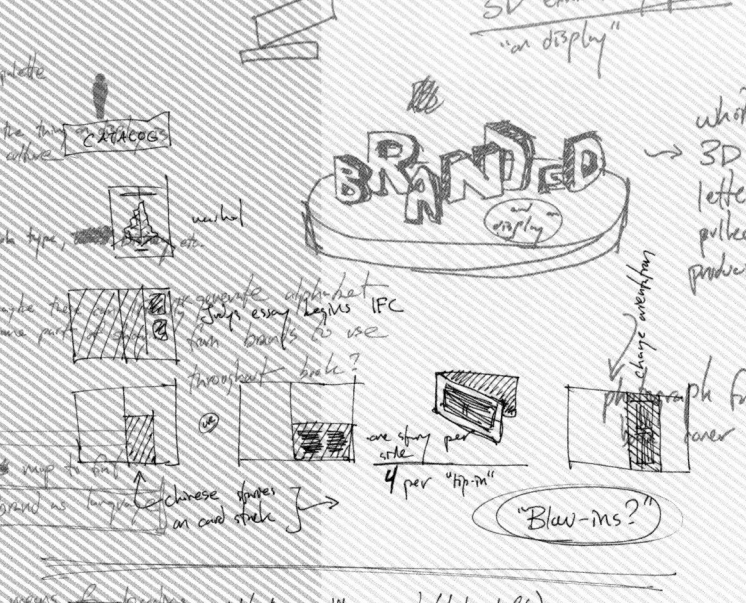

Hummm... Cultura. Onde está meu talão de cheques?

Infelizmente, conflitos de agenda impediram que os designers se encontrassem com a curadora do museu antes do início da pesquisa, restando apenas um resumo, modelos de imagens e alguns emails a partir dos quais trabalhar. A sócia do Studio Blue, Cheryl Towler-Weese, e o designer Garrett Niksch iniciaram o processo de quatro semanas de exploração da direção do design com esboços à mão, trabalhando nas sessões de brainstorming (ver Estudo de Caso 29) que Towler-Weese descreve como parecidas com o antigo programa de televisão *Win, Lose, or Draw*. ▌Pensando na a exposição e tendo em mente que o público — na maioria estudantes, dada a localização do museu — seria mais receptivo, a abordagem dos designers evitou convenções desde o início. "Examinamos catálogos de venda por correio", diz Towler-Weese, "e pensamos que o modelo ofereceria uma abordagem nova ao mundo tipicamente conservador dos livros de arte." ▌Os designers compararam as estratégias utilizadas por várias empresas para apresentar seus produtos e aplicaram esses mesmos métodos à apresentação do trabalho artístico. A própria curadora propôs reproduzir marcas corporativas ao longo de todo

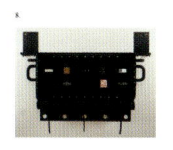

Em sua primeira abordagem, o Studio Blue trabalhou às cegas — não havia conseguido marcar uma reunião antes do início do processo — e contava apenas com alguns emails do cliente. Os designers decidiram tomar como referência os catálogos de venda por correio, indo direto para o moderno logo das caixas Brillo, de Andy Warhol, como uma proposta de imagem para a capa, selecionando estilos tipográficos e tratamentos lineares para refletir o estilo de certos varejistas de roupas na região nordeste dos Estados Unidos.

As páginas duplas do miolo refletiram a mesma sensibilidade, apresentando as obras em layouts baseados nos grids tipicamente encontrados em catálogos desses varejistas. A escolha de uma face sem serifa clara e neutra em colunas impressas em preto, colunas estreitas entre as imagens e destaques em quadros remete ao estilo estético preferido por varejistas nos setores de decoração e utensílios de cozinha.

Uma segunda abordagem utilizou formas que se assemelham a logos e páginas de texto colorido para sugerir marcas sem mostrá-las. Os contornos reconhecíveis das marcas interagiam com a seleção da tipografia e as cores dos textos curtos. As obras apareciam isoladas do texto e sem ordem específica. O cliente não ficou totalmente satisfeito com as abordagens, mas essa parecia promissora.

> Geramos muitas iterações e salvamos todas. Consultar ideias que, inicialmente, pareciam não funcionar pode ajudar a desencadear novas ideias.

Cheryl Towler-Weese, sócia

Towler-Weese e Niksch começaram a reelaborar o conceito, enfocando as diferenças entre o conteúdo —contos, ensaios e obras — e a ideia de evocar as marcas nos contos. Seus esforços agora giravam em torno do estilo dos textos, inicialmente utilizando cores e tamanhos como uma maneira de diferenciar os componentes. Os elementos descritivos assumiram personalidade de acordo com sua identidade; os ensaios foram tratados em preto e branco. Os designers reduziram a seleção tipográfica à Dolly, uma face serifada de aparência usual em livros se composta em corpo pequeno, no seu peso normal, mas muito mais incomum em corpos maiores e em bold. Os detalhes exagerados em bold, junto com curvas orgânicas, deram uma qualidade plástica ao contexto. Neste estudo, os nomes da marca são destacados em bold.

o livro. "Percebemos que isso nos traria um enorme problema de direitos autorais", comenta Towler-Weese, que, junto com Niksch, dispendeu bastante tempo pensando em como poderia evocar cada marca sem reproduzir os logos. ▌Além das obras, o livro também apresentaria nove contos, cada um tendo a marca de um produto como personagem central. Tratar a respectiva tipografia individualmente — com cores e faces de tipo específicas à personalidade da marca —, em comparação com a composição do texto corrido, tornou-se um modo de sugerir as marcas sem, de fato, mostrá-las. ▌Ao ver os primeiros conceitos propostos, a curadora conseguiu esclarecer seu pensamento com relação às obras da exposição. O cliente não ficou satisfeito com os ideias iniciais do estúdio, que não refletiam o conceito da exposição de modo preciso. Saber disso ajudou os designers a entender melhor a forma e a estrutura que o livro precisava tomar. ▌"Foram necessárias várias alterações para que o cliente ficasse satisfeito", conta Towler-Weese. Ela e Niksch limparam a apresentação das obras para que houvesse, no geral, uma imagem por página, deliberadamente centralizada de modo genérico. O texto corrido,

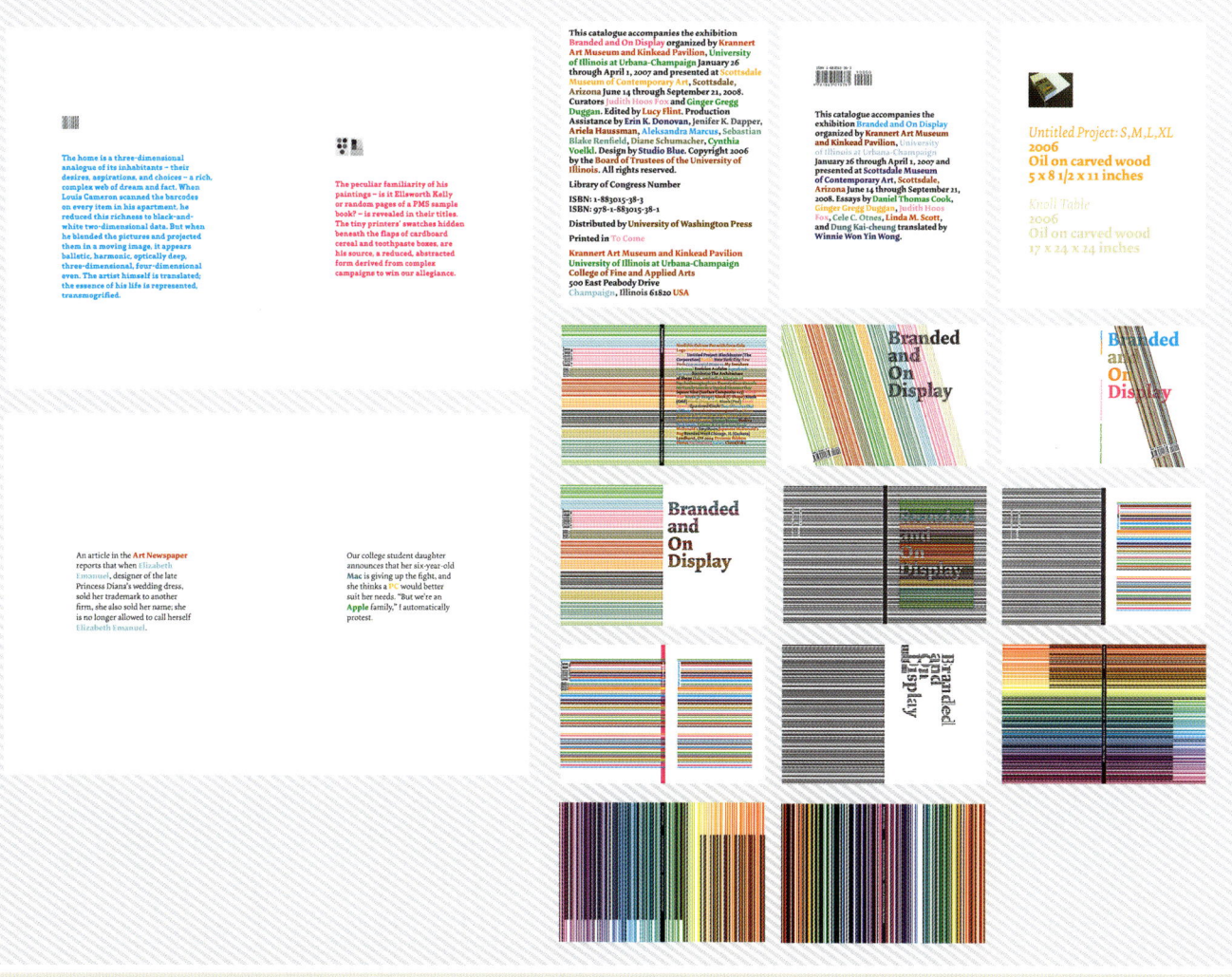

Testes das chamadas compostas em Dolly revelaram uma possibilidade interessante para o uso da variação bold, em cores, no texto corrido, a fim de diferenciar ainda mais os nomes das marcas. Faces alternativas — um tipo com serifa quadrada — continuaram a ser consideradas para vários elementos de texto.

Compor cada conto em tipografia específica e esquema próprio de cores foi o método escolhido para diferenciar os contos dos demais textos. Essa escolha introduziu uma espécie de aleatoriedade estilística que complementaria a sequência irregular do material.

O tom acadêmico das páginas de ensaios foi realçado pelo uso da face de tipo Dolly, configurada em preto, em peso normal e em um corpo de texto convencional. As chamadas que apresentavam e apoiavam as obras também foram configuradas em uma posição central na página. À medida que a profundidade relativa dos parágrafos mudava, o relacionamento do alinhamento da margem esquerda com a margem direita era questionado, assumindo um caráter arbitrário.

O cliente aprovou a abordagem, e o trabalho da capa teve início. Os designers investigaram muitos conceitos, começando com aqueles que respondiam a um ritmo pouco convencional utilizando um layout de páginas duplas de texto.

De maior interesse eram as ideias relacionadas ao código de barras do livro, que tinha se tornado um elemento importante em um dos designs da capa e que também foi tema de uma obra na exposição. A distorção desse elemento criou um elemento gráfico abstrato que poderia ser utilizado dinamicamente de vários modos. O cliente fez os designers explorar essa ideia no maior número de iterações possível.

EVOLUÇÃO DO DESIGN

Estudos de caso de projetos **38** Catálogo de exposição: Branded and on Display

sobre a própria exposição, foi editorado com uma aparência tradicional de livro, exagerando o contraste entre esse conteúdo e os contos de cada marca, configurados em cores ainda mais exageradas. ▌Uma ideia estrutural inicial, no entanto, acabou se mostrando útil: as reproduções das obras, os ensaios e os contos das marcas seriam intercalados entre si, aparentemente de maneira aleatória, em vez de permanecer agrupados, como normalmente aconteceria. O ritmo inesperado e disperso era adequado à natureza da arte na exposição e deu ao livro uma qualidade irreverente. ▌Os designers também começaram a investigar a capa nessa etapa, cujo processo de exploração levou três semanas. "O cliente estava muito envolvido e solicitou que continuássemos a expandir nossas ideias", diz Niksch. "No final, havia várias iterações de design que mantivemos e comparamos." ▌Depois da aprovação da capa, Towler-Weese e Niksch passaram os dois meses restantes do tempo de desenvolvimento executando layouts com base na abordagem de design aprovada, que incluía duas rodadas de revisões editoriais e preparação dos arquivos para a produção.

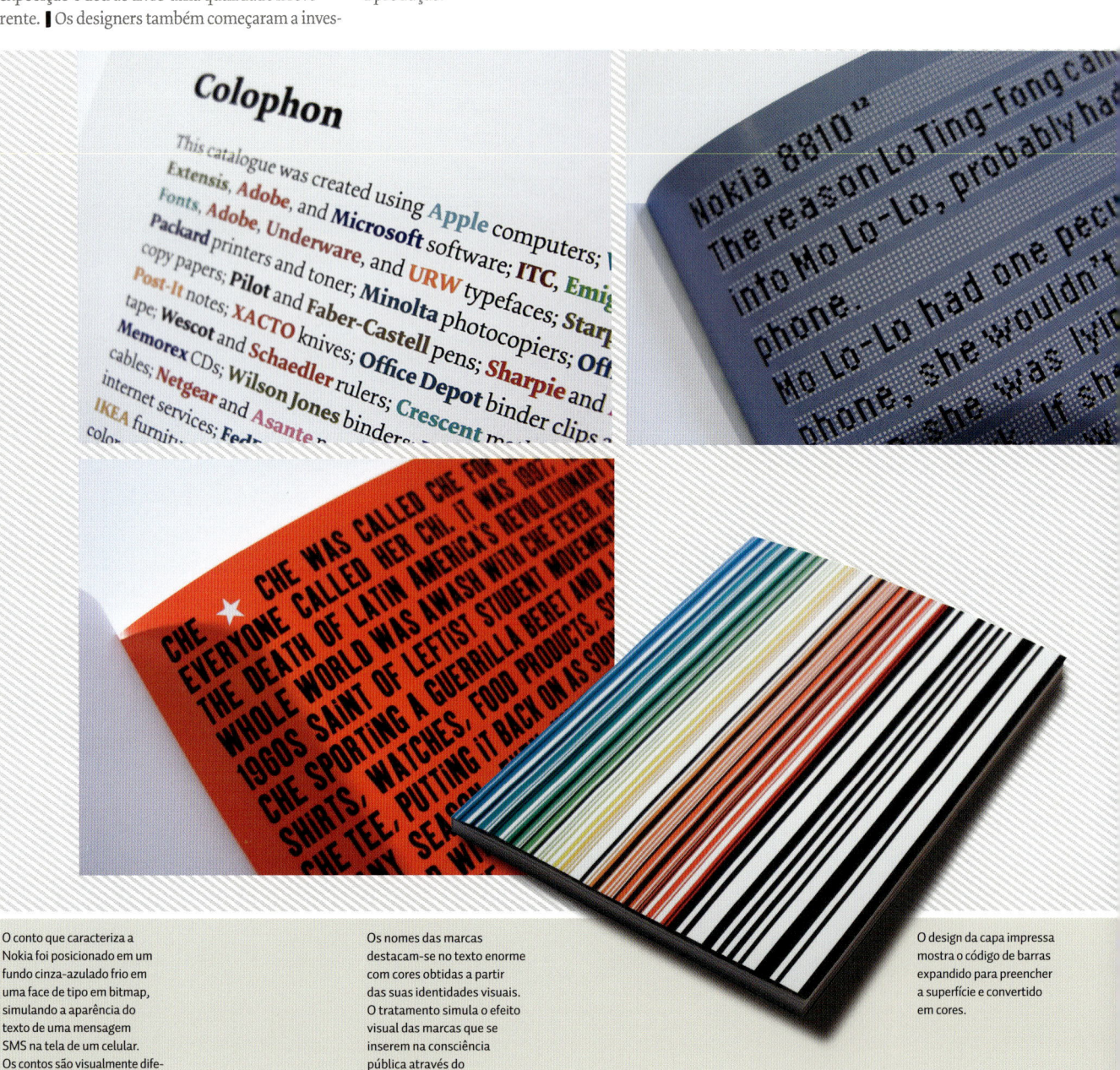

O conto que caracteriza a Nokia foi posicionado em um fundo cinza-azulado frio em uma face de tipo em bitmap, simulando a aparência do texto de uma mensagem SMS na tela de um celular. Os contos são visualmente diferentes entre si. Este apresenta Che Guevara como uma marca, fazendo comentários irônicos sobre a convergência entre branding e política.

Os nomes das marcas destacam-se no texto enorme com cores obtidas a partir das suas identidades visuais. O tratamento simula o efeito visual das marcas que se inserem na consciência pública através do espaço urbano.

O design da capa impressa mostra o código de barras expandido para preencher a superfície e convertido em cores.

> Nossa face favorita é a utilizada para o texto curto sobre a marca Hello Kitty — jamais teríamos utilizado um tipo como esse em qualquer outro catálogo de arte.

Garrett Niksch, designer

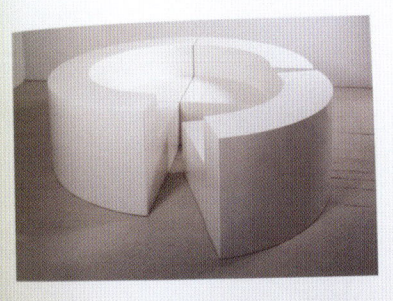

As obras são apresentadas individualmente, sempre (e monotonamente) centralizadas nas páginas. O fato de o catálogo começar com uma paleta de cores e então apresentar o texto, fora da ordem esperada e desafiando as convenções dos catálogos de exposição, cria um efeito inquietante. O ritmo incomum desorienta o leitor. Os designers também removeram intencionalmente os números das páginas em pontos-chave para intensificar essa sensação.

39

Padronagem de tecido para a Bonfire Snowboarding Company
Research Studios | Londres, Inglaterra

Uma topografia de escala e cores

O setor esportivo está na vanguarda da inovação na área de vestuário há várias décadas. Os fabricantes influenciaram as formas e os estilos das criações de roupas, e seus produtos avançaram por diferentes caminhos até finalmente ganhar as ruas. Por outro lado, a *street wear* teve a chance de retribuir esse favor, à medida que os esportes "radicais" populares dentro da cultura jovem alternativa – skate, mogul-jumping, motocross e snowboard – adotaram organicamente os elementos do estilo de vida cotidiano. A Bonfire Snowboarding Company é um fabricante de equipamentos para snowboarding, cujos participantes, integrantes de uma subcultura, demandam inovações constantes nos produtos. O Research Studios, localizado em Londres, produziu uma padronagem têxtil exclusiva para a empresa, utilizando as sugestões do cliente como ponto de partida. A Bonfire queria empregar uma padronagem camuflada nas suas novas linhas de vestuário e acessórios para snowboarding. Esse foi, então, o ponto de decolagem do briefing entregue a Jeff Knowles, designer do Research Studios.

> Desenvolvemos inúmeras direções para as padronagens; provavelmente, mostramos apenas entre 10 e 15 opções ao cliente.
>
> Jeff Knowles, designer

Depois de pesquisar padronagens camufladas para aprender como são produzidas, Knowles criou uma estampa básica como um guia e começou a explorar maneiras de reinventá-la. Logo no início, ele adotou uma abordagem com elementos menores, próximos a um pixel, para conectar a camuflagem à cultura contemporânea, comparando a natureza da cultura cibernética com uma espécie de camuflagem.

"A empresa queria uma padronagem camuflada que evitasse o estereótipo dos uniformes do exército", comenta Knowles entusiasmado. O aspecto formal interessante desse desafio era que as estampas da camuflagem são projetadas para que pareçam completamente aleatórias, como as padronagens de claro e escuro nos ambientes selvagens; no entanto, são, de fato, estampagens repetidas. "Pesquisei as padronagens camufladas existentes para aprender como elas são criadas e o que as diferencia de uma estampa com um padrão repetido normal", acrescenta. ▮ Depois de criar sua própria padronagem básica, o designer começou a investir em uma nova abordagem de tratamento da camuflagem. Trabalhando digitalmente desde o início e recorrendo a elementos "high-tech", o ponto de partida de Knowles para a exploração baseava-se no detalhamento de pixels — compondo uma padronagem maior a partir de uma menor. ▮ Para este projeto, o processo convencional de apresentar conceitos e fazer diversas revisões em várias rodadas não se aplicava. Knowles testou durante várias semanas padronagens produzidas a partir de diferentes elementos gráficos, explorando linguagens alternativas de maior e menor complexidade e densidade, e a forma básica dos pixels. "Toda vez que uma modificação era feita, além de um

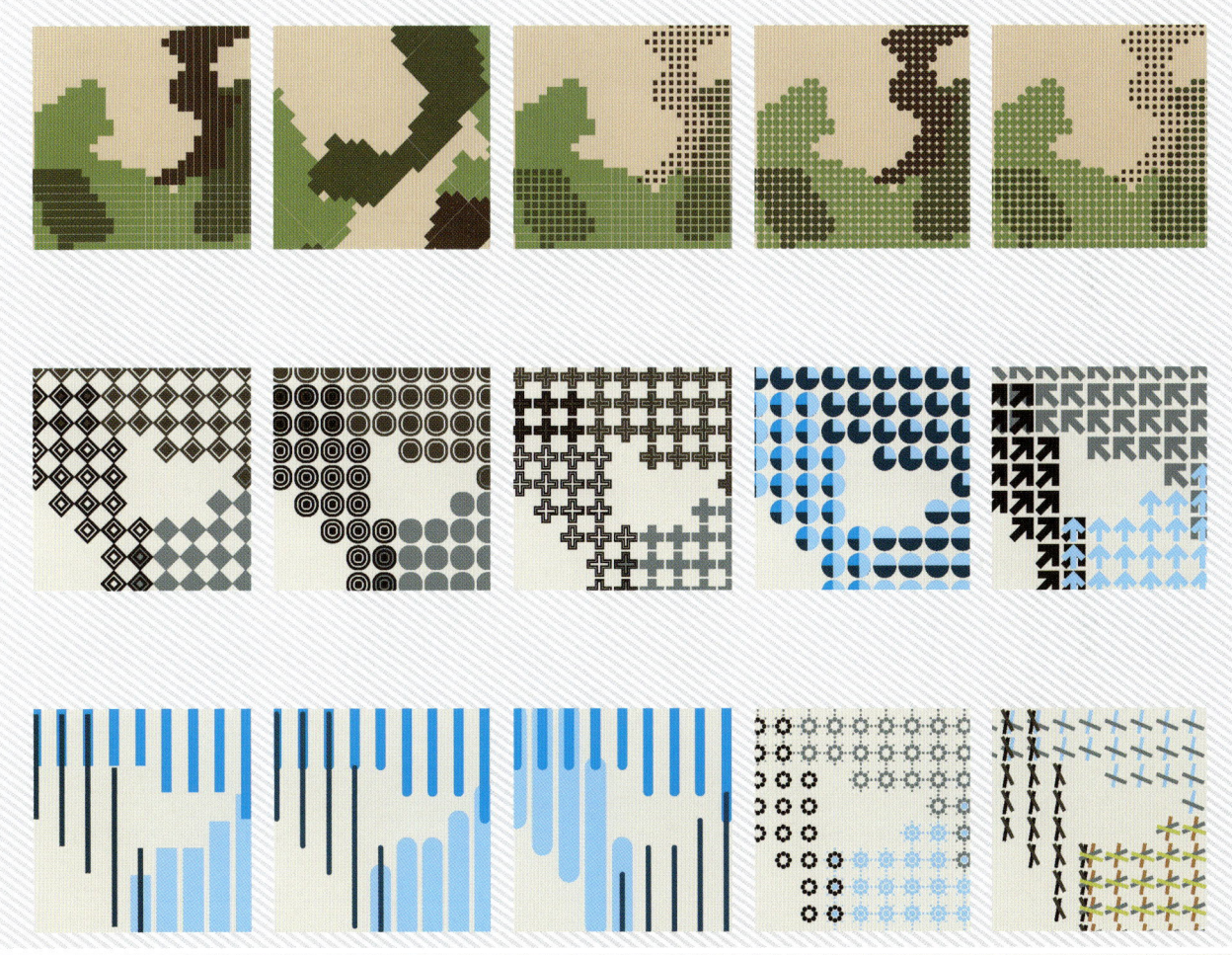

Os pixels variam desde quadrados e linhas até pequenos gráficos em setores. Ao criar um sistema simples de variação — mudando os aspectos de diferentes pixels com base em uma lógica visual específica —, Knowles podia modificar as texturas da estampa simplesmente alterando os tipos de pixel e a densidade ou complexidade com as quais apareceriam.

Ao alterar as cores, bem como a linguagem da forma, Knowles descobriu que poderia realizar essas modificações na padronagem independentemente das formas camufladas gerais que os agrupamentos de pixels definiam. Essa variável acrescentou uma enorme complexidade aos projetos e uma camada secundária "transparente" à camuflagem.

pequeno ajuste, uma nova instância do design era criada", explica Knowles, "assim, mantive todas as variações para que pudesse fazer uma comparação." Depois de gerar um conjunto de variações que julgou mais adequada ao cliente, o designer o enviou via email como arquivo PDF e, por meio de discussões, selecionou uma direção principal para o refinamento. A Bonfire escolheu uma padronagem com base em um sistema de círculos concêntricos, alguns com traços mais finos, outros mais espessos. A densidade variada dos componentes circulares foi distribuída ao longo da padronagem camuflada em padrões alternados. As cores aumentavam a complexidade e

> "A partir de uma certa distância, ela se parece com uma camuflagem sólida, mas, se você se aproximar, é possível ver os detalhes no design.

Jeff Knowles, designer

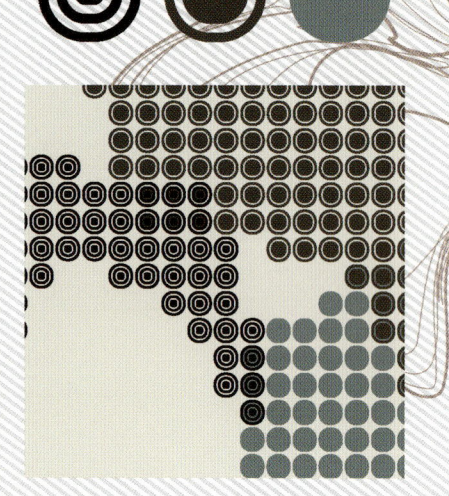

Knowles e o cliente escolheram esta estampa com base nos círculos concêntricos de densidades variadas. O cliente, porém, solicitou que uma estampa secundária linear fosse integrada ao padrão básico.

Knowles recorreu ao seu colega Reece, que explorou o mapeamento topográfico como base para seu estudo das linguagens de linha. A progressão aqui resultou nos elementos lineares finais que Knowles introduziu à estampa.

O cliente impôs uma paleta baseada no intervalo de cores que já tinha desenvolvido para a coleção da estação.

também podiam ser distribuídas independentemente de qualquer tipo de componente circular. ▌O cliente tinha apenas mais uma pequena solicitação, um refinamento geral: ele queria que fosse introduzida uma padronagem secundária mais fluida. Para isso, Knowles recorreu ao colega Ben Reece, que explorou linhas serpenteantes enquanto Knowles aprimorava a estampa de base. Os estudos de Reece o levaram à topografia — o mapeamento dos contornos das paisagens — como inspiração, bem como formas de manchas respingadas que lembravam flocos de neve. As linhas serpenteantes foram incorporadas como uma camada vetorial separada na estampa de base, ao que se seguiu um período de refinamento contínuo. "Diria que 70% do tempo (mais ou menos 10 dias) foi investido no desenvolvimento das ideias iniciais, e o resto, no refinamento e na modificação de cores." As cores tinham sido predeterminadas pelo cliente como parte de um sistema cromático geral para a coleção da estação; assim, Knowles simplesmente tinha de aplicar as opções da paleta ao preparar os arquivos para a impressão. ▌O cliente passou duas semanas no Japão, na fábrica têxtil. A estampa era tão complexa que a gráfica precisou desenvolver novas maneiras de impressão para reproduzi-la de modo preciso sobre o tecido. O resultado foi um nível de detalhes nunca antes visto. ▌Knowles ficou satisfeito com os resultados do processo, embora houvesse ceticismo no lado do cliente. "Embora tivessem gostado do design, algumas pessoas da empresa não estavam convencidas de que ele seria popular no mercado de snowboard", diz Knowles. "A jaqueta foi um *best-seller*."

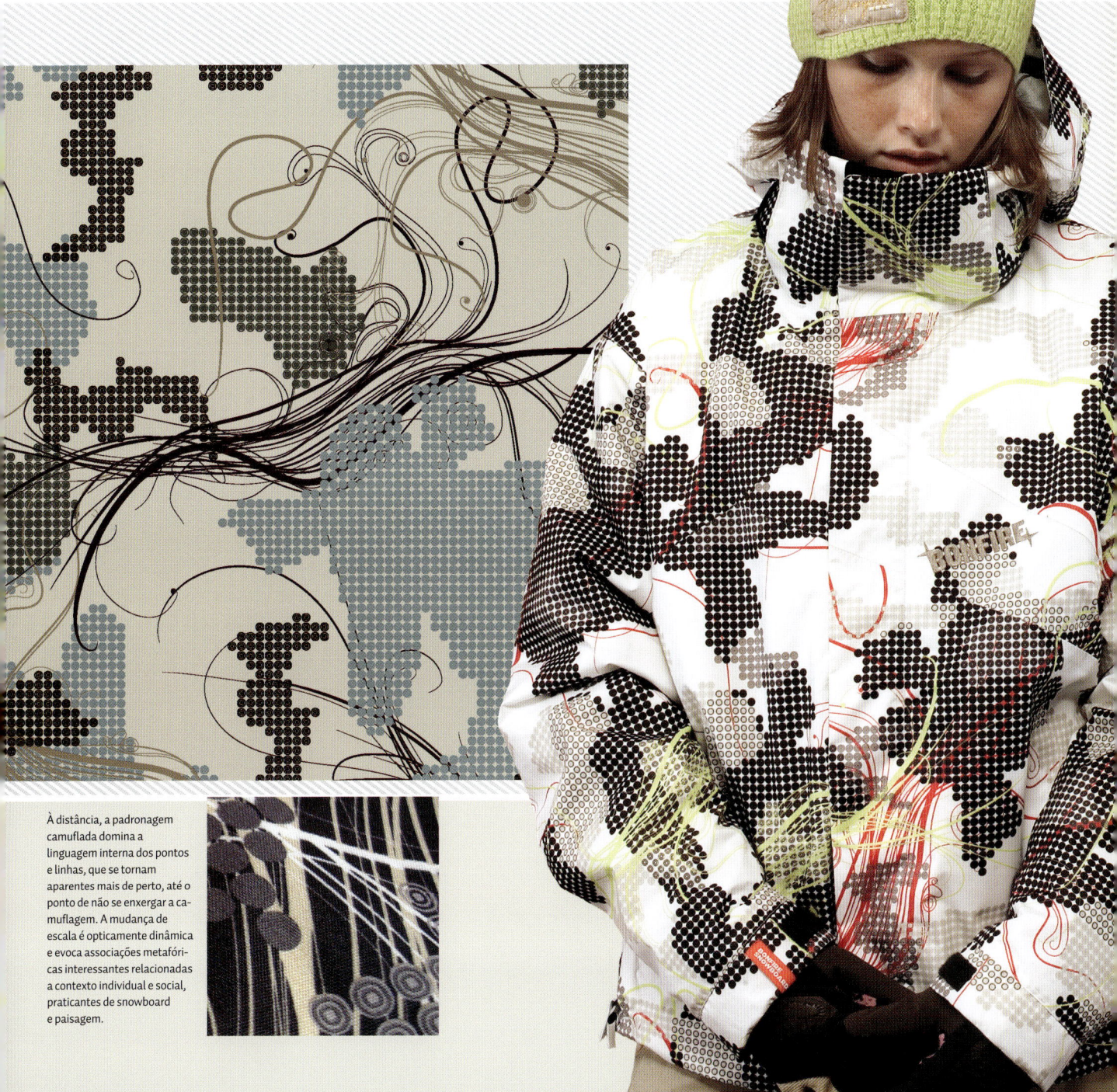

À distância, a padronagem camuflada domina a linguagem interna dos pontos e linhas, que se tornam aparentes mais de perto, até o ponto de não se enxergar a camuflagem. A mudança de escala é opticamente dinâmica e evoca associações metafóricas interessantes relacionadas a contexto individual e social, praticantes de snowboard e paisagem.

40

Encontrando o caminho das pedras

Site da Renée Rhyner & Company
Red Canoe | Deer Lodge, Tennessee, EUA

Na busca por uma comunicação profunda e uma experiência visual transcendente, os designers às vezes esquecem que o bom senso é sempre a melhor opção: há enorme prazer em experimentar um pensamento claro e uma habilidade rara. O projeto de site para a galeria Renée Rhyner & Company, em Dallas, Texas, é um exemplo disso. O site mostra o trabalho de artistas que a Rhyner representa — basicamente, trata-se de um site de portfólio. Da organização intuitiva à navegação eficiente, do uso restrito da tipografia ao ritmo poético, a simplicidade afiada do site oferece uma experiência harmônica e bem projetada.

Para os designers, a forma visual surge diretamente da solução de problemas, principalmente para sites. Todas as escolhas de layout nesse site, feitas muito rapidamente, foram respostas às necessidades do usuário na interação com o conteúdo.

Com o desenvolvimento Web, o método do estúdio Red Canoe é menos uma exploração das opções do que o resultado construído a partir de respostas a perguntas. Deb Koch, parceira do estúdio, comenta: "O ponto fundamental em cada caso é 'o que este site deve fazer para o cliente? Quem é o público?'" ▌O impulso para criar funcionalidades avançadas que apoiassem a conveniência surgiu do fato de as designers fazerem parte do público-alvo do cliente. Koch e a sócia Caroline Kavanagh estão constantemente pesquisando imagens para projetos como designs de capa de livro. "Sabemos do que gostamos e do que não gostamos em relação a sites — o que queremos em casos de urgência, do que gostamos quando não há pressa." As designers usam sites ruins como referência ao desenvolver um projeto. A solução que elas elaboram muitas vezes vem da resposta a um problema encontrado em outro lugar — fazer o oposto daquilo que *não* querem ver.

▌A abordagem de desenvolvimento Web do estúdio Red Canoe está fundamentada em funcionalidade, não em metáforas. Pensar em "o que queremos em casos de urgência, do que gostamos quando não há pressa" foi o que levou

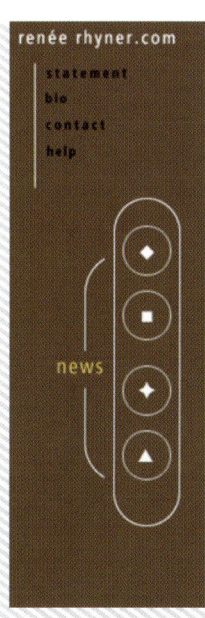

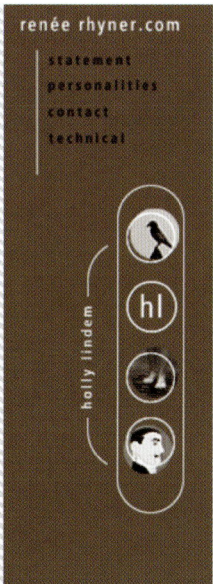

Uma etapa do processo de design da navegação mostra a sensibilidade da abordagem adotada pelas designers para a forma visual do site. Elas examinaram um conjunto de ícones gráficos em botões circulares para distinguir cada um dos artistas, mas, como os ícones não tinham um significado intrínseco e poderiam competir pela atenção com o conteúdo principal, acabaram sendo substituídos pelas iniciais dos artistas. Essa ideia, que na verdade oferece informação, também funcionou como uma maneira de integrar a tipografia no site.

O conteúdo fotográfico era o foco mais importante; assim, recebeu uma posição dominante em relação a outros materiais; a proximidade e o tamanho dos botões circulares à esquerda da área de imagem imediatamente traz essa navegação para o foco de atenção do usuário. Esses botões acessam os portfólios dos artistas que a Rhyner representa; portanto, a conexão entre imagens e pesquisa de imagens é imediata e intuitiva.

Separar os níveis A de importância secundária — tanto fisicamente como em termos do tratamento de tamanho e contraste — reforça seu grau de importância.

a estruturar a navegação do site da galeria Rhyner da maneira mais direta possível. Uma imagem central, marcada com a palavra "images", é apoiada à esquerda por uma série de botões que listam os artistas representados pela empresa do cliente. A proximidade desses botões em relação às imagens maiores sugere a funcionalidade buscada: entre "aqui" para localizar imagens. Os botões levam à respectiva área de cada fotógrafo, com quatro opções para navegar por suas obras. Todo o conteúdo restante é pequeno e está localizado no alto — facilmente acessível, mas não como foco principal. Esses

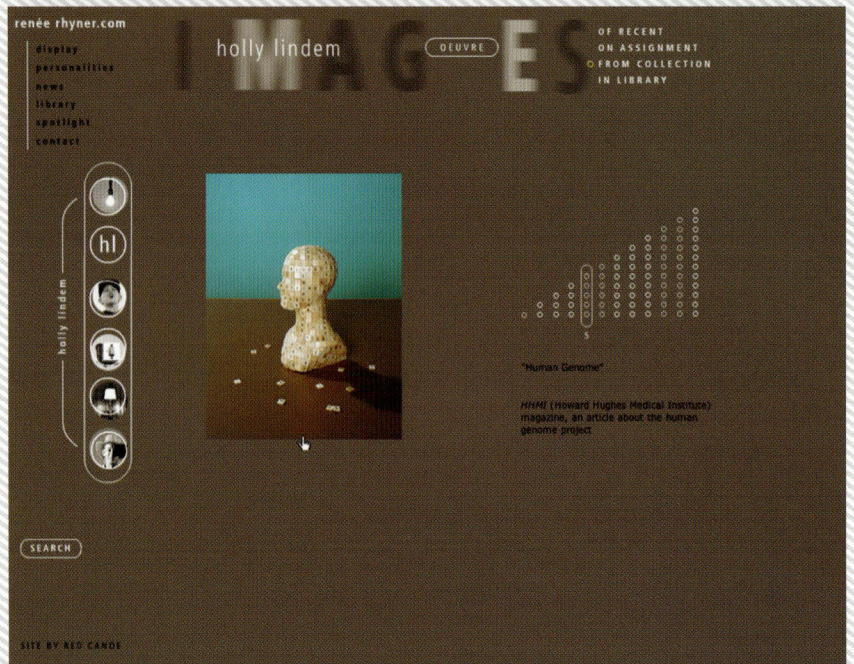

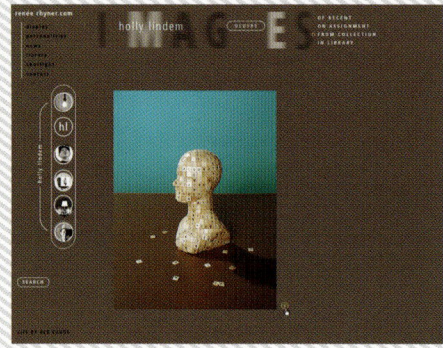

Uma imagem de abertura, associada à palavra "IMAGES", torna essa conexão explícita e responde à pergunta que o usuário poderia se fazer: "O que estou procurando?".

Uma face neutra sem serifa apresentou ótima legibilidade na tela e boa relação com o conteúdo fotográfico. A Univers, como opção, principalmente na variação condensada, oferecia uma variedade de pesos para distinguir a hierarquia.

Ao clicar no link de um artista, o usuário é levado para a respectiva área; uma grande imagem aparece na área de conteúdo, e uma navegação mais detalhada aparece no topo, composta em corpo maior toda em caixa-alta, em um valor mais claro que os links à esquerda.

A escolha de uma cor neutra para o fundo visava evitar a competição com as imagens apresentadas. Quando o site foi inicialmente desenvolvido, o calor do marrom realçava o contraste e a qualidade tonal daquilo que eram apenas imagens em preto e branco, uma vez que nenhum dos artistas da Rhyner fotografa em cores. Logo após o lançamento, quando as imagens coloridas tornaram-se parte do portfólio, a cor neutra do fundo ainda estava de acordo com o seu objetivo.

itens menos importantes são áreas que o usuário pode explorar se tiver tempo. ▍A aparência do site foi desenvolvida rapidamente, mais uma vez refletindo as respostas a uma série de perguntas. O site mostra fotografias? Nada de imagens. As fotografias pertencem a uma ampla variedade de estilos? A tipografia e as cores devem ser neutras para não entrarem em conflito com os vários estilos. Um recurso estilístico que o estúdio empregou foi identificar os fotógrafos com suas iniciais, que tornaram-se uma parte importante da tipografia nas telas de apresentação e na seção "Personalities", nas quais são utilizadas grandes formas de letras para contrastar com as imagens. ▍Somente depois de trabalhar a funcionalidade e a aparência resultante é que Deb e Caroline apresentaram o conceito ao cliente — e apenas esse conceito. Essa estratégia resulta da visão das parceiras de que estão solucionando um problema e de que a aparência e o comportamento são uma consequencia natural, não uma cobertura que poderia ser aplicada a qualquer subestrutura. "Às vezes, mostramos um esboço estático e rudimentar, no qual são feitas modificações." diz Koch, "mas ainda assim trabalhamos apenas com um conceito." Desse ponto em diante no projeto — como em todos os projetos Web que o Red Canoe empreende —, as modificações foram menores e visavam exclusivamente aprimorar a experiência. Esse processo demorou aproximadamente seis meses. ▍Dentro das restrições austeras que as designers impuseram sobre si mesmas, ainda era possível criar uma experiência rica e digna para os usuários. Como muitas vezes é dito, a mágica está nos detalhes.

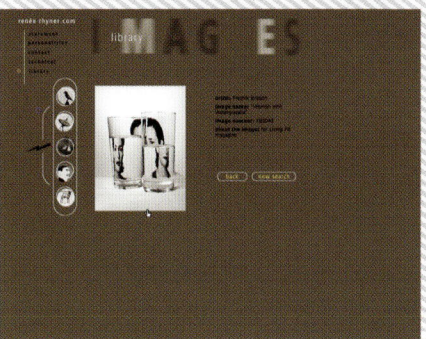

> Pensei nesse site e na sua arquitetura original como um musical, por assim dizer. Ele tem um ritmo e revela suavemente suas joias — as imagens.
>
> Deb Koch, sócia

Modificações na biblioteca mostram o desenvolvimento de maior funcionalidade e atenção aos detalhes de navegação e da transição entre estados. Compare essas duas sequências de páginas: a iteração inicial aparece à esquerda e a revisão, à direita. O pequeno ajuste na maneira como o cursor ativa o link e a modificação resultante na caixa atrás mostra uma qualidade intuitiva aprimorada para a interação. Só é possível ver essas modificações em um modelo de trabalho; portanto, o desenvolvimento é progressivo e instantâneo em vez de iterativo e comparável por meio de um arquivo.

A organização da galeria de imagens em grid ajuda a posicionar as fotografias selecionadas à medida que são arrastadas até à área de influência do grid.

Uma sensação rítmica permeia o site à medida que páginas em splash, que parecem estáticas quando se clica em uma nova área de conteúdo, rolam para revelar imagens adicionais e citações selecionadas. Na seção "News", linhas introdutórias de texto deslizam para o campo, seguidas por imagens selecionadas, onde apropriado. ▌Na seção "Personalities", uma versão mais detalhada da navegação principal surge sobre as imagens destacadas, com cada botão trazendo à tona uma citação curta, composta em uma face de tipo serifada para textos, que propicia textura e contraste à tipografia sem serifa geral do site. ▌O site passa por atualizações constantes — não simplesmente incluindo novos fotógrafos ou alterando as amostras dos portfólios daqueles existentes, mas adicionando novas funções básicas. Entre elas estava uma biblioteca, que armazenava as imagens não mostradas no site e permitia aos usuários pesquisá-las com uma palavra-chave. Essa função foi agora expandida em um sistema de gerenciamento de conteúdo completo que funciona nas duas pontas da interação. ▌O cliente e os artistas que ele representa serão capazes de carregar, editar e monitorar imagens e dados; os usuários do site terão acesso a uma pesquisa por palavra-chave mais conceitual, um recurso do tipo *lightbox* e navegação por miniaturas, tanto por tema como por artista.

A mesma atenção aos detalhes é dada a cada aspecto dessas funções, desde o número mínimo de cliques para acessar as informações, às dimensões em pixels de uma imagem em miniatura, até a maneira como essa miniatura aparece ou desaparece depois que é selecionada, adicionada, descartada ou comparada com outras. Esse aprimoramento contínuo também é visível nas seções "site guest optional", com uma seção "Display" — uma apresentação de slides deslizantes — e uma "Spotlight" — que demonstra a obra de um artista existente ou introduz um novo.

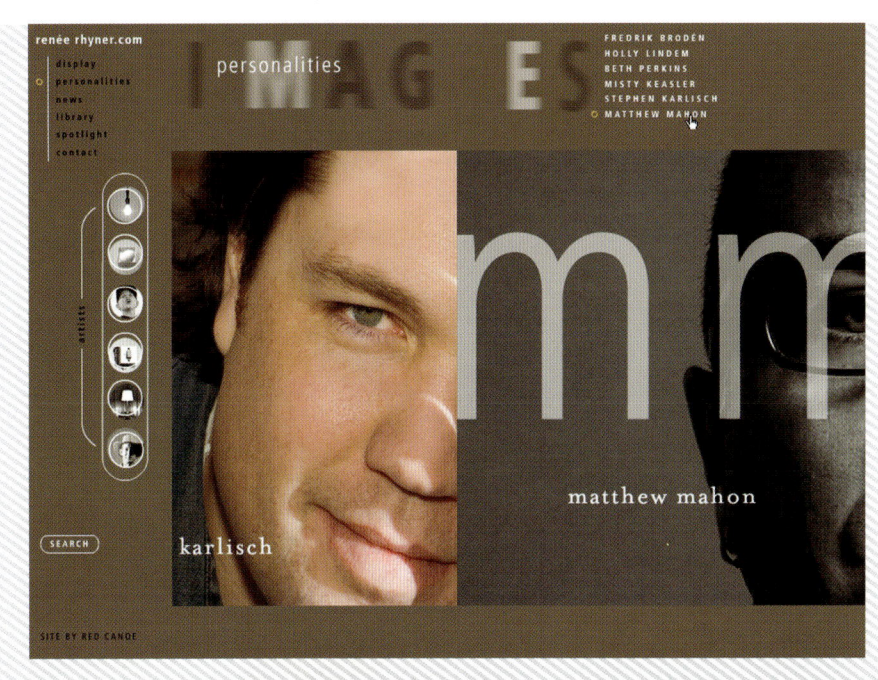

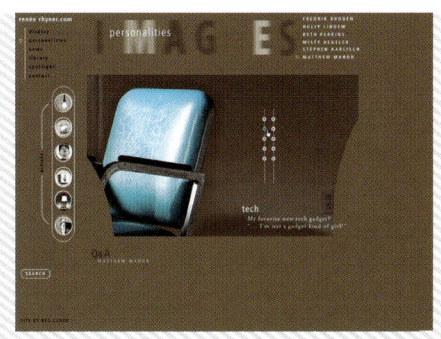

A calma seção "Personalities" apresenta uma animação; uma lenta transição entre a tela vazia e a imagem completamente carregada é contraposta por uma mudança de tela em linhas verticais. Isso é seguido pelo surgimento de pequenos botões circulares que se desenham na imagem.

Ao se posicionar o mouse sobre uma imagem, aparece uma citação do fotógrafo, composta em Mrs. Eaves, uma versão contemporânea do tipo serifado transicional Baskerville.

A animação lentamente ritmada é visível nas transições entre as páginas, principalmente na seção "Display", em que uma imagem introdutória desliza antes de ser substituída por outra imagem.

Colaboradores

2FRESH
La Défense 9, Tour Ariane, E: 33
92088 Paris, França
Maslak, Beybi Giz Plaza, K: 26
34396 Istambul, Turquia
www.2fresh.com
110 | 111 | 112 | 113 | 114 | 115

AdamsMorioka
8484 Wilshire Blvd., Suite 600
Beverly Hills, CA 90211, EUA
www.adamsmorioka.com
170 | 171 | 172 | 173 | 174 | 175 | 218 |
219 | 220 | 221 | 222 | 223 | 224 | 225

Ah-Reum Han School of Visual Arts
990 Sixth Ave., Suite 17J
Nova York, NY 10018, EUA
onebeauty310@gmail.com
039

Armando Milani Design
Via Vivaio, 21
20122 Milão, Itália
087 | 088 | 089

Bruketa & Žinic
Zavrinica 17
Zagreb, Croácia 10000
www.bruketa-zinic.com
066 | 067 | 068 | 069 | 070 | 071
072 | 073

Thomas Csano
3655 St-Laurent Blvd.
Montreal, Quebec, Canadá
H2X 2V6
www.thomascsano.com
214 | 215 | 216 | 217

Compass 360
11 Davies Ave., Suite 200
Toronto, Ontário, Canadá
M4M 2A9
www.compass360.com
160 | 161 | 162 | 163

doch design
Baaderstrasse 16
D-80469 Munique, Alemanha
www.dochdesign.de
028 | 102 | 103 | 104 | 105

Firstborn
630 9th Avenue
Nova York, NY 10036, EUA
www.firstbornmultimedia.com
176 | 177 | 178 | 179 | 180 | 181
248 | 249 | 250 | 251 | 252 | 253

GollingsPidgeon
147 Chapel St.
St. Kilda, Victoria, Austrália 3182
www.gollingspidgeon.com
038 | 148 | 149 | 150 | 151 | 198
199 | 200 | 201 | 202 | 203

Hesse Design
Duesseldorfer Strasse 16
Erkath, 40699 Alemanha
www.hesse-design.com
017 | 030 | 032 | 038 | 041 | 188
189 | 190 | 191 | 192 | 193

Hyosook Kang
School of Visual Arts
228 East 25th St., Apt. 10
Nova York, NY 10010, EUA
yellowapple79@hotmail.com
025

Ideas on Purpose
307 Seventh Ave., Suite 701
Nova York, NY 10001, EUA
www.ideasonpurpose.com
021 | 134 | 135 | 136 | 137 | 138 | 139

Kuhlmann Leavitt, Inc.
7810 Forsyth Blvd., 2W
St. Louis, MO 63105, EUA
www.kuhlmannleavitt.com
060 | 061 | 062 | 063 | 064 | 065

Kym Abrams Design
213 West Institut Pl., Suite 608
Chicago, IL 60610, EUA
www.kad.com
116 | 117 | 118 | 119 | 120 | 121

Laywan Kwan
610 W. 152nd St. #24
Nova York, NY 10031, EUA
laywan@gmail.com
010

LSD
San Andrés 36, 2º p6
28004 Madri, Espanha
www.lsdspace.com
230 | 231 | 232 | 233 | 234 | 235 | 236 |
237

Mixer
Löwenplatz 5
6004 Lucerne, Suíça
www.mixer.ch
106 | 107 | 108 | 109 | 244 | 245
246 | 247

Orangetango
88 Queen St.
H3C 09H Montreal, Quebec, Canadá
www.orangetango.com
056 | 057 | 058 | 059

Un mundo felíz/ A happy world production
Madri, Espanha
www. unmundofeliz.org
122 | 123 | 124 | 125 | 126 | 127

paone design associates
240 South Twentieth St.
Filadélfia, PA 19103, EUA
www.paonedesign.com
029 | 094 | 095 | 099 | 096 | 097 | 098|
099 | 100 | 101

Parallax Design
447 Pulteney St.
Adelaide SA, Austrália 5000
www.parallaxdesign.com.au
019 | 034 | 090 | 091 | 092 | 093 | 164 |
165 | 166 | 167 | 168 | 169

Planet Propaganda
605 Williamson St.
Madison, WI 53703, EUA
www.planetpropaganda.com
152 | 153 | 154 | 155 | 156 | 157
158 | 159

Red Canoe
347 Clear Creek Trail
Deer Lodge, TN 37726, EUA
www.redcanoe.com
194 | 195 | 196 | 197 | 264 | 265

Research Studios
94 Islington High Street
Londres N1 8EG, Inglaterra
www.researchstudios.corn
078 | 079 | 080 | 081 | 082 | 083 | 084
085 | 260 | 261 | 262 | 263

Sägenvier
Sägerstrasse 4
6850 Dornbirn, Áustria
www.saegenvier.at
050 | 051 | 052 | 053 | 054 | 055

Leonardo Sonnoli
Via G. Rossini 16
Trieste 34231 Itália
leonardosonnoli@libero.it
025

STIM Visual Communication
238 South Third St., No. 4
Brooklyn, NY 11211, EUA
tsamara_designer@hotmail.com
008 | 009 | 010 | 014 | 016 | 018 | 019
022 | 024 | 026 | 028 | 029 | 031 | 032
033 | 034 | 036 | 037 | 038 | 040

Strichpunkt
Schönleinstrasse 8A
70184 Stuttgart, Alemanha
www.strichpunkt-design.de
035 | 140 | 141 | 142 | 143 | 144 | 145
146 | 147

Studio Blue
800 W. Huron St., Suite 3N
Chicago, IL 60622, EUA
www.studioblue.us
030 | 204 | 205 | 206 | 207 | 208 | 209
254 | 255 | 256 | 257 | 258 | 259

Studio Pip and Company
171 Greville St., Suite 5
Prahran, Victoria, Austrália 3181
www.peoplethings.com
018 | 020 | 027 | 033 | 182 | 183 | 184
185 | 186 | 187 | 226 | 227 | 228 | 229

**Studio di progettazione grafica
Sabina Oberholzer Renato Tagli**
Càd'Bariff
Cevio, Ticino, Suíça, 6675
soberholzer@swissonline.ch
021 | 034

Surface
Peterstrasse 4
60313 Frankfurt am Main,
Alemanha
www.surface.de
023 | 031 | 034 | 074 | 075 | 076 | 077 |

Tactical Magic, LLC
1460 Madison Ave.
Memphis, TN 38104, EUA
www.tacticalmagic.com
044 | 045 | 046 | 047 | 048 | 049

Tassinari / Vetta
Via G. Bruno 51
Rimini, Itália, 47900
leonardo@tassinarivetta.it
128 | 129 | 130 | 131 | 132 | 133

Vignelli Associates
130 East 67th St.
Nova York, NY 10021, EUA
www.vignelli.com
006

Wallace Church
330 East 48th St.
Nova York, NY 10017, EUA
www.wallacechurch.com
210 | 211 | 212 | 213

Why Not Associates
22c Shepherdess Walk
Londres N1 2AU, Inglaterra
www.whynotassociates.com
238 | 239 | 240 | 241 | 242 | 243

Agradecimentos

Assim como os estudos de caso apresentados neste livro, todas as obras que escrevo têm seu próprio processo individual. Esta não foi exceção. E, como em todos os meus livros anteriores, devo agradecimentos a muitas pessoas. Em primeiro lugar na minha lista estão os colaboradores, cujo trabalho possibilitou a publicação deste volume: agradeço a cada um de vocês por revirarem seus arquivos à procura de restos de projetos passados, principalmente quando se considera o quanto a urgência de alguns trabalhos e o rápido fluxo das ideias dificultam a organização de todo o material produzido em cada etapa de um projeto. Designers aplicados — especialmente os estudantes — aprenderão muito ao ver os estágios intermediários dos projetos concluídos. E, naturalmente, um enorme e humilde obrigado à equipe da Rockport (com calorosas boas-vindas a Emily Potts). Em particular, gostaria de agradecer a David Martinell por ser o cavalheiro que é. Este livro é dedicado a Beebee, aos meus pais e amigos e a todos os meus antigos, atuais e futuros alunos.

Timothy Samara é designer gráfico e mora em Nova York, onde divide seu tempo entre ensinar, escrever e dar conferências e consultoria pela STIM Visual Communication. Ao longo de sua carreira de 17 anos em branding e design da informação, trabalhou com projetos na área gráfica, de embalagens, design de ambientes, design de interfaces e animação. Samara é diretor de arte sênior na Ruder Finn Design, a maior empresa de relações públicas de Nova York, e diretor de arte da Pettistudio, uma pequena empresa de design multidisciplinar. Antes de se mudar para a cidade de Nova York, foi diretor da agência Physiologic, em Syracuse, norte do estado de Nova York. Em 1990, graduou-se como Trustee Scholar pela University of the Arts, Filadélfia. Atualmente, Samara faz parte do corpo docente da School of Visual Arts, NYU, Purchase College e Parsons School of Design e, até agora, publicou cinco livros, todos pela Rockport Publishers: *Making and Breaking the Grid* (2003); *Typography Workbook* (2004); *Publication Design Workbook* (2005); *Type Style Finder* (2006); e *Design Elements** (2007). Samara e seu parceiro vivem na área de Williamsburg no bairro Brooklyn, logo depois de cruzar o rio vindo de Manhattan.

---

* N. de R.: Livro publicado no Brasil pela Bookman Editora sob o título *Elementos do Design* (2010).